U0921008

南昌统计年鉴

NANCHANG STATISTICAL YEARBOOK

2007

（总第13期）

南昌市统计局
国家统计局南昌调查队 编

中国统计出版社
China Statistics Press

（京）新登字 041 号

图书在版编目（CIP）数据

南昌统计年鉴．2007/南昌市统计局编．—北京：中国统计出版社，2007.6
ISBN 978-7-5037-5196-7

Ⅰ．南… Ⅱ．南… Ⅲ．统计资料—南昌市—2007—年鉴
Ⅳ．C832．561—54

中国版本图书馆 CIP 数据核字（2007）第 053756 号

南昌统计年鉴—2007
作　　者/南昌市统计局　国家统计局南昌调查队
电话/（0791）3883605　邮政编码/330038
责任编辑/郑淼淼
E-mail/yearbook@stats．gov．cn
责任校对/熊慧平　熊泽荣
出版发行/中国统计出版社
通信地址/北京市西城区三里河月坛南街 75 号　中国统计出版社
邮　　编/100826
电　　话/（010）63376907
印　　刷/江西宜春资料印务有限公司
经　　销/新华书店
开　　本/880×1230 毫米　1/16
字　　数/101 千字
印　　张/31
印　　数/1000 册
版　　别/2007 年 7 月第 1 版
版　　次/2007 年 7 月第 1 次印刷
书　　号/ISBN 978-7-5037-5196-7/F·2496
定　　价/220.00 元

《南昌统计年鉴－2007》
编 辑 委 员 会

《南昌统计年鉴－2007》
编　辑　部

编 者 说 明

一、《南昌统计年鉴—2007》是一部按年连续出版的大型统计资料书。真实记录了2006年南昌的经济和社会各方面的发展变化，以及历史重要年份和改革开放以来的主要统计数据。

二、全书内容分为17个篇目：1. 综合；2. 人口、劳动力；3. 人民生活；4. 物价；5. 固定资产投资；6. 城市公用事业；7. 外贸和旅游；8. 财政、金融；9. 农业；10. 工业；11. 建筑业；12. 运输和邮电；13. 国内贸易；14. 科技、教育、文化；15. 卫生、体育、其他；16. 企业调查；17. 附录，在附录部分收集了2006年国家和江西省统计公报，全国各省（市）和省会城市及江西省各设区市主要经济指标。为便于读者正确使用资料，每个篇章后面附有主要统计指标解释。

三、本年鉴总量指标计算所采用的价格除注明外均为当年价格。

四、本年鉴资料主要来自年度统计报表，一部分来自抽样调查。

五、本年鉴部分数据合计数或相对数由于单位取舍不同产生的计算误差均未作机械调整。

六、本年鉴表中的符号使用说明："空格"表示该项统计数据不详或无该项数据；"#"表示其中项。

七、读者在使用历史资料时，凡与本年鉴有出入的，均以本年鉴为准。本年鉴1991—2004年地区生产总值，1990—2004年社会消费品零售总额数据均为首次经济普查后的修正数据。

八、《年鉴》公开出版以来，受到了广大读者的关心和支持，对此我们深表谢意。欢迎读者对年鉴内容、编排等方面提出宝贵意见，帮助我们进一步提高编辑水平，更好地为读者服务。

篇 目 索 引

篇　　目	起始页码

一、综　　合

二、人口·劳动力

三、人 民 生 活

四、物　　价

五、固定资产投资

六、城市公用事业

目　录

十、工　业

十四、科技·教育·文化

十五、卫生·体育·其他

十六、企业调查

附　　录

一、综　　合

GENERAL　SURVEY

本篇内容包括：

资料整理

陈　锋
吴　蕊
姜同文
钟晓强

微机处理

吴　蕊
姜同文

全市生产总值

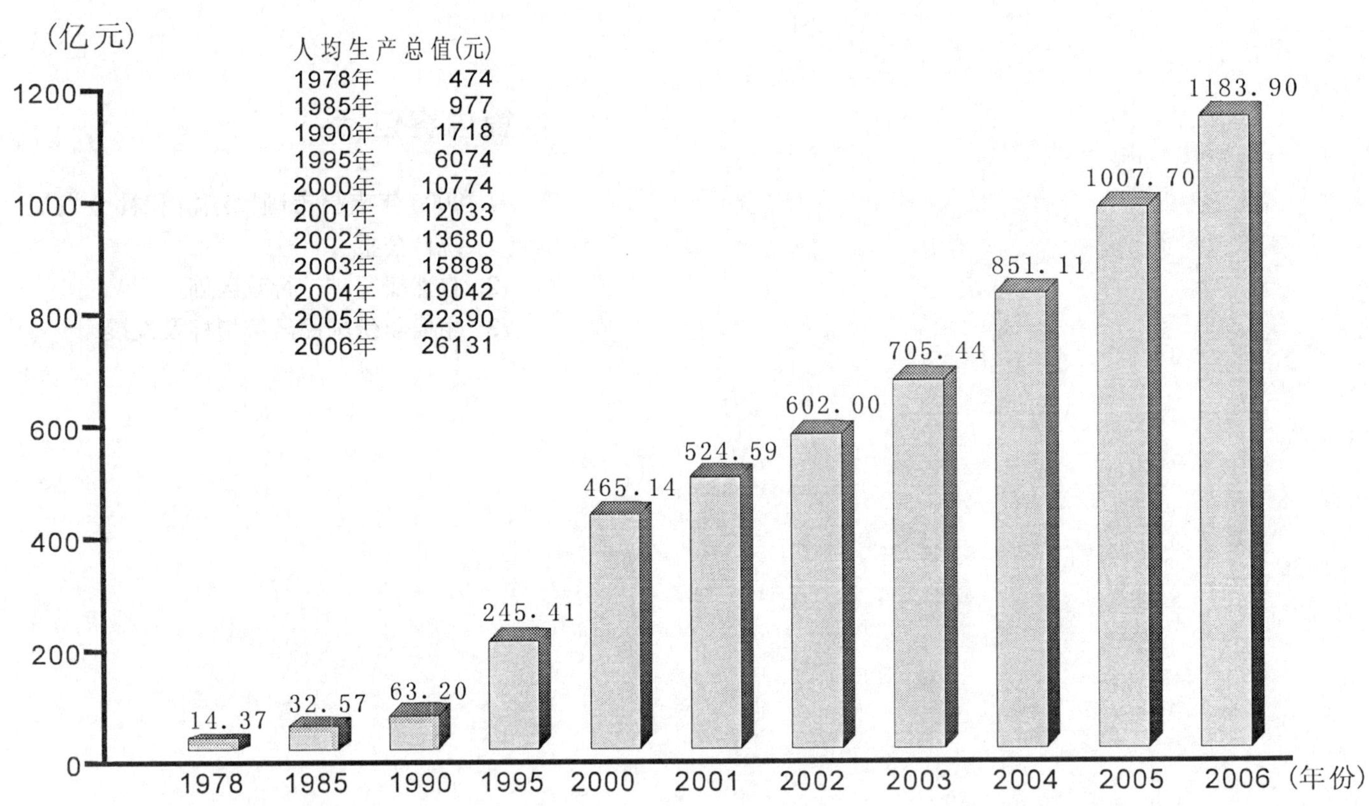

全市生产总值构成(%)

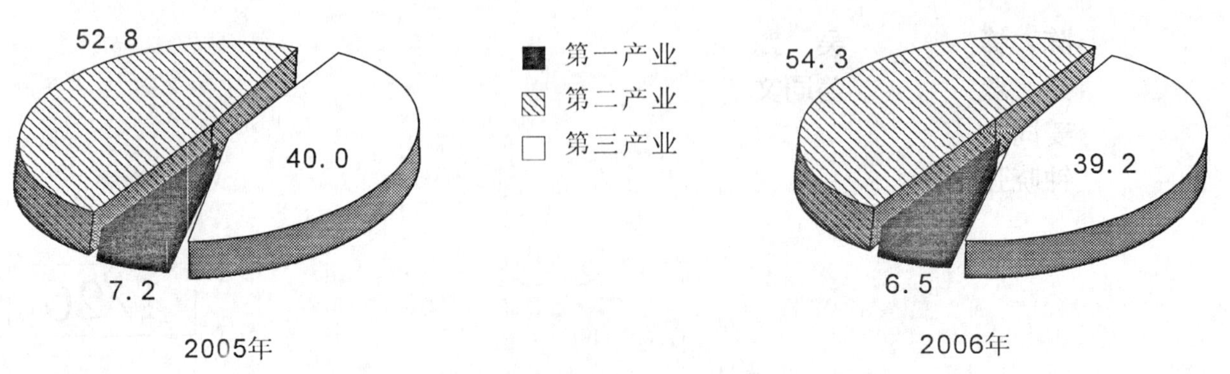

南昌市2006年国民经济和社会发展统计公报

南昌市统计局

2007年3月20日

2006年是“十一五”开局之年，立足新的起点，面对新形势。一年来，全市人民在市委、市政府的正确领导下，继续以邓小平理论和“三个代表”重要思想为指导，紧紧围绕做好“两篇文章”、实现“富民强市”的奋斗目标，全面落实科学发展观，努力构建和谐社会。全市国民经济实现了又好又快的发展，各项社会事业全面进步，居民生活水平显著提高，圆满完成了年初制定的各项任务和预期目标，为“十一五”规划的顺利实施奠定了坚实的物质基础。

一、综　　合

经济总量：综合经济实力持续攀升，人均生产总值跨上3 000美元新台阶。据初步核算，全市实现生产总值1 184.57亿元，按可比价格计算，比上年增长15.2%。其中，第一产业增加值76.45亿元，增长4.9%；第二产业增加值644.46亿元，增长18.7%；第三产业增加值463.66亿元，增长12.6%。三次产业构成比例为6.5：54.4：39.1，对经济增长的贡献率分别为2.3%、64.7%和33.0%。人均生产总值26 145元，增长14.5%。

财政税收：财政收支同步快速增长。全年全市财政总收入150.56亿元，比上年同口径增长20.8%，其中地方财政一般预算收入68.11亿元，同口径增长25.1%。从收入完成情况看，增值税7.27亿元，增长20.7%；营业税24.57亿元，增长22.0%；企业所得税6.56亿元，增长35.4%。地方财政一般预算支出93.48亿元，增长23.3%。其中，城市维护费、基本建设、农业支出、社会保障补助支出、科教文卫事业费分别增长52.5%、37.8%、28.9%、39.6%和24.1%。

物价水平：市场物价保持稳定。全年居民消费价格总水平比上年上涨1.9%（见表1），其中：消费品价格上涨1.9%；服务价格上涨1.7%。商品零售价格上涨1.9%，工业品出厂价格上涨1.7%。

表1：2006年南昌市居民消费价格比上年上涨情况

指　　标	增幅（%）
居民消费价格总水平	**1.9**
#食　　品	3.1
烟酒及用品	0.5
衣　　着	2.1
家庭设备用品及服务	3.2
医疗保健及个人用品	-0.5
交通和通信	-2.0
娱乐教育文化用品及服务	-1.3
居　　住	5.2

二、农　　业

农业生产：农林牧渔及服务业稳步发展（见图1）。全年完成农林牧渔及服务业现价总产值124.58亿元，比上年增长5.9%。其中，农业产值51.10亿元，增长8.7%；林业产值1.46亿元，增长3.6%；牧业产值39.25亿元，增长0.6%；渔业产值29.99亿元，增长8.3%；服务业产值2.77亿元，增长9.8%。

图1　农林牧渔及服务业现价总产值构成

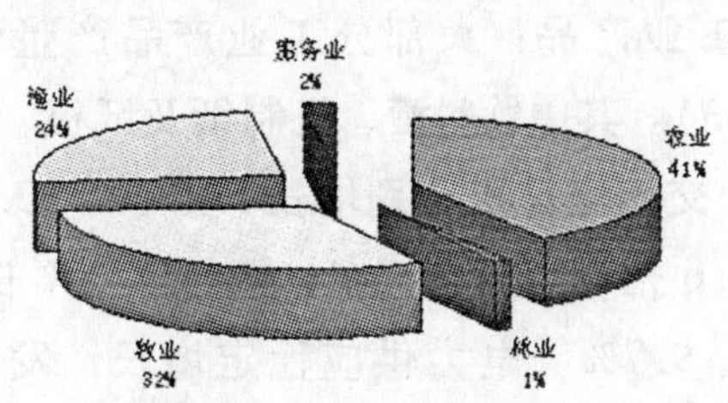

农牧产品产量：全年粮食总产量205.74万吨，比上年增长5.4%；油料总产量8.14万吨，增长2.5%。肉类总产量24.83万吨，增长2.6%；生猪出栏数242.97万头，增长2%；家禽出笼3 401.54万羽，增长2.9%；禽蛋总产量12.31万吨，增长6.3%。

渔业：全年水产品总产量29.88万吨，比上年增长5.2%。

林业：全年造林586公顷，退耕还林还草319公顷，零星植树1 316万株，比上年增长80.0%。新建和完善高速公路的绿色通道900公里。全市森林覆盖率达到16.1%。

生产条件：年末农业机械总动力243.58万千瓦，比上年末增长16.4%。年内完成机耕面积13.81万公顷、机播面积0.21万公顷；化肥施用量（折纯）14.31万吨，增长3.1%；农用塑料薄膜使用量0.21万吨，下降3.7%。

三、工　　业

工业生产：工业经济持续快速增长。全市实现全部工业增加值445.64亿元，按可比价格计算，比上年增长17.0%。其中规模以上工业企业完成增加值304.65亿元，增长23.8%（见表2）。

表2：2006年规模以上工业增加值主要分类情况

指　　标	绝对数（亿元）	比上年增长（%）
工业增加值	**304.65**	**23.8**
#轻工业	166.20	22.2
重工业	138.45	25.8
按注册登记类型分		
#外商及港澳台投资企业	78.00	26.5
国有企业	58.62	10.3
集体企业	4.47	22.7
股份制	119.92	29.6
股份合作	7.01	14.7
私营企业	36.63	27.5

工业产品：大部分工业产品产量快速增长（见表3）。其中饮料酒、机制纸及纸板、大中型拖拉机、交流电动机分别增长59.3%、93.5%、1.2倍和2.6倍；卷烟、汽车、钢材分别增长13.8%、8.3%、9.7%。电力供应稳定增长，发电量增长16.8%。

表3　主要工业产品产量

产品名称	单　位	绝对量	比上年增长（%）
卷　烟	亿支	274.60	13.8
软饮料	万吨	46.09	30.9
纱	万吨	3.27	2.4
布	万米	9352.74	-5.7
服　装	亿件	3.11	9.7
机制纸及纸板	万吨	35.03	93.5
水　泥	万吨	300.99	4.5
大中型拖拉机	台	1721	117.9
小型拖拉机	台	7404	-8.8
钢　材	万吨	288.41	9.7
汽　车	万辆	9.67	8.3
彩色电视机	万部	64.22	-27.9
饮料酒	万升	27017.5	59.3
化学纤维	万吨	11.45	30.2
混配合饲料	万吨	134.63	40.2
农用化肥	万吨	7.81	40.8
轮胎外胎	万条	406.95	40.1
交流电动机	万千瓦	71.75	261.4
发电量	亿千瓦时	45.23	16.8

制造业基地建设：十大产品制造基地集聚效应进一步增强。汽车基地、空调基地、医药和医疗器械基地等十大重点发展产品制造基地共完成增加值247.07亿元，增长23.8%，总量占全市规模以上工业的81.1%，增幅与全市规模以上工业平均水平持平。其中：空调基地、造纸基地、医药和医疗器械基地、机电产品基地分别增长57.1%、1倍、17.3%和29.9%。

工业经济效益：工业经济效益总体水平继续提升。规模以上工业企业经济效益综合指数为191.87，比上年提高20.5个百分点。实现产品销售收入953.82亿元，增长31.8%；盈亏相抵后实现利润总额38.91亿元，增长9.5%。产品销售率为99.1%，比上年提高0.4个百分点。

四、固定资产投资

投资总量：据初步统计，全年完成全社会固定资产投资总额641.64亿元，比上年增长22.1%。其中，城镇以上投资594.96亿元，增长24.6%；农村投资46.68亿元，增长3.9%（见表4）。

表4　全社会固定资产投资完成情况

指　　标	绝对数（亿元）	比上年增长（%）
全社会固定资产投资	641.64	22.1
农村投资	46.68	3.9
城镇投资	594.96	24.6

投资结构：按产业划分，第一产业投资0.42亿元，下降30.8%；第二产业投资211.89亿元，增长57.2%；第三产业投资382.64亿元，增长11.8%。三次产业投资比重由上年的0.2：28.2：71.6调整为0.1：35.6：64.3（见图2）。

图2　三次产业投资比例

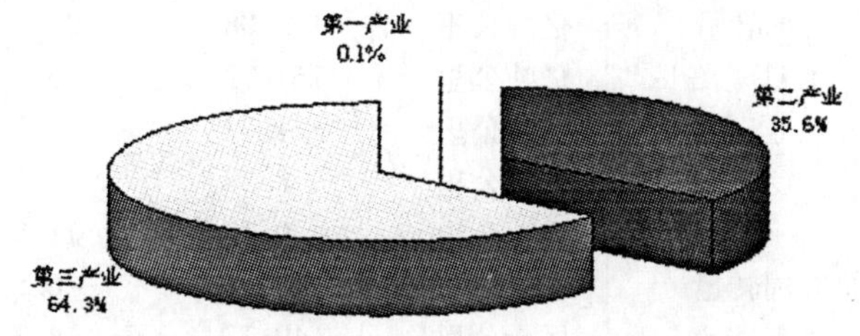

按注册登记类型划分，国有经济投资230.60亿元，增长13.7%；非国有经济投资364.35亿元，增长32.6%。国有与非国有投资比例为38.8：61.2。

城市建设：投资规模扩大，大项目进展顺利。2006年全市城市基础设施建设项目完成投资107.37亿元，比上年增长18.2%，总量占城镇以上固定资产投资的18.0%。其中，几个重大项目中，西外环高速公路5.80亿元、生米大桥3.12亿元、火车站西广场改造1.12亿元。西外环高速公路、生米大桥建成通车；完成阳明路东拓延伸、解放路改造；洪都大桥、高新南北大道三期动工建设；昌南防洪标准达到100年一遇；玉带河主体施工和绿化基本完工；扩大了供水覆盖面，解决了城区积水顽疾；改造了城区电网，开通了南昌—香港海铁联运，建设了出口加工区。

五、外经外贸 旅游

利用外资：对外开放稳步推进。全年协议合同外资金额12.10亿美元，比上年增长8.5%；实际利用外资10.51亿美元，增长15.7%。其中第二产业5.21亿美元，第三产业5.01亿美元，所占份额分别为49.6%和47.7%（见表5）。实际引进内资310.06亿元，增长19.0%。新批外商投资企业174家，内资共达成合同项目596个，其中省外项目501个。新批合同总投资额超1 000万美元的大项目有35个，引资额超亿元的内资项目有40个，其中省外项目36个。

表5：外商直接投资分行业情况

指　　标	合同数（个）	合同外资金额（亿美元）	实际利用外资（亿美元）
合　　计	**174**	**12.10**	**10.51**
#第一产业	5	0.23	0.28
第二产业	89	6.68	5.21
第三产业	80	5.19	5.01

对外贸易：对外贸易较快增长。据海关统计，2006年南昌地区内企业（含中央、省属公司）完成进出口总额24.9亿美元，比上年增长42.6%。其中海关出口总值17.24亿美元，增长39.0%。

旅游：全年共接待国内游客829.2万人次，比上年增长15.4%；接待海外游客7.5万人次，增长15.2%。实现国内旅游收入53.51亿元，增长19.5%；旅游创汇0.23亿美元，增长28.2%。截止年末，全市拥有星级宾馆（饭店）45家；拥有旅行社146家，其中从事国际旅游业务的旅行社15家；旅行社组团国内游43.14万人次，增长20.2%。

六、建筑业 房地产开发

建筑业：建筑业生产稳步发展。2006年，我市建筑企业完成施工产值287.89亿元，比上年增长23.0%。房屋施工建筑面积3 195万平方米，增长30.3%；房屋竣工建筑面积1 114.45万平方米，下降10.2%。按施工产值计算的全员劳动生产率为12.08万元/人，增长11.4%。

房地产开发：房地产开发施工面积1 341.06万平方米，比上年增长12.4%；竣工面积427.56万平方米，增长0.2%。完成商品房销售额119.88亿元，增长21.5%，其中住宅销售额109.91亿元，增长21.3%。商品房销售面积383.51万平方米，增长0.5%，其中住宅销售359.99万平方米，与上年持平（见图3）。全市二手房累计成交2.59万宗，比上年增长3.1%；成交面积265.21万平方米，增长5.4%；成交额42.47亿元，增长18.0%。

图3 房地产开发施工、竣工及销售面积

单位：万平方米

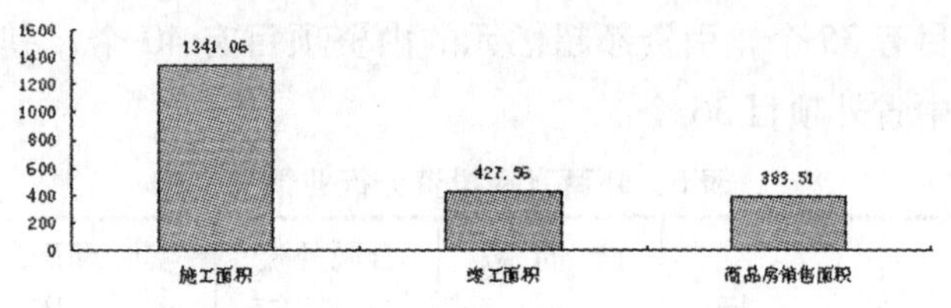

七、国内贸易

消费品市场：消费品市场旺盛。全年实现社会消费品零售总额358.40亿元，比上年增长16.6%。分销售地域看，城市实现零售额287.15亿元，增长17.4%，农村实现零售额71.25亿元，增长13.5%；分销售行业看，批发零售贸易业实现零售额325.61亿元，比上年增长16.5%，餐饮业实现零售额32.15亿元，增长17.0%。

居民消费：居民消费结构不断升级。随着居民生活水平的逐步提高，汽车、文化办公用品、家用电器等仍是居民消费的热点。全年汽车销售额59.48亿元，比上年增长30.8%；家用电器及音像器材类40.54亿元，增长10.8%；文化办公用品类14.09亿元，增长9.1%。

商贸流通：城市商贸功能日益完善，被评为"中国十大节庆城市"和"中国十佳金融生态城市"。已有9条特色街，共有各类商品交易市场229个，全年成交额在亿元以上的商品交易市场有35个，成交总额达317.02亿元。其中，洪城大市场年交易额130.17亿元，比上年增长6.1%；南昌（深圳）农产品批发市场年交易额42.78亿元，增长22.8%。城南兴发物流园区初具规模，城北白水湖物流园区已完成规划，保税物流中心施工顺利。年末，我市最大的"八大商场和六大超市"共实现零售额50.07亿元。其中百货大楼销售额18.88亿元，增长25.6%，跃居全国第42位。

八、交通运输 邮电通信

交通运输：交通基础设施建设和运输生产实现较快增长。年末全市城区道路总长度达843.31公里，道路总面积1 708万平方米。全市汽车保有量达19.6万辆，比上年增长21.8%，其中，载货汽车4.8万辆，增长6.7%；载客汽车13.3万辆，增长27.9%。2006年我市各种运输方式完成货物运输周转量192.08亿吨公里，比上年增长21%。其中，铁路、公路、水运、民航分别完成161.79、21.72、8.38和0.19亿吨公里；实现旅客周转量88.38亿人公里，下降0.5%。其中，铁路、公路、水运、民航分别完成49.13、24.11、0.01和15.13亿人公里（详见表6）。

表6 货物、旅客周转量及港口货物吞吐量

指　　标	单　　位	绝对数	比上年增长 %
货物周转量	亿吨公里	192.08	21.8
#铁　路	亿吨公里	161.79	26.2
公　路	亿吨公里	21.72	3.2
水　运	亿吨公里	8.38	1.1
民　航	亿吨公里	0.19	11.8
旅客周转量	亿人公里	88.38	-0.5
#铁　路	亿人公里	49.13	-4.2
公　路	亿人公里	24.11	1.4
水　运	亿人公里	0.01	-75.0
民　航	亿人公里	15.13	10.2

邮电通信业：邮电通信能力和服务功能继续增强。全年完成邮电业务总量37.32亿元，比上年增长11.5%。其中，发送特快专递165.4万件，增长20.1%；发送包裹61.4万件，增长4.6%。城乡固定电话用户达167万户，新增13万户。无线市话（小灵通）用户41.6万户，新增2.5万户。移动电话用户254.8万户，新增37.1万户，增长17.1%。互联网窄带接入用户45.2万户，增长9.4%。国内长途通话量3.34亿次，国际与港澳台电话业务量204万次。年末全市电话交换机总容量达201万门，新增4万门。其中，长途自动交换机容量达21万门。移动通信交换机容量达341万门。

九、金融保险业

银行：全市金融机构各项贷款余额1 221.92亿元，比年初增加203.25亿元。其中，短期贷款506.88亿元，占全部贷款的41.5%。中长期贷款累计投放618.80亿元，占全部贷款的50.6%。短期贷款以工业贷款和商业贷款为主，两者共计247.88亿元，占短期贷款的48.9%。中长期贷款以基本建设贷款和个人中长期消费贷款为主，共计476.45亿元，占中长期贷款的比重达77.0%。年末，金融机构各项存款余额1 791.06亿元，比年初增加244.96亿元，其中，企业存款651.63亿元，增加109.38亿元。

保险：截止2006年末，全市共有保险公司14家，比上年增加1家；保险中介机构30家，增加4家。全年保费收入21.81亿元，增长6.3%。其中，产险公司保费收入5.45亿元，增长27.3%；寿险公司保费收入16.36亿元，增长0.8%。全年赔款及给付合计4.70亿元，其中产险公司2.65亿元，增长23.1%；寿险公司2.05亿元，增长60.0%。

证券：全市证券业法人公司2家，证券营业部29家，证券机构股民累计开户数48.88万户。年内客户交易结算资金32.39亿元，增长1.6倍；A股交易额1 475.68亿元，增长1.8倍，B股交易额4.08亿元，增长1.4倍。

农村信用联社：支农力度不断加大。年末全市共有181家农村信用社，累计发放各项贷款47.84亿元，其中农业贷款33.31亿元，比上年增长30.2%；农户贷款17.29亿元，增长39.9%。

十、民营 科技

民营经济：个私民营经济日益壮大。据初步统计，2006年全市个私民营经济实现增加值468.74亿元，比上年增长35%，占全市生产总值的比重为39.6%。目前全市个私民营企业（含个体工商户）累计13.2万户，从业人员87.7万人。

科学技术：全市共签订各类技术合同1 883项，成交额7.5亿元，增长34.7%；专利申请1 200件。全年实施各类科技计划项目3 101项，其中获得市级科技进步奖的有46项。

十一、文化 教育

文化事业：文化、广播、电视事业稳步发展。全市年末共有专业艺术表演团体13个，公共图书馆11个，博物馆8个，综合档案馆11个，群众艺术馆和文化馆11个。城乡广播电视覆盖率提高。全市广播电台2座，电视台2座，中短波广播发射和转播台2座，调频广播台和传输台89座，电视转播发射台和差转台30座。全年出版报纸4.99亿份，杂志0.56亿份，各类图书1.53亿册。

基础教育：全市小学适龄儿童入学率为100%，初中入学率为99.7%，初中毕业生升学率为83.4%。普通高中在校生9.5万人，比上年增长0.7%；高考录取率为65.5%，其中一本本科院校录取率为20.12%。

中等职业教育：中等职业学校在校生15.48万人，比上年减少1.4%。其中普通中等专业学校13.5万人，减少4.4%；职业高中1.98万人，增长26.1%。

普通高等教育：高等教育加快发展，全年全市招收研究生4 190人，比上年增加521人，在校研究生10 613人，增加1 978人；普通高等学校招生16.77万人，增加4.5万人，在校学生48.94万人，增加9.47万人，毕业生8.18万人，增加2.85万人。

成人教育：成人高等院校在校生7.4万人。全年参加高等教育自学考试的达8.58万人，获得单科合格5.15万科次数，获得本科毕业证书的9 268人，大专毕业证书的7 558人。

十二、卫生 体育

医疗卫生：城乡医疗卫生条件继续改善。年末全市共有医疗卫生机构869个，其中医院、卫生院190家，疾病预防控制中心12家，卫生监督所9家，妇幼卫生机构11家。全市医院、卫生院实有床位数1.56万张，平均每千人拥有医院床位3.22张；拥有各类卫生技术工作人员21 124人，其中医生8 507人，护师、护士8 039人，每千人中拥有医生1.76人。人均期望寿命76.7岁。全市每十万孕产妇死亡率为29.41，婴儿死亡率为7.6‰。

医学科研：2006年全市市直医疗卫生单位列入省科技厅、省卫生厅和市科技局立项的课题共167项。其中：重大卫生技术攻关项目3项，农村卫生适宜技术星火推广计划项目2项；有17项通过省科技厅、省卫生厅和市科技局科技成果鉴定，达到国内先进水平；有24项通过省市级新技术引进项目验收，填补省内空白。全年国家级学术论文发表121篇，省部级学术论文134篇。

体育事业：体育事业蓬勃发展。年内共举办综合（单项）运动会52次。共参加省级及其以上赛事和同等城市比赛52次，参加比赛人数627人次，共获得奖牌数412枚，其中金牌195枚、银牌125枚、铜牌92枚。蝉联省十二届运动会金牌总数、奖牌总数、团体总分三个第一。

十三、环境保护

环境质量：环境质量总体状况良好。全年空气质量优良率达到92.6%；生活污水处理率达69.44%以上，工业废水排放达标率达94.35%以上；集中式饮用水源水质达标率达到99.8%；区域环境噪声均值控制在55.8分贝以下，交通干线噪声均值控制在69.9分贝以下，噪声达标区覆盖率达到64.68%；工业固废处置利用率达到90.92%以上；烟尘控制区覆盖率达标在100%；年征收市本级排污费2 648万元。

环境管理与防治：实施了省政府挂牌督办3项市属和配合实施1项省属污染防治项目，制定了《关于进一步加强饮用水水源保护区污染防治的工作方案》，开展了饮用水源保护区污染调查和整治，落实《南昌市2006年度污染源限期治理项目计划》，实施重点企业污染物排放在线监控工程，全面推行排污许可证制度，督促2家企业开展清洁生产审核工作，在全市开展危害废物普查，对34家违法排污企业依法进行查处。

城市园林绿化：2006年全市新增绿地293.68公顷，新铺草皮125.54万平方米，植树986.04万株，城市绿化覆盖率达到39.2%，人均公共绿地面积达到7.84平方米。

十四、人口 就业

人口和计划生育：据公安户籍统计，全市年末户籍总人口为483.96万人，比上年末净增8.79万人，其中非农业人口227.71万人，比重为47.05%。据2006年全市1%人口抽样调查结果显示，年末全市常住人口为454.54万人，人口出生率为13.42‰，死亡率为5.78‰，自然增长率为7.64‰。

从业人员：全市年末社会从业人员267.78万人，比上年末增加16.69万人，增长6.6%。其中第一产业80.04万人，第二产业56.76万人，第三产业130.98万人。年末在岗职工56.06万人，增长4.7%，其中国有单位在岗职工人数36.71万人，比上年末增加1.80万人。

城镇再就业：就业再就业工作成效显著。全年全市城镇新增就业人员7.59万人，已超额完成年初计划。安置下岗职工失业人员再就业3.36万人，其中“4050”等困难群体0.91万人；各类职业技能培训人数达9.51万人；办理登记失业人数3.74万人，登记失业率为3%。

十五、人民生活 社会保障

居民收入：城乡居民收入同步增长。2006年全市在岗职工工资收入实现“双突破”，在岗职工工资总额首次突破百亿大关，达111.81亿元，比上年增长17.7%；在岗职工年平均工资首次突破二万元大关，达20 286元，增长12.4%。城市居民年人均可支配收入达到11 243元，比上年增长9.1%；年人均消费性支出7 548元，增长6.8%。农村居民年人均纯收入4 392元，比上年增长13.2%；农村居民年人均生活消费支出2 702元，增长13.2%。城市居民家庭恩格尔系数44%，农村居民家庭恩格尔系数48.9%。

社会治安：“平安南昌”建设成效显著，全市没有发生大规模群体事件、严重暴力性事件、重大治安事件、重特大安全事故。全年破获各类刑事案件17346起，提高10.5%，刑事犯罪上升势头得到有效遏制。破获经济案件246起，挽回经济损失886.8万元，有效地维护了经济秩序的正常运转；安全生产形势平稳，事故呈下降态势。2006年全市共发生各类安全事故28起，死亡30人。

住房公积金：2006年，全市归集公积金（未含本年利息）15.28亿元，比上年增长29%。发放住房公积金贷款16.59亿元，增长34%，发放户数9 529户。提取住房公积金5.51亿元，增长71%。

社会保险：全市养老保险参保人数达62.19万人，比上年增长3.8%；保险费征缴14.57亿元，增长18.0%。其中企业参保59.23万人，保险费征缴13.52亿元，分别增长4.0%和19.7%。23.55万名离退休人员全部按时足额领取了基本养老金，98.2%的企业退休人员纳入社会化管理。失业保险参保50.11万人，征缴失业保险费1.44亿元，增长20.9%。医疗保险参保37.85万人，企业工伤保险参保职工54.16万人。

最低生活保障：截止年末，城市（镇）低保对象11.17万人，发放农村定期救济金269.9万元，救济人数17 909人。

社会福利事业：截止年末，全市社会福利机构达97家，机构床位数达8 322张；共完成社区老年福利项目34个；社会福利院、孤儿院7家，共收养1 104名孤儿。

注：

1. 本公报各项统计数据均为年快报数或初步统计数，正式数据以《南昌统计年鉴——2007》为准。

2. 生产总值、各产业增加值绝对数按现行价格计算，增长速度按可比价计算。

自然、地理、资源

位　　置

南昌市位于东经115°27′~116°35′，北纬28°09′~29°11′。地处江西省中部偏北，赣江、抚河下游，东北方滨临我国最大的淡水湖鄱阳湖。

地势、面积

全市以平原为主，东南地势平坦，西北丘陵起伏。全市总面积7 402.36平方公里，其中：平原面积2 649.72平方公里，岗地低丘面积2 548.27平方公里，水域面积2 204.37平方公里。南北长约112.1公里，东西宽为107.6公里。

山脉、河流、湖泊

位于西北部的西山山脉，呈东北向逶迤绵延，山脉中段的梅岭为市区最高点，其主峰洗药峰海拔841.4米。

全市境内江河纵横，湖泊池塘星罗棋布。主要河流有赣江、抚河、锦江和潦河等。湖泊主要有军山湖、青岚湖、金溪湖、瑶湖等，市区有青山湖、贤士湖，市中心错落着东湖、西湖、南湖、北湖等四个人工湖。

气　　候

南昌气候湿润温和，属亚热带季风区，雨量充沛，四季分明，春秋季短，冬夏季长。年平均气温18.5℃，极端最高气温38.1℃，极端最低气温-5.5℃。年降雨量1600-1700毫米，降水日为147-157天，年平均暴雨日5.6天，年平均相对湿度为74.3%。年日照时间1 669.8小时，日照率为40%。年平均风速1.9米/秒。年无霜期281天。冬季多偏北风，夏季多偏南风。适合植物、花卉生长，是营造“花园城市”的理想地区。

土地资源

全市土地面积7 402.36平方公里，其中耕地面积21.28万公顷。在耕地面积中，有效灌溉面积19.05万公顷，占89.5%。

水力资源

全市水力资源蕴藏量为7.27万千瓦，可开发的资源2.45万千瓦，占蕴藏量的33.7%。

森林资源

全市林地面积13.2万公顷，森林覆盖率17.1%；活立木蓄积量220万立方米。野生动、植物资源品种繁多。

矿产资源

以非金属建材矿为主，兼有燃料、矿泉水等各类矿产28余种。已发现矿点、矿化点100处，尤其以建筑用砂、砖瓦粘土、饰面石材、石英石、石灰石和矿泉水等具有较好的开发前景。花岗石、砂卵石、砖瓦粘土储量巨大，开采历史悠久。

1-1 行　政　区　划

(2006年)　　单位：个

地　　区	街道办事处	居委会	镇	乡	村委会
全　市	**29**	**496**	**47**	**33**	**1 148**
区	29	337	12	2	228
东湖区	9	106			6
西湖区	10	132	1		13
青云谱区	5	46	1		12
湾里区	2	10	3	1	35
青山湖区	2	78	4	1	75
经济开发区		13	1		19
高新开发区		4	2		48
红谷滩新区	1	18			11
英雄开发区					9
县		89	35	31	920
南昌县		38	9	7	255
新建县		12	10	9	286
进贤县		11	7	3	109
安义县		28	9	12	270

1-2 土地面积

单位：平方公里

地区	总面积	平原	岗地低丘	水域
全市	**7 402.36**	**2 649.72**	**2 548.27**	**2 204.37**
市区	617.07	283.72	249.81	83.54
南昌县	1 839.4	1 071.47	20.7	747.23
新建县	2 337.84	847.33	592.51	898
安义县	656.19	290.9	320.38	44.91
进贤县	1 951.86	156.3	1 364.87	430.69

1-3 水文、气象

项目	2005	2006
最高水位（八一桥水面，米）	21.64（5月26日）	21.68（6月10日）
最低水位（八一桥水面，米）	15.03（11月8日）	14.58（11月20日）
全年平均水位（八一桥水面，米）	17.06	16.73
全年降雨天数（天）	172	142
全年降雪天数（天）	5	10
全年降水量（毫米）	1 866.6	1 478
全年无霜期总天数（天）	273	281
全年日照时数（小时）	1 675.5	1 669.8
全年蒸发量（毫米）	1 227.4	1 211.5
全年平均气温（度）	18	18.5
极端最高气温（度）	39（7月17日）	38.1（8月5日）
极端最低气温（度）	零下6.6（1月1日）	零下5.5（1月8日）
全年相对湿度（%）	73	74.3
全年平均风速（米/秒）	1.8	1.9

1-4 主要年份国民经济主要指标

项目	1978	1980	1985	1990	1995	2000	2004	2005	2006
一、年末总人口（户籍，万人）	**306.82**	**317.23**	**335.31**	**372.59**	**395.16**	**432.55**	**460.79**	**475.17**	**483.96**
二、年末社会从业人数（万人）	**131.13**	**136.03**	**165.46**	**199.00**	**211.79**	**214.96**	**239.60**	**244.28**	**267.78**
#职工人数	53.14	58.51	72.22	82.04	89.04	77.93	69.80	70.13	71.67
三、地区生产总值（亿元）	**14.37**	**16.95**	**32.57**	**63.20**	**245.41**	**465.14**	**851.11**	**1 007.70**	**1 183.90**
四、农业									
农业总产值（亿元）	4.50	5.56	10.77	23.65	58.50	69.44	106.10	115.76	124.58
主要农产品产量									
粮食（万吨）	117.43	120.16	160.11	170.81	153.79	156.12	188.90	195.16	205.74
棉花（万吨）	0.22	0.29	0.16	0.11	0.33	0.33	0.10	0.07	0.10
油料（折油，万吨）	0.43	0.48	0.95	1.31	3.23	2.95	2.18	2.38	2.39
水果（万吨）			0.71	0.94	0.50	0.92	1.30	1.23	1.55
水产品（万吨）	0.83	1.16	2.22	5.52	13.74	22.00	27.28	28.40	29.88
肉类总产量（万吨）			5.34	9.07	16.52	20.80	23.04	24.20	24.83
猪年末存栏（万头）	78.45	77.43	99.80	121.32	162.10	166.13	177.08	170.53	169.84
当年出栏肉猪（万头）			68.44	140.98	188.17	208.18	227.50	238.29	242.97
五、工业									
规模以上工业增加值(亿元)						88.77	172.06	231.19	307.16
轻工业						49.03	93.01	132.26	168.75
重工业						39.74	79.05	98.92	138.41
主要工业产品产量									
纱（万吨）			2.18	2.33	2.42	2.61	3.45	2.98	3.27
布（万米）	7 976	12 294	9 174	9 923	13 565	13 285	9 689	10 920	9 353

注：1991—2004年地区生产总值为首次经济普查后的修正数据（下同）。

1－4　续表 1

项　　目	1978	1980	1985	1990	1995	2000	2004	2005	2006
机制纸及纸板（万吨）	2. 85	4. 35	5. 90	6. 03	8. 30	8. 16	2. 44	20. 08	35. 03
发电量（亿千瓦小时）	7. 54	7. 91	7. 88	15. 46	17. 69	31. 13	40. 62	37. 78	45. 23
烧碱（万吨）	0. 18	0. 45	1. 13	1. 51	2. 09	1. 56	2. 14	2. 95	2. 74
水泥（万吨）	6. 65	8. 64	13. 77	20. 85	35. 31	33. 00	248. 70	288. 34	300. 99
效益指标									
年末固定资产原值(亿元)	13. 71	15. 32	23. 15	42. 81	119. 09	218. 93	297. 43	381. 14	435. 18
年末固定资产净值(亿元)	8. 63	9. 42	14. 16	27. 47	86. 78	152. 21	195. 01	305. 84	310. 06
流动资产全年平均余额(亿元)	7. 06	7. 10	10. 43	39. 46	89. 72	188. 55	277. 36	349. 98	395. 88
利润和税金总额(亿元)	2. 07	3. 25	6. 14	6. 12	9. 73	32. 93	68. 46	82. 53	96. 85
六、邮电、运输									
货物运输量（万吨）			606	2 820	3 074	3 171	4 195	4 552	4793
#民　　航			0. 07	0. 07	0. 74	0. 95	1. 75	1. 57	1. 8
铁　　路			235	221	201	224	365	392	412
公　　路	261	257	262	2 298	2 541	2 784	3 624	3 890	3989
水　　运	150	77	109	301	331	163	205	269	390. 1
旅客运输量（万人）			1 733	3 297	3 101	3 983	4 946	5187	5161
#民　　航			4	8	75	78	123	136	151
铁　　路			680	517	625	906	1 274	1 346	1 278
公　　路	352	634	955	2 720	2 357	2 978	3 522	3 687	3 725
水　　运	87	96	94	52	44	20	27	18	6. 4
邮电业务总量（万元）	469	596	3 262	8 252	42 100	218 524	284 030	334 822	373 327
七、固定资产投资									
全社会固定资产投资(万元)	12 209	21 075	46 575	103 225	542 553	798 684	3 618 162	5 255 946	6 430 198

1－4　续表2

项　　目	1978	1980	1985	1990	1995	2000	2004	2005	2006
八、贸　　易									
社会消费品零售总额(亿元)	5.26	7.49	15.29	29.49	82.41	161.65	265.85	307.49	358.40
实际利用外资额（万美元）			155	1 129	12 537	3 288	73 032	90 865	105 084
九、财　　政									
财政总收入（亿元）	2.55	3.42	5.57	10.19	22.04	44.59	102.06	126.10	150.56
地方财政一般预算收入(亿元)					10.14	18.30	42.19	58.28	68.11
财政支出（亿元）	0.90	1.14	2.44	5.51	10.21	23.79	52.19	75.79	93.37
十、物价指数(以上年价格为100)									
商品零售价格指数	99.7	107.4	110.5	101.8	114.4	97.8	101.3	100.0	101.9
居民消费价格指数	99.7	106.6	111.0	103.3	116.2	102.6	103.2	101.0	101.9
十一、教育、文化、卫生									
高等学校在校学生数（人）	11 989	18 359	25 809	30 939	45 934	78 252	289 862	394 717	505 595
中等专业学校在校学生数（人）	7 841	11 970	13 724	20 437	45 453	80 622	90 458	141 355	105 027
普通中学在校学生数（万人）	18.90	17.17	18.44	20.97	20.15	26.15	28.00	25.22	25.02
小学在校学生数（万人）	42.25	47.12	49.30	37.86	39.10	40.94	41.47	43.26	43.60
图书馆藏书量（万册）	208	228	314	338	366	332	350	365	377
卫生机构数(不含个体)(个)	918	923	818	832	790	706	559	562	556
卫生技术人员数（人）	13 470	14 830	19 267	21 658	22 259	22 477	21 344	21 921	22 523
#医　　生	5 582	6 304	8 048	9 473	9 701	9 527	8 668	8 862	9 258
医疗卫生机构病床数(张)	13 149	14 005	15 000	16 205	16 345	15 130	15 216	15 644	15 659
十二、人民生活									
全部职工平均工资（元）	577	732	1 038	1 798	4 931	6 954	12 078	14 290	16 377
城市居民人均可支配收入（元）		339	639	1 349	3 591	5 734	8 744	10 301	11 243
农民人均纯收入（元）	121	184	412	721	1 626	2 390	3 414	3 879	4 392
城乡居民储蓄存款余额（亿元）	0.89	2.02	7.06	32.15	138.25	276.89	558.41	643.75	733.85

注：1990—2004年社会消费品零售总额为首次经济普查后的修正数据（下同）。

1-5 国民经济主要指标发展速度

项　　目	2006年为下列各年%					平均每年增长%		
	1978	1980	1985	1990	2005	1979—2006	1986—2006	1991—2006
一、年末总人口	157.6	152.6	144.3	130.0	101.8	1.6	1.8	1.7
二、年末社会从业人数	198.2	191.6	157.6	131.1	106.6	2.5	2.2	1.7
#职工	132.4	120.3	97.5	85.9	102.2	1.0	-0.1	-0.9
三、国内生产总值	2 636.4	2 165.5	1 220.6	814.8	115.1	12.4	12.7	14.0
第一产业	486.6	483.7	309.8	194.6	104.9	5.8	5.5	4.3
第二产业	3 259.2	2 774.8	1 363.7	1 227.0	118.3	13.3	13.2	17.0
第三产业	4 921.0	3 290.0	1 953.2	865.0	112.7	14.9	15.2	14.4
四、农业总产值	559.2	535.9	329.7	262.1	107.6	6.3	5.8	6.2
五、运输、邮电								
货物运输量			790.6	169.8	105.3		10.3	3.4
旅客运输量			297.7	156.7	99.5		5.3	2.8
邮电业务总量	284 508.1	206 092.2	37 628.3	7 068.1	111.5	32.8	32.6	30.5
六、全社会固定资产投资	51 577.1	29 879.3	13 520.2	6 100.3	122.3	25.0	26.3	29.3
七、贸易								
社会消费品零售总额	6 091.0	4 277.4	2 095.7	1 215.3	116.6	15.8	15.6	16.9
实际利用外资			67 783.4	9 304.7	115.6		36.4	32.8
八、财政								
财政总收入	5 788.2	4 315.8	2 650.2	1 448.2	119.4	15.6	16.9	18.2
财政支出	10 508.7	8 296.5	3 875.7	1 716.3	123.3	18.1	19.0	19.4
九、教育、文化、卫生								
高等学校在校学生数	4 216.3	2 754.0	1 959.0	1 633.6	128.1	14.3	15.2	19.1
中等专业学校在校学生数	1 355.4	887.9	761.6	519.9	74.3	9.8	10.2	10.9
普通中学在校学生数	132.9	146.2	136.1	119.6	99.2	1.0	1.5	1.1
小学在校学生数	103.1	92.4	88.5	115.1	100.8	0.1	-0.6	0.9
图书馆藏书量	181.0	165.3	120.0	111.5	103.3	2.1	0.9	0.7
卫生机构数（不含个体）	60.6	60.3	67.9	66.6	98.9	-1.8	-1.8	-2.5
卫生技术人员	167.0	151.8	116.9	103.9	102.7	1.8	0.7	0.2
#医生	165.9	146.6	114.9	97.7	104.5	1.8	0.7	-0.1
病床数	119.1	111.5	107.4	96.5	100.1	0.6	0.3	-0.2
十、人民生活								
全部职工平均工资	2 839.9	2 238.8	1 578.5	911.6	114.6	12.7	14.0	14.8
农民平均每人纯收入	3 629.2	2 386.7	1 065.9	609.2	113.2	13.7	11.9	12.0

1－6　主要年份国民经济主要比例关系

单位:%

项　　目	1978	1980	1985	1990	1995	2000	2004	2005	2006
地区生产总值三次产业比例	**100.0**	**100.0**	**100.0**	**100.0**	**100.0**	**100.0**	**100.0**	**100.0**	**100.0**
第一产业	29.3	26.8	24.2	21.9	16.2	10.9	8.1	7.2	6.5
第二产业	49.2	48.4	52.6	39.7	45.4	45.8	50.4	52.8	54.3
第三产业	21.5	24.8	23.2	38.4	38.4	43.3	41.5	40.0	39.2
农业中农林牧副渔及服务业比例	**100.0**	**100.0**	**100.0**	**100.0**	**100.0**	**100.0**	**100.0**	**100.0**	**100.0**
农　业	85.4	84.1	65.2	55.6	51.2	41.9	41.1	40.0	41.0
林　业	0.9	0.9	1.5	1.1	1.7	1.5	1.1	1.2	1.2
牧　业	11.8	12.6	22.4	31.2	35.2	35.2	33.6	33.0	31.5
渔　业	1.4	1.3	4.6	6.4	11.9	21.4	22.4	23.6	24.1
农林牧渔服务业	0.5	1.1	6.3	5.7			1.8	2.2	2.2
规模以上工业中轻重工业增加值比例						**100.0**	**100.0**	**100.0**	**100.0**
轻工业						55.2	54.1	57.2	54.9
重工业						44.8	45.9	42.8	45.1
财政收入占国内生产总值的比例	**17.7**	**20.2**	**17.1**	**16.1**	**9.0**	**9.6**	**12.0**	**12.5**	**12.7**
科教文卫事业费占财政支出的比例	**29.9**	**31.2**	**29.1**	**24.6**	**29.6**	**22.8**	**20.0**	**17.2**	**17.2**

1－7 主要年份主要指标每人年平均水平

项　　目	1978	1980	1985	1990	1995	2000	2004	2005	2006
一、地区生产总值（元）	474	538	977	1 718	6 074	10 774	19 042	22 390	26 131
二、农业总产值（元）	148	176	295	648	1 492	1 609	2 328	2 474	2 750
三、规模以上工业增加值（元）						2 056	3 850	5 137	6 779
四、财政总收入（元）	84	109	167	277	562	1 033	2 283	2 802	3 323
五、主要农产品产量									
粮食（千克）	386.96	381.91	481.14	464.44	392.35	361.62	422.63	433.62	454.10
棉花（千克）	0.73	0.91	0.47	0.30	0.84	0.76	0.22	0.16	0.22
油料（折油）（千克）	1.41	1.53	2.84	3.57	8.24	6.83	4.99	5.29	5.28
水果（千克）			2.13	2.54	1.28	2.12	2.91	2.73	3.43
水产品（千克）	2.74	3.68	6.65	15.00	35.05	50.96	61.03	63.10	65.95
肉类总产量（千克）			16.03	24.67	42.15	48.18	51.55	53.77	54.80
六、主要工业产品产量									
纱（千克）			6.54	6.33	6.17	6.04	7.72	6.62	7.21
布（米）	26.28	29.07	27.52	26.98	34.61	30.77	21.68	24.26	20.64
发电量（千瓦小时）	248.42	251.39	236.26	417.08	451.35	721.06	908.81	839.42	998.28
钢材（千克）	25.53	65.69	76.17	60.63	106.87	187.27	426.88	584.45	636.54
烧碱（千克）			3.39	4.08	5.33	3.61	4.79	6.56	6.04
水泥（千克）			41.29	54.46	90.08	76.44	556.43	640.66	664.32
七、人民生活									
职工平均工资（元）	577	732	1 038	1 798	4 931	6 954	12 078	14 290	16 377
城市居民人均可支配收入(元)		339	639	1 349	3 591	5 734	8 744	10 301	11 243
农民人均纯收入(元)	121	184	412	721	1 626	2 390	3 414	3 879	4 392
城乡居民储蓄存款余额(元)	29	64	210	863	3 404	6 382	12 450	14 254	16 145

1-8 主要年份平均每天主要社会经济活动

项目	1978	1980	1985	1990	1995	2000	2004	2005	2006
一、地区生产总值（万元）	394	464	892	1 731	6 723	12 744	23 318	27 608	32 436
二、农业总产值（万元）	123	152	385	648	1 603	1 903	2 907	3 172	3 413
三、规模以上工业增加值(万元)						2 432	4 714	6 334	6 415
四、财政总收入（万元）	70	94	153	279	604	1 222	2 796	3 455	4 125
五、主要工业产品产量									
纱（吨）			59.7	63.8	66.3	71.5	94.5	81.6	89.5
布（万米）	21.9	33.7	25.1	27.4	37.2	36.4	26.5	29.9	25.6
发电量（万千瓦小时）	207.0	217.0	216.0	424.0	485.0	852.9	1 112.9	1 035.1	1 239.2
烧碱（吨）	4.9	12.3	31.0	41.4	57.3	42.7	58.6	80.8	75.0
水泥（吨）	182.2	236.7	377.3	571.2	967.4	904.1	6 813.7	7 899.7	8 246.3
六、社会消费品零售总额(万元)	144	205	418	720	2 284	4 478	7 284	8 424	9 819
七、其他经济活动									
货物运输量（万吨）			1.66	7.73	8.42	8.69	11.49	12.47	13.13
旅客运输量（万人次）			4.75	9.03	8.50	10.91	13.55	14.21	14.14
全社会固定资产投资总额(万元)	33.4	57.7	127.6	282.8	1 486.4	2 188.2	9 913.0	14 400.0	17 617.0
函件（万件）	3.65	4.77	14.26	13.10	15.46	8.26	11.08	10.21	8.79

1-9 国民经济主要指标占全省比重

（2006年）

项　　目	江　西	南　昌	南昌所占比重（%）
一、土地面积（平方公里）	166 942	7 402.36	4.4
二、年末总人口（抽样调查数 万人）	4 339.13	454.54	10.5
三、年末在岗职工人数（万人）	271.95	56.06	20.6
四、地区生产总值（亿元）	4 618.77	1 183.90	25.6
五、农业总产值（亿元）	1 228.32	124.58	10.1
六、规模以上工业增加值（亿元）	1 189.27	307.16	25.8
七、主要工业产品产量			
发电量（亿千瓦小时）	403.50	45.23	11.2
成品钢材（万吨）	1 236	288.41	23.3
化肥（折纯量 万吨）	55.80	7.81	14.0
汽车（万辆）	23.39	9.67	41.3
水泥（万吨）	4 206	300.99	7.2
布（万米）	34137	9 353	27.4
卷烟（亿支）	449.02	274.60	61.2
八、主要农产品产量			
粮食（万吨）	1 896.52	205.74	10.8
棉花（万吨）	9.50	0.10	1.1
油料（折油 万吨）	27.62	2.39	8.7
水产品（万吨）	179.95	29.88	16.6
肉类总产量（万吨）	250.08	24.83	9.9
九、全社会固定资产投资（亿元）	2 685.57	643.02	23.9
十、社会消费品零售总额（亿元）	1 428.02	358.40	25.1
十一、接待海外旅游者人数（万人次）	49.73	7.51	15.1
十二、旅游收汇（万美元）	13961	2316	16.6
十三、财政总收入（亿元）	518.12	150.56	29.1
十四、金融机构现金收入（亿元）	13 155.68	4 316.41	32.8
十五、普通高等学校在校学生（万人）	77.05	50.56	65.6
中等专业学校在校学生（万人）	22.31	10.50	47.1
普通中学在校学生（万人）	267.65	25.02	9.3
职业中学在校学生（万人）	33.92	1.98	5.8
小学在校学生（万人）	399.93	43.60	10.9
十六、卫生技术人员（万人）	11.98	2.25	18.8
#医生（人）	51436	9258	18.0
十七、卫生机构病床数（万张）	8.83	1.57	17.8
#医院病床数	6.10	1.31	21.5
十八、在岗职工工资总额（亿元）	417.07	111.81	26.8

1-10 主要年份地区生产总值

年份	地区生产总值（万元）	第一产业	第二产业	第三产业	人均地区生产总值（元）
1949	14 278	8 803	1 152	4 322	107
1952	21 667	13 045	2 943	5 679	154
1957	37 287	18 053	10 601	8 633	223
1962	42 877	12 109	15 716	15 052	222
1965	65 435	21 413	28 837	15 185	315
1970	93 305	22 785	51 086	19 434	389
1975	107 291	34 267	47 251	25 773	382
1978	143 727	42 065	70 744	30 918	474
1979	158 303	42 494	74 784	41 025	511
1980	169 513	45 361	82 026	42 126	538
1981	189 093	53 874	91 014	44 205	593
1982	204 423	61 052	97 054	46 317	632
1983	212 229	62 386	100 002	49 841	649
1984	257 925	79 281	116 105	62 539	781
1985	325 718	78 735	171 408	75 575	977
1986	369 492	82 109	185 935	101 448	1 093
1987	435 864	90 367	193 554	151 943	1 266
1988	518 161	96 081	231 734	190 346	1 474
1989	591 567	120 079	252 286	219 202	1 647
1990	632 034	138 479	250 705	242 850	1 719
1991	728 886	143 295	285 370	300 221	1 949
1992	946 665	178 041	395 972	372 652	2 510
1993	1 293 955	225 343	584 546	484 066	3 279
1994	1 818 436	334 901	801 503	682 032	4 550
1995	2 454 072	398 415	1 115 241	940 416	6 074
1996	3 105 911	496 539	1 394 535	1 214 837	7 610
1997	3 752 067	536 822	1 702 856	1 512 389	9 100
1998	3 992 606	440 170	1 853 634	1 698 802	9 584
1999	4 237 630	500 233	1 940 558	1 796 839	10 074
2000	4 651 411	506 973	2 128 661	2 015 777	10 774
2001	5 245 868	535 141	2 406 607	2 304 120	12 033
2002	6 019 950	571 461	2 831 427	2 617 062	13 680
2003	7 054 437	604 223	3 415 536	3 034 678	15 898
2004	8 511 066	687 834	4 293 532	3 529 700	19 042
2005	10 077 025	725 990	5 321 257	4 029 778	22 390
2006	11 838 973	772 964	6 424 463	4 641 546	26 131

1-11 1978—2006年地区生产总值指数

（按可比价计算）

单位:%

年份	地区生产总值	第一产业	第二产业	第三产业	地区生产总值	第一产业	第二产业	第三产业
	（以1978年为100）				（以上年为100）			
1978	100.0	100.0	100.0	100.0	114.2	101.3	116.4	128.3
1979	115.5	101.0	105.7	148.4	115.5	101.0	105.7	148.4
1980	121.9	100.6	117.9	149.4	105.5	99.6	111.5	100.7
1981	130.4	107.0	135.9	141.1	107.0	106.4	115.3	94.4
1982	142.2	122.6	140.8	162.1	109.1	114.5	103.6	114.9
1983	154.8	135.3	162.3	174.4	108.8	110.4	115.3	107.6
1984	185.7	147.1	196.2	222.4	120.0	108.7	120.9	127.5
1985	216.2	157.1	239.8	251.7	116.4	106.8	122.2	113.2
1986	241.5	164.5	254.4	326.5	111.7	104.7	106.1	129.7
1987	256.9	185.5	233.8	416.6	106.4	112.8	91.9	127.6
1988	288.8	186.4	264.7	493.7	112.4	100.5	113.2	118.5
1989	306.7	216.8	268.1	529.2	106.2	116.3	101.3	107.2
1990	323.9	250.0	266.5	568.4	105.6	115.3	99.4	107.4
1991	366.6	260.0	315.3	647.9	113.2	104.0	118.3	114.0
1992	425.6	268.6	379.9	773.6	116.1	103.3	120.5	119.4
1993	497.1	281.2	470.7	902.8	116.8	104.7	123.9	116.7
1994	588.1	304.0	588.0	1 051.8	118.3	108.1	124.9	116.5
1995	682.8	316.1	699.1	1 251.7	116.1	104.0	118.9	119.0
1996	788.0	347.4	799.7	1 490.7	115.4	109.9	114.4	119.1
1997	891.2	371.1	901.3	1 732.2	113.1	106.8	112.7	116.2
1998	960.7	320.6	1 008.6	1 929.7	107.8	86.4	111.9	111.4
1999	1 046.2	353.3	1 094.3	2 105.3	108.9	110.2	108.5	109.1
2000	1 142.4	363.9	1 195.0	2 336.9	109.2	103.0	109.2	111.0
2001	1 280.7	378.8	1 349.1	2 652.4	112.1	104.1	112.9	113.5
2002	1 457.4	395.1	1 586.6	2 970.6	113.8	104.3	117.6	112.0
2003	1 683.3	412.5	1 886.4	3 389.5	115.5	104.4	118.9	114.1
2004	1 961.0	441.8	2 273.2	3 850.5	116.5	107.1	120.5	113.6
2005	2 290.5	463.9	2 755.1	4 366.4	116.8	105.0	121.2	113.4
2006	2 636.4	486.6	3 259.2	4 921.0	115.1	104.9	118.3	112.7

1－12 1978—2006年地区生产总值构成

（以地区生产总值为100） 单位:%

年份	第一产业	第二产业	工业	建筑业	第三产业	#交通运输邮电业	#批发零售餐饮业	#金融保险业
1978	29.3	49.2			21.5			
1979	26.8	47.2			26.0			
1980	26.8	48.4			24.8			
1981	28.5	48.1			23.4			
1982	29.9	47.5			22.6			
1983	29.4	47.1			23.5			
1984	30.7	45.0			24.3			
1985	24.2	52.6			23.2			
1986	22.2	50.3			27.5			
1987	20.7	44.4			34.9			
1988	18.5	44.7			36.8			
1989	20.3	42.6	40.7	1.9	37.1	6.6	11.7	10.5
1990	21.9	39.7	37.7	2.0	38.4	5.0	10.8	10.7
1991	19.6	39.2	35.1	4.1	41.2	4.0	10.6	10.4
1992	18.8	41.8	37.7	4.1	39.4	3.5	10.3	10.3
1993	17.4	45.2	41.0	4.2	37.4	5.0	7.9	5.3
1994	18.4	44.1	39.8	4.3	37.5	5.0	10.3	5.1
1995	16.2	45.4	39.0	6.4	38.4	5.4	11.9	5.1
1996	16.0	44.9	37.0	7.9	39.1	5.8	11.3	5.0
1997	14.3	45.4	34.8	10.6	40.3	6.1	11.5	4.9
1998	11.0	46.4	35.7	10.7	42.6	6.6	11.9	5.0
1999	11.8	45.8	35.1	10.7	42.4	6.7	11.7	4.8
2000	10.9	45.8	34.9	10.9	43.3	7.1	12.0	4.6
2001	10.2	45.9	35.0	10.9	43.9	7.5	11.5	4.3
2002	9.5	47.0	35.2	11.8	43.5	7.5	10.7	4.3
2003	8.6	48.4	35.9	12.5	43.0	7.8	9.7	4.0
2004	8.1	50.4	36.3	14.1	41.5	7.9	9.3	4.6
2005	7.2	52.8	37.2	15.6	40.0	5.5	9.2	4.5
2006	6.5	54.3	37.9	16.4	39.2	5.2	9.0	4.5

注：2004年开始使用新国民经济行业分类标准。

1－13 地区生产总值增长

单位：万元

项　　目	2005	2006	2006年比上年增长%
地区生产总值	**10 077 025**	**11 838 973**	**15.1**
第一产业	725 990	772 964	4.9
第二产业	5 321 257	6 424 463	18.3
工　业	3 749 261	4 481 541	17.6
建筑业	1 571 996	1 942 922	19.9
第三产业	4 029 778	4 641 546	12.7

注：绝对数为当年价，增长速度按可比价计算。

1－14 地区生产总值及其使用

(2006年)

单位：万元

项　　目	2006	项　　目	2006
一、总产出	26 637 443	一、总支出	26 637 443
二、中间投入	14 798 470	二、中间使用支出	14 798 470
三、地区生产总值	11 838 973	三、地区生产总值	11 838 973
1. 固定资产折旧	1 984 950	最终消费	6 571 707
2. 劳动者报酬	5 331 356	居民消费	5 665 765
3. 生产税净额	1 671 787	政府消费	905 942
4. 营业盈余	2 850 880	资本形成总额	5 395 424
		固定资本形成总额	4 012 498
		存货增加	1 382 926
		货物和服务净出口	－128 158

主 要 统 计 指 标 解 释

地区生产总值 即GDP，是一个国家（地区）所有常住单位在一定时间内按市场价格计算的生产活动的最终成果。国内生产总值有三种表现形态，即价值形态、收入形态和产品形态。从价值形态看，它是所有常住单位在一定时间内所生产的全部货物和服务价值超过同期投入的全部非固定资产货物和服务的差额，即所有常住单位的增加值之和；从收入形态看，它是所有常住单位在一定时间内所创造并分配给常住单位和非常住单位的初次分配收入之和；从产品形态看，它是最终使用的货物和服务减去进口货物和服务。在实际核算中，生产总值的三种表现形态为三种计算方法，即生产法、收入法和支出法。三种方法分别从不同的方面反映生产总值及其构成。这项指标名称全国为国内生产总值，各省、市、县都称地区生产总值。

增加值 指各部门（单位）在一定时期内从事经济、科技、社会活动获得最终成果的货币表现。反映生产单位和部门对国内生产总值的贡献。增加值包括固定资产折旧、劳动者报酬、生产税净额、营业盈余。

三次产业 根据社会生产活动历史发展的顺序对产业结构的划分，产品直接取自自然界的部门称为第一产业，对初级产品进行再加工的部门称为第二产业，为生产和消费提供各种服务的部门称为第三产业。它是世界上通用的产业结构分类，但各国的划分不尽一致。我国的三次产业划分是：

第一产业：农业（包括种植业、林业、牧业、渔业等）。

第二产业：工业（包括采掘工业、制造业、自来水、电力、蒸汽、热水、煤气）和建筑业。

第三产业：除第一、第二产业以外的其他各业。由于第三产业包括的行业多、范围广，根据我国的实际情况，第三产业可分为两大部门：一是流通部门，二是服务部门。具体又可分为四个层次。

第一层次：流通部门，包括交通运输业、邮电通讯业、商业饮食业、物资供销和仓储业。

第二层次：为生活服务的部门，包括金融、保险业、房地产业、公用事业、居民服务、旅游业、咨询信息和各类技术服务业等。

第三层次：为提高科学文化和居民素质服务的部门，包括教育、文化、广播电视事业、科研、卫生、体育和社会福利。

第四层次：为社会公共需要服务的部门，包括国家机关、政党、社团以及军队、警察等。

总消费 是常住单位在一定时期内对于物质产品和服务的最终消费支出的合计。总消费分为居民消费和社会消费。

（1）居民消费 是常住居民在核算期内为个人最终消费需求而购买的物质产品和服务的全部支出。一是居民以货币直接购买的用于生活消费的各种物质产品。包括各种耐用消费品和非耐用消费品支出，不包括居民购买的房屋和用于生产目的的支出；二是居民直接购买的用于生活消费的各种支出，包括交通费、房租、洗理、日用品修理、医疗保健、教育、文化、家庭保姆等支出；三是居民以实物工资获得的各种生活消费，包括居民得到的免费和低于市场价格获得的各种物质产品和服务；四是居民自产自用的计入核算期社会产品中的物质产品、自有住房的虚拟房租消费等。

（2）社会消费 包括政府消费和集体消费两部分。政府消费，是财政支出中用于最终消费的部分，即政府部门总产出减去其销售收入后的余额；集体消费，是各种生产单位和团体支付与本身生产活动无关的仅供集体最终消费的物质产品和服务的支出。

总投资 是常住单位在核算期内对固定资产和库存的投资支出合计，分为固定资产形成和库存增加。

（1）固定资产形成 是常住单位在核算期内建造和购置的固定资产的全部投资。包括各类房屋、建筑物、机器设备、役畜种畜、多年经济林木和在建工程等，不包括居民拥有的耐用消费品和作为纯军事目的而使用的耐用品。具体固定资产形成包括四个部分，一是由基本建设投资所形成的固定资产价值；二是由更新改造投资增加的固定资产价值；三是通过大修理增加的固定资产价值；四是由其他资金支出形成的固定资产价值。

（2）库存增加　常住单位在核算期内库存实物量变动的市场价值。期初与期末差额为正值表示库存增加，负值表示库存减少。具体包括生产单位从其他单位购买的原材料、燃料和各种储备物资等。二是生产单位生产的各种产成品、在制品、半成品等。

当年价格　指报告期的实际价格，如工厂的出厂价格，农产品的收购价格，商业的零售价格等。按当年价格计算，是指一些以货币表现的物量指标如工农业总产值、国内生产总值等，按照当年的实际价格来计算总量。使用当年价格计算的数字，是为了使国民经济各项指标相互衔接，便于考察当年经济效益，便于对生产和流通、生产和分配、生产和消费进行经济核算的综合平衡。

按当年价格计算的价值指标，在不同年份之间进行对比时，因为包含有各年间价格变动因素，不能确切反映实物量的增减变动。必须消除价格变动因素后，才能真实反映经济发展动态。因此，在计算增长速度时都使用按可比价格计算的数字。

可比价格　指在不同时期的价值指标对比时，扣除了价格变动的因素，以确切表示物量的变化。按可比价格计算有两种方法：一种是直接按产品产量乘其不变价格计算；一种是用物价指数换算。

不变价格　指用同类产品的年平均价格作为固定价格，来计算各年产品价值。按不变价格计算的产品价值除了价格变动因素，不同时期对比可以反映生产的发展速度。新中国成立后，随着工农业产品价格水平的变化，国家统计局先后五次制定了全国统一的工业产品不变价格和农业产品不变价格。从1949年到1957年使用1952年工（农）业产品不变价格，从1957年到1971年使用1957年不变价格，从1971年到1981年使用1970年不变价格，从1981年到1990年使用1980年不变价格，从1990年开始使用1990年不变价格。

平均每年增长速度　在我国计算平均增长速度有两种方法，一种是习惯上经常使用的“水平法”又称几何平均法，是以间隔期最后一年的水平同基期水平对比来计算平均每年增长（或下降）速度。

另一种是“累计法”，又称代数平均法或方程法，是以间隔期内各年水平的总和同基期水平对比来计算平均每年增长（或下降）速度。

在一般情况下，两种方法计算的平均每年增长速度比较接近，但在经济发展不平衡，出现大起大落时，两种方法计算的结果差别较大。

本《年鉴》内所列的从某年到某年平均增长速度的年份，均不包括基期年在内。如改革开放以来20年的平均增长速度是以1978年为基期计算的，则写为1979－1998年平均增长速度，其余类推。

大中城市划分　是根据管理工作的需要，按市区（不包括市辖县）的非农业人口总数多少对城市规模进行划分。目前我国统计工作中将城市分以下几组：

（1）100万人口以上为特大城市；

（2）50—100万人口为大城市；

（3）20—50万人口为中等城市；

（4）20万人口以下为小城市。

上述分组，随着我国的政治经济和改革的深入发展，将会调整。

国民经济行业分类　在统计工作中为取得分行业的数据资料并统一分类和编码，正确反映国民经济各行业的结构和发展状况，便于研究国民经济的各项比例关系，而制定的国民经济行业划分标准。按现行统计制度规定，我国行业划分为20大类，排列顺序如下：

（1）农、林、牧、渔业（2）采矿业（3）制造业（4）电力、燃气及水的生产和供应业（5）建筑业（6）交通运输、仓储和邮政业（7）信息传输、计算机服务和软件业（8）批发和零售业（9）住宿和餐饮业（10）金融业（11）房地产业（12）租赁和商务服务业（13）科学研究、技术服务和地质勘查业（14）水利、环境和公共设施管理业（15）居民服务和其他服务业（16）教育（17）卫生、社会保障和社会福利业（18）文化、体育和娱乐业（19）公共管理和社会组织（20）国际组织。

二、人口·劳动力

POPULATION AND LABOUR FORCE

本篇内容包括：

1. 主要年份户数和人口
2. 人口构成情况
3. 人口变动情况
4. 劳动力资源
5. 从业人员的社会分布状况

资料整理　　微机处理

姜同文　　刘　斌
刘　斌　　彭艳红
彭艳红

年末总人口

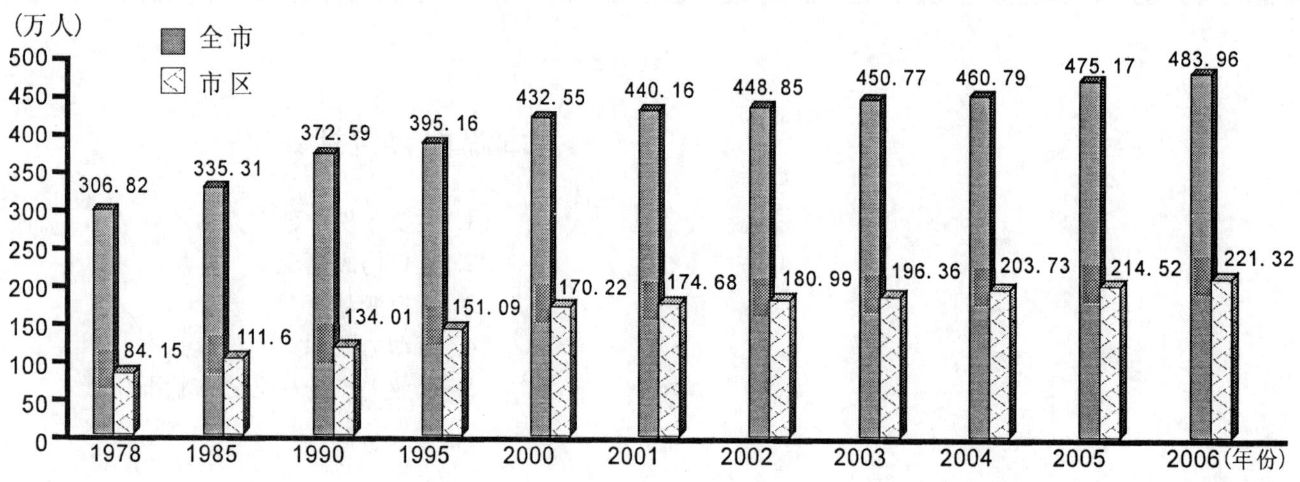

人口自然增长率

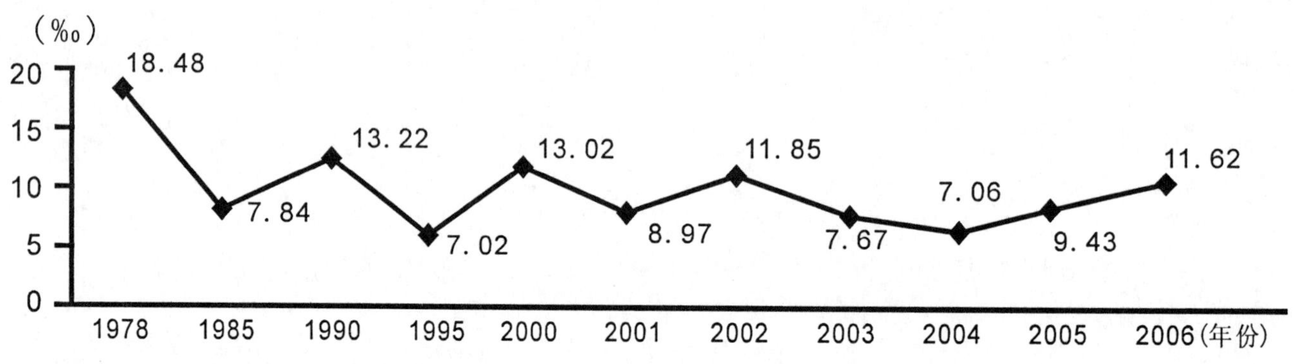

社会从业人员

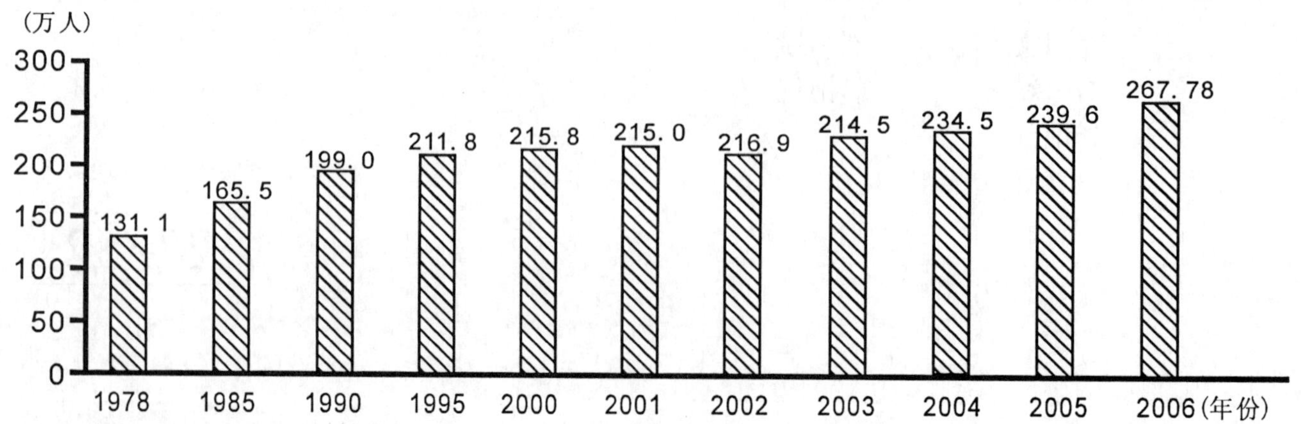

2-1 主要年份户数和人口数

年份	总户数(万户)	总人口(万人)	#市区	按性别分	
				男	女
1949	32.34	136.47	26.52	71.74	64.73
1952	34.05	143.17	33.09	74.53	68.64
1957	39.22	169.78	50.79	88.87	80.91
1962	43.16	193.77	64.77	102.59	91.18
1965	43.84	210.68	73.34	110.42	100.26
1970	50.23	243.88	67.18	127.22	116.66
1975	55.87	285.00	77.05	148.19	136.81
1978	57.32	306.82	84.15	159.69	147.13
1980	64.41	317.23	100.87	165.43	151.80
1985	71.14	335.31	111.56	174.34	160.97
1986	73.13	340.94	119.24	177.49	163.45
1987	76.21	347.76	125.87	180.93	166.83
1988	78.93	355.28	128.77	184.88	170.40
1989	82.03	362.97	130.70	188.52	174.45
1990	86.70	372.59	134.01	193.70	178.89
1991	88.34	375.42	137.12	195.33	180.09
1992	90.06	378.88	139.51	197.15	181.73
1993	91.73	382.76	142.22	199.21	183.55
1994	93.42	388.77	146.54	202.91	185.86
1995	96.25	395.16	151.09	206.43	188.73
1996	98.54	401.72	154.48	209.50	192.22
1997	100.72	407.89	157.01	212.12	195.77
1998	101.53	415.84	162.10	216.19	199.65
1999	105.50	424.23	166.31	220.92	203.31
2000	111.85	432.55	170.22	225.42	207.13
2001	114.35	440.16	174.68	231.46	208.70
2002	119.26	448.85	180.99	235.45	213.40
2003	123.57	450.77	196.37	236.77	214.00
2004	125.65	460.79	203.73	241.91	218.88
2005	127.62	475.17	214.52	250.57	224.60
2006	130.80	483.96	221.32	254.79	229.17

2-2 主要年份农业、非农业和城镇、乡村人口数

单位：万人

年份	按农业、非农业人口分		按城镇、乡村分	
	农业人口	非农业人口	城镇人口	乡村人口
1949	101.37	35.10	37.30	99.17
1952	108.03	35.14	37.50	105.67
1957	115.17	54.61	56.07	113.71
1962	126.18	67.59	72.19	121.58
1965	137.32	73.36	81.23	129.45
1970	174.75	69.13	77.73	166.15
1975	200.09	84.91	92.13	192.87
1978	215.06	91.76	110.40	196.42
1980	216.49	100.74	116.99	200.24
1985	215.88	119.43	135.82	199.49
1986	219.34	121.60	145.81	195.13
1987	221.49	126.27	155.89	191.87
1988	225.78	129.50	157.61	197.67
1989	229.21	133.76	159.77	203.20
1990	235.79	136.80	167.14	205.45
1991	235.43	139.99	175.36	200.06
1992	237.37	141.51	180.78	198.10
1993	238.81	143.95	187.03	195.73
1994	240.08	148.69	218.42	170.35
1995	241.87	153.29	221.92	173.24
1996	244.45	157.27	264.60	137.12
1997	246.31	161.58	286.48	121.41
1998	250.86	164.98	299.44	116.40
1999	255.07	169.16	307.18	117.05
2000	256.66	175.89	311.60	120.95
2001	257.71	182.45	322.98	117.18
2002	260.93	187.92	335.40	113.45
2003	255.31	195.46	348.84	101.93
2004	255.88	204.91	365.11	95.68
2005	255.23	219.94	378.73	96.44
2006	256.25	227.71	389.18	94.78

2-3 主要年份人口构成

（以年末总人口为100）　　　　单位:%

年份	男	女	农业人口	非农业人口	城镇人口	乡村人口
1949	52.6	47.4	74.3	25.7	27.3	72.7
1952	52.1	47.9	75.5	24.5	26.7	73.3
1957	52.3	47.7	67.8	32.2	33.0	67.0
1962	52.9	47.1	65.1	34.9	37.3	62.7
1965	52.4	47.6	65.2	34.8	38.6	61.4
1970	52.2	47.8	71.7	28.3	31.9	68.1
1975	52.0	48.0	70.2	29.8	32.3	67.7
1978	52.0	48.0	70.1	29.9	36.0	64.0
1980	52.1	47.9	68.2	31.8	36.9	63.1
1985	52.0	48.0	64.4	35.6	40.5	59.5
1986	52.1	47.9	64.3	35.7	42.8	57.2
1987	52.0	48.0	63.7	36.3	44.8	55.2
1988	52.0	48.0	63.5	36.5	44.4	55.6
1989	51.9	48.1	63.1	36.9	44.0	56.0
1990	52.0	48.0	63.3	36.7	44.9	55.1
1991	52.0	48.0	62.7	37.3	46.7	53.3
1992	52.0	48.0	62.7	37.3	47.7	53.3
1993	52.0	48.0	62.4	37.6	48.9	51.1
1994	52.2	47.8	61.7	38.3	56.2	43.8
1995	52.2	47.8	61.8	38.2	56.2	43.8
1996	52.2	47.8	60.9	39.1	65.9	34.1
1997	52.0	48.0	60.4	39.6	70.2	29.8
1998	52.0	48.0	60.3	39.7	72.0	28.0
1999	52.1	47.9	60.1	39.9	72.4	27.6
2000	52.1	47.9	59.3	40.7	72.0	28.0
2001	52.6	47.4	58.5	41.5	73.4	26.6
2002	52.5	47.5	58.1	41.9	74.7	25.3
2003	52.5	47.5	56.6	43.4	77.4	22.6
2004	52.5	47.5	55.4	44.5	79.2	20.8
2005	52.7	47.3	53.7	46.3	79.7	20.3
2006	52.6	47.4	52.9	47.1	80.4	19.6

2-4 主要年份人口自然变动

年份	年平均人口（万人）	人口出生率（‰）	人口死亡率（‰）	人口自然增长率（‰）	人口密度（人/平方公里）
1949	134.00	31.34	21.64	9.70	184
1952	141.00	39.72	15.67	24.05	193
1957	167.51	41.35	7.97	33.38	229
1962	192.81	33.54	8.60	24.94	262
1965	207.91	33.87	7.07	26.80	285
1970	239.73	33.11	6.62	26.49	330
1975	281.10	30.81	5.89	24.92	385
1978	303.45	24.23	5.75	18.48	415
1980	315.10	12.54	5.32	7.22	429
1985	333.48	12.62	4.78	7.84	453
1986	338.12	13.85	4.79	9.06	461
1987	344.35	11.97	4.66	7.31	470
1988	351.52	14.48	4.73	9.75	480
1989	359.12	14.10	5.00	9.10	490
1990	367.78	18.24	5.02	13.22	503
1991	374.00	13.64	4.62	9.02	507
1992	377.15	11.85	4.42	7.43	512
1993	380.82	10.75	4.21	6.54	517
1994	385.76	10.95	4.09	6.86	525
1995	391.97	11.37	4.35	7.02	534
1996	398.44	13.74	3.89	9.85	543
1997	404.81	14.05	3.91	10.14	551
1998	411.86	12.57	3.83	8.74	562
1999	420.03	12.63	3.59	9.04	573
2000	428.39	18.75	5.73	13.02	584
2001	436.35	12.41	3.44	8.97	595
2002	444.51	14.58	2.73	11.85	606
2003	449.81	10.42	2.75	7.67	609
2004	455.78	12.11	5.05	7.06	616
2005	467.98	16.13	2.63	13.50	632
2006	479.56	14.28	2.66	11.62	648

2-5 县区户数和人口数

(2006年)

地区	户数 (户)	总人口 (人)	男	女	农业人口	非农业人口
总计	**1 308 004**	**4 839 580**	**2 547 909**	**2 291 671**	**2 562 517**	**2 277 063**
区	567 213	2 213 179	1 165 563	1 047 616	475 724	1 737 455
东湖区	124 857	450 230	226 216	224 014	7 961	442 269
西湖区	127 651	420 934	211 568	209 366	21 795	399 139
青云谱区	74 000	264 095	139 047	125 048	24 677	239 418
湾里区	28 665	84 199	45 121	39 078	46 925	37 274
青山湖区	116 793	429 901	226 953	202 948	148 797	281 104
高新开发区	42 548	231 795	126 241	105 554	161 012	70 783
经济开发区	27 362	205 277	120 092	85 185	36 264	169 013
红谷滩新区	14 513	99 411	56 179	43 232	17 097	81 314
桑海开发区	10 824	27 337	14 146	13 191	10 196	17 141
县	740 791	2 626 401	1 382 346	1 244 055	2 086 793	539 608
南昌县	261 539	927 129	488 326	438 803	759 363	167 766
新建县	170 665	669 041	352 573	316 468	526 870	142 171
安义县	83 546	260 736	138 805	121 931	193 570	67 166
进贤县	225 041	769 495	402 642	366 853	606 990	162 505

2-6 县区人口变动

(2006年)

地区	年平均人口 (人)	机械变动（人）		自然变动（人）		人口出生率 (‰)	人口死亡率 (‰)	人口自然增长率 (‰)	人口机械增长率 (‰)
		迁入	迁出	出生	死亡				
总计	**4 795 630**	**133 710**	**104 279**	**68 479**	**12 775**	**14.28**	**2.66**	**11.62**	**6.14**
区	2 179 203	102 449	70 310	16 048	6 096	7.36	2.80	4.56	14.75
东湖区	449 967	10 095	12 482	3 469	1 588	7.71	3.53	4.18	-5.30
西湖区	417 099	10 422	5 346	3 405	1 821	8.16	4.37	3.79	12.17
青云谱区	262 144	10 352	6 940	2 109	862	8.05	3.29	4.76	13.02
湾里区	82 476	4 706	1 889	1 226	176	14.86	2.13	12.73	34.16
青山湖区	431 473	11 451	14 255	3 072	1 018	7.12	2.36	4.76	-6.50
红谷滩新区	93 043	12 864	1 655	681	186	7.32	2.00	5.32	120.47
高新开发区	223 404	20 180	8 021	1 274	210	5.70	0.94	4.76	54.43
经济开发区	205 931	21 860	19 432	648	174	3.15	0.84	2.31	11.79
桑海开发区	10 824	419	290	164	61	15.15	5.64	9.51	11.92
县	2 616 427	31 261	33 969	52 431	6 679	20.04	2.55	17.49	-1.03
南昌县	922 194	14 712	16 975	14 907	2 783	16.16	3.02	13.14	-2.45
新建县	672 287	7 887	7 559	18 048	1 289	26.85	1.92	24.93	0.49
安义县	257 164	1 077	1 669	6 804	266	26.46	1.03	25.43	-2.30
进贤县	764 784	7 585	7 766	12 672	2 341	16.57	3.06	13.51	-0.24

补充资料：据2006年人口抽样调查资料推算，2006年末全市常住总人口为454.54万人，出生率为13.42‰，死亡率为5.78‰，自然增长率为7.64‰，年平均人口为453.08万人。

2－7 县辖镇户数和人口数

（2006 年）

地区	户数（户）	总人口（人）	男	女	农业人口	非农业人口
合计	**482 681**	**1 678 646**	**880 874**	**795 772**	**1 219 003**	**459 643**
南昌县	169 796	598 213	314 984	283 229	458 480	139 733
莲塘镇	30 503	94 995	50 036	44 959	29 699	65 296
向塘镇	42 355	118 689	61 139	57 550	72 275	46 414
冈上镇	11 446	44 751	23 452	21 299	40 732	4 019
幽兰镇	20 720	72 221	38 578	33 643	66 331	5 890
武阳镇	14 093	50 941	27 202	23 739	47 664	3 277
三江镇	7 984	29 736	15 732	14 004	26 094	3 642
塘南镇	14 738	65 256	34 838	30 418	61 468	3 788
蒋巷镇	18 019	84 373	44 715	39 658	79 342	5 031
广福镇	9 938	37 251	19 292	17 959	34 875	2 376
新建县	102 115	408 157	215 349	192 808	296 797	111 360
长凌镇	25 068	93 100	49 841	43 259	16 238	76 862
望城镇	5 574	19 940	10 496	9 444	15 241	4 699
西山镇	8 895	40 018	20 736	19 282	37 250	2 768
石岗镇	11 703	50 131	26 773	23 358	44 402	5 729
松湖镇	7 621	33 711	17 951	15 760	31 070	2 641
生米镇	11 822	49 090	26 134	22 956	45 513	3 577
乐化镇	8 353	28 701	15 055	13 646	22 045	6 656
樵舍镇	10 287	38 128	19 811	18 317	32 733	5 395
溪霞镇	5 994	27 357	14 170	13 187	25 987	1 370
象山镇	6 798	27 981	14 382	13 599	26 318	1 663
安义县	70 523	216 794	115 348	101 446	154 036	62 758
龙津镇	24 780	63 968	33 945	30 023	13 758	50 210
鼎湖镇	9 881	32 342	17 128	15 214	29 172	3 170
东阳镇	5 644	19 412	10 318	9 094	18 082	1 330
长埠镇	6 354	22 302	11 834	10 468	21 289	1 013
万埠镇	8 279	26 947	14 299	12 648	22 919	4 028
石鼻镇	11 056	35 081	18 881	16 200	32 764	2 317
黄洲镇	4 529	16 742	8 943	7 799	16 052	690
进贤县	140 247	455 482	235 193	218 289	309 690	145 792
民和镇	56 375	161 441	83 686	77 755	56 308	105 133
梅庄镇	9 308	34 502	17 302	17 200	32 695	1 807
前坊镇	9 492	31 881	16 480	15 401	29 423	2 458
温圳镇	12 869	45 001	23 894	21 107	33 182	11 819
李渡镇	12 001	41 643	21 460	20 183	30 158	11 485
文港镇	14 415	46 782	25 030	21 752	38 784	7 998
架桥镇	7 543	30 659	15 786	14 873	29 376	1 283
罗溪镇	8 992	29 926	15 679	14 247	28 423	1 503
张公镇	9 252	33 647	17 876	15 771	31 341	2 306

2-8 计 划 生 育

(2005年10月-2006年9月)

单位：人

项目	合计	东湖区	西湖区	青云谱区	湾里区	青山湖区
一、期末已婚育龄妇女	**939 370**	**106 409**	**99 287**	**50 569**	**16 359**	**91 469**
#无孩	42 064	6 134	6 039	3 223	371	6 093
一孩	465 048	88 202	74 772	40 187	7 591	52 970
二孩	354 205	11 153	16 399	6 397	5 916	28 366
多孩	78 053	920	2 077	762	2 481	4 040
二、期末落实节育措施	**876 090**	**98 357**	**90 115**	**46 153**	**15 740**	**83 755**
#结扎	404 707	6 483	10 308	4 800	7 919	29 507
上环	362 819	65 036	54 807	30 512	7 376	35 799
皮埋	922	110	281	34	54	128
药具	102 968	26 667	24 347	10 591	364	15 622
其他	4 674	61	372	216	27	2 699
三、期末领取独生子女证	**197 391**	**53 574**	**43 203**	**34 708**	**2 026**	**22 230**
期内出生人数	44 765	2 748	3 100	1 809	802	2 655
一孩	37 279	2 601	2 925	1 713	714	2 362
二孩	7 530	141	174	93	87	288
多孩	64	6	1	3	1	5
四、计划生育率	**93.68**	**99.56**	**99.19**	**99.17**	**94.76**	**97.89**

2-8 续表1 (2005年10月-2006年9月) 单位：人

项 目	南昌县	新建县	安义县	进贤县	经济开发区	高新开发区	红谷滩新区
一、期末已婚育龄妇女	**187 475**	**122 202**	**50 583**	**156 877**	**10 729**	**31 648**	**7 605**
#无 孩	7 908	5 238	1 776	3 566	437	650	268
一 孩	65 982	40 415	14 675	60 228	5 299	7 921	2 802
二 孩	99 065	56 682	23 881	77 545	3 758	19 095	2 917
多 孩	14 520	19 867	10 251	15 538	1 235	3 982	1 618
二、期末落实节育措施	**177 041**	**114 018**	**47 718**	**148 052**	**9 918**	**30 541**	**7 233**
#结 扎	112 239	75 042	31 224	92 286	4 343	23 077	4 201
上 环	56 640	33 512	14 396	50 484	2 379	6 316	2 277
皮 埋	137	14	51	52	36	4	10
药 具	7 936	5 384	2 036	5 181	2 506	1 144	745
其 他	89	66	11	49	654		
三、期末领取独生子女证	**10 992**	**6 908**	**2 320**	**15 172**	**2 676**	**609**	**955**
期内出生人数	11 715	7 736	2 814	8 862	344	1 624	424
一 孩	9 937	6 223	2 103	6 497	279	1 370	377
二 孩	1 769	1 510	692	2 357	64	251	46
多 孩	9	3	19	8	1	3	1
四、计划生育率	**93.03**	**91.51**	**86.21**	**93.12**	**93.90**	**90.58**	**95.28**

2-9 主要年份劳动力资源

年份	劳动力资源（万人）	社会从业人员（万人）	劳动力资源占人口比重（%）	劳动力资源利用率（%）
1952	78.78	60.50	55.0	76.8
1957	82.38	65.27	48.5	79.2
1962	86.05	70.09	44.4	81.5
1965	91.88	76.02	43.6	82.7
1970	110.86	98.11	45.5	88.5
1975	126.41	111.49	44.4	88.2
1978	149.69	131.13	48.8	87.6
1980	152.67	136.03	48.1	89.1
1985	193.75	165.46	57.8	85.4
1986	195.01	166.54	57.2	85.4
1987	199.16	172.28	57.3	86.5
1988	211.77	182.55	59.6	86.2
1989	218.33	186.67	60.0	85.5
1990	233.57	199.00	62.7	85.2
1991	239.51	204.30	63.8	85.3
1992	241.51	205.96	63.7	85.3
1993	246.17	195.87	64.3	79.6
1994	251.42	205.28	64.7	81.6
1995	258.86	211.79	65.5	81.8
1996	261.08	210.96	65.0	80.8
1997	263.43	215.45	64.6	81.8
1998	277.94	215.39	66.8	77.5
1999	286.93	218.15	67.6	76.0
2000	296.74	214.96	68.6	72.4
2001	299.59	216.87	68.1	72.4
2002	300.42	214.54	66.9	71.4
2003	311.49	234.69	69.1	75.3
2004	319.09	239.60	69.2	75.1
2005	338.38	251.09	71.2	74.2
2006	345.22	267.78	71.3	77.6

2-10 主要年份社会从业人员

（按产业结构分）

年份	年末从业人员（万人）			构成（%）		
	第一产业	第二产业	第三产业	第一产业	第二产业	第三产业
1952	51.66	3.64	5.20	85.40	6.00	8.60
1957	49.11	8.62	7.54	75.20	13.20	11.60
1962	44.87	14.18	11.04	64.00	20.20	15.80
1965	47.67	15.97	12.38	62.70	21.10	16.20
1970	62.56	23.66	11.89	63.80	24.10	12.10
1975	67.91	28.11	15.47	61.00	25.20	13.80
1978	76.89	35.33	18.91	58.60	26.90	14.50
1980	75.84	39.60	20.59	55.80	29.10	15.10
1985	72.58	54.88	38.00	43.90	33.20	22.90
1986	72.23	56.13	38.18	43.40	33.70	22.90
1987	72.68	60.89	38.71	42.20	35.30	22.50
1988	80.65	62.38	39.52	44.20	34.20	21.60
1989	86.74	59.04	40.89	46.50	31.60	21.90
1990	94.57	60.98	43.45	47.50	30.70	21.80
1991	92.53	67.03	44.74	45.30	32.80	21.90
1992	90.08	67.45	48.43	43.70	32.80	23.50
1993	82.47	61.96	51.44	42.10	31.60	26.30
1994	86.27	63.87	55.14	42.00	31.10	26.90
1995	89.65	66.55	55.59	42.30	31.40	26.30
1996	86.24	61.77	62.95	40.90	29.30	29.80
1997	89.12	63.50	62.83	41.40	29.50	29.10
1998	88.88	59.46	67.05	41.30	27.60	31.10
1999	87.84	59.07	71.24	40.30	27.10	32.60
2000	84.84	56.34	73.78	39.50	26.20	34.30
2001	84.52	56.49	75.86	39.00	26.00	35.00
2002	84.71	57.43	72.40	39.50	26.80	33.70
2003	82.73	66.61	85.35	35.20	28.40	36.40
2004	81.49	64.43	93.68	34.00	26.90	39.10
2005	80.00	63.29	107.80	31.90	25.20	42.90
2006	80.04	56.75	130.99	29.90	21.20	48.90

2－11 城乡劳动力资源配置

(2006 年)　　单位：万人

	合　　计	城　　镇	乡　　村
一、年末劳动力资源总数	**345.22**	**184.32**	**160.9**
#当年新增劳动力资源	11.02	3.88	7.14
1. 年末 16 岁以上全部人数	414.74	217.34	197.4
#不计入劳动力资源的人数	72.46	36.23	36.23
2. 机械变动差额跨地区调整数	2.94	3.21	－0.27
二、经济活动人口	**271.52**	**147.2**	**124.32**
（一）从业人员	267.78	143.46	124.32
按就业者身份分			
单位就业人员	59.2	59.2	
私营业主	2.55	2.42	0.13
个体户主	10.69	8.99	1.7
私营企业和个体从业人员	42.75	39.91	2.84
乡镇企业从业人员	50.1		50.1
农村从业人员	69.55		69.55
其　　他	32.94	32.94	
按经济类型分			
国　　有	50.31	50.31	
集　　体	126.97	7.32	119.65
股份合作	0.37	0.37	
联　　营	0.5	0.5	
有限责任公司	6.42	6.42	
股份有限公司	5.53	5.53	
港澳台投资	1.73	1.73	

2－11 续表　　(2006年)　　单位：万人

	合计	城镇	乡村
外商投资	1.45	1.45	
私　　营	30.64	29.2	1.44
个　　体	25.35	22.12	3.23
其　　他	18.51	18.51	
按国民经济行业分			
1. 农、林、牧、渔业	80.04	4.22	75.82
2. 采矿业	0.05	0.05	
3. 制造业	39.08	26.72	12.36
4. 电力、燃气及水的生产和供应业	1.19	1.19	
5. 建筑业	16.44	10.7	5.74
6. 交通运输、仓储和邮政业	14.1	9.94	4.16
7. 信息传输、计算机服务和软件业	2.51	2.04	0.47
8. 批发和零售业	43.55	37.84	5.71
9. 住宿和餐饮业	6.54	3.73	2.81
10. 金融业	1.87	1.87	
11. 房地产业	1.32	1.32	
12. 租赁和商务服务业	2	2	
13. 科学研究、技术服务和地质勘查业	2.1	2.1	
14. 水利、环境和公共设施管理业	1.6	1.6	
15. 居民服务和其他服务业	3.47	3.47	
16. 教育	7.48	7.48	
17. 卫生、社会保障和社会福利业	2.66	2.66	
18. 文化、体育和娱乐业	1.5	1.5	
19. 公共管理和社会组织	4.78	4.78	
20. 其他	35.5	18.25	17.25
（二）失业人员	3.74	3.74	
三、非经济活动人口	**73.70**	**37.12**	**36.58**
#16岁以上在校学生	27.82	23.10	4.72
家务劳动者	20.05	9.41	10.64

备注：2006年社会从业人员含省工商局直属个体私营从业人员。2005年同口径由244.28万人调整为251.09万人。

2－12 社 会 从 业 人 员

(2006 年)　　　　单位：人

	合　计	城　镇	乡　村
总　　计	**2 677 770**	**1 434 607**	**1 243 163**
一、按县区分			
南　昌　县	444 522	79 575	364 947
新　建　县	345 856	60 751	285 105
安　义　县	108 252	24 362	83 890
进　贤　县	372 740	38 243	334 497
市　　区	1 406 400	1 231 676	174 724
#东　湖　区	87 959	84 074	3 885
西　湖　区	72 666	58 517	14 149
青云谱区	43 736	31 463	12 273
湾　里　区	34 875	14 252	20 623
青山湖区	95 557	28 866	66 691
经济开发区	35 573	13 298	22 275
高新开发区	130 259	42 614	87 645
红谷滩新区	15 684	3 081	12 603
二、按产业结构分			
第一产业	800 361	42 196	758 165
第二产业	567 709	386 663	181 046
第三产业	1 309 700	1 005 748	303 952
三、按国民经济行业分			
1. 农、林、牧、渔业	800 361	42 196	758 165
2. 采　掘　业	529	529	
3. 制　造　业	390 851	267 218	123 633
4. 电力、燃气及水的生产和供应业	11 884	11 884	
5. 建　筑　业	164 445	107 032	57 413
6. 交通运输、仓储和邮政业	141 007	99 421	41 586
7. 信息传输、计算机服务和软件业	25 100	20 441	4 659
8. 批发和零售业	435 477	378 370	57 107
9. 住宿和餐饮业	65 447	37 353	28 094
10. 金　融　业	18 720	18 720	
11. 房地产业	13 242	13 242	
12. 租赁和商务服务业	19 963	19 963	
13. 科学研究、技术服务和地质勘查业	21 037	21 037	
14. 水利、环境和公共设施管理业	16 042	16 042	
15. 居民服务和其他服务业	34 719	34 719	
16. 教　　育	74 771	74 771	
17. 卫生、社会保障和社会福利业	26 553	26 553	
18. 文化、体育和娱乐业	14 962	14 962	
19. 公共管理和社会组织	47 795	47 795	
20. 其　　他	354 865	182 359	172 506

2-13 主要年份职工人数

单位：人

年份	合计	国有单位	城镇集体单位	其他单位
1949	30 779	30 779		
1952	68 566	65 450	3 116	
1957	145 268	101 290	43 978	
1962	234 795	173 496	61 299	
1965	262 312	196 869	65 443	
1970	351 006	279 861	71 145	
1975	422 107	345 882	76 225	
1978	531 389	414 425	116 964	
1980	585 109	437 294	147 815	
1985	722 222	513 214	208 508	500
1986	739 198	528 794	209 648	756
1987	771 570	555 269	215 522	779
1988	812 780	587 106	224 765	909
1989	811 301	596 412	213 405	1 484
1990	820 382	605 161	213 470	1 751
1991	848 671	623 840	220 073	4 758
1992	867 877	642 302	218 708	6 867
1993	871 113	643 491	205 513	22 109
1994	880 313	645 110	205 874	29 329
1995	890 419	658 012	203 712	28 695
1996	894 112	665 881	196 889	31 342
1997	864 525	635 523	192 954	36 048
1998	847 256	576 788	162 613	107 855
1999	825 209	564 179	157 260	103 770
2000	779 295	524 250	144 178	110 867
2001	745 684	509 462	117 407	118 815
2002	715 769	487 628	104 245	123 896
2003	698 028	473 872	96 070	128 086
2004	698 074	455 809	89 405	152 860
2005	701 265	464 576	82 132	154 557
2006	716 678	482 163	71 599	162 916

2-14 主要年份在岗职工人数

单位：人

年份	合计	国有单位	城镇集体单位	其他单位
1996	810 448	618 264	161 788	30 396
1997	733 424	557 432	142 030	33 962
1998	668 806	465 179	113 001	90 626
1999	635 834	444 293	101 863	89 678
2000	587 729	382 326	80 817	87 877
2001	546 589	381 939	67 443	97 207
2002	512 654	355 989	57 248	99 417
2003	499 008	339 517	51 466	108 025
2004	513 419	338 954	48 877	125 588
2005	535 623	349 060	49 745	136 818
2006	560 564	367 100	45 740	147 724

2－15 单位从业人员数

（2006 年）

单位：人

	合计	#女性	在岗职工	国有	城镇集体	其他	在岗专业技术人员	#女性
总计	**591 999**	**205 575**	**560 564**	**367 100**	**45 740**	**147 724**	**170 914**	**70 463**
一、按隶属关系分								
中央	123 034	34 824	116 659	89 089	4 369	23 201	29 029	10 202
省属	153 873	53 399	147 597	126 267	1 899	19 431	55 809	23 771
市属	312 975	116 366	294 281	151 744	39 472	103 065	85 170	36 058
#东湖区	11 222	7 075	10 716	6 413	1 264	3 039	1 752	1 416
西湖区	8 888	4 809	6 404	4 446	1 958		2 336	1 620
青云谱区	11 136	5 977	10 518	3 873		6 645	3 158	1 720
湾里区	5 035	1 887	4 890	2 714	1 352	824	1 299	554
青山湖区	11 987	4 717	11 716	4 823	1 142	5 751	3 250	1 810
南昌县	53 681	14 952	53 332	16 173	25 529	11 630	14 617	4 623
新建县	33 890	13 028	31 936	16 204	343	15 389	8 804	3 207
安义县	12 945	5 193	12 498	7 696	586	4 214	4 617	1 809
进贤县	20 321	7 305	20 048	17 209	923	1 916	9 630	4 025
经济开发区	6 032	1 867	5 829	859		4 970	1 141	428
高新开发区	26 327	8 683	24 996	1 695	170	23 131	6 440	1 899
红谷滩新区	1 238	397	1 214	1 214			226	173
其他	2 117	986	2 027			2 027	906	432
二、按企业、事业、机关分								
企业	372 423	114 698	352 707	162 265	42 718	147 724	68 123	22 792
事业	173 577	78 282	163 249	160 240	3 009		98 978	46 156
机关	45 999	12 595	44 608	44 595	13		3 813	1 515
三、按产业结构分								
第一产业	20 422	7 953	20 299	19 534	241	524	2 998	1 091
第二产业	244 248	70 892	231 568	82 647	38 082	110 839	41 300	12 944
第三产业	327 329	126 730	308 697	264 919	7 417	36 361	126 616	56 428

2－16 各行业单位从业人员数

(2006年)

单位：人

	合　计	国有单位	城镇集体单位	其他单位
总　　计	**591 999**	**388 090**	**47 358**	**156 551**
1. 农、林、牧、渔业	20 422	19 657	241	524
2. 采　矿　业	78		78	
3. 制　造　业	146 623	33 121	7 669	105 833
#纺　织　业	9 167	1 167	290	7 710
医药制造业	15 571	4 563	14	10 994
黑色金属冶炼及压延加工业	13 410	2 989	454	9 967
通用设备制造业	9 498	4 698	210	4 590
交通运输设备制造业	29 433	2 645	2 831	23 957
4. 电力、燃气及水的生产和供应业	10 661	7 290		3 371
5. 建　筑　业	86 886	46 509	31 736	8 641
6. 交通运输、仓储和邮政业	68 841	63 570	1 319	3 952
#铁路运输业	42 654	42 098	556	
邮　政　业	5 132	5 132		
7. 信息传输、计算机服务和软件业	9 519	3 760		5 759
8. 批发和零售业	18 772	8 230	1 711	8 831
9. 住宿和餐饮业	5 568	3 580	1	1 987
10. 金　融　业	16 892	5 357	1 988	9 547
11. 房 地 产 业	7 272	3 145	124	4 003
12. 租赁和商务服务业	4 645	3 750	392	503
13. 科学研究、技术服务和地质勘查业	20 264	18 769		1 495
14. 水利、环境和公共设施管理业	15 493	12 845	1 029	1 619
15. 居民服务和其他服务业	2 015	1 573	22	420
16. 教　　育	73 579	73 534	10	35
#高 等 教 育	26 180	26 180		
17. 卫生、社会保障和社会福利业	25 892	24 861	1 031	
#卫　　生	23 719	22 688	1 031	
18. 文化、体育和娱乐业	11 866	11 828	7	31
19. 公共管理和社会组织	46 711	46 711		
#国 家 机 构	38 716	38 716		

2－17 各行业女性从业人数

（2006年）　　单位：人

	合计	国有单位	城镇集体单位	其他单位
总　计	**205 575**	**134 090**	**13 131**	**58 354**
1. 农、林、牧、渔业	7 953	7 649	101	203
2. 采矿业	3		3	
3. 制造业	56 272	12 948	3 589	39 735
#纺织业	5 896	663	208	5 025
医药制造业	7 690	2 129	3	5 558
黑色金属冶炼及压延加工业	3 740	797	182	2 761
通用设备制造业	2 684	1 528	71	1 085
交通运输设备制造业	8 752	917	1 131	6 704
4. 电力、燃气及水的生产和供应业	3 441	2 404		1 037
5. 建筑业	11 176	4 808	5 234	1 134
6. 交通运输、仓储和邮政业	16 978	14 982	777	1 219
#铁路运输业	8 312	7 768	544	
邮政业	1 775	1 775		
7. 信息传输、计算机服务和软件业	4 180	1 736		2 804
8. 批发和零售业	8 328	3 438	760	4 130
9. 住宿和餐饮业	3 337	1 981	1	1 355
10. 金融业	8 303	2 535	1 002	4 766
11. 房地产业	2 163	1 149	69	945
12. 租赁和商务服务业	1 645	1 279	210	156
13. 科学研究、技术服务和地质勘查业	6 121	5 773		348
14. 水利、环境和公共设施管理业	7 098	5 938	783	377
15. 居民服务和其他服务业	992	864	12	116
16. 教育	34 804	34 779	10	15
#高等教育	12 301	12 301		
17. 卫生、社会保障和社会福利业	15 334	14 756	578	
#卫生	14 189	13 611	578	
18. 文化、体育和娱乐业	4 503	4 487	2	14
19. 公共管理和社会组织	12 944	12 944		
#国家机构	10 228	10 228		

2－18 各行业在岗职工人数

（2006年）

单位：人

	合　计	国有单位	城镇集体单位	其他单位
总　　计	560 564	367 100	45 740	147 724
1. 农、林、牧、渔业	20 299	19 534	241	524
2. 采　矿　业	26		26	
3. 制　造　业	138 781	31 525	6 447	100 809
#纺　织　业	8 975	1 156	112	7 707
医药制造业	15 522	4 541	14	10 967
黑色金属冶炼及压延加工业	13 394	2 983	444	9 967
通用设备制造业	8 540	4 453	199	3 888
交通运输设备制造业	24 051	1 593	2 057	20 401
4. 电力、燃气及水的生产和供应业	10 521	7 158		3 363
5. 建　筑　业	82 240	43 964	31 609	6 667
6. 交通运输、仓储和邮政业	65 269	60 019	1 298	3 952
#铁路运输业	39 263	38 726	537	
邮　政　业	5 132	5 132		
7. 信息传输、计算机服务和软件业	8 927	3 736		5 191
8. 批发和零售业	17 286	6 992	1 678	8 616
9. 住宿和餐饮业	5 405	3 423	1	1 981
10. 金　融　业	16 016	5 252	1 846	8 918
11. 房 地 产 业	7 126	3 003	12	4 001
12. 租赁和商务服务业	3 969	3 102	390	477
13. 科学研究、技术服务和地质勘查业	19 717	18 280		1 437
14. 水利、环境和公共设施管理业	12 603	10 263	1 029	1 311
15. 居民服务和其他服务业	1 974	1 543	20	411
16. 教　　育	68 979	68 934	10	35
#高等教育	24 026	24 026		
17. 卫生、社会保障和社会福利业	24 963	23 947	1 016	
#卫　　生	22 869	21 853	1 016	
18. 文化、体育和娱乐业	11 465	11 427	7	31
19. 公共管理和社会组织	44 998	44 998		
#国家机构	37 759	37 759		

2－19　各行业在岗专业技术人员数

(2006 年)　　　　单位：人

	合　计	国有单位	城镇集体单位	其他单位
总　计	**170 914**	**132 855**	**7 836**	**30 223**
1. 农、林、牧、渔业	2 998	2 878	59	61
2. 采　矿　业	5		5	
3. 制　造　业	25 576	6 658	820	18 098
#纺　织　业	759	143	23	593
医药制造业	2 700	1 357	5	1 338
黑色金属冶炼及压延加工业	2 595	598	26	1 971
通用设备制造业	1 848	939	17	892
交通运输设备制造业	7 385	485	406	6 494
4. 电力、燃气及水的生产和供应业	3 221	2 359		862
5. 建　筑　业	12 498	6 378	4 626	1 494
6. 交通运输、仓储和邮政业	9 213	8 045	227	941
#铁路运输业	4 952	4 853	99	
邮　政　业	597	597		
7. 信息传输、计算机服务和软件业	3 195	1 317		1 878
8. 批发和零售业	3 044	1 634	221	1 189
9. 住宿和餐饮业	751	557		194
10. 金　融　业	8 475	3 488	1 048	3 939
11. 房地产业	765	469	52	244
12. 租赁和商务服务业	1 249	1 056	49	144
13. 科学研究、技术服务和地质勘查业	11 193	10 374		819
14. 水利、环境和公共设施管理业	2 211	1 947	19	245
15. 居民服务和其他服务业	242	166	6	70
16. 教　　育	56 948	56 928		20
#高等教育	17 006	17 006		
17. 卫生、社会保障和社会福利业	19 273	18 569	704	
#卫　　生	18 646	17 942	704	
18. 文化、体育和娱乐业	5 721	5 696		25
19. 公共管理和社会组织	4 336	4 336		
#国家机构	3 863	3 863		

2-20 在岗职工年平均人数

单位：人

	合计		国有单位		城镇集体单位		其他单位	
	2005	2006	2005	2006	2005	2006	2005	2006
总　　计	**526 411**	**551 190**	**347 406**	**363 547**	**49 941**	**45 367**	**129 064**	**142 276**
一、按录属关系分								
中　　央	107 032	116 202	78 713	89 269	4 102	4 401	24 217	22 532
省　　属	144 522	145 381	121 866	124 186	2 238	1 921	20 418	19 274
市　　属	269 732	285 911	146 827	150 092	43 601	39 045	79 304	96 774
#东　湖　区	7 417	10 557	5 624	6 366	1 692	1 267	101	2 924
西　湖　区	6 706	6 390	4 163	4 318	2 543	2 072		
青云谱区	9 063	10 341	3 123	3 781	5 182		758	6 560
湾　里　区	4 605	4 870	2 652	2 702	1 328	1 352	625	816
青山湖区	11 568	11 642	4 360	4 803	1 694	1 142	5 514	5 697
南　昌　县	46 921	52 423	15 650	16 080	19 808	25 232	11 463	11 111
新　建　县	25 455	27 733	18 366	15 438	865	345	6 224	11 950
安　义　县	10 938	12 204	6 644	7 598	700	701	3 594	3 905
进　贤　县	19 656	20 058	17 160	17 234	2 103	918	393	1 906
经济开发区	7 817	5 785	817	860			7 000	4 925
高新开发区	19 950	24 153	1 759	1 704	626	170	17 565	22 279
红谷滩新区	1 013	1 152	723	1 152			290	
其　　他	5 125	3 696					5 125	3 696
二、按企业、事业、机关分								
企　　业	326 002	346 716	149 880	162 045	47 058	42 395	129 064	142 276
事　　业	157 572	160 678	154 703	157 719	2 869	2 959		
机　　关	42 837	43 796	42 823	43 783	14	13		
三、按产业结构分								
第一产业	22 527	20 326	21 901	19 583	276	241	350	502
第二产业	218 264	227 969	79 039	82 555	40 497	37 772	98 728	107 642
第三产业	285 620	302 895	246 466	261 409	9 168	7 354	29 986	34 132

2-21 各行业在岗职工平均人数

（2006 年）

单位：人

	合　　计	国有单位	城镇集体单位	其他单位
总　　计	**551 190**	**363 547**	**45 367**	**142 276**
1. 农、林、牧、渔业	20 326	19 583	241	502
2. 采　矿　业	26		26	
3. 制　造　业	136 276	31 786	6 560	97 930
#纺　织　业	8 938	1 183	101	7 654
医药制造业	15 305	4 623	14	10 668
黑色金属冶炼及压延加工业	13 223	2 801	461	9 961
通用设备制造业	8 660	4 574	199	3 887
交通运输设备制造业	23 995	1 647	2 009	20 339
4. 电力、燃气及水的生产和供应业	10 356	7 128		3 228
5. 建　筑　业	81 311	43 641	31 186	6 484
6. 交通运输、仓储和邮政业	64 813	59 661	1 266	3 886
#铁路运输业	39 399	38 897	502	
邮　政　业	5 007	5 007		
7. 信息传输、计算机服务和软件业	8 123	3 620		4 503
8. 批发和零售业	16 550	7 252	1 697	7 601
9. 住宿和餐饮业	5 379	3 485	1	1 893
10. 金　融　业	16 056	5 210	1 846	9 000
11. 房 地 产 业	7 058	3 032	123	3 903
12. 租赁和商务服务业	3 828	2 951	391	486
13. 科学研究、技术服务和地质勘查业	19 190	18 002		1 188
14. 水利、环境和公共设施管理业	12 503	10 193	981	1 329
15. 居民服务和其他服务业	1 607	1 309	20	278
16. 教　　育	67 928	67 883	10	35
#高 等 教 育	23 552	23 552		
17. 卫生、社会保障和社会福利业	24 416	23 404	1 012	
#卫　　生	22 353	21 341	1 012	
18. 文化、体育和娱乐业	11 380	11 343	7	30
19. 公共管理和社会组织	44 064	44 064		
#国 家 机 构	37 380	37 380		

2－22 单位从业人员增加情况

（2006年）

单位：人

	合 计	从农村招收	从城镇招收	录用的退伍军人	录用的大、中专、技工学校毕业生	调 入	#外省、自治区、直辖区调入	其 他
总 计	**62 514**	**11 640**	**8 575**	**1 743**	**13 064**	**11 226**	**376**	**16 266**
一、按登记注册类型分								
1. 国有单位	24 318	852	4 319	603	4 709	10 482	251	3 353
2. 城镇集体单位	6 924	5 966	128	21	173	47		589
3. 其他单位	31 272	4 822	4 128	1 119	8 182	697	125	12 324
二、按国民经济行业分								
1. 农、林、牧、渔业	312	55	3	7	58	15		174
2. 采 矿 业								
3. 制 造 业	13 106	4 837	2 924	373	3 861	297	47	814
4. 电力、燃气及水的生产和供应业	765	2	20	59	124	268	1	292
5. 建 筑 业	8 374	6 054	1 266	48	367	225	15	414
6. 交通运输、仓储和邮政业	11 559	7	488	274	971	4 987	6	4 832
7. 信息传输、计算机服务和软件业	2 975	7	199	8	362	211	1	2 188
8. 批发和零售业	3 628	172	691	23	230	46		2 466
9. 住宿和餐饮业	421	64	292	22	20	21		2
10. 金 融 业	2 027		192	153	388	219	18	1 075
11. 房地产业	1 132	10	96	15	11	49	1	951
12. 租赁和商务服务业	582	259	4	16	24	20		259
13. 科学研究、技术服务和地质勘查业	896	1	113	16	351	218	7	197
14. 水利、环境和公共设施管理业	2 814	18	759	144	162	1 323	14	408
15. 居民服务和其他服务业	893		432	54	81	189		137
16. 教 育	6 269	63	640	156	3 203	1 314	190	893
17. 卫生、社会保障和社会福利业	1 318	8	127	29	585	164	20	405
18. 文化、体育和娱乐业	2 889	24	192	178	1 653	521		321
19. 公共管理和社会组织	2 554	59	137	168	613	1 139	56	438

2－23 单位从业人员减少情况

（2006 年）

单位：人

	合 计	离休、退休、退 职	开除、除名、辞 退	终止、解 除合 同	离开本单位仍保留劳动关系的职工	死 亡	调 出	#调到外省、自治区、直辖市	其 他
总　　计	**46 521**	**10 755**	**2 269**	**11 740**	**5 678**	**744**	**8 994**	**411**	**6 341**
一、按登记注册类型分									
1. 国 有 单 位	18 101	4 777	618	920	4 086	531	5 846	343	1 323
2. 城镇集体单位	11 852	3 225	565	2 400	1 112	135	2 574	2	1 841
3. 其 他 单 位	16 568	2 753	1 086	8 420	480	78	574	66	3 177
二、按国民经济行业分									
1. 农、林、牧、渔业	2 419	1 393	112	259	368	97	184		6
2. 采　矿　业									
3. 制　造　业	13 946	1 972	1 350	8 524	1 049	161	890	71	
4. 电力、燃气及水的生产和供应业	670	189	2	33	293	8	144	1	1
5. 建　筑　业	4 920	1 114	357	851	2 225	67	259	24	47
6. 交通运输、仓储和邮政业	8 768	1 600	17	142	1 354	91	3 534	3	2 030
7. 信息传输、计算机服务和软件业	1 836	61	36	325	4	3	170	1	1 237
8. 批发和零售业	2 402	677	85	797	37	58	63	4	685
9. 住宿和餐饮业	451	58	7	107	11	3	11	2	254
10. 金　融　业	917	172	35	228	190	9	220	47	63
11. 房 地 产 业	302	92	2	27	49	2	91		39
12. 租赁和商务服务业	2 202	453	66	243		44	232	1	1 164
13. 科学研究、技术服务和地质勘查业	507	265	11	37	3	13	169	12	9
14. 水利、环境和公共设施管理业	644	153	25	10	3	18	415		20
15. 居民服务和其他服务业	62	6	31	13	1		11		
16. 教　　育	1 833	1 024	71	72	28	66	464	149	108
17. 卫生、社会保障和社会福利业	710	337	5	27	8	23	213	32	97
18. 文化、体育和娱乐业	346	126	34	18	37	9	100	2	22
19. 公共管理和社会组织	3 586	1 063	23	27	18	72	1 824	62	559

主要统计指标解释

人口数 指在一定时点、一定地区范围内的有生命的个人的总和。

市镇人口 指市、镇区内的全部常住人口。包括市(镇)区与郊区、农业与非农业人口,但不包括市辖县人口。

乡村人口 指县(不含镇)的全部常住人口。

市 是指经国家批准成立"市"建制的城市。

镇 是指经省正式批准行政建制的镇。1963 年以前为常住人口在 2 000 人以上,非农业人口占 50% 以上的。1964 年改为常住人口在 3 000 人以上,非农业人口占 70% 以上,或常住人口在 2 500 人以上,不满 3 000 人,非农业人口占 85% 以上的。1984 年后又调整为,凡县级地方国家机关所在地;或总人口在 20 000人以下的乡,乡政府驻地非农业人口超过 2 000 人的;或总人口在 20 000 人以上的乡,乡政府驻地非农业人口占全乡人口 10% 以上;或少数民族地区、人口稀少的边远地区、山区和小型工矿区、小港口、风景旅游、边境口岸等地,非农业人口虽不足 2 000 人,都可建镇。

人口密度 指一定时点一定地区的人口数与该地区的面积数之比,即一定时点的单位土地面积上的人口数,通常以每平方公里的居住人数来表示:

$$人口密度 = \frac{该地区的人口数}{该地区的土地面积}$$

出生率 (又称粗出生率)指在一定时期内(通常为一年)一定地区平均每千人口所出生的人数的比率.它反映人口的出生水平,一般以千分率表示。计算公式:

$$出生率 = \frac{年出生人数}{年平均人数} \times 1000‰$$

死亡率 (又称粗死亡率)指在一定时期内(通常为一年)一定地区的死亡人数与同期平均人数(或期中人数)之比,一般以千分率表示。计算公式:

$$死亡率 = \frac{年死亡人数}{年平均人数} \times 1000‰$$

人口自然增长率 指在一定时期内(通常为一年)一定地区人口自然增加数(即出生人数减死亡人数)与该时期平均人数(或期中人数)之比,一般以千分率表示。计算公式:

$$人口自然增长率 = \frac{本年出生人数 - 本年死亡人数}{年平均人数} \times 1000‰$$

人口自然增长率 = 人口出生率 - 人口死亡率

社会从业人员 指在劳动年龄内,有劳动能力,参加社会劳动取得劳动报酬或经营收入的人口。包括:(1)单位从业人员;(2)私营企业和个体从业人员;(3)乡镇企业从业人员;(4)农村从业人员;(5)其他共五个部份。这一指标反映了一定时期内全部劳动力资源的实际利用情况,是研究我国基本国情国力的重要指标。

单位从业人员 指在各级国家机关、政党机关、社会团体及企业、事业单位中工作,取得工资或其他形式的劳动报酬的全部人员。包括:在岗职工、再就业的离退休人员、民办教师以及在各单位中工作的外方人员和港澳台方人员、兼职人员、借用的外单位人员和第二职业者。不包括离开本单位仍保留劳动关系的职工。

在岗职工 指在本单位工作并由单位支付工资的人员。以及有工作岗位,但由于学习、病伤产假等原因暂未工作,仍由单位支付工资的人员。

离开本单位仍保留劳动关系的职工 指由于各种原因已经离开本人的生产或工作岗位,并已不在本单位从事其他工作,但仍与用人单位保留劳动关系的职工。包括停薪留职、挂编、放长假、内部退养、下岗等。

城镇个体和私营劳动者 城镇私营劳动者指在工商管理部门注册登记,其经营地址设有县城关镇及以上的私营企业的劳动者。包括私营企业投资者和雇工。城镇个体劳动者指在工商管理部门注册登记，并持有城镇户口或在城镇长期居住，经批准从事个体工商经营的劳动者。包括：个体经营者和个体工商户劳动的家庭帮工和雇工。

农村从业人员　指农村人口中经常参加社会劳动并取得劳动报酬的整半劳动力。包括在乡镇企业及其他集体经济组织和农户中参加各项生产的劳动者及外出从事个体经营的劳动者。从事家庭副业，其收入相当于当地一个社会劳动者最低收入水平或参加社会劳动累计在三个月以上的劳动者，也包括在内。

三、人民生活

PEOPLE'S LIVELIHOOD

本篇内容包括：

1. 单位从业人员劳动报酬
2. 在岗职工工资总额和平均工资
3. 居民家庭基本情况
4. 居民生活收支情况
5. 居民拥有耐用消费品数量

资料整理

刘 斌
彭艳红
邬海文
熊晓洪
喻 建

微机处理

彭艳红
熊全琳
喻 建

职工平均工资

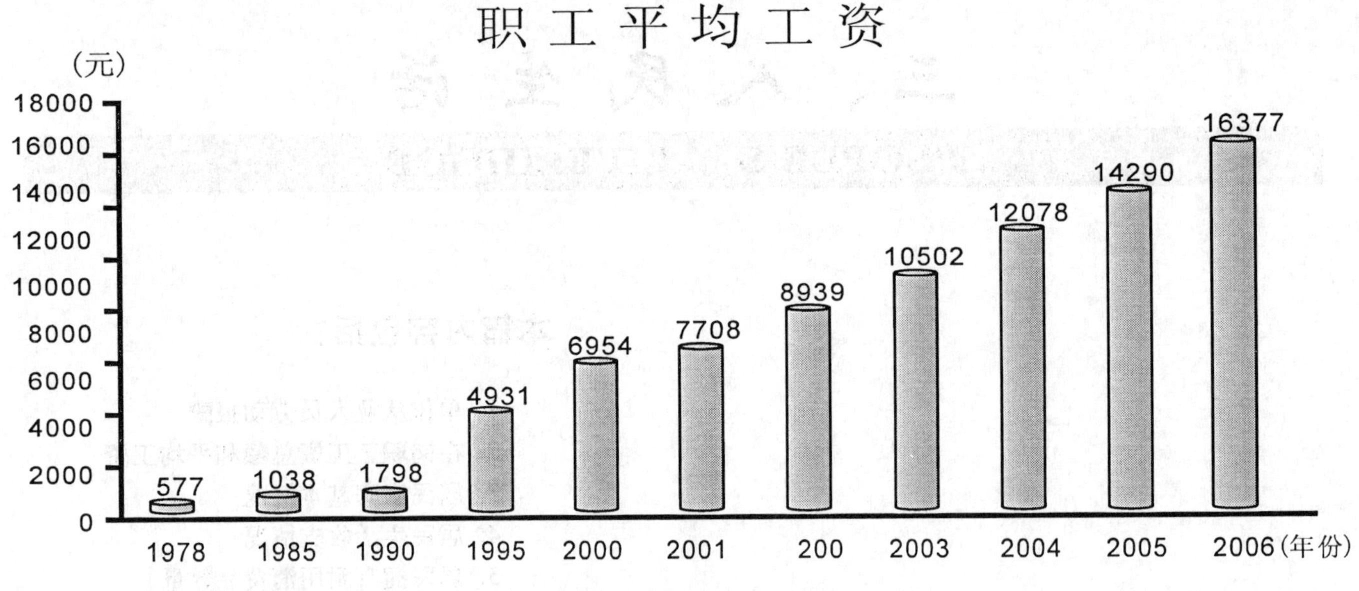

城乡居民收入水平

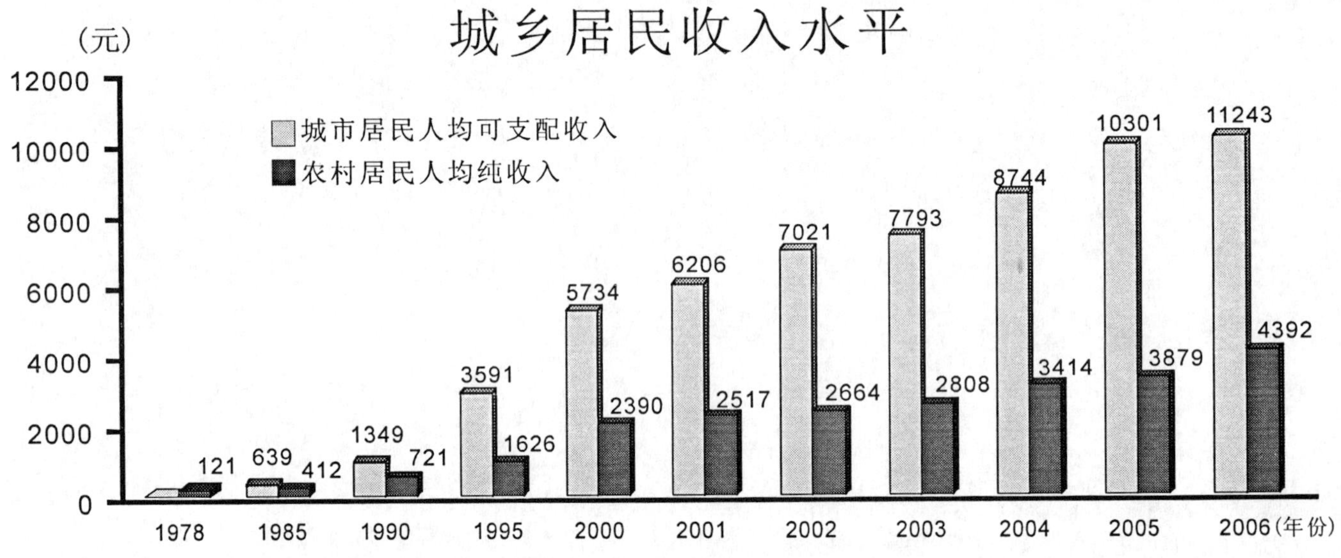

平均每百户家庭耐用消费品有量

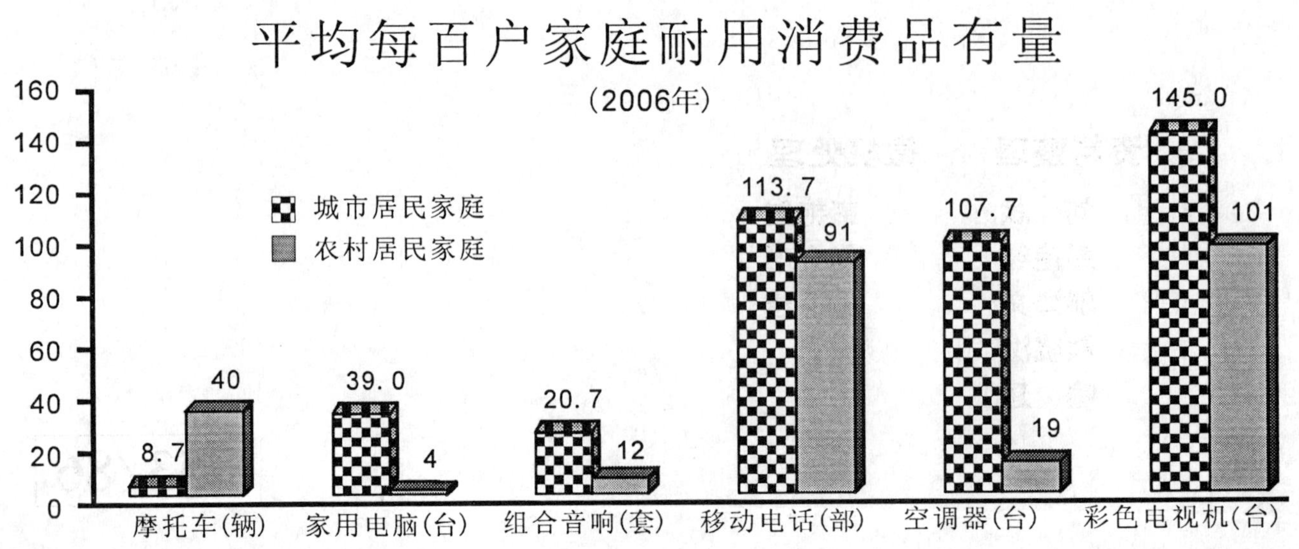

3－1 主要年份职工工资总额

单位：万元

年份	合计	国有单位	城镇集体单位	其他单位
1949	720	720		
1952	2 560	2 445	115	
1957	8 409	6 446	1 963	
1962	12 785	9 655	3 130	
1965	15 216	11 717	3 499	
1970	17 198	14 156	3 042	
1975	23 144	19 483	3 661	
1978	29 834	24 349	5 485	
1980	42 024	33 304	8 720	
1985	72 545	55 804	16 695	46
1986	84 421	65 501	18 838	82
1987	93 974	73 353	20 514	107
1988	116 949	93 072	23 737	140
1989	128 072	103 076	24 805	191
1990	145 581	117 900	27 319	362
1991	162 940	128 643	33 478	819
1992	194 962	157 180	36 184	1 598
1993	233 979	188 235	37 701	8 043
1994	330 451	267 497	47 655	15 299
1995	401 177	329 578	54 930	16 669
1996	455 264	375 408	58 565	21 291
1997	443 775	360 780	58 145	24 850
1998	448 384	322 737	51 845	73 802
1999	502 834	374 369	49 601	78 864
2000	537 932	394 064	47 033	96 035
2001	579 398	434 299	38 891	106 208
2002	639 452	469 918	40 399	129 135
2003	732 712	525 777	43 461	163 474
2004	834 292	580 521	44 347	209 424
2005	991 103	678 185	55 176	257 742
2006	1 158 368	827 623	54 505	276 240

3-2 1996—2006年在岗职工工资总额

单位：万元

年份	合计	国有单位	城镇集体单位	其他单位
1996	451 032	372 044	57 761	21 227
1997	435 815	354 519	56 817	24 479
1998	430 587	310 412	49 919	70 256
1999	479 555	357 827	47 728	74 000
2000	511 784	375 482	45 363	90 939
2001	550 181	412 258	37 553	100 370
2002	600 154	442 437	37 213	120 504
2003	692 717	497 742	39 940	155 035
2004	793 173	552 485	42 712	197 976
2005	949 918	652 909	53 854	243 155
2006	1 118 146	795 917	52 840	269 389

3-3 主要年份职工平均工资

单位：元

年份	合计	国有单位	城镇集体单位	其他单位
1949	255	255		
1952	412	413	400	
1957	595	555	455	
1962	553	564	520	
1965	602	625	534	
1970	521	541	445	
1975	552	568	480	
1978	577	596	504	
1980	732	779	597	
1985	1 039	1 127	823	1 002
1986	1 167	1 256	938	1 174
1987	1 247	1 350	980	1 285
1988	1 481	1 621	1 104	1 665
1989	1 610	1 751	1 206	1 733
1990	1 798	1 972	1 300	2 122
1991	1 962	2 100	1 561	2 287
1992	2 303	2 505	1 698	2 697
1993	2 724	2 956	1 869	3 960
1994	3 790	4 167	2 365	5 356
1995	4 931	5 307	3 301	6 364
1996	5 360	5 785	3 402	7 509
1997	5 487	5 940	3 417	7 951
1998	5 465	5 794	3 309	6 914
1999	6 228	6 797	3 229	7 656
2000	6 954	7 556	3 324	8 687
2001	7 708	8 439	3 315	8 869
2002	8 939	9 614	3 911	10 478
2003	10 502	11 085	4 533	12 822
2004	12 078	12 749	5 184	13 977
2005	14 290	14 671	6 666	17 354
2006	16 377	17 277	7 779	17 459

3-4 1996—2006年在岗职工平均工资

单位：元

年份	合计	国有单位	城镇集体单位	其他单位
1996	5 890	6 187	4 215	7 745
1997	6 340	6 405	4 765	8 391
1998	6 599	6 831	4 598	7 852
1999	7 724	8 259	4 823	8 348
2000	8 756	9 335	5 123	9 708
2001	9 953	10 650	5 637	10 129
2002	11 731	12 416	6 619	12 169
2003	13 914	14 624	7 855	14 537
2004	15 588	16 370	9 270	15 806
2005	18 045	18 794	10 784	18 840
2006	20 286	21 893	11 647	18 934

3-5 单位从业人员劳动报酬

（2006年）　　单位：万元

	合计	在岗职工工资总额	国有	城镇集体	其他	其他从业人员劳动报酬
总计	**1 156 390**	**1 118 146**	**795 917**	**52 840**	**269 389**	**38 244**
一、按隶属关系分						
中央	366 395	355 184	269 118	7 399	78 667	11 211
省属	343 497	333 600	287 405	2 367	43 828	9 897
市属	442 377	425 339	239 394	43 074	142 871	17 038
#东湖区	16 210	15 747	10 632	1 239	3 875	463
西湖区	10 978	9 332	7 481	1 851		1 646
青云谱区	15 196	13 935	6 198		7 737	1 261
湾里区	6 938	6 853	4 326	1 469	1 058	85
青山湖区	18 119	17 879	9 474	1 658	6 747	240
南昌县	68 121	67 230	24 412	28 486	14 332	891
新建县	36 402	34 763	21 096	252	13 415	1 639
安义县	13 770	13 552	8 766	729	4 057	218
进贤县	25 212	24 954	23 030	905	1 019	258
经济开发区	10 318	9 792	1 646		8 146	526
高新开发区	36 237	34 810	2 471	89	32 250	1 427
红谷滩新区	1 576	1 538	1 538			38
其他	4 121	4 023			4 023	98
二、按企业、事业、机关分						
企业	714 523	689 951	370 833	49 729	269 389	24 572
事业	344 543	332 489	329 400	3 089		12 054
机关	97 324	95 706	95 684	22		1 618
三、按产业结构分						
第一产业	17 947	17 880	17 278	155	447	67
第二产业	398 538	385 283	162 947	42 519	179 817	13 255
第三产业	739 905	714 983	615 692	10 166	89 125	24 922

3－6　各行业单位从业人员劳动报酬

（2006 年）

单位：万元

	合　计	国有单位	城镇集体单位	其他单位
总　　计	**1 156 390**	**821 279**	**54 635**	**280 476**
1. 农、林、牧、渔业	17 947	17 345	155	447
2. 采　矿　业	38		38	
3. 制　造　业	227 578	52 827	7 421	167 330
#纺　织　业	10 867	972	164	9 731
医药制造业	20 159	4 623	9	15 527
黑色金属冶炼及压延加工业	33 490	6 974	710	25 806
通用设备制造业	12 223	5 165	199	6 859
交通运输设备制造业	58 507	3 375	3 478	51 654
4. 电力、燃气及水的生产和供应业	34 489	26 775		7 714
5. 建　筑　业	136 433	87 676	36 758	11 999
6. 交通运输、仓储和邮政业	184 087	168 137	905	15 045
#铁路运输业	127 644	127 297	347	
邮　政　业	9 751	9 751		
7. 信息传输、计算机服务和软件业	26 410	8 874		17 536
8. 批发和零售业	25 204	15 220	1 028	8 956
9. 住宿和餐饮业	8 155	4 381	1	3 773
10. 金　融　业	60 922	20 262	5 603	35 057
11. 房 地 产 业	9 476	4 466	153	4 857
12. 租赁和商务服务业	9 350	7 836	511	1 003
13. 科学研究、技术服务和地质勘查业	43 672	41 045		2 627
14. 水利、环境和公共设施管理业	18 644	15 307	538	2 799
15. 居民服务和其他服务业	3 116	1 859	19	1 238
16. 教　　育	155 451	155 380	5	66
#高 等 教 育	76 068	76 068		
17. 卫生、社会保障和社会福利业	67 617	66 120	1 497	
#卫　　生	63 989	62 492	1 497	
18. 文化、体育和娱乐业	28 049	28 017	3	29
19. 公共管理和社会组织	99 752	99 752		
#国 家 机 构	83 905	83 905		

3-7 各行业在岗职工工资总额

（2006年）

单位：万元

	合计	国有单位	城镇集体单位	其他单位
总　　计	**1 118 146**	**795 917**	**52 840**	**269 389**
1. 农、林、牧、渔业	17 880	17 278	155	447
2. 采　矿　业	13		13	
3. 制　造　业	221 072	51 488	6 108	163 476
#纺　织　业	10 774	967	79	9 728
医药制造业	20 060	4 600	9	15 450
黑色金属冶炼及压延加工业	33 458	6 952	700	25 806
通用设备制造业	10 957	5 021	151	5 785
交通运输设备制造业	54 815	2 407	2 453	49 956
4. 电力、燃气及水的生产和供应业	33 977	26 299		7 678
5. 建　筑　业	130 221	85 160	36 398	8 663
6. 交通运输、仓储和邮政业	178 231	162 297	889	15 045
#铁路运输业	122 023	121 689	334	
邮　政　业	9 751	9 751		
7. 信息传输、计算机服务和软件业	25 550	8 850		16 700
8. 批发和零售业	23 714	14 114	1 015	8 585
9. 住宿和餐饮业	7 962	4 272	1	3 689
10. 金　融　业	59 220	20 003	5 570	33 647
11. 房 地 产 业	9 359	4 354	151	4 854
12. 租赁和商务服务业	8 552	7 094	509	949
13. 科学研究、技术服务和地质勘查业	42 587	40 009		2 578
14. 水利、环境和公共设施管理业	16 784	13 707	538	2 539
15. 居民服务和其他服务业	2 163	1 703	16	444
16. 教　　育	150 722	150 651	5	66
#高等教育	73 540	73 540		
17. 卫生、社会保障和社会福利业	65 215	63 746	1 469	
#卫　　生	61 683	60 215	1 469	
18. 文化、体育和娱乐业	27 075	27 043	3	29
19. 公共管理和社会组织	97 849	97 849		
#国家机构	82 977	82 977		

3－8 在岗职工年工资总额

单位：万元

	合计		国有单位		城镇集体单位		其他单位	
	2005	2006	2005	2006	2005	2006	2005	2006
总计	**949 918**	**1 118 146**	**652 909**	**795 917**	**53 854**	**52 840**	**243 155**	**269 389**
一、按隶属关系分								
中央	287 084	355 184	205 346	269 118	4 616	7 399	77 122	78 667
省属	282 128	333 600	235 295	287 405	2 342	2 367	44 491	43 828
市属	372 678	425 339	212 268	239 394	46 896	43 074	113 514	142 871
#东湖区	10 215	15 747	8 689	10 632	1 399	1 239	127	3 875
西湖区	11 414	9 332	9 255	7 481	2 159	1 851		
青云谱区	12 931	13 935	5 225	6 198	6 966		740	7 737
湾里区	5 546	6 853	3 193	4 326	1 427	1 469	926	1 058
青山湖区	16 349	17 879	7 174	9 474	2 116	1 658	7 059	6 747
南昌县	57 829	67 230	21 022	24 412	23 261	28 486	13 546	14 332
新建县	29 272	34 763	22 283	21 096	529	252	6 460	13 415
安义县	11 361	13 552	7 867	8 766	688	729	2 806	4 057
进贤县	23 685	24 954	21 916	23 030	1 388	905	381	1 019
经济开发区	10 920	9 792	1 190	1 646			9 730	8 146
高新开发区	29 828	34 810	2 110	2 471	587	89	27 131	32 250
红谷滩新区	1 341	1 538	1 045	1 538			296	
其他	8 028	4 023					8 028	4 023
二、按企业、事业、机关分								
企业	581 526	689 951	287 388	370 833	50 983	49 729	243 155	269 389
事业	278 579	332 489	275 734	329 400	2 845	3 089		
机关	89 813	95 706	89 787	95 684	26	22		
三、按产业结构分								
第一产业	18 868	17 880	18 396	17 278	187	155	285	447
第二产业	337 525	385 283	132 392	162 947	44 860	42 519	160 273	179 817
第三产业	593 525	714 983	502 121	615 692	8 807	10 166	82 597	89 125

3-9 在岗职工年平均工资

单位：元

	合计		国有单位		城镇集体单位		其他单位	
	2005	2006	2005	2006	2005	2006	2005	2006
总　　计	**18 045**	**20 286**	**18 794**	**21 893**	**10 784**	**11 647**	**18 840**	**18 934**
一、按隶属关系分								
中　　央	26 822	30 566	26 088	30 147	11 253	16 812	31 846	34 914
省　　属	19 521	22 947	19 308	23 143	10 465	12 322	21 790	22 739
市　　属	13 817	14 877	14 457	15 950	10 756	11 032	14 314	14 763
#东 湖 区	13 773	14 916	15 449	16 701	8 270	9 779	12 604	13 252
西 湖 区	17 020	14 604	22 231	17 325	8 490	8 933		
青云谱区	14 268	13 476	16 729	16 392	13 443		9 764	11 794
湾 里 区	12 044	14 072	12 039	16 010	10 747	10 865	14 819	12 966
青山湖区	14 133	15 357	16 455	19 725	12 490	14 518	12 801	11 843
南 昌 县	12 325	12 825	13 433	15 182	11 743	11 290	11 817	12 899
新 建 县	11 500	12 535	12 133	13 665	6 121	7 304	10 379	11 226
安 义 县	10 387	11 104	11 841	11 537	9 823	10 399	7 808	10 389
进 贤 县	12 050	12 441	12 772	13 363	6 598	9 858	9 695	5 346
经济开发区	13 970	16 926	14 563	19 140			13 900	16 540
高新开发区	14 951	14 412	11 997	14 501	9 372	5 235	15 446	14 476
红谷滩新区	13 243	13 354	14 462	13 351			10 203	
其　　他	15 665	10 885					15 665	10 885
二、按企业、事业、机关分								
企　　业	17 838	19 900	19 175	22 885	10 834	11 730	18 840	18 934
事　　业	17 680	20 693	17 824	20 885	9 915	10 439		
机　　关	20 966	21 853	20 967	21 854	18 643	16 923		
三、按产业结构分								
第一产业	8 376	8 797	8 400	8 823	6 779	6 432	8 140	8 904
第二产业	15 464	16 901	16 750	19 738	11 078	11 257	16 234	16 705
第三产业	20 780	23 605	20 373	23 553	9 605	13 824	27 545	26 112

3－10　全市各行业在岗职工平均工资

(2006 年)　　　　单位：元

	合　计	国有单位	城镇集体单位	其他单位
总　　计	**20 286**	**21 893**	**11 647**	**18 934**
1. 农、林、牧、渔业	8 796	8 823	6 427	8 898
2. 采　矿　业	4 846		4 846	
3. 制　造　业	16 222	16 198	9 311	16 693
#纺　织　业	12 054	8 177	7 832	12 709
医药制造业	13 107	9 951	6 714	14 483
黑色金属冶炼及压延加工业	25 303	24 821	15 180	25 907
通用设备制造业	12 652	10 977	7 583	14 883
交通运输设备制造业	22 845	14 611	12 209	24 562
4. 电力、燃气及水的生产和供应业	32 809	36 896		23 785
5. 建　筑　业	16 015	19 514	11 671	13 361
6. 交通运输、仓储和邮政业	27 499	27 203	7 029	38 715
#铁路运输业	30 971	31 285	6 657	
邮　政　业	19 474	19 474		
7. 信息传输、计算机服务和软件业	31 453	24 446		37 086
8. 批发和零售业	14 329	19 463	5 980	11 295
9. 住宿和餐饮业	14 803	12 260	6 000	19 489
10. 金　融　业	36 884	38 393	30 175	37 386
11. 房 地 产 业	13 260	14 360	12 244	12 437
12. 租赁和商务服务业	22 340	24 039	13 026	19 519
13. 科学研究、技术服务和地质勘查业	22 192	22 225		21 700
14. 水利、环境和公共设施管理业	13 424	13 448	5 484	19 102
15. 居民服务和其他服务业	13 462	13 010	8 100	15 975
16. 教　　育	22 189	22 193	4 800	18 914
#高 等 教 育	31 224	31 224		
17. 卫生、社会保障和社会福利业	26 710	27 237	14 511	
#卫　　生	27 595	28 216	14 511	
18. 文化、体育和娱乐业	23 792	23 841	4 857	9 667
19. 公共管理和社会组织	22 206	22 206		
#国 家 机 构	22 198	22 198		

3－11 主要年份城市住户基本情况

年份	调查户数（户）	平均每户家庭人口（人）	平均每户就业人口（人）	负担人口（人）	平均每人每月实际收入（元）	平均每人每月可支配收入（元）	平均每人每月生活费支出（元）
1980	120	4.28	2.16	1.98		28.26	
1981	120	4.21	2.15	1.96	33.91	33.91	30.83
1982	120	4.21	2.17	1.94	35.83	35.88	31.38
1983	120	4.23	2.19	1.93	36.63	36.31	32.25
1984	120	4.09	2.18	1.88	43.78	43.46	38.82
1985	150	3.64	2.06	1.77	54.14	53.28	46.61
1986	150	3.66	2.05	1.79	64.29	63.99	53.46
1987	150	3.64	2.01	1.81	71.48	70.45	62.5
1988	200	3.54	1.94	1.82	83.68	83.22	75.55
1989	200	3.48	1.98	1.76	95.54	110.35	84.34
1990	200	3.34	1.88	1.77	112.92	112.39	90.45
1991	200	3.41	1.85	1.85	113.71	113.19	93.84
1992	200	3.35	1.81	1.85	129.23	128.39	110.56
1993	200	3.16	1.74	1.81	172.93	172.08	153.86
1994	200	3.11	1.74	1.79	255.84	255.36	215.54
1995	200	3.07	1.76	1.75	299.94	299.22	247.89
1996	200	3.03	1.67	1.82	333.98	333.5	267.59
1997	200	3.03	1.68	1.81	376.2	375.11	311.9
1998	200	3.09	1.76	1.75	407.7	405.89	319.98
1999	334	3.05	1.68	1.82	515.28	440.63	339.78
2000	300	3.21	1.67	1.92	481.72	477.8	327.07
2001	300	3.12	1.62	1.93	525.03	517.21	357.8
2002	300	2.99	1.55	1.93	602.63	585.05	399.1
2003	300	2.93	1.48	1.98	674.43	649.43	423.24
2004	300	2.78	1.53	1.82	761.59	728.65	488.68
2005	300	2.59	1.37	1.89	907.64	858.44	588.68
2006	300	2.61	1.43	1.83	992.08	936.9	628.98

注："负担人口"指平均每个就业者所负担的人口，含就业者本人。

3-12 城市居民家庭生活基本情况

项目	2005	2006
家庭户数（户）	300	300
家庭人口（人）	777	783
就业人口（人）	411	429
平均每户家庭人口（人）	2.59	2.61
平均每户就业人口（人）	1.37	1.43
平均每户就业面（%）	52.9	54.79
平均每一就业者负担人数（含就业者本人）（人）	1.89	1.83
平均每人实际收入（元）	10 891.72	11 904.96
平均每人可支配收入（元）	10 301.28	11 242.85
平均每人生活费支出（元）	7 064.14	7 547.77
家庭常住人口（人）	777	783
居住面积（平方米）	16 177	16 389
平均每户居住面积（平方米）	53.92	54.63
平均每户建筑面积（平方米）	70.32	70.7

3-13 城市住户基本情况

（按收入分组，2006年）

项目	总平均	最低收入户	低收入户	中等偏下户	中等收入户	中等偏上户	高收入户	最高收入户
调查户数（户）	300	30	30	60	60	60	30	30
家庭人口（人）	783	92	98	162	154	149	63	65
就业人口（人）	429	46	48	86	91	90	31	37
平均每户家庭人口（人）	2.61	3.07	3.25	2.7	2.57	2.48	2.1	2.18
平均每户就业人口（人）	1.43	1.53	1.61	1.43	1.51	1.5	1.03	1.23
平均每户就业面（%）	54.8	49.8	49.5	53	58.8	60.5	49	56.4
就业者负担人口（人）	1.83	2.01	2.02	1.89	1.7	1.65	2.04	1.77
平均每人实际收入（元）	11 904.96	6 275.75	7 406.19	8 439.05	10 243.03	13 262.96	16 258.69	31805.25
平均每人消费性支出（元）	7 547.77	4 450.39	4 866.21	6 008.57	6 948.78	8 722.46	9 924.55	16190.64
离退人数（人）	201	12	18	43	41	39	26	22

3－14 城市住户平均每百户主要消费品年末拥有量

品　　名	2005	2006
组合家具（套）	70.67	76
自行车（辆）	116.67	120.67
电风扇（台）	220.33	216.33
洗衣机（台）	98.33	96
电冰箱（台）	96.33	98.33
摩托车（辆）	8.33	8.67
彩色电视（台）	141	145
影碟机（台）	54.67	54.33
淋浴热水器（架）	79.33	83.33
照相机（架）	42.67	42.33
中高档乐器（件）	7	6
空调器（台）	103.67	107.67
电炊具（台）	64.67	63.33
组合音响（台）	18	20.67
录放像机（台）	15.67	16.33
微波炉（台）	59.67	62.33
电话（台）	96	94.33
移动电话（台）	105.67	113.67
家用电脑（台）	31.67	39
摄像机（台）	2	3
消毒碗柜（台）	12.33	13.67
饮水机（台）	22.33	24

3-15 城市居民平均每人现金收支

单位：元

项　　　　　　目	2005	2006
一、期初手存现金	1 863.84	1 477.41
二、实际收入	10 891.72	11 904.96
工资及补贴收入	7 047.36	8 031.48
个体经营劳动者收入	285.76	323.81
其他劳动收入	35.97	124.03
财产性收入	50.55	36.01
转移性收入	3 472.09	3 389.62
赡养收入	96.43	112.5
离退休金	2 778.95	2 713.63
赠送收入	338.61	334.96
亲友搭伙费	190.8	164.55
记帐补贴	46.54	44.91
出售财物收入	4.12	4.92
三、储蓄借贷收入	809.87	689.14
#提取储蓄存款	756.2	683.06
借　入　款	42.68	6
四、实际支出	8 448.17	8 987.98
#赡 养 支 出	179.63	133.2
赠 送 支 出	609.4	628.44
五、储蓄借贷支出	2 210.22	2 398.82
#存入储蓄款	2 128.14	2 207.31
归 还 借 款	21.68	28.58
借　出　款	14.14	1.97
六、期末手存现金	1 951.12	1 578.42

3－16 城市居民平均每人现金收支

（按收入分组，2006年）

单位：元

项目	总平均	最低收入户	低收入户	中等偏下户	中等收入户	中等偏上户	高收入户	最高收入户
一、期初手存现金	1 477.41	793.67	1 082.92	1 144.31	1 393.05	1 302.65	2 603.27	3 368.77
二、实际收入	11 904.96	6 275.75	7 406.19	8 439.05	10 243.13	13 262.96	16 258.69	31 805.25
可支配收入	11 242.85	5 585.69	6 960.87	7 932.92	9 795.97	12 386.85	15 469.53	30 573.17
工资及补贴收入	8 031.48	4 597.59	5 222.84	5 952.21	6 921.26	9 490.41	8 630.09	20 957.99
个体经营劳动者收入	323.81		627.25	176.54	119.74	446.63	257.35	959.08
其他劳动收入	124.03	330.26	4.61	43.06	82.72	122.25	23.3	411.88
财产性收入	36.01		36.89		57.16	2.35	12.68	224.06
转移性收入	3 389.62	1 347.9	1 514.59	2 267.23	3 062.24	3 201.31	7 335.27	9 252.24
离退休金	2 713.63	1 082.13	1 258.92	1 981.49	2 661.36	2 755.75	5 606.11	6 241.66
赡养收入	112.5	2.17	45.09	42.28	51.25	88.12	422.38	444.45
赠送收入	334.96	101.37	127.07	119.94	149.87	117.25	995.08	1805.4
亲友搭伙费	164.55		45.09	76.36	154.86	186.99	251.94	681.59
记帐补贴	44.91	37.83	38.22	43.52	43.74	47.22	56.19	54.93
出售财物收入	4.92		0.06	3.33	11.66	1.35	0.75	19.28
三、储蓄借贷收入	689.14	365.65	67.63	559.91	366.74	637.37	2430.16	1594.95
提取储蓄存款	683.06	365.65	67.63	559.91	340.82	632.26	2430.16	1594.95
借入款	6				25.92	4.71		
四、实际支出	8 987.98	5 475.44	5 667.19	6 944.97	7 894.87	10 512.78	12 330.68	19 861.12
消费性支出	7 547.77	4 450.39	4 866.21	6 008.57	6 948.78	8 722.46	9 924.55	16 190.64
服务性消费支出	1 735.12	1 000.06	969.28	1 141.54	1 465.4	1 897.09	2 418	4 999.79
赡养支出	133.2	121.41	46.7	116.37	52.5	160.56	200	384.92
赠送支出	628.44	236.79	336.48	338.67	476.19	653.85	1302.25	1988.22
五、储蓄借贷支出	2 398.82	691.37	1 541.95	1 113.40	1 391.58	2 186.30	4 198.29	10 407.79
存入储蓄款	2 207.31	691.37	1 530.48	1 087.50	1 281.93	2 109.70	2 771.11	10 003.54
归还借款	28.58				35.64	41.5		163.98
借出款	1.97					10.36		
六、期末手存现金	1 578.42	833.21	1 104.98	1 222.97	1 504.30	1 402.87	2 783.32	3 631.31

3－17 城市住户平均每人生活费支出及构成

项　　目	金额（元）		构成（%）	
	2005	2006	2005	2006
生活费支出	**7 064.14**	**7 547.77**	**100**	**100**
1. 食　品	3 163.33	3 320.98	44.78	44
#粮　食	261.53	264.48	8.27	7.96
油　脂	131.38	142.18	4.15	4.28
肉禽及其制品	687.31	630.17	21.73	18.98
蛋　类	75.98	68.51	2.4	2.06
水 产 类	215.98	209.09	6.83	6.3
菜　类	382.3	447.79	12.09	13.48
烟　类	166.08	201.63	5.25	6.07
酒和饮料	105.82	112.05	3.35	3.37
干鲜瓜果	213.1	255.39	6.74	7.69
奶及奶制品	150.95	156.32	4.77	4.71
2. 衣　着	623.49	759.37	8.83	10.06
#服　装	443.44	553.99	71.12	72.95
衣着材料	11.37	7.98	1.82	1.05
3. 家庭设备用品及服务	497.99	551.27	7.05	7.3
耐用消费品	230.75	238.52	46.34	43.27
4. 医疗保健	498.07	414.65	7.05	5.49
5. 交通与通讯	594.62	608.54	8.42	8.06
6. 教育文化娱乐服务	880.31	942.86	12.46	12.49
文化娱乐用品	209.31	279	23.78	29.59
教　育	484.83	428.28	55.07	45.42
文化服务	186.17	235.58	21.15	24.99
7. 居　住	628.03	654.93	8.89	8.68
8. 杂项商品与服务	178.32	295.18	2.52	3.91

3－18 城市住户平均每人购买消费品数量

品　　名	2005	2006
粮　　食（千克）	86.71	85.61
食用植物油（千克）	15.02	15.18
鲜　　菜（千克）	135.59	136.98
猪　　肉（千克）	30.36	29.51
牛 羊 肉（千克）	1.89	1.97
家　　禽（千克）	10.59	9.29
鲜　　蛋（千克）	10.07	8.41
鱼（不包括虾）（千克）	14.64	15.31
白　　酒（千克）	1.03	1.38
啤　　酒（千克）	6.64	5.12
鲜　　瓜（千克）	14.37	13.89
鲜　　果（千克）	38.23	41.05
糕　　点（千克）	4.53	4.74
鲜　　奶（千克）	24.78	26.81
男式服装（件）	2.73	2.55
女式服装（件）	3.86	3.78
鞋（双）	2.55	2.67
煤　　炭（千克）	0.71	0.19
液化石油气（千克）	28.78	24.96
管道煤气（立方米）	39.32	37.26

3-19 城市居民居住情况

单位：户

类　　别	2005	2006
调查户数	**300**	**300**
一、按住宅建筑式样		
单栋住宅	2	4
四 居 室	5	6
三 居 室	50	55
二 居 室	205	190
一 居 室	25	31
普通楼房	11	11
平房及其他	2	3
二、按房屋产权		
租赁公房	17	19
租赁私房	4	7
原有私房	14	14
房改私房	257	248
商 品 房	7	8
其　　他	1	4
三、按自来水使用情况		
独用来水	288	290
公用自来水	12	10
四、按卫生设备拥有情况		
无卫生设备	2	3
有浴室、厕所	231	253
有厕所无浴室	67	43
公用卫生设备		1

3-20 城市居民家庭收入结构类型

(2006年)

项目	总平均数	最低收入户	低收入户	中等便下	中等收入户	中等偏上	高收入户	最高收入户
一、占总调查户数的比重(%)								
2005年	300	10	10	20	20	20	10	10
2006年	300	10	10	20	20	20	10	10
二、1. 平均人口(人)								
2005年	2.59	3.04	2.93	2.78	2.57	2.41	2.17	2.27
2006年	2.61	3.07	3.25	2.7	2.57	2.48	2.1	2.18
2. 比重(%)								
2005年	100	117.37	113.13	107.34	99.23	93.05	83.78	87.64
2006年	100	117.62	124.52	103.44	98.47	95.02	80.46	83.52
三、1. 人均可支配性收入(元)								
2005年	10 301	4 487	6 143	7 343	9 169	12 503	15 844	22 879
2006年	11 243	5 586	6 961	7 933	9 796	12 387	15 470	30 573
2. 比重(%)								
2005年	100	43.55	59.63	71.28	89.01	121.38	153.81	222.1
2006年	100	49.68	61.91	70.56	87.13	110.18	137.59	271.93
3. 2006年比上年收入增长(%)	9.14	24.49	13.31	8.04	6.84	-0.93	-2.36	33.63
四、全年人均消费性支出(元)								
2005年	7 064	3 494	4 889	5 632	6 737	8 496	9 903	12 965
2006年	7 548	4 450	4 866	6 009	6 949	8 722	9 925	16 191
2006年比上年增长(%)	6.85	27.38	-0.47	6.69	3.15	2.66	0.22	24.88

3－21　1985－2006 年农村居民家庭基本情况

年　份	调查县区（个）	调查数（户）	平均每户常住人口（人）	平均每户整半劳动力（人）	平均每个劳动力负担人口（人）	纯收入（元/人）	生活用房面积（平方米/人）
1985	6	380	5.64	3.04	1.85	412.43	15.98
1986	6	380	5.61	3.02	1.86	452.07	16.77
1987	6	390	5.41	2.82	1.91	501.34	18.36
1988	6	410	5.41	2.96	1.83	586.46	19.52
1989	6	410	5.36	3.52	1.52	660.04	20.69
1990	6	410	5.25	2.95	1.78	721.21	19.50
1991	6	410	5.02	2.79	1.80	768.19	19.78
1992	6	410	4.99	2.81	1.76	854.74	21.30
1993	6	410	4.91	2.86	1.72	968.60	19.69
1994	6	410	4.79	2.89	1.66	1 310.75	22.53
1995	6	410	4.75	2.91	1.63	1 626.36	23.71
1996	6	410	4.67	2.91	1.61	2 031.20	23.44
1997	6	410	4.55	2.84	1.60	2 358.57	25.12
1998	6	400	4.46	2.80	1.59	2 164.26	26.26
1999	6	400	4.30	2.89	1.49	2 306.86	26.77
2000	6	400	4.29	2.96	1.45	2 390.10	26.10
2001	6	400	4.28	2.93	1.46	2 517.04	27.92
2002	6	400	4.21	2.93	1.44	2 663.68	28.21
2003	6	400	4.16	2.92	1.42	2 808.10	29.46
2004	6	400	4.13	2.90	1.42	3 414.46	35.48
2005	7	400	4.14	2.92	1.42	3 878.77	38.66
2006	7	400	4.12	2.92	1.41	4 392.36	41.03

3－22　农村居民家庭基本情况

（分县区，2006 年）

地　区	调查数（户）	平均每户常住人口（人）	平均每户劳动力（人）	7－15 岁人口入学率（%）	人均经营耕地（亩）	人均经营山地（亩）	平均每人年末住房（平方米）	人均纯收入
南昌市	**400**	**4.12**	**2.92**	**98.81**	**1.52**	**0.25**	**41.03**	**4 392.36**
西湖区	**20**	3.95	2.70	100.00	0.12		89.11	6 720.21
湾里区	**50**	3.86	2.64	100.00	0.81	1.79	21.60	3 790.71
青山湖区	**50**	4.20	2.80	100.00	0.32		63.50	5 282.17
南昌县	**70**	3.94	2.61	100.00	1.51		34.38	4 555.12
新建县	**70**	4.39	3.14	95.92	2.47		39.17	4 163.85
安义县	**70**	4.06	2.94	98.11	1.93	0.18	30.16	3 839.05
进贤县	**70**	4.24	3.34	100.00	1.86	0.06	43.47	4 217.45

3－23 农村家庭房屋使用情况

项　　目	2005	2006	2006年比上年增长%
一、新建房户数（户）	7	8	14.29
二、平均每户年内新建房屋面积（平方米）	2.48	2.81	13.31
新建房屋价值（元）	1 115	1 082.5	－2.91
三、平均每户年末使用房屋面积（平方米）	159.86	168.83	5.61
生活用房面积	159.86	168.83	5.61
#砖木结构	42.75	36.72	－14.11
钢筋混凝土结构	115.62	130.95	13.26
四、平均每人年末使用房屋面积（平方米）	38.66	41.03	6.13
#砖木结构	10.34	8.92	－13.73
钢筋混凝土结构	27.96	31.82	13.81

3－24 农村居民家庭总收入和构成

项　　目	平均每人（元）		构　成（%）	
	2005	2006	2005	2006
总　收　入	**5 891.39**	**6 345.86**	**100.00**	**100.00**
一、工资性收入	1 469.32	1 630.53	24.94	25.69
1. 在非企业组织中劳动得到的收入	172.72	176.21	2.93	2.78
2. 在本乡地域内劳动得到的收入	485.35	495.53	8.24	7.81
#在本地乡镇企业	131.95	100.68	2.24	1.59
3. 常住人口外出从业得到的收入	811.25	958.79	13.77	15.11
4. 其　　他				
二、家庭经营收入	4 071.03	4 196.86	69.10	66.14
1. 农业收入	1 919.96	2 132.26	32.59	33.60
#种植业收入	1 885.34	2 081.81	32.00	32.81
2. 林业收入	33.41	17.37	0.57	0.27
3. 牧业收入	1 283.60	1 223.02	21.79	19.27
4. 渔业收入	132.45	167.50	2.25	2.64
5. 工业收入	49.59	44.24	0.84	0.70
6. 建筑业收入	99.09	58.23	1.68	0.92
7. 交通、运输和邮电业收入	319.57	262.33	5.42	4.13
8. 批发和零售贸易、餐饮业收入	126.09	147.80	2.14	2.33
9. 社会服务业收入	29.62	30.01	0.50	0.47
10. 文教卫生业收入	12.05	15.52	0.20	0.24
11. 其他家庭经营收入	65.60	98.58	1.11	1.55
三、财产性收入	148.52	282.10	2.52	4.45
四、转移性收入	202.53	236.37	3.44	3.72
#家庭非常住人口寄回收入	10.98	27.48	0.19	0.43
亲人赠送	51.56	72.29	0.88	1.14
#农村外部亲友赠送	10.79	7.38	0.18	0.12

3－25 农村居民家庭总支出和构成

项目	平均每人（元）		构成（%）	
	2005	2006	2005	2006
总支出	**4 814.46**	**4 711.41**	**100.00**	**100.00**
一、家庭生产经营支出	1 840.31	1 778.60	38.22	37.75
农业	489.32	556.01	10.16	11.80
#种植业	410.88	457.12	8.53	9.70
林业	0.04	0.13	0.00	0.00
牧业	1 037.89	973.04	21.56	20.65
渔业	31.65	84.63	0.66	1.80
工业	19.06	12.18	0.40	0.26
建筑业	24.18	4.70	0.50	0.10
交通运输和邮电业	115.10	53.62	2.39	1.14
批发和零售贸易、餐饮业	98.37	75.76	2.04	1.61
社会服务业	15.02	7.58	0.31	0.16
文教卫生业	4.71	4.75	0.10	0.10
其他家庭经营支出	4.97	6.20	0.10	0.13
二、购置生产性固定资产支出	285.50	27.43	5.93	0.58
三、税费支出	19.78	9.19	0.41	0.20
四、生活消费支出	2 472.34	2 702.09	51.35	57.35
#文化娱乐用品及服务	239.51	248.40	4.97	5.27
五、财产性支出	34.61	12.83	0.72	0.27
六、转移性支出	156.64	180.31	3.25	3.83
#寄给或带给在外人口	5.76	4.15	0.12	0.09
赠送亲友	129.53	162.84	2.69	3.46
#赠送农村以外亲友	9.97	10.35	0.21	0.22

3－26 主要年份农村居民家庭纯收入

（按人口平均）　　单位：元

项　　目	1985	1990	1995	1997	1998	1999	2000
纯　收　入	**412.43**	**731.21**	**1 626.26**	**2 358.57**	**2 164.26**	**2 306.86**	**2 390.10**
一、按纯收入来源分							
工资性收入	40.40	50.32	399.87	628.46	723.12	895.58	1 012.63
家庭经营纯收入	336.73	632.06	1 167.07	1 576.15	1 311.09	1 292.65	1 283.12
第一产业	277.33	526.85	1 072.06	1 342.64	1 077.92	1 054.93	1 077.35
第二产业	10.20	24.40	32.41	60.81	38.07	57.69	96.03
第三产业	49.20	80.81	62.60	172.71	195.10	180.03	109.74
转移性收入	29.70	40.57	40.70	84.19	96.89	85.89	62.93
财产性收入	5.60	8.26	18.72	69.77	33.16	32.74	31.42
二、按纯收入性质分							
生产性纯收入	375.53	660.22	1 552.28	2 154.88	2 021.04	2 134.43	2 275.46
农业生产	277.33	526.85	1 072.06	1 342.64	1 077.92	1 054.93	1 077.35
非农业生产	98.20	133.37	480.22	812.24	943.12	1 079.50	1 198.11
非生产性纯收入	36.90	60.99	74.08	203.69	143.22	172.43	114.64

项　　目	2001	2002	2003	2004	2005	2006
纯　收　入	**2 517.04**	**2 663.68**	**2 801.10**	**3 414.46**	**3 878.77**	**4 392.36**
一、按纯收入来源分						
工资性收入	938.85	1 024.08	1 080.04	1 214.85	1 469.32	1 630.53
家庭经营纯收入	1 434.55	1 399.55	1 465.63	1 971.29	2 099.18	2 307.86
第一产业	1 216.70	1 127.72	1 170.31	1 634.03	1 733.66	1 859.85
第二产业	91.56	82.27	68.44	98.49	100.89	80.08
第三产业	126.29	189.56	226.88	238.78	264.63	367.93
转移性收入	35.70	31.82	44.81	56.73	161.74	171.86
财产性收入	107.94	208.23	217.61	171.59	148.53	282.10
二、按纯收入性质分						
生产性纯收入	2 361.02	2 394.73	2 495.24	3 128.27	3 547.59	3 907.20
农业生产	1 216.70	1 127.72	1 170.31	1 634.02	1 733.66	1 859.85
非农业生产	1 144.32	1 267.01	1 324.93	1 494.25	1 813.93	2 047.35
非生产性纯收入	156.02	268.95	312.86	286.19	331.18	485.16

3－27 农村住户平均每人纯收入

（分县区，2006 年）

单位：元

地　　区	纯 收 入	生产性纯收入	农业生产	非农业生产	非生产性纯收入
南 昌 市	**4 392.36**	**3 907.2**	**1 859.85**	**2 047.35**	**485.16**
西 湖 区	6 720.21	3 017.80	133.41	2 884.39	3 702.41
湾 里 区	3 790.71	3 611.72	1 400.24	2 211.48	178.99
青山湖区	5 282.17	3 367.56	－170.3	3 537.86	1 920.61
南 昌 县	4 555.12	4 198.96	2 383.5	1 815.46	356.16
新 建 县	4 163.85	3 946.07	2 501.45	1 444.62	217.78
安 义 县	3 839.05	3 585.04	1 182.41	2 402.63	254.01
进 贤 县	4 217.45	3 803.63	1 548.55	2 255.08	413.82

3－28 农村住户生活消费支出

项　　目	平均每人（元）		构　成（%）		商品性比重（%）	
	2005	2006	2005	2006	2005	2006
生活消费支出	**2 472.34**	**2 702.09**	**100.00**	**100.00**		
一、食　　品	1 245.81	1 320.63	50.39	48.87	65.42	65.31
#主　　食	303.48	323.15	12.28	11.96	11.49	16.47
副　　食	532.37	549.50	21.53	20.34	75.13	73.33
二、衣　　着	138.58	155.83	5.61	5.77	100.00	100.00
三、居　　住	332.24	385.06	13.44	14.25	95.85	92.88
四、家庭设备、用品及服务	112.09	94.34	4.53	3.49		
五、医疗保健	118.77	194.57	4.80	7.20		
六、交通和通讯	234.16	242.06	9.47	8.96		
七、文化娱乐用品和服务	239.51	248.40	9.69	9.19	100.00	100.00
文化教育娱乐用品	44.61	51.03	1.80	1.89	100.00	100.00
文化教育娱乐服务	185.51	176.85	7.50	6.54		
八、其他商品和服务	51.19	61.21	2.07	2.27	100.00	100.00

注：商品性比重是指生活消费品中商品性支出所占比重，不包括自产自用部分和文化及生活服务支出。

3－29 农村居民家庭现金收入和构成

项　　目	平 均 每 人（元）		构　　成（%）	
	2005	2006	2005	2006
现 金 收 入	**5 206.18**	**5 565.94**	**100.00**	**100.00**
一、工资性收入	1 469.32	1 630.53	28.22	29.29
在非企业组织中劳动得到的	172.72	176.21	3.32	3.17
在本乡地域内劳动得到的收入	485.35	495.53	9.32	8.90
常住人口外出从业得到	811.25	958.79	15.58	17.23
其　　他				
二、家庭经营收入	3 402.26	3 440.27	65.35	61.81
出 售 产 品	2 664.11	2 729.44	51.17	49.04
农　　业	1 261.22	1 370.62	24.23	24.63
#种　植　业	1 261.22	1 370.62	24.23	24.63
林　　业	33.34	17.08	0.64	0.31
牧　　业	1 244.35	1 183.86	23.90	21.27
渔　　业	125.20	157.88	2.40	2.84
工业加工费	49.59	44.24	0.95	0.79
建　筑　业	99.09	58.23	1.90	1.05
交通运输业	319.57	262.33	6.14	4.71
批发和零售贸易、餐饮业	126.09	147.80	2.42	2.66
社会服务业	29.62	30.01	0.57	0.54
文教卫生业	12.05	15.52	0.23	0.28
其他家庭经营	58.19	93.25	1.12	1.68
三、转移性收入	188.37	230.36	3.62	4.14
四、财产性收入	146.23	264.78	2.81	4.76

3－30 农村居民家庭现金支出和构成

项目	平均每人（元）		构成（%）	
	2005	2006	2005	2006
现金支出	**4 320.23**	**4 155.75**	**100.00**	**100.00**
一、生产费用支出	2 083.62	1 743.05	48.23	41.94
1. 家庭生产经营费用	1 792.74	1 714.67	41.50	41.26
农业	475	521.74	10.99	12.55
#种植业	475	521.74	10.99	12.55
林业	0.04	0.13	0.00	0.00
牧业	1 006.75	944.73	23.30	22.73
渔业	29.54	83.28	0.68	2.00
工业	19.06	12.18	0.44	0.29
建筑业	24.18	4.7	0.56	0.11
运输业	115.10	53.62	2.66	1.29
批发和零售贸易、餐饮业	98.37	75.76	2.28	1.82
社会服务业	15.02	7.58	0.35	0.18
文教卫生业	4.71	4.75	0.11	0.11
其他经营	4.97	6.2	0.12	0.15
2. 购置生产性固定资产支出	285.50	27.43	6.61	0.66
二、税费支出	19.78	8.84	0.46	0.21
三、财产性支出	34.60	12.83	0.80	0.31
四、转移性支出	154.60	176.31	3.58	4.24
五、生活消费支出	2 027.63	2 214.73	46.93	53.29

3－31 农 村 住 户 储 蓄 借 贷

项　　目	平 均 每 人 (元)		2006 年比上年	
	2005	2006	增 减 额 (元)	增 长 率 (%)
一、非生产所得收入	293.10	357.97	64.87	22.13
#从银行信用社得到的贷款	26.48	34.08	7.6	28.70
借　入　款	136.40	274.42	138.02	101.19
收回借出款	9.02	2.12	－6.9	－76.50
从银行信用社取回存款	121.02	47.35	－73.67	－60.87
收回投资款				
二、非消费性现金付出	444.94	484.62	39.68	8.92
#归还银行信用社贷款	7.74	13.6	5.86	75.71
借　出　款	5.26	12.95	7.69	146.20
归 还 借 款	253.02	159.23	－93.79	－37.07
存入银行信用社款	105.45	249.5	144.05	136.61
支出投资款				
三、年末手存现金	830.85	1 001.48	170.63	20.54
四、年末存款余额	1 875.70	2 449.05	573.35	30.57

3－32　1992—2006 年农村住户人均纯收入

(按收入水平分组)

单位：户

分　　组	1992	1993	1994	1995	1996	1997	1998	1999	2000	2001	2002	2003	2004	2005	2006
调查户数	**410**	**410**	**410**	**410**	**410**	**410**	**400**	**400**	**400**	**400**	**400**	**400**	**400**	**400**	**400**
200 元以下		2				1	1	4	3	1	2	1		3	
200－300 元			1					2				1			
300－400 元	7	14	1		1				2				1		
400－500 元	16	19	3					1	5		4	1			
500－600 元	37	26	7		2	2	1	1	4	1	4	2	2	1	
600－800 元	104	82	23	15	6		4	10	12	4	3	4		2	3
800－1000 元	115	102	60	34	7	2	10	9	14	11	10	4	6	5	7
1000－1500 元	107	122	190	154	84	62	75	72	70	54	42	35	23	13	8
1500－2000 元	20	35	68	100	82	105	81	59	67	70	72	67	36	25	21
2000 元以上	4	18	57	107	228	238	228	242	223	259	263	285	332	351	361

3-33 主要年份农村住户平均每人主要食品消费量

单位：千克

品　　名	1985	1990	1995	1996	1997	1998	1999	2000	2004	2005	2006
粮　　食	350.07	351.4	336.9	330.5	316.1	311	295.5	295.10	240.82	208.68	216.93
蔬　　菜	159.60	172.7	136.9	150.3	121.6	157	110.8	97.82	92.68	99.3	106.5
植 物 油	5.75	6.66	10.69	10.17	9.56	10.09	8.98	8.30	6.87	6.81	7.57
动 物 油	1.34	1.64	2.20	2.77	1.97	2.53	1.33	1.55	0.88	0.75	0.68
猪　　肉	10.75	10.18	10.93	12.34	11.52	11.58	11.84	10.76	10.76	12.69	12.68
牛 羊 肉	0.15	0.33	0.45	0.53	0.42	0.36	0.37	0.35	0.21	0.17	0.18
奶和奶制品		0.21	0.14	0.16	0.36	0.27	0.29	0.44	3.33	1.13	2.76
家　　禽	1.15	1.49	1.88	1.80	2.70	2.17	2.18	2.48	2.80	3.33	3.01
蛋　　类	2.70	2.96	3.73	3.84	3.24	4.88	4.47	4.57	4.47	5.21	4.93
水 产 品	2.20	3.07	4.09	5.29	6.26	6.63	5.66	5.11	5.64	6.01	6.38
食　　糖	1.10	1.36	1.23	1.25	1.20	1.30	1.06	1.05	0.69	0.64	0.64
酒	1.45	3.52	5.32	6.43	6.55	6.60	7.59	6.97	9.54	9.39	10.61
茶　　叶	0.04	0.07	0.13	0.23	1.50	1.52	0.06		0.07	0.05	0.04
糖果、糕点	1.55	1.52	2.14	2.32	1.55	2.11	1.78	1.87			
水　　果	1.70	3.13	7.31	7.99	8.81	7.80	19.97	25.56	11.97	11.55	10.04

3-34 主要年份农村住户耐用物品拥有量

（按每百户年末平均拥有量计算）

品　　名	1985	1990	1995	1997	1998	1999	2000	2004	2005	2006
自行车（辆）	72.1	129	166.34	151.95	151.75	154.75	146.50	133.00	128.00	125.00
电风扇（台）	20.5	84	135.37	152.44	147.50	164.00	180.25	202.00	195.00	208.00
洗衣机（台）		1	3.66	4.63	6.25	6.50	9.25	13.00	14.00	22.00
电冰箱（台）		3	9.27	16.59	17.00	16.25	19.50	23.00	27.00	31.00
摩托车（辆）			1.46	5.61	8.50	12.25	14.00	31.00	35.00	40.00
黑白电视机（台）	16.6	56	86.59	81.46	80.25	79.00	74.00	58.00	28.00	28.00
彩色电视机（台）		6	13.17	24.39	31.25	32.25	48.75	70.00	93.00	101.00
收录机（台）	5.0	18	26.1	23.90	25.50	28.50	26.25	10.00	10.00	10.00
照相机（架）		1	0.98	2.20	2.50	2.00	3.50	3.00	5.00	5.00
空调机（台）								13.00	18.00	19.00
电话机（部）								58.00	69.00	75.00
移动电话（部）								50.00	72.00	91.00
影碟机（台）								24.00	24.00	34.00
微波炉（台）								2.00	4.00	6.00
热水器（台）								12.00	17.00	18.00
家用计算机（台）								1	3	4

3-35 农村住户劳动力文化程度

（2006年）　　单位：百劳率（%）

地　　区	文盲或半文盲	小学程度	初中程度	高中程度	中专程度	大专以上程度
南昌市	**4.45**	**29.77**	**53.46**	**9.15**	**2.05**	**1.11**
西湖区		22.22	53.7	18.52	3.7	1.85
湾里区	6.06	16.67	60.61	12.12	3.03	1.52
青山湖区	2.14	41.43	45.71	6.43	1.43	2.86
南昌县	2.19	25.68	59.02	9.29	3.28	0.55
新建县	12.73	28.18	48.18	7.73	2.27	0.91
安义县	3.4	35.44	48.54	11.17	0.49	0.97
进贤县	0.85	31.62	58.97	6.41	1.71	0.43

主要统计指标解释

在岗职工工资总额　指各单位在一定时期内直接支付给本单位全部在岗职工的劳动报酬总额。包括：计时工资（含计时标准工资）、计件工资、计件超额工资、奖金、津贴和补贴、加班加点工资、特殊情况下支付的工资等。

津贴和补贴　包括：（1）补偿职工特殊或额外劳动消耗的津贴及岗位性津贴。（2）保健性津贴。（3）技术性津贴。（4）年功性津贴（包括工龄津贴、教龄津贴和护士工龄津贴）。（5）地区津贴。（6）其他津贴。包括伙食补贴、上下班交通补贴、洗理卫生费、书报费等。以及为保证职工工资水平不受物价上涨或变动影响而支付的各种补贴，如副食品价格补贴（含肉类等价格补贴）、粮、油、蔬菜等价格补贴，煤价补贴、房贴、水电贴、房改补贴等。

在岗职工平均工资　指企业、事业、机关单位的在岗职工在一定时期内平均每人所得的货币工资额。它表明一定时期在岗职工工资收入的高低程度。是反映在岗职工工资水平的主要指标。计算公式为：

$$在岗职工平均工资=\frac{报告期实际支付的全部在岗职工工资总额}{报告期全部在岗职工平均人数}$$

在岗职工平均实际工资　指扣除物价变动因素后的职工平均工资。计算公式为：

$$在岗职工平均实际工资=\frac{报告期在岗职工平均工资}{报告期职工生活费价格指数}$$

城镇居民家庭就业人口　指城镇居民从事社会劳动并取得劳动报酬或经营收入的人口，就业人口包括通过国家统筹规划和指导由劳动部门介绍就业，自愿起来就业和自谋职业等方式，在国有经济单位、集体经济单位、中外合资、中外合作、外资在华独资的企事业单位和私营企业单位工作或从事个体劳动的有固定性职业或临时性职业的人口。被聘用和留用的离退休人员也计入就业人口。本指标可以反映城镇居民的就业情况，是计算就业面、负担系数的重要资料。

城镇居民家庭总收入　指调查户中生活在一起的所有家庭成员在调查期得到的工资性收入、经营性收入、财产性收入、转移性收入的总和，不包括出售财物和借贷收入。

城镇居民家庭可支配收入　指调查户可用于最终消费支出和其他非义务性支出以及储蓄的总和，即居民家庭可以用来自由支配的收入。它是家庭总收入扣除经营性支出、交纳的个人所得税、个人交纳的社会保障费以及调查户的记账补贴后的收入。计算公式为：

可支配收入=家庭总收入-经营性支出-交纳个人所得税-个人交纳的社会保障支出-记账补贴

城镇居民家庭消费性支出　指调查户用于本家庭日常生活的全部支出，包括食品、衣着、居住、家庭设备用品及服务、医疗保健、交通和通信、娱乐教育文化服务、其他商品和服务八大类。包括用于赠送的商品或服务。

农村居民家庭纯收入　指农村常住居民家庭总收入中，扣除从事生产和非生产经营费用支出、缴纳税款和上交承包集体任务金额以后剩余的，可直接用于进行生产性、非生产性建设投资、生活消费和积蓄的那一部分收入。它是反映农民家庭实际收入水平的综合性的主要指标。农民家庭纯收入，既包括从事生产性和非生产性的经营收入，又包括取自在外人口寄回带和国家财政救济、各种补贴等非经营性收入；既包括货币收入，又包括自产自用的实物收入。但不包括向银行、信用社和向亲友借款等属于借贷性的收入。

农村居民家庭整半劳动力　指农村常住居民家庭成员中有劳动能力并经常参加实际劳动的人员。是生产的基本要素指标之一，是发展生产增加农民家庭收入的重要源泉。按规定，农村男18周岁到50周岁、女18周岁到45周岁为整劳动力，男16周岁到17周岁、51到60周岁，女16周岁到17周岁、46周岁到55周岁为半劳动力。农民家庭整半劳动力，既包括在上述规定劳动年龄内和在劳动年龄以外有劳动能力并经常参加实际劳动的男女整半劳动力；也包括农民家庭常住人员中属于职工的劳动力。

但不包括在劳动年龄内已丧失劳动能力的人员。

农村居民家庭生活消费支出　指农村常住居民家庭年内用于日常生活的全部开支。它是用来反映和研究农民家庭实际生活消费水平高低的重要指标。农民家庭生活消费支出，包括用于吃、穿、住、烧、用等生活消费品开支和文化、生活服务费用开支两大部分。

农村居民家庭商品性生活消费支出　指农村常住居民家庭用其货币收入，在市场上购买食品、衣着、家庭用家具器皿、日用杂品、燃料、耐用消费品、以及文教卫生用品等生活消费总量。包括向国有商店、集体商店和集市贸易市场以及其他流通渠道购买的全部生活消费品。农民家庭商品性生活消费支出，是农民家庭生活消费支出的一个重要组成部分，是用来反映和分析农民家庭生活消费水平的商品化程度，及其由自给性经济向商品经济发展趋势的重要指标，也是研究和预测农民家庭对市场消费品需求，制定商品供应计划的重要依据。

四、物　　价

PRICE

本篇内容包括：

1. 居民消费价格指数
2. 商品零售价格指数
3. 工业品出厂价格指数
4. 原材料、燃料、动力购进价格指数

资料整理

胡惠珠
刘　健
程白晞

微机处理

刘　健
程白晞

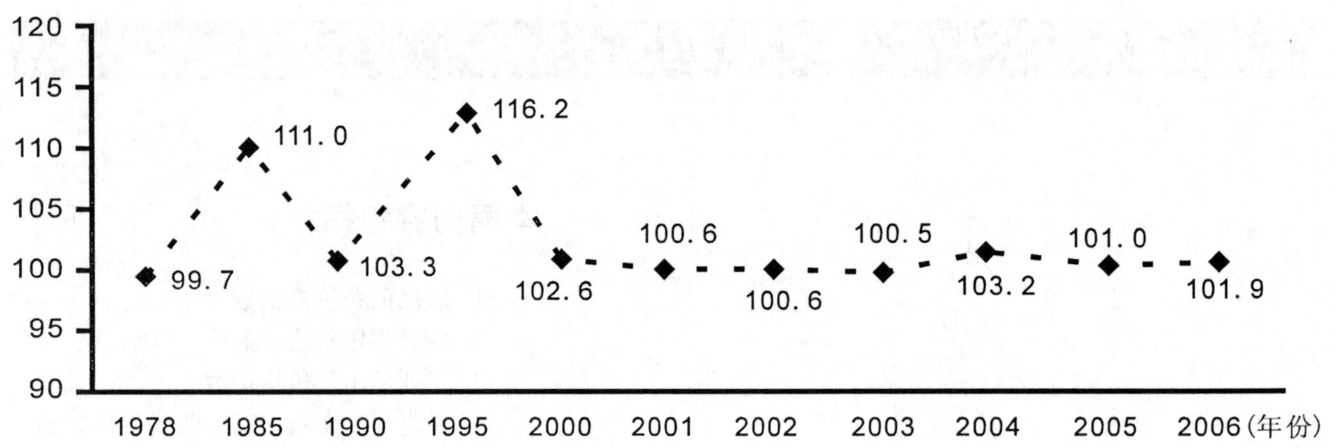
居民消费价格指数
(以上年价格为100)
120
115
110
105
100
95
90
99.7
111.0
103.3
116.2
102.6
100.6
100.6
100.5
103.2
101.0
101.9
1978
1985
1990
1995
2000
2001
2002
2003
2004
2005
2006(年份)

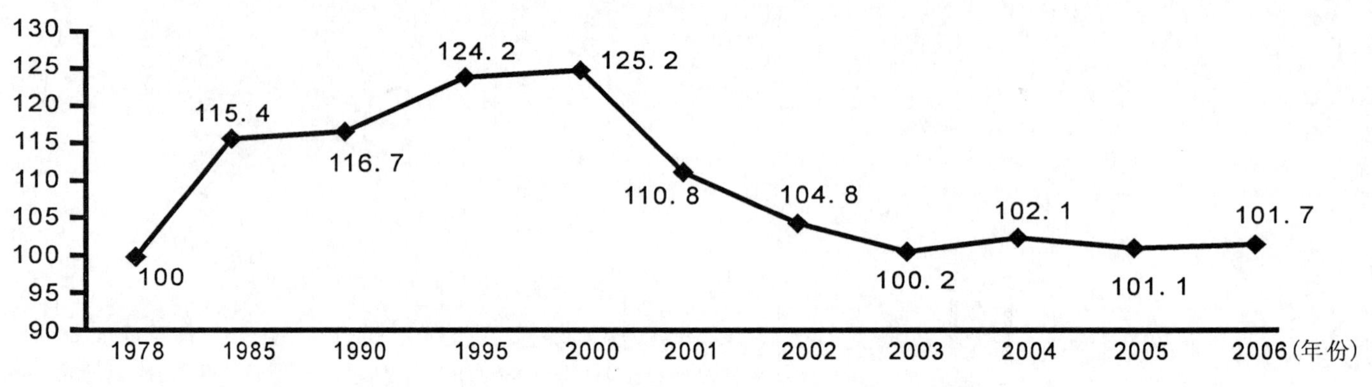
服务项目价格指数
(以上年价格为100)
130
125
120
115
110
105
100
95
90
100
115.4
116.7
124.2
125.2
110.8
104.8
100.2
102.1
101.1
101.7
1978
1985
1990
1995
2000
2001
2002
2003
2004
2005
2006(年份)

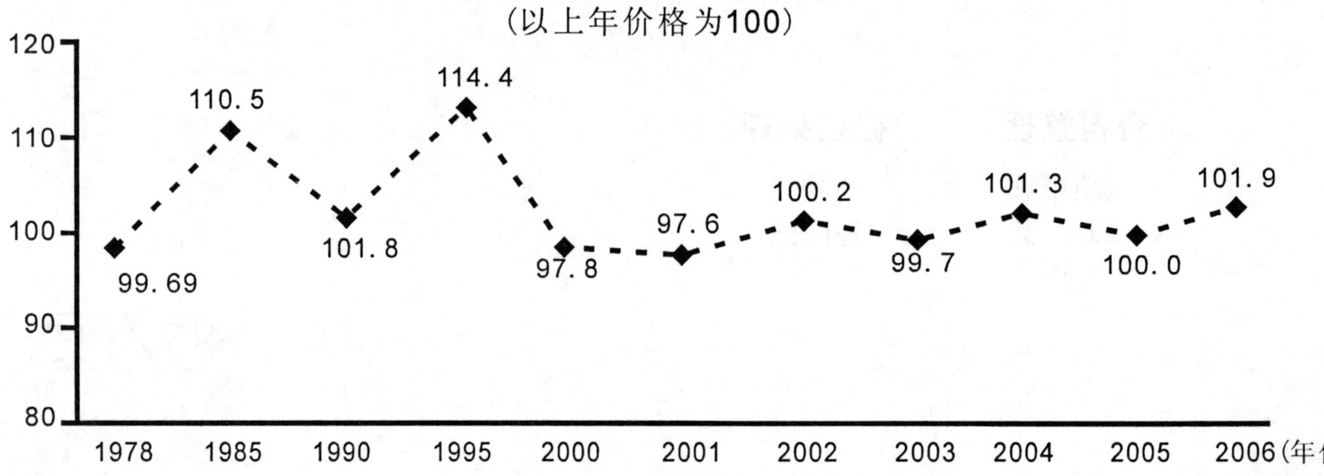
商品零售价格指数
(以上年价格为100)
120
110
100
90
80
99.69
110.5
101.8
114.4
97.8
97.6
100.2
99.7
101.3
100.0
101.9
1978
1985
1990
1995
2000
2001
2002
2003
2004
2005
2006(年份)

4－1 历年物价总指数

（以上年价格为100）

年份	消费价格指数	#服务项目价格指数	零售价格指数
1951			113.78
1952			98.82
1953			103.38
1954			102.73
1955	97.85	100.49	99.86
1956	100.53	100.00	100.62
1957	100.67	93.72	101.60
1958			100.21
1959			99.88
1960			100.00
1961	117.24	107.82	118.48
1962	99.20	94.40	99.96
1963	88.55	96.05	88.10
1964	95.87	98.20	95.52
1965	98.70	97.20	98.96
1972	99.68	99.64	99.69
1973	99.86	99.86	99.86
1974	99.85	100.11	99.82
1975	99.84	99.92	99.83
1976	99.99	100.00	99.99
1977	100.14	100.00	100.16
1978	99.73	100.00	99.69
1979	101.08	100.00	101.25
1980	106.57	100.20	107.44
1981	101.91	100.20	102.10
1982	102.20	103.00	102.10
1983	101.20	101.20	101.20
1984	102.20	103.70	102.20
1985	111.00	115.40	110.50
1986	105.20	107.20	105.00
1987	107.30	100.40	107.90
1988	126.80	109.80	128.40
1989	118.40	117.80	118.50
1990	103.30	116.70	101.80
1991	105.60	108.90	105.20
1992	111.80	114.80	111.40
1993	122.70	167.70	116.40
1994	126.10	123.40	123.10
1995	116.20	124.20	114.40
1996	108.80	114.40	107.10
1997	103.90	128.00	99.50
1998	100.90	104.80	98.30
1999	99.80	113.90	96.90
2000	102.60	125.20	97.80
2001	100.60	110.80	97.60
2002	100.60	104.80	100.20
2003	100.50	100.20	99.70
2004	103.20	102.10	101.30
2005	101.00	101.10	100.00
2006	101.90	101.70	101.90

4-2 居民消费价格指数

（2006年，以上年价格为100）

项　　目	2006	项　　目	2006	项　　目	2006
居民消费价格总指数	**101.9**	毛　线	116.1	交　　通	101.6
一、食　　品	103.1	鞋	102.3	交通工具	96.4
粮　　食	102.2	袜　　子	101.8	车用燃料及零配件	111.2
油　　脂	97.4	衣着加工服务费	100.9	车辆使用及维修费	97.9
肉禽及其制品	93.5	四、家庭设备用品及维修服务	103.2	市区公共交通费	102.6
蛋	95.3	家　　具	94.5	城市间交通费	103.1
水产品	100.2	家庭设备	104.6	通　　信	95.9
鲜　　菜	108.3	室内装饰品	105.3	通信工具	74.3
干菜及菜制品	102.7	床上用品	102.9	通信服务	100.0
糖	115.6	家庭日用杂品	102.4	七、娱乐教育文化用品及服务	98.7
饮　　料	102.1	家庭服务及加工维修服务	109.7	文娱用耐用消费品及服务	91.9
鲜瓜果	145.2	五、医疗保健和个人用品	99.5	修理服务	100.0
干（坚）果	106.7	医疗保健	97.3	教　　育	100.0
糕点饼干	103.7	医疗器具及用品	102.5	教材及参考书	100.5
液体乳及乳制品	102.2	中药材及中成药	93.2	学杂托幼费	100.0
在外用膳食品	100.2	西　　药	97.3	文化娱乐用品	100.2
其它食品	101.1	保健器具及用品	101.9	书报杂志	100.0
二、烟酒及用品	100.5	医疗保健服务	104.4	文娱费	106.7
烟　　草	97.8	个人用品及服务	104.4	旅　　游	97.4
酒	105.3	化妆美容用品	103.8	八、居　　住	105.2
三、衣　　着	102.1	清洁化妆用品	100.8	建房及装修材料	100.5
服　　装	101.9	个人饰品	113.3	租　　房	112.3
棉　　布	120.5	个人服务	100.0	自有住房	101.8
棉混纺布	114.9	六、交通和通信	98.0	水、电、燃料	105.8
化纤布	115.7				

4-3 商品零售价格指数

（2006年，以上年价格为100）

项目	2006	项目	2006
商品零售价格总指数	**101.9**	棉混纺布	114.9
一、食品	102.9	化纤布	115.7
粮食	102.0	毛线	116.1
油脂	96.8	其它	95.7
肉禽及其制品	93.8	五、家用电器及音像器材	99.8
水产品	100.0	六、文化办公用品	97.1
鲜菜	108.3	七、日用品	101.5
干菜及菜制品	102.7	日用百货	99.6
食糖	142.5	日用杂品	100.0
鲜瓜果	145.2	洗涤用品	104.2
干坚果	106.7	八、体育娱乐用品	96.9
糕点饼干面包	102.7	体育用品	100.0
液体乳及乳制品	102.1	娱乐用品	94.5
在外用膳食品	100.3	九、交通、通信用品	91.3
二、饮料、烟酒	101.5	十、家具	94.6
饮料	102.0	十一、化妆品	101.7
烟草	97.7	十二、金银珠宝	120.2
酒	105.4	十三、中西药品及医疗保健用品	97.9
三、服装、鞋帽	102.7	中药材及中成药	95.5
服装	103.2	西药	97.2
鞋袜帽	101.6	保健品及器具	101.9
其他	100.0	十四、书报杂志及电子出版物	100.5
四、纺织品	109.2	十五、燃料	113.2
棉布	120.5	十六、建筑材料及五金电料类	100.7

4-4 居民消费价格分月指数

（2006年，以上年同月价格为100）

类　　别	1月	2月	3月	一季度平均	4月	5月	6月	二季度平均	上半年平均
居民消费价格总指数	**100.6**	**100.1**	**100.9**	**100.6**	**102.1**	**102.6**	**102.0**	**102.2**	**101.4**
一、食　　品	103.1	100.1	100.2	101.1	104.3	104.8	104.2	104.4	102.8
粮　　食	103.8	103.3	100.9	102.6	100.6	100.7	102.0	101.1	101.8
大　　米	104.5	103.5	101.6	103.2	100.8	100.8	101.6	101.1	102.1
淀　　粉	97.0	90.1	89.5	92.1	88.3	87.1	87.1	87.5	89.7
干豆类及豆制品	99.5	99.6	99.8	99.6	100.5	101.7	101.6	101.3	100.4
油　　脂	94.1	93.7	92.1	93.3	92.2	93.0	94.1	93.1	93.2
肉禽及其制品	91.2	90.8	86.3	89.4	86.1	84.4	83.5	84.7	87.0
蛋	92.5	90.7	89.7	91.0	90.1	89.1	86.3	88.5	89.7
水 产 品	103.9	101.8	99.2	101.6	99.7	99.5	101.6	100.3	100.9
菜	127.1	100.9	99.5	108.1	118.5	123.2	115.1	118.9	113.2
鲜　　菜	132.4	100.5	98.4	109.0	121.1	126.0	116.0	121.0	114.6
干菜及菜制品	99.4	101.2	101.8	100.8	101.8	101.8	102.9	102.2	101.5
调 味 品	101.3	101.9	102.6	102.0	116.5	116.5	116.5	116.5	109.2
糖	116.6	119.0	116.8	117.5	120.2	119.6	123.2	121.0	119.2
茶及饮料	102.0	101.9	103.4	102.4	103.8	101.1	100.9	101.9	102.1
干鲜瓜果	117.9	123.6	145.4	129.0	171.7	175.6	178.3	175.2	151.4
鲜 瓜 果	122.8	129.2	156.0	136.1	189.0	192.5	196.3	192.6	163.4
干（坚）果	99.0	99.2	101.5	99.9	105.4	106.6	106.5	106.2	103.0
糕点饼干	99.9	100.0	100.8	100.2	100.8	105.8	106.3	104.3	102.3
液体乳及乳制品	100.5	100.2	102.8	101.1	101.2	98.4	102.2	100.6	100.9
在外用膳食品	100.7	100.7	100.7	100.7	100.7	100.0	100.0	100.2	100.5
其它食品	103.7	103.7	103.7	103.7	100.0	100.0	101.8	100.6	102.1
二、烟酒及用品	99.6	99.2	100.0	99.6	101.2	100.7	100.6	100.8	100.2
烟　　草	96.2	95.1	96.5	95.9	96.7	98.2	98.2	97.7	96.8
酒	105.6	106.2	106.3	106.0	109.8	105.2	105.0	106.7	106.3
三、衣　　着	90.6	94.4	105.2	96.6	101.5	104.0	102.9	102.8	99.7
服　　装	90.8	94.7	110.5	98.4	101.4	102.2	100.5	101.4	99.9
衣着材料	116.6	116.6	111.8	114.9	111.8	111.8	124.7	116.1	115.5
四、家庭设备用品及维修服务	102.7	102.9	101.2	102.3	101.3	102.6	103.6	102.5	102.4
五、医疗保健和个人用品	96.6	96.5	98.0	97.0	98.2	97.0	97.8	97.6	97.3
医疗保健	94.2	94.2	96.3	94.9	96.3	94.4	94.7	95.1	95.0
中药材及中成药	83.9	83.9	89.7	85.8	89.7	89.7	86.5	88.6	87.2
西　　药	95.7	95.7	95.7	95.7	95.7	95.7	98.5	96.6	96.1
医疗保健服务	114.6	114.6	114.6	114.6	114.6	100.0	100.0	104.9	109.3
个人用品及服务	101.9	101.7	101.8	101.8	102.3	102.8	104.7	103.3	102.5
六、交通和通信	98.4	98.2	97.7	98.1	97.9	98.1	97.8	97.9	98.0
交　　通	102.1	101.2	100.2	101.2	100.3	100.2	101.3	100.6	100.9
通　　信	96.4	96.4	96.3	96.4	96.5	96.8	95.9	96.4	96.4
七、娱乐教育文化用品及服务	98.6	99.4	98.0	98.7	97.9	100.0	98.3	98.7	98.7
文娱用耐用消费品及服务	92.7	93.6	93.2	93.2	90.7	91.1	90.8	90.9	92.0
教　　育	100.0	100.1	100.0	100.0	100.0	100.0	100.0	100.0	100.0
八、居　　住	106.6	107.3	106.1	106.7	106.1	104.6	103.6	104.8	105.7
租　　房	100.0	106.0	106.0	104.0	106.0	109.9	109.9	108.6	106.3
水、电、燃料	112.8	112.5	110.6	112.0	110.6	105.6	103.2	106.5	109.2

4－4 续表 （2006年，以上年同月价格为100）

类别	7月	8月	9月	三季度平均	1－9月平均	10月	11月	12月	四季度平均	全年
居民消费价格总指数	**102.1**	**101.9**	**102.5**	**102.2**	**101.7**	**101.0**	**103.1**	**103.8**	**102.6**	**101.9**
一、食品	103.9	103.3	103.3	103.5	103.0	101.1	103.9	105.7	103.6	103.1
粮食	102.0	101.4	103.2	102.2	102.0	102.2	103.5	102.9	102.9	102.2
大米	101.7	101.7	102.8	102.1	102.1	102.8	103.1	102.6	102.8	102.3
淀粉	87.1	78.5	84.7	83.4	87.5	90.6	98.9	100.0	96.5	89.5
干豆类及豆制品	102.0	102.4	102.4	102.3	101.1	102.3	102.6	102.0	102.3	101.4
油脂	93.8	95.8	97.4	95.7	94.0	98.4	104.1	120.9	107.8	97.4
肉禽及其制品	84.9	93.1	98.0	92.0	88.6	100.9	110.8	117.7	109.8	93.5
蛋	85.2	94.6	98.9	92.9	90.8	103.6	108.5	116.1	109.4	95.3
水产品	102.1	101.0	99.7	100.9	100.9	98.7	96.6	98.5	98.0	100.2
菜	112.8	107.2	108.4	109.5	112.0	94.1	100.6	93.5	96.0	107.8
鲜菜	113.2	108.2	109.4	110.3	113.2	92.4	100.0	91.5	94.6	108.3
干菜及菜制品	103.4	103.7	103.7	103.6	102.2	103.7	103.7	105.6	104.4	102.7
调味品	116.5	115.9	115.5	116.0	111.5	116.0	116.0	116.2	116.1	112.6
糖	120.0	117.1	109.4	115.5	117.9	109.1	108.8	109.9	109.3	115.6
茶及饮料	100.9	100.9	100.9	100.9	101.7	100.8	99.5	99.5	100.0	101.3
干鲜瓜果	169.9	143.6	122.1	145.2	148.9	109.9	105.4	108.4	107.9	137.9
鲜瓜果	184.4	150.9	124.4	153.2	159.3	109.5	104.8	108.0	107.4	145.2
干（坚）果	110.1	111.6	111.3	111.0	105.6	111.6	108.6	109.7	110.0	106.7
糕点饼干	106.3	106.3	104.0	105.5	103.3	105.3	104.6	104.8	104.9	103.7
液体乳及乳制品	103.0	103.7	104.4	103.7	101.8	104.4	102.6	102.6	103.2	102.2
在外用膳食品	100.0	100.0	100.0	100.0	100.3	100.0	100.0	100.0	100.0	100.2
其它食品	100.0	100.0	100.0	100.0	101.4	100.0	100.0	100.0	100.0	101.1
二、烟酒及用品	100.6	100.5	100.3	100.5	100.3	99.7	101.7	101.7	101.0	100.5
烟草	98.2	98.2	98.2	98.2	97.2	96.8	100.6	100.6	99.3	97.8
酒	105.0	104.6	104.0	104.5	105.7	104.2	104.2	104.3	104.2	105.3
三、衣着	104.9	100.8	105.7	103.8	101.0	101.3	107.9	107.0	105.4	102.1
服装	103.8	97.8	105.1	102.2	100.6	100.7	109.6	106.9	105.7	101.9
衣着材料	124.7	124.7	118.1	122.5	117.9	118.1	111.6	111.6	113.8	116.8
四、家庭设备用品及维修服务	104.0	103.9	102.8	103.6	102.8	102.9	104.6	105.4	104.3	103.2
五、医疗保健和个人用品	101.8	101.8	101.8	101.8	98.8	101.7	101.8	101.6	101.7	99.5
医疗保健	99.6	99.6	99.7	99.7	96.5	99.7	99.7	99.5	99.6	97.3
中药材及中成药	100.3	100.3	100.3	100.3	91.1	100.3	100.3	100.3	100.3	93.2
西药	98.5	98.5	98.5	98.5	96.9	98.5	98.5	98.5	98.5	97.3
医疗保健服务	100.0	100.0	100.0	100.0	106.0	100.0	100.0	100.0	100.0	104.4
个人用品及服务	106.3	106.6	106.5	106.4	103.8	106.0	106.4	106.0	106.1	104.4
六、交通和通信	97.5	97.3	98.1	97.7	97.9	98.1	98.3	98.2	98.2	98.0
交通	100.5	99.9	103.0	101.1	101.0	103.3	103.3	103.3	103.3	101.6
通信	95.9	95.8	95.3	95.7	96.2	95.1	95.3	95.2	95.2	95.9
七、娱乐教育文化用品及服务	96.6	97.1	98.5	97.4	98.3	99.0	100.3	100.8	100.0	98.7
文娱用耐用消费品及服务	88.9	90.6	92.1	90.5	91.5	92.7	93.2	93.2	93.0	91.9
教育	100.0	100.0	100.2	100.1	100.0	100.0	100.0	100.0	100.0	100.0
八、居住	104.0	106.3	106.1	105.5	105.6	103.7	104.0	104.1	104.0	105.2
租房	109.9	119.9	119.9	116.6	109.7	119.9	119.9	119.9	119.9	112.3
水、电、燃料	104.0	105.5	105.0	104.8	107.7	100.6	100.4	100.6	100.5	105.8

4-5 居民消费价格分月指数

（2006年，以上月价格为100）

类别	1月	2月	3月	4月	5月	6月
居民消费价格总指数	**101.3**	**101.1**	**99.6**	**100.7**	**101.4**	**98.8**
一、食品	102.3	103.0	97.9	101.8	101.3	98.5
粮食	100.9	100.3	99.8	100.5	100.4	100.0
大米	100.6	100.0	100.0	100.6	100.0	100.0
淀粉	100.0	100.0	100.0	100.0	100.0	100.0
干豆类及豆制品	99.9	100.4	100.1	100.7	100.9	99.8
油脂	100.0	99.1	98.2	100.0	100.0	99.9
肉禽及其制品	101.5	106.8	92.4	99.5	97.5	97.8
蛋	98.5	100.3	96.9	97.2	100.4	100.0
水产品	101.3	103.8	98.3	100.6	100.2	102.7
菜	110.2	99.7	90.0	103.8	107.9	90.4
鲜菜	111.5	98.4	88.0	104.3	108.5	88.7
干菜及菜制品	100.0	101.8	100.0	100.0	100.0	100.0
调味品	101.0	100.7	100.0	113.7	100.0	100.0
糖	104.5	102.3	99.8	102.4	100.0	101.1
茶及饮料	100.4	99.9	100.0	100.4	98.8	99.8
干鲜瓜果	106.0	118.5	110.1	109.5	105.5	99.5
鲜瓜果	107.0	121.9	111.9	110.7	106.4	99.4
干（坚）果	101.1	102.2	100.0	101.8	99.2	100.2
糕点饼干	99.2	100.1	100.1	100.0	105.8	100.4
液体乳及乳制品	100.0	100.0	102.6	100.8	98.3	102.7
在外用膳食品	100.0	100.0	100.0	100.0	100.0	100.0
其它食品	100.0	100.0	100.0	100.0	100.0	100.0
二、烟酒及用品	100.0	99.1	100.0	101.1	101.1	100.0
烟草	100.0	98.3	100.0	100.0	101.5	100.0
酒	100.1	100.1	100.0	103.3	100.9	99.9
三、衣着	100.1	99.8	108.9	98.9	103.1	98.7
服装	100.1	100.0	112.8	95.7	102.4	98.3
衣着材料	100.0	100.0	100.0	100.0	100.0	111.6
四、家庭设备用品及维修服务	100.9	100.2	99.4	100.2	101.4	100.9
五、医疗保健和个人用品	100.3	100.2	101.6	100.2	100.6	98.7
医疗保健	100.0	100.0	102.2	100.0	100.0	97.5
中药材及中成药	100.0	100.0	106.9	100.0	100.0	93.8
西药	100.0	100.0	100.0	100.0	100.0	98.5
医疗保健服务	100.0	100.0	100.0	100.0	100.0	100.0
个人用品及服务	101.1	100.5	100.3	100.5	101.8	101.2
六、交通和通信	100.2	99.8	98.8	99.9	99.9	99.7
交通	101.1	100.8	97.7	100.3	99.9	100.9
通信	99.7	99.3	99.5	99.7	99.9	98.9
七、娱乐教育文化用品及服务	101.3	101.1	97.7	100.4	103.1	97.6
文娱用耐用消费品及服务	99.9	99.7	99.4	99.4	100.4	99.6
教育	100.0	100.1	100.1	100.0	100.0	100.0
八、居住	101.1	99.1	99.1	100.1	100.6	99.2
租房	100.0	106.0	100.0	100.0	103.7	100.0
水、电、燃料	102.2	96.6	98.3	100.0	99.2	98.2

4-5 续表 （2006年，以上月价格为100）

类 别	7 月	8 月	9 月	10 月	11 月	12 月
居民消费价格总指数	**99.7**	**99.8**	**100.9**	**99.0**	**100.5**	**100.9**
一、食 品	100.3	99.6	101.0	98.1	99.7	102.2
粮 食	100.0	100.0	100.7	99.9	100.4	99.9
大 米	100.0	100.0	100.9	100.0	100.2	100.2
淀 粉	100.0	100.0	100.0	100.0	100.0	100.0
干豆类及豆制品	100.4	100.2	99.9	100.0	100.4	99.3
油 脂	99.9	100.0	100.9	100.8	105.2	116.4
肉禽及其制品	99.9	107.8	105.6	101.1	101.9	105.7
蛋	99.2	110.0	105.9	102.2	102.0	103.2
水 产 品	101.1	98.5	99.1	96.7	95.3	101.5
菜	103.4	96.5	105.1	90.3	98.8	99.8
鲜 菜	103.9	96.0	106.9	89.1	99.7	99.5
干菜及菜制品	101.5	100.3	100.0	100.0	100.0	101.8
调 味 品	100.0	100.0	100.0	100.5	100.0	100.0
糖	101.6	99.8	95.1	101.0	100.0	102.1
茶及饮料	100.0	100.0	100.0	100.2	100.0	100.0
干鲜瓜果	98.4	87.5	92.4	91.7	94.5	98.8
鲜 瓜 果	97.7	85.5	91.2	90.2	93.8	98.0
干（坚）果	103.4	100.9	100.0	100.0	98.0	102.5
糕点饼干	100.0	100.0	97.8	101.3	100.0	100.2
液体乳及乳制品	99.9	100.7	100.5	100.0	97.2	100.0
在外用膳食品	100.0	100.0	100.0	100.0	100.0	100.0
其它食品	100.0	100.0	100.0	100.0	100.0	100.0
二、烟酒及用品	100.0	100.0	100.0	98.5	102.0	100.0
烟 草	100.0	100.0	100.0	97.0	103.9	100.0
酒	99.9	100.0	100.0	100.1	100.0	100.0
三、衣 着	96.0	96.0	101.9	100.5	104.2	99.4
服 装	97.5	94.2	104.0	100.7	104.8	97.5
衣着材料	100.0	100.0	100.0	100.0	100.0	100.0
四、家庭设备用品及维修服务	100.6	100.0	99.4	100.4	101.5	100.4
五、医疗保健和个人用品	99.9	100.1	100.0	99.8	100.3	100.0
医疗保健	100.0	100.0	100.0	100.0	100.0	99.8
中药材及中成药	100.0	100.0	100.0	100.0	100.0	100.0
西 药	100.0	100.0	100.0	100.0	100.0	100.0
医疗保健服务	100.0	100.0	100.0	100.0	100.0	100.0
个人用品及服务	99.8	100.2	100.0	99.3	101.0	100.2
六、交通和通信	99.6	99.8	100.9	99.7	99.9	99.8
交 通	99.5	100.0	103.2	99.9	100.0	100.0
通 信	99.7	99.7	99.5	99.5	99.9	99.7
七、娱乐教育文化用品及服务	99.7	99.8	101.1	99.4	99.4	100.0
文娱用耐用消费品及服务	97.9	98.1	99.6	99.0	100.1	100.0
教 育	100.0	100.0	100.0	99.8	100.0	100.0
八、居 住	100.6	103.0	100.7	99.2	100.8	100.6
租 房	100.0	109.0	100.0	100.0	100.0	100.0
水、电、燃料	101.2	103.0	101.5	98.3	101.0	101.3

4-6 商品零售价格分月指数

（2006年，以上年同月价格为100）

类别	1月	2月	3月	一季度平均	4月	5月	6月	二季度平均	上半年平均
商品零售价格总指数	**100.4**	**99.7**	**100.3**	**100.2**	**101.7**	**102.4**	**102.8**	**102.3**	**101.2**
一、食品	103.5	99.7	99.5	100.9	103.9	104.6	103.7	104.1	102.4
粮食	103.0	102.8	100.6	102.1	100.6	100.5	101.8	101.0	101.5
油脂	93.8	93.3	91.8	93.0	91.9	92.7	93.5	92.7	92.8
肉禽及其制品	91.6	91.4	86.9	90.0	86.6	85.0	84.0	85.2	87.6
水产品	103.7	101.6	99.0	101.4	99.5	99.3	101.5	100.1	100.7
鲜菜	132.4	100.5	98.4	109.0	121.1	126.0	116.0	121.0	114.6
干菜及菜制品	99.4	101.2	101.8	100.8	101.8	101.8	102.9	102.2	101.5
调味品	101.9	102.6	103.4	102.6	115.4	115.4	115.4	115.4	109.0
食糖	147.8	153.9	147.0	149.5	155.4	155.4	168.0	159.6	154.5
糖果	100.0	101.6	101.8	101.1	101.8	101.8	101.8	101.8	101.5
鲜瓜果	122.8	129.2	156.0	136.1	189.0	192.5	196.3	192.6	163.4
干（坚）果	99.0	99.2	101.5	99.9	105.4	106.6	106.5	106.2	103.0
糕点饼干面包	99.9	100.0	100.7	100.2	100.7	104.3	104.7	103.2	101.7
液体乳及乳制品	100.5	100.2	102.7	101.1	101.2	98.4	102.2	100.6	100.8
在外用膳食品	100.8	100.8	100.8	100.8	100.8	100.0	100.0	100.3	100.5
其它食品	103.7	103.7	103.7	103.7	100.0	100.0	101.8	100.6	102.1
二、饮料、烟酒	100.8	100.5	101.3	100.9	102.9	101.7	101.7	102.1	101.5
茶及饮料	101.9	101.7	103.1	102.2	103.5	101.1	100.9	101.8	102.0
烟草	96.2	95.1	96.5	95.9	96.7	98.1	98.1	97.6	96.8
酒	105.1	105.7	105.5	105.4	109.2	105.7	105.5	106.8	106.1
三、服装、鞋帽	91.3	95.0	105.9	97.2	102.7	105.1	103.6	103.8	100.5
四、纺织品	106.1	107.2	104.0	105.8	104.7	106.4	112.5	107.9	106.8
五、家用电器及音像器材	97.9	100.3	98.4	98.9	98.5	98.9	100.1	99.2	99.0
六、文化办公用品	97.5	97.9	98.0	97.8	96.1	96.5	96.5	96.4	97.1
七、日用品	101.8	100.5	100.7	101.0	101.0	101.5	101.4	101.3	101.2
八、体育娱乐用品	95.3	95.9	96.7	96.0	96.3	96.3	96.3	96.3	96.1
体育用品	100.0	100.0	100.0	100.0	100.0	100.0	100.0	100.0	100.0
娱乐用品	91.8	92.9	94.3	93.0	93.5	93.5	93.5	93.5	93.2
九、交通、通信用品	93.5	94.0	91.5	93.0	91.8	92.3	90.7	91.6	92.3
十、家具	100.0	94.1	94.1	96.0	94.1	94.1	94.1	94.1	95.0
十一、化妆品	102.0	101.8	101.8	101.9	101.8	101.8	101.8	101.8	101.8
十二、金银珠宝	104.6	110.1	110.1	108.2	114.9	123.0	126.7	121.5	114.9
十三、中西药品及医疗保健用品	93.6	93.6	95.8	94.3	95.8	95.8	97.1	96.2	95.3
十四、书报杂志及电子出版物	100.0	101.5	100.6	100.7	100.6	100.6	100.6	100.6	100.6
十五、燃料	115.7	114.9	114.3	115.0	115.0	113.0	119.1	115.7	115.3
十六、建筑材料及五金电料	99.1	98.5	98.5	98.7	99.7	100.4	103.1	101.0	99.9

4－6 续表 （2006年，以上年同月价格为100）

类　　　　别	7月	8月	9月	三季度平均	1－9月平均	10月	11月	12月	四季度平均	全年
商品零售价格总指数	**102.7**	**102.3**	**102.6**	**102.5**	**101.7**	**101.2**	**103.1**	**103.7**	**102.7**	**101.9**
一、食　　品	103.3	103.0	103.2	103.2	102.7	100.7	104.0	105.7	103.5	102.9
粮　　食	101.8	101.3	103.1	102.1	101.7	102.0	103.4	103.1	102.8	102.0
油　　脂	93.1	95.1	96.9	95.0	93.5	98.0	103.6	120.0	107.2	96.8
肉禽及其制品	85.3	93.4	98.1	92.3	89.1	100.9	110.5	117.3	109.6	93.8
水 产 品	101.9	100.8	99.6	100.8	100.7	98.6	96.5	98.5	97.9	100.0
鲜　　菜	113.2	108.2	109.4	110.3	113.2	92.4	100.0	91.5	94.6	108.3
干菜及菜制品	103.4	103.7	103.7	103.6	102.2	103.7	103.7	105.6	104.4	102.7
调 味 品	115.4	114.7	114.2	114.8	110.9	114.8	114.8	115.0	114.9	111.9
食　　糖	155.0	145.6	126.8	142.5	149.9	122.8	122.8	126.4	124.0	142.5
糖　　果	101.0	100.3	100.3	100.5	101.2	100.3	99.4	99.4	99.7	100.8
鲜 瓜 果	184.4	150.9	124.4	153.2	159.3	109.5	104.8	108.0	107.4	145.2
干（坚）果	110.1	111.6	111.3	111.0	105.6	111.6	108.6	109.7	110.0	106.7
糕点饼干面包	104.7	104.7	102.6	104.0	102.5	103.8	103.2	103.4	103.5	102.7
液体乳及乳制品	102.9	103.6	104.3	103.6	101.8	104.3	102.6	102.6	103.2	102.1
在外用膳食品	100.0	100.0	100.0	100.0	100.3	100.0	100.0	100.0	100.0	100.3
其它食品	100.0	100.0	100.0	100.0	101.4	100.0	100.0	100.0	100.0	101.1
二、饮料、烟酒	101.6	101.4	101.2	101.4	101.5	100.7	102.0	102.0	101.6	101.5
茶及饮料	100.9	101.0	101.0	100.9	101.7	100.8	99.8	99.8	100.1	101.3
烟　　草	98.1	98.1	98.1	98.1	97.2	96.8	100.5	100.5	99.3	97.7
酒	105.4	104.9	104.3	104.9	105.7	104.5	104.5	104.6	104.5	105.4
三、服装、鞋帽	105.0	101.8	106.6	104.5	101.7	101.8	107.6	107.5	105.6	102.7
四、纺 织 品	112.5	112.2	109.5	111.4	108.3	109.3	113.2	112.7	111.7	109.2
五、家用电器及音像器材	100.3	100.1	99.8	100.1	99.4	101.1	101.1	101.8	101.3	99.8
六、文化办公用品	95.6	97.7	97.7	97.0	97.1	97.2	97.2	97.2	97.2	97.1
七、日 用 品	101.9	101.6	101.4	101.6	101.3	101.4	102.0	102.5	102.0	101.5
八、体育娱乐用品	95.8	96.3	97.0	96.4	96.2	97.0	99.1	100.7	99.0	96.9
体育用品	100.0	100.0	100.0	100.0	100.0	100.0	100.0	100.0	100.0	100.0
娱乐用品	92.7	93.5	94.8	93.7	93.4	94.8	98.4	101.3	98.2	94.5
九、交通、通信用品	91.3	91.1	90.5	91.0	91.9	89.8	89.8	89.6	89.8	91.3
十、家　　具	94.1	94.1	94.1	94.1	94.7	94.1	94.2	94.2	94.2	94.6
十一、化 妆 品	101.8	101.8	101.8	101.8	101.8	101.8	101.3	101.3	101.5	101.7
十二、金银珠宝	125.7	126.6	125.6	126.0	118.6	125.1	125.4	124.2	124.9	120.2
十三、中西药品及医疗保健用品	100.7	100.7	101.0	100.8	97.0	101.0	101.0	100.1	100.7	97.9
十四、书报杂志及电子出版物	100.6	100.6	101.9	101.0	100.8	99.7	99.7	99.7	99.7	100.5
十五、燃　　料	115.5	112.8	112.4	113.6	114.7	109.3	109.1	109.2	109.2	113.2
十六、建筑材料及五金电料	101.2	100.6	100.9	100.9	100.2	100.7	103.1	103.0	102.3	100.7

4－7 价格指数

（2006年，以主要年份为基期）

指标	居民消费价格指数	零售物价指数	服务项目价格指数
以1950年价格为100		519.7	
以1952年价格为100	613.4	461.7	1533.5
以1957年价格为100	607.2	425.8	1717.3
以1962年价格为100	495.4	361.3	1269.3
以1965年价格为100	561.0	411.0	1593.9
以1970年价格为100	595.4	431.5	1739.5
以1975年价格为100	603.0	434.9	1747.6
以1978年价格为100	603.9	445.8	1747.2
以1980年价格为100	560.2	401.3	1747.6
以1985年价格为100	469.1	336.9	1395.5
以1989年价格为100	276.5	195.4	1002.6
以1990年价格为100	268.0	191.9	858.8
以1992年价格为100	226.8	163.7	686.8
以1993年价格为100	184.8	140.6	409.7
以1994年价格为100	146.4	114.2	332.1
以1995年价格为100	126.2	100.1	267.1
以1996年价格为100	115.8	93.3	233.6
以1997年价格为100	111.6	93.8	182.4
以1998年价格为100	110.6	95.4	174.2
以1999年价格为100	110.8	98.4	153.0
以2000年价格为100	108.1	100.7	122.0
以2001年价格为100	107.3	103.1	110.2
以2002年价格为100	106.7	102.9	105.2
以2003年价格为100	106.2	103.2	105
以2004年价格为100	102.9	101.9	102.8
以2005年价格为100	101.9	101.9	101.7

4-8 工业品出厂价格指数

(2006年，以上年价格为100)

项　　　　目	2006	项　　　　目	2006
工业品出厂价格总指数	**101.68**	四、按行业大类分	
一、按轻重工业分		农副食品加工业	97.79
轻　工　业	99.95	食品制造业	100.05
以农产品为原料	100.77	饮料制造业	103.26
以非农产品为原料	98.93	烟草制品业	100.18
重　工　业	102.97	纺　织　业	100.78
原　　料	104.87	纺织服装、鞋、帽制造业	100.86
加　　工	101.36	皮革、毛皮、羽毛（绒）及其制品业	98.66
二、按生产生活资料分		木材加工及木、竹、藤、棕、草制品业	98.84
生产资料	102.28	家具制造业	100.00
原　　料	104.98	造纸及纸制品业	101.32
加　　工	100.51	印刷业和记录媒介的复制	98.17
生活资料	100.22	文教体育用品制造业	104.09
食　　品	100.79	石油加工、炼焦及核燃料加工业	178.30
衣　　着	99.75	化学原料及化学制品制造业	104.17
一般日用品	102.46	医药制造业	102.58
耐用消费品	97.14	化学纤维制造业	102.01
三、按工业部门分		橡胶制品业	109.94
冶金工业	97.41	塑料制品业	100.77
电力工业	104.58	非金属矿物制品业	107.03
煤炭及炼焦工业	124.02	黑色金属冶炼及压延加工业	93.44
石油工业	127.35	有色金属冶炼及压延加工业	117.79
化学工业	102.93	金属制品业	98.89
机械工业	100.96	通用设备制造业	98.26
建筑材料工业	98.79	专用设备制造业	100.87
森林工业	99.03	交通运输设备制造业	100.46
食品工业	99.76	电气机械及器材制造业	107.62
纺织工业	104.01	通信设备、计算机及其他电子设备制造业	94.52
缝纫工业	99.75	仪器仪表及文化、办公用机械制造业	100.33
皮革工业	98.66	废弃资源和废旧材料回收加工业	176.07
造纸工业	101.32	电力、热力的生产和供应业	104.58
文教艺术用品工业	98.94	燃气生产和供应业	100.00
其它工业	108.51	水的生产和供应业	100.00

4－9　原材料、燃料、动力购进价格指数

（2006年，以上年价格为100）

项　　　　目	2006	项　　　　目	2006
原材料、燃料、动力购进价格总指数	**103.11**	家具制造业	100.62
一、按九大类分		造纸及纸制品业	104.33
燃料、动力类	107.62	印刷业和记录媒介的复制	102.59
黑色金属材料类	93.14	文教体育用品制造业	104.78
#钢　　材	93.13	石油加工、炼焦及核燃料加工业	110.70
其　　它	93.52	化学原料及化学制品制造业	101.14
有色金属材料和电线类	125.27	医药制造业	102.88
化工原料类	98.72	化学纤维制造业	102.65
木材及纸浆类	99.53	橡胶制品业	113.55
建筑材料及非金属矿类	101.50	塑料制品业	101.38
其它工业原材料及半成品类	100.21	非金属矿物制品业	102.10
农副产品类	114.45	黑色金属冶炼及压延加工业	105.24
纺织原料类	101.65	有色金属冶炼及压延加工业	112.25
二、按工业行业分		金属制品业	104.80
非金属矿采选业	100.52	通用设备制造业	102.92
农副食品加工业	104.34	专用设备制造业	99.95
食品制造业	101.06	交通运输设备制造业	102.83
饮料制造业	114.56	电气机械及器材制造业	117.17
烟草制品业	107.66	通信设备、计算机及其他电子设备制造业	99.02
纺　织　业	104.09	仪器仪表及文化、办公用机械制造业	102.48
纺织服装、鞋、帽制造业	100.31	工艺品及其他制造业	103.38
皮革、毛皮、羽毛（绒）及其制品业	98.36	电力、热力的生产和供应业	98.53
木材加工及木、竹、藤、棕、草制品业	105.34	水的生产和供应业	111.82

4－10 工业品出厂价格分月指数

（2006年，以上年同期价格为100）

类　　别	1月	2月	3月	4月	5月	6月	上半年平均
工业品出厂价格指数	**101.64**	**101.50**	**99.85**	**100.48**	**100.14**	**100.47**	**100.68**
一、按轻重工业分							
轻工业	98.46	98.28	96.44	98.37	98.18	99.62	98.23
以农产品为原料	98.93	99.45	99.21	101.18	101.13	101.17	100.18
以非农产品为原料	97.66	96.68	93.22	94.96	94.61	97.73	95.81
重工业	103.61	103.84	102.41	102.08	101.63	101.12	102.45
原料	106.75	107.19	106.11	106.20	103.03	100.47	104.96
加工	100.95	100.86	99.09	98.48	100.40	101.69	100.25
二、按生产生活资料分							
生产资料	102.68	102.86	101.30	101.21	100.51	100.51	101.51
原料	107.33	107.80	105.02	105.39	102.41	100.26	104.70
加工	99.82	99.83	98.83	98.47	99.26	100.68	99.48
生活资料	98.82	98.28	96.20	98.72	99.26	100.36	98.61
食品	100.25	100.04	98.75	99.98	101.06	101.41	100.25
衣着	92.49	94.03	93.93	102.02	102.03	101.91	97.74
一般日用品	99.04	101.54	102.58	101.53	97.25	101.16	100.52
耐用消费品	96.95	93.15	86.12	91.19	94.21	95.95	92.93
三、按工业部门分							
冶金工业	101.46	94.20	91.72	90.11	91.96	97.46	94.49
电力工业	107.41	107.41	106.29	106.53	103.22	100.35	105.20
煤炭及炼焦工业	117.96	123.93	122.55	121.82	130.53	128.76	124.26
石油工业	121.62	121.62	115.38	120.51	140.74	142.50	127.06
化学工业	101.28	102.17	96.62	100.17	100.39	102.13	100.46
机械工业	99.31	100.08	97.54	98.11	99.76	100.81	99.27
建筑材料工业	96.28	92.56	93.45	94.95	95.50	95.57	94.72
森林工业	98.48	98.29	98.50	98.73	98.76	99.16	98.65
食品工业	99.46	99.28	99.45	99.19	99.46	99.33	99.36
纺织工业	103.40	104.78	106.85	105.29	106.58	106.39	105.55
缝纫工业	92.16	93.73	93.63	102.02	102.13	102.00	97.61
皮革工业	101.38	100.94	99.26	100.33	98.30	98.51	99.79
造纸工业	98.09	103.60	103.72	106.23	100.31	101.55	102.25
文教艺术用品工业	96.68	99.48	100.28	99.50	95.27	97.41	98.10
其它工业	104.81	105.80	106.73	104.90	100.85	107.50	105.10

4－10 续表1　　(2006年，以上年同期价格为100)

类　别	7月	8月	9月	10月	11月	12月	全年
工业品出厂价格指数	**102.77**	**102.10**	**102.43**	**102.44**	**102.95**	**103.43**	**101.68**
一、按轻重工业分							
轻工业	101.02	101.36	101.44	101.80	102.37	102.07	99.95
以农产品为原料	101.17	101.47	101.22	100.79	102.02	101.54	100.77
以非农产品为原料	100.80	101.20	101.71	103.03	102.81	102.69	98.93
重工业	103.97	102.61	103.19	102.92	103.38	104.92	102.97
原料	106.72	103.63	104.47	104.67	104.77	104.45	104.87
加工	101.56	101.72	102.06	101.39	102.16	105.92	101.36
二、按生产生活资料分							
生产资料	103.34	102.15	102.79	102.52	103.24	104.29	102.28
原料	106.28	103.50	104.90	105.66	105.86	105.30	104.98
加工	101.41	101.27	101.40	100.46	101.52	103.15	100.51
生活资料	101.15	101.96	101.56	102.23	102.24	101.81	100.22
食品	100.82	101.52	101.12	101.22	102.01	101.35	100.79
衣着	101.45	101.44	101.79	102.03	101.99	101.86	99.75
一般日用品	102.71	103.26	105.10	105.40	105.50	104.44	102.46
耐用消费品	99.80	103.65	99.96	102.87	100.67	101.11	97.14
三、按工业部门分							
冶金工业	101.69	100.06	98.51	98.33	101.20	102.24	97.41
电力工业	106.71	103.40	103.40	103.40	103.40	103.40	104.58
煤炭及炼焦工业	128.88	132.76	135.81	128.54	115.31	101.43	124.02
石油工业	142.50	133.33	124.44	127.27	125.00	113.33	127.35
化学工业	101.75	101.92	105.51	107.35	108.91	106.97	102.93
机械工业	101.86	102.53	102.68	102.30	102.12	104.36	100.96
建筑材料工业	98.65	99.07	98.91	102.13	108.39	110.05	98.79
森林工业	99.11	99.31	99.12	99.52	99.62	99.78	99.03
食品工业	99.38	99.87	99.76	99.56	100.85	101.48	99.76
纺织工业	102.94	102.52	102.42	102.94	102.06	101.96	104.01
缝纫工业	101.51	101.52	101.93	102.18	102.14	102.01	99.75
皮革工业	98.42	98.07	97.21	97.18	97.20	97.13	98.66
造纸工业	103.76	102.05	100.13	97.72	99.63	99.01	101.32
文教艺术用品工业	99.16	97.07	99.41	99.78	102.04	101.16	98.94
其它工业	108.73	114.38	115.21	114.43	110.09	108.68	108.51

4－10 续表2－1 （2006年，以上年同期价格为100）

类 别	1 月	2 月	3 月	4 月	5 月	6 月	上半年平均
四、按工业行业分							
农副食品加工业	97.59	97.04	97.68	96.91	95.88	96.31	96.90
食品制造业	99.95	100.57	99.93	99.98	99.97	100.10	100.08
饮料制造业	102.12	101.71	101.90	101.82	106.60	104.39	103.09
烟草制品业	100.00	100.00	100.00	100.00	100.00	100.00	100.00
纺 织 业	93.16	94.83	95.52	103.52	103.94	103.88	99.14
纺织服装、鞋、帽制造业	100.24	101.59	101.28	100.67	101.02	100.60	100.90
皮革、毛皮、羽毛（绒）及其制品业	101.38	100.94	99.26	100.33	98.30	98.51	99.79
木材加工及木、竹、藤、棕、草制品业	98.18	97.95	98.20	98.47	98.51	98.99	98.38
家具制造业	100.00	100.00	100.00	100.00	100.00	100.00	100.00
造纸及纸制品业	98.09	103.61	103.72	106.23	100.31	101.55	102.25
印刷业和记录媒介的复制	95.69	98.95	100.13	99.10	93.77	96.36	97.33
文教体育用品制造业	102.67	103.19	101.33	102.28	105.77	104.80	103.34
石油加工、炼焦及核燃料加工业	158.87	176.30	170.41	169.82	201.32	196.68	178.90
化学原料及化学制品制造业	100.65	101.31	104.46	104.70	102.61	101.80	102.59
医药制造业	101.57	102.20	96.89	102.20	103.28	105.01	101.86
化学纤维制造业			85.08	89.83	90.37	95.59	90.22
橡胶制品业	109.64	114.48	110.41	109.71	113.91	109.75	111.32
塑料制品业	95.67	98.99	102.69	101.88	100.35	100.31	99.98
非金属矿物制品业	104.57	101.02	102.33	101.54	98.27	104.17	101.98
黑色金属冶炼及压延加工业	100.13	87.04	86.68	85.54	87.64	94.49	90.25
有色金属冶炼及压延加工业	135.80	149.30	128.24	111.89	108.79	105.60	123.27
金属制品业	98.24	98.10	93.39	95.97	97.54	101.08	97.39
通用设备制造业	100.20	99.51	99.36	97.18	98.03	96.82	98.52
专用设备制造业	99.57	99.84	100.19	99.46	100.44	99.26	99.79
交通运输设备制造业	99.22	101.49	99.75	99.79	99.46	99.75	99.91
电气机械及器材制造业	105.75	99.91	93.04	95.79	105.32	107.69	101.25
通信设备、计算机及其他电子设备制造业	93.01	92.37	92.86	92.96	89.81	94.17	92.53
仪器仪表及文化、办公用机械制造业	100.51	100.00	100.35	100.35	100.35	100.35	100.32
废弃资源和废旧材料回收加工业		175.44	161.07	151.67	158.08	152.71	159.79
电力、热力的生产和供应业	107.41	107.41	106.29	106.53	103.22	100.35	105.20
燃气生产和供应业	100.00	100.00	100.00	100.00	100.00	100.00	100.00
水的生产和供应业	100.00	100.00	100.00	100.00	100.00	100.00	100.00

4－10　续表2－2　　　　　　（2006年，以上年同期价格为100）

类　　别	7月	8月	9月	10月	11月	12月	全年
四、按工业行业分							
农副食品加工业	96.86	97.71	98.28	96.48	100.38	102.36	97.79
食品制造业	100.08	100.04	100.11	99.94	99.91	100.05	100.05
饮料制造业	103.31	102.17	102.50	101.63	105.66	105.25	103.26
烟草制品业	100.00	100.85	100.00	101.28	100.00	100.00	100.18
纺织业	102.23	102.10	102.57	102.74	102.45	102.42	100.78
纺织服装、鞋、帽制造业	100.72	100.75	100.44	101.20	101.07	100.69	100.86
皮革、毛皮、羽毛（绒）及其制品业	98.42	98.07	97.22	97.18	97.20	97.13	98.66
木材加工及木、竹、藤、棕、草制品业	98.93	99.17	98.94	99.42	99.55	99.74	98.84
家具制造业	100.00	100.00	100.00	100.00	100.00	100.00	100.00
造纸及纸制品业	103.76	102.05	100.13	97.72	99.63	99.01	101.32
印刷业和记录媒介的复制	98.54	96.04	98.63	99.16	101.14	100.58	98.17
文教体育用品制造业	103.54	104.27	104.89	103.76	107.76	104.87	104.09
石油加工、炼焦及核燃料加工业	197.01	205.57	211.81	191.46	152.17	108.17	178.30
化学原料及化学制品制造业	101.17	96.78	107.52	110.28	109.59	109.19	104.17
医药制造业	103.18	104.94	103.85	102.72	104.70	100.45	102.58
化学纤维制造业	99.39	99.97	108.65	116.60	118.58	116.01	102.01
橡胶制品业	106.45	111.60	106.53	110.11	106.47	110.25	109.94
塑料制品业	99.69	98.55	100.54	99.67	105.45	105.42	100.77
非金属矿物制品业	106.93	112.15	112.80	113.89	113.50	113.17	107.03
黑色金属冶炼及压延加工业	98.22	96.83	94.63	93.66	96.66	99.75	93.44
有色金属冶炼及压延加工业	107.31	112.43	110.33	111.02	123.10	109.66	117.79
金属制品业	107.18	100.01	98.37	99.96	99.70	97.08	98.89
通用设备制造业	96.68	97.80	98.92	98.41	98.36	97.85	98.26
专用设备制造业	100.12	100.22	100.97	102.59	102.83	104.97	100.87
交通运输设备制造业	99.90	99.87	101.12	100.62	100.57	103.99	100.46
电气机械及器材制造业	117.37	123.64	109.91	110.95	111.17	110.89	107.62
通信设备、计算机及其他电子设备制造业	100.43	99.45	98.32	95.04	92.94	92.92	94.52
仪器仪表及文化、办公用机械制造业	100.35	100.35	100.35	100.35	100.35	100.35	100.33
废弃资源和废旧材料回收加工业	166.97	172.81	194.50	205.83	200.07	197.66	176.07
电力、热力的生产和供应业	106.71	103.40	103.40	103.40	103.40	103.40	104.58
燃气生产和供应业	100.00	100.00	100.00	100.00	100.00	100.00	100.00
水的生产和供应业	100.00	100.00	100.00	100.00	100.00	100.00	100.00

4－11　原材料、燃料、动力购进价格分月指数

（2006年，以上年同期价格为100）

类　　　　别	1　月	2　月	3　月	4　月	5　月	6　月	上半年平均
原材料、燃料、动力购进价格指数	**103.62**	**103.03**	**102.49**	**102.66**	**103.81**	**105.02**	**103.44**
一、按九大类分							
燃料、动力类	112.16	110.69	109.67	109.58	108.30	106.66	109.51
黑色金属材料类	90.82	91.09	91.77	89.25	88.86	94.08	90.98
#钢　　材	90.80	91.04	91.89	89.31	88.88	94.14	91.01
其　　它	91.90	93.56	86.04	86.28	88.11	91.26	89.53
有色金属材料和电线类	115.21	114.92	116.76	120.79	132.25	128.15	121.35
化工原料类	97.55	98.76	97.32	96.82	98.23	99.39	98.01
木材及纸浆类	99.24	98.18	98.00	98.37	98.20	96.99	98.16
建筑材料及非金属矿类	105.63	106.87	107.53	100.42	100.21	100.89	103.59
其它工业原材料及半成品类	99.19	99.08	98.86	99.46	100.36	100.79	99.62
农副产品类	110.93	108.15	106.22	114.03	116.67	129.12	114.19
纺织原料类	100.10	100.30	100.27	100.30	107.22	110.27	103.08
二、按工业行业分							
非金属矿采选业	109.57	97.46	95.82	102.26	97.92	97.94	99.37
农副食品加工业	103.39	103.04	102.85	104.46	103.20	101.54	103.08
食品制造业	99.57	97.41	100.32	102.72	104.14	102.27	101.07
饮料制造业	119.17	118.17	118.68	120.90	120.52	119.77	119.54
烟草制品业	111.70	110.61	110.66	109.39	109.87	105.53	109.63
纺　织　业	114.64	111.11	107.26	107.10	105.74	103.62	108.25
纺织服装、鞋、帽制造业	109.29	109.54	105.45	100.00	103.39	103.46	105.19
皮革、毛皮、羽毛（绒）及其制品业	102.79	97.04	96.66	97.83	94.86	97.94	97.85
木材加工及木、竹、藤、棕、草制品业	101.34	99.12	100.16	101.07	104.01	109.36	102.51
家具制造业	100.00	100.00	100.00	100.00	100.00	100.00	100.00
造纸及纸制品业	108.33	102.44	104.34	104.24	102.14	101.04	103.76
印刷业和记录媒介的复制	100.27	102.86	102.58	99.39	101.02	101.07	101.20
文教体育用品制造业	108.92	103.64	103.20	103.51	107.41	105.67	105.39
石油加工、炼焦及核燃料加工业	126.47	102.84	102.21	103.72	109.35	108.23	108.80
化学原料及化学制品制造业	108.54	105.45	105.28	106.78	104.77	105.02	105.97
医药制造业	102.48	102.13	102.39	104.53	104.68	104.95	103.53
化学纤维制造业	106.89	103.73	98.83	100.23	101.07	104.83	102.60
橡胶制品业	108.63	118.17	112.21	114.12	115.96	114.63	113.95
塑料制品业	96.27	99.94	100.98	101.37	101.00	102.08	100.27
非金属矿物制品业	104.60	104.12	105.16	101.19	100.69	102.06	102.97
黑色金属冶炼及压延加工业	104.53	101.82	103.27	104.39	103.17	108.96	104.36
有色金属冶炼及压延加工业	124.87	128.76	110.66	109.22	107.04	101.01	113.59
金属制品业	96.29	104.82	100.48	103.17	105.13	106.93	102.80
通用设备制造业	99.86	101.40	101.14	100.66	101.73	102.88	101.28
专用设备制造业	98.06	99.38	97.36	94.25	95.36	97.50	96.99
交通运输设备制造业	101.13	101.87	104.06	102.00	103.55	103.77	102.73
电气机械及器材制造业	109.62	110.08	112.12	113.33	121.23	124.35	115.12
通信设备、计算机及其他电子设备制造业	95.10	97.77	97.11	98.16	102.20	101.45	98.63
仪器仪表及文化、办公用机械制造业	100.00	100.83	101.11	101.11	100.00	101.11	100.69
工艺品及其他制造业	109.58	104.43	105.33	105.15	103.41	106.13	105.67
电力、热力的生产和供应业	119.11	102.22	92.35	87.95	89.68	98.00	98.26
水的生产和供应业	136.11	126.51	120.65	126.03	115.04	98.99	120.56

4-11 续表　　　　　　(2006年，以上年同期价格为100)

类　　别	7　月	8　月	9　月	10　月	11　月	12　月	全　年
原材料、燃料、动力购进价格指数	**103.39**	**102.43**	**102.52**	**102.53**	**102.55**	**103.31**	**103.11**
一、按九大类分							
燃料、动力类	106.16	105.65	105.80	105.71	105.30	105.81	107.62
黑色金属材料类	95.35	93.48	93.83	95.10	96.66	97.40	93.14
#钢　材	95.31	93.41	93.78	95.03	96.61	97.41	93.13
其　它	97.10	97.03	96.32	98.60	99.15	96.83	93.52
有色金属材料和电线类	130.31	126.79	126.06	122.80	135.97	133.26	125.27
化工原料类	99.24	98.93	99.11	100.07	99.28	99.93	98.72
木材及纸浆类	98.60	99.46	100.23	101.31	100.87	104.86	99.53
建筑材料及非金属矿类	100.59	97.87	97.16	97.44	101.47	101.94	101.50
其它工业原材料及半成品类	101.61	100.56	100.09	100.32	100.56	101.68	100.21
农副产品类	122.38	116.63	117.83	113.83	107.69	109.89	114.45
纺织原料类	100.27	100.24	100.28	100.24	100.17	100.17	101.65
二、按工业行业分							
非金属矿采选业	97.61	108.40	100.26	96.12	99.41	103.43	100.52
农副食品加工业	100.50	102.31	104.59	106.77	108.26	111.12	104.34
食品制造业	102.37	102.51	100.44	100.05	99.93	101.02	101.06
饮料制造业	110.97	111.56	109.38	108.23	108.63	108.70	114.56
烟草制品业	108.50	106.08	105.70	105.88	103.98	103.98	107.66
纺　织　业	99.95	98.45	101.46	101.03	98.92	99.82	104.09
纺织服装、鞋、帽制造业	99.19	97.36	94.96	94.58	93.56	92.88	100.31
皮革、毛皮、羽毛(绒)及其制品业	96.97	96.52	98.87	99.07	98.79	102.99	98.36
木材加工及木、竹、藤、棕、草制品业	106.74	108.85	110.26	107.19	107.37	108.59	105.34
家具制造业	101.14	101.71	101.14	101.14	101.14	101.14	100.62
造纸及纸制品业	101.66	102.84	104.93	106.88	105.17	107.90	104.33
印刷业和记录媒介的复制	102.16	102.05	103.41	103.75	107.36	105.13	102.59
文教体育用品制造业	105.60	105.24	103.64	103.69	103.74	103.05	104.78
石油加工、炼焦及核燃料加工业	113.36	115.29	116.58	111.21	109.92	109.24	110.70
化学原料及化学制品制造业	97.82	96.01	96.36	96.82	95.18	95.66	101.14
医药制造业	103.10	103.09	101.81	102.04	101.71	101.67	102.88
化学纤维制造业	103.20	104.26	103.13	103.74	99.57	102.34	102.65
橡胶制品业	114.30	114.84	116.35	112.95	110.82	109.62	113.55
塑料制品业	101.33	101.13	101.91	104.85	101.90	103.83	101.38
非金属矿物制品业	101.22	100.71	100.07	99.55	102.68	103.17	102.10
黑色金属冶炼及压延加工业	108.07	106.59	104.57	104.67	106.29	106.50	105.24
有色金属冶炼及压延加工业	105.20	111.54	114.50	111.49	113.43	109.25	112.25
金属制品业	106.64	105.05	107.38	108.11	107.27	106.35	104.80
通用设备制造业	104.86	104.84	103.88	101.51	106.01	106.24	102.92
专用设备制造业	99.93	101.32	102.92	103.47	104.11	105.78	99.95
交通运输设备制造业	102.26	101.73	102.17	103.19	104.52	103.72	102.83
电气机械及器材制造业	124.93	121.59	119.20	117.45	114.44	117.71	117.17
通信设备、计算机及其他电子设备制造业	100.84	101.50	98.16	97.29	100.27	98.36	99.02
仪器仪表及文化、办公用机械制造业	104.26	104.26	104.26	104.26	104.26	104.26	102.48
工艺品及其他制造业	106.37	99.83	100.02	99.95	100.28	100.04	103.38
电力、热力的生产和供应业	96.01	97.57	98.43	101.64	102.59	96.31	98.53
水的生产和供应业	96.47	103.70	103.70	103.70	103.70	103.70	111.82

4-12 工业品出厂价格分月指数

(2006年，以上月价格为100)

项目	1月	2月	3月	4月	5月	6月
工业品出厂价格指数	**100.08**	**100.18**	**100.39**	**100.42**	**101.05**	**100.71**
一、按轻重工业分						
轻工业	99.63	100.36	100.68	100.65	101.38	100.87
以农产品为原料	100.15	100.01	100.94	101.17	100.20	99.84
以非农产品为原料	98.74	100.83	100.37	100.01	102.82	102.11
重工业	100.35	100.05	100.18	100.25	100.79	100.60
原料	100.03	99.97	100.19	100.06	100.08	100.05
加工	100.63	100.12	100.17	100.41	101.41	101.08
二、按生产生活资料分						
生产资料	99.87	99.99	100.16	100.41	100.60	100.83
原料	100.06	100.01	99.49	100.03	100.00	100.26
加工	99.75	99.97	100.61	100.66	101.00	101.20
生活资料	100.65	100.64	100.97	100.45	102.13	100.43
食品	100.54	99.88	100.46	101.09	100.26	100.06
衣着	100.16	101.09	99.79	100.09	100.27	100.25
一般日用品	101.62	100.84	100.23	98.97	102.82	101.32
耐用消费品	100.13	102.43	103.50	100.01	107.84	100.88
三、按工业部门分						
冶金工业	98.35	100.49	101.94	101.62	100.93	103.66
电力工业	100.00	100.00	100.00	100.00	100.00	100.00
煤炭及炼焦工业	100.68	100.13	100.00	99.72	100.68	102.85
石油工业	100.00	100.00	100.00	104.44	121.28	100.00
化学工业	101.05	100.10	99.43	102.11	99.92	100.96
机械工业	100.34	100.43	100.53	100.16	102.51	101.11
建筑材料工业	101.40	95.59	98.51	100.02	98.99	100.18
森林工业	100.35	99.68	100.22	99.91	100.23	100.19
食品工业	99.37	99.79	101.14	100.72	100.17	99.76
纺织工业	102.96	100.40	99.31	99.00	101.15	99.93
缝纫工业	100.15	101.14	99.82	99.98	100.29	100.27
皮革工业	100.36	100.05	97.62	102.18	99.90	99.78
造纸工业	100.03	99.47	99.76	100.83	99.83	100.00
文教艺术用品工业	100.36	100.88	100.66	99.33	104.35	98.40
其它工业	104.22	100.93	99.08	98.71	99.99	104.85

4－12 续表1 （2006年，以上月价格为100）

项　　目	7　月	8　月	9　月	10　月	11　月	12　月
工业品出厂价格指数	**100.87**	**100.06**	**100.19**	**100.02**	**99.94**	**99.97**
一、按轻重工业分						
轻　工　业	100.57	100.04	99.86	100.21	99.75	100.13
以农产品为原料	99.95	100.08	100.24	99.66	100.22	100.12
以非农产品为原料	101.51	99.97	99.41	100.89	99.17	100.14
重　工　业	101.08	100.08	100.45	99.88	100.08	99.80
原　　料	102.82	100.04	100.89	100.10	100.01	99.84
加　　工	99.56	100.12	100.06	99.68	100.14	99.72
二、按生产生活资料分						
生产资料	101.09	100.06	100.33	99.83	100.04	99.79
原　　料	102.98	100.11	101.19	100.23	99.91	99.96
加　　工	99.85	100.03	99.76	99.57	100.13	99.60
生活资料	100.25	100.07	99.87	100.50	99.67	100.32
食　　品	100.15	100.11	100.05	99.95	99.98	100.41
衣　　着	100.03	100.17	100.55	100.30	100.29	101.19
一般日用品	100.86	99.84	100.23	100.11	99.17	99.10
耐用消费品	100.01	100.08	98.71	102.39	98.84	100.45
三、按工业部门分						
冶金工业	98.08	100.56	98.71	99.21	99.67	98.41
电力工业	103.04	100.00	100.00	100.00	100.00	100.00
煤炭及炼焦工业	100.10	102.23	101.14	97.79	100.00	100.00
石油工业	100.00	98.25	100.00	100.00	98.21	92.73
化学工业	101.07	99.28	103.63	100.84	99.34	100.49
机械工业	100.30	100.28	99.66	100.14	99.74	100.03
建筑材料工业	100.66	99.03	99.72	103.33	104.76	103.92
森林工业	99.57	100.03	99.82	100.00	99.69	100.12
食品工业	100.03	100.12	100.15	99.45	100.53	99.93
纺织工业	98.13	99.99	100.56	100.42	99.43	100.98
缝纫工业	100.04	100.16	100.57	100.31	100.31	101.19
皮革工业	99.84	100.26	100.09	100.09	99.81	100.93
造纸工业	99.59	99.58	100.69	99.11	100.54	99.92
文教艺术用品工业	99.29	98.77	100.21	100.13	100.81	99.13
其它工业	103.63	101.98	100.19	99.74	96.75	98.99

4－12　续表2－1　　　　　　　　　　（2006年，以上月价格为100）

项　　　　　目	1　月	2　月	3　月	4　月	5　月	6　月
四、按工业行业分						
农副食品加工业	97.92	99.23	103.44	101.80	100.46	99.36
食品制造业	100.00	99.88	100.02	100.02	100.10	100.06
饮料制造业	100.54	100.49	99.79	100.87	100.00	99.78
烟草制品业	100.00	100.00	100.00	100.00	100.00	100.00
纺　织　业	100.95	101.41	99.77	99.67	100.38	99.98
纺织服装、鞋、帽制造业	100.46	99.55	99.45	99.94	100.89	100.85
皮革、毛皮、羽毛(绒)及其制品业	100.36	100.05	97.62	102.18	99.90	99.78
木材加工及木、竹、藤、棕、草制品业	100.42	99.61	100.27	99.89	100.27	100.23
家具制造业	100.00	100.00	100.00	100.00	100.00	100.00
造纸及纸制品业	100.03	99.47	99.77	100.82	99.83	100.01
印刷业和记录媒介的复制	100.00	100.90	100.88	99.09	104.44	98.44
文教体育用品制造业	102.52	100.76	99.09	101.04	103.65	98.16
石油加工、炼焦及核燃料加工业	101.99	100.37	100.00	100.52	108.38	108.30
化学原料及化学制品制造业	99.65	99.04	102.48	99.88	100.45	100.36
医药制造业	101.82	100.33	101.55	103.78	100.02	99.90
化学纤维制造业		93.10	101.06	98.94	103.53	
橡胶制品业	100.55	102.84	96.20	105.01	103.26	98.63
塑料制品业	99.91	100.37	101.09	99.58	99.25	102.94
非金属矿物制品业	105.73	98.40	98.37	98.88	99.43	104.38
黑色金属冶炼及压延加工业	97.91	99.54	102.20	101.52	100.47	104.36
有色金属冶炼及压延加工业	102.49	107.61	97.85	99.55	103.03	97.82
金属制品业	99.88	101.45	103.03	103.07	101.25	103.02
通用设备制造业	100.74	100.18	99.63	100.00	98.69	99.02
专用设备制造业	99.96	100.12	100.10	99.41	100.26	100.03
交通运输设备制造业	101.30	99.91	99.59	100.05	99.99	100.24
电气机械及器材制造业	102.30	102.40	103.18	100.69	111.65	101.87
通信设备、计算机及其他电子设备制造业	92.75	99.33	100.63	99.93	100.01	105.91
仪器仪表及文化、办公用机械制造业	100.00	100.00	100.35	100.00	100.00	100.00
废弃资源和废旧材料回收加工业		108.97	95.88	100.12	109.07	98.31
电力、热力的生产和供应业	100.00	100.00	100.00	100.00	100.00	100.00
燃气生产和供应业	100.00	100.00	100.00	100.00	100.00	100.00
水的生产和供应业	100.00	100.00	100.00	100.00	100.00	100.00

4－12　续表2－2　(2006年，以上月价格为100)

项　　目	7　月	8　月	9　月	10　月	11　月	12　月
四、按工业行业分						
农副食品加工业	100.07	100.34	100.52	98.64	101.58	99.89
食品制造业	99.99	100.01	100.00	100.00	100.00	100.16
饮料制造业	100.06	100.01	99.77	99.30	100.00	99.60
烟草制品业	100.00	100.00	100.00	100.00	100.00	100.00
纺　织　业	99.39	100.00	100.68	100.13	99.81	100.32
纺织服装、鞋、帽制造业	100.13	100.51	100.21	100.97	100.96	103.71
皮革、毛皮、羽毛(绒)及其制品业	99.84	100.26	100.09	100.09	99.81	100.93
木材加工及木、竹、藤、棕、草制品业	99.48	100.03	99.78	100.00	99.63	100.14
家具制造业	100.00	100.00	100.00	100.00	100.00	100.00
造纸及纸制品业	99.59	99.58	100.69	99.11	100.54	99.92
印刷业和记录媒介的复制	99.18	98.33	100.00	100.00	100.97	99.06
文教体育用品制造业	100.00	101.87	101.66	100.92	99.84	99.57
石油加工、炼焦及核燃料加工业	100.29	105.99	103.32	93.54	99.46	97.82
化学原料及化学制品制造业	99.15	94.94	112.72	101.96	100.54	101.48
医药制造业	100.37	100.18	99.91	99.97	99.23	100.18
化学纤维制造业	104.22	101.05	104.84	101.05	98.49	100.11
橡胶制品业	105.04	100.00	100.00	103.44	96.96	103.37
塑料制品业	99.88	100.14	99.89	101.72	100.38	99.59
非金属矿物制品业	103.56	101.21	100.02	101.61	99.76	101.26
黑色金属冶炼及压延加工业	97.82	100.71	98.25	99.05	100.27	98.55
有色金属冶炼及压延加工业	97.52	103.92	101.78	100.23	100.97	99.84
金属制品业	98.67	97.76	97.75	98.41	96.20	97.11
通用设备制造业	99.63	100.33	100.84	99.65	99.61	99.95
专用设备制造业	99.86	99.98	99.80	101.54	100.08	99.89
交通运输设备制造业	100.50	99.93	100.46	99.89	100.00	99.97
电气机械及器材制造业	96.97	102.66	99.32	101.42	99.62	100.09
通信设备、计算机及其他电子设备制造业	102.92	100.05	95.09	98.54	98.39	100.00
仪器仪表及文化、办公用机械制造业	100.00	100.00	100.00	100.00	100.00	100.00
废弃资源和废旧材料回收加工业	104.00	104.40	111.58	106.60	98.23	98.83
电力、热力的生产和供应业	103.04	100.00	100.00	100.00	100.00	100.00
燃气生产和供应业	100.00	100.00	100.00	100.00	100.00	100.00
水的生产和供应业	100.00	100.00	100.00	100.00	100.00	100.00

4-13 原材料、燃料、动力购进价格分月指数

（2006年，以上月价格为100）

项目	1月	2月	3月	4月	5月	6月
原材料、燃料、动力购进价格指数	**100.67**	**99.99**	**99.93**	**101.32**	**100.47**	**101.11**
一、按九大类分						
燃料、动力类	103.55	100.10	100.21	100.12	100.31	100.48
黑色金属材料类	95.82	99.42	100.79	99.54	100.44	102.22
#钢材	95.76	99.39	100.81	99.51	100.45	102.27
其它	98.66	100.98	100.00	100.77	100.00	99.76
有色金属材料和电线类	102.95	102.55	101.71	103.20	107.64	97.66
化工原料类	100.40	99.19	99.09	99.80	99.79	101.25
木材及纸浆类	99.77	99.87	99.89	100.13	99.49	98.82
建筑材料及非金属矿类	98.74	100.89	100.17	99.83	99.62	100.64
其它工业原材料及半成品类	99.78	99.91	100.02	100.17	100.68	99.98
农副产品类	100.75	100.49	97.55	106.94	101.72	104.33
纺织原料类	99.98	99.98	99.85	105.31	100.02	102.81
二、按工业行业分						
非金属矿采选业	99.84	100.90	97.85	98.66	101.99	102.24
农副食品加工业	101.85	98.67	100.15	101.28	99.60	99.93
食品制造业	99.97	101.10	98.76	99.84	101.46	99.61
饮料制造业	101.38	102.19	101.45	100.64	100.80	100.32
烟草制品业	98.96	100.00	100.04	99.74	101.14	101.35
纺织业	101.10	100.11	98.13	101.91	99.51	99.77
纺织服装、鞋、帽制造业	100.00	100.00	99.45	103.00	98.43	101.08
皮革、毛皮、羽毛(绒)及其制品业	99.55	97.72	99.62	100.00	100.00	100.12
木材加工及木、竹、藤、棕、草制品业	100.73	98.62	100.39	100.22	102.04	102.54
家具制造业	100.00	100.00	100.00	100.00	100.00	100.00
造纸及纸制品业	101.36	98.99	100.45	100.75	99.36	98.70
印刷业和记录媒介的复制	101.05	99.85	99.93	100.87	100.15	100.60
文教体育用品制造业	100.47	101.04	99.85	100.42	103.62	100.00
石油加工、炼焦及核燃料加工业	100.00	102.46	101.02	101.13	104.84	99.18
化学原料及化学制品制造业	100.43	97.80	99.32	100.34	99.76	99.62
医药制造业	100.41	100.44	99.93	100.96	99.50	100.06
化学纤维制造业	99.02	100.31	96.93	98.61	99.52	101.97
橡胶制品业	98.68	101.15	101.59	103.47	103.27	103.12
塑料制品业	100.53	100.16	100.45	99.45	99.52	101.76
非金属矿物制品业	99.57	99.70	100.40	99.32	100.23	100.47
黑色金属冶炼及压延加工业	101.49	99.59	100.68	101.03	100.42	101.93
有色金属冶炼及压延加工业	106.74	103.02	98.25	99.33	101.55	99.37
金属制品业	96.46	101.62	100.18	100.24	100.78	101.67
通用设备制造业	99.91	99.85	100.65	100.40	102.47	100.38
专用设备制造业	99.73	100.18	101.04	99.92	100.23	101.16
交通运输设备制造业	99.09	101.65	102.17	98.82	101.43	100.44
电气机械及器材制造业	101.40	100.97	101.12	103.82	105.91	101.23
通信设备、计算机及其他电子设备制造业	100.09	100.14	100.60	101.42	102.50	99.34
仪器仪表及文化、办公用机械制造业	100.00	100.00	100.00	100.00	100.00	100.00
工艺品及其他制造业	100.00	97.49	99.70	99.04	100.99	99.86
电力、热力的生产和供应业	100.35	99.69	97.93	94.06	101.15	103.00
水的生产和供应业	100.00	97.73	100.64	100.00	100.00	101.75

4－13 续表 (2006年，以上月价格为100)

项目	7月	8月	9月	10月	11月	12月
原材料、燃料、动力购进价格指数	**100.27**	**100.45**	**100.23**	**100.06**	**100.02**	**100.60**
一、按九大类分						
燃料、动力类	100.69	101.28	100.06	99.92	100.17	100.39
黑色金属材料类	100.27	99.74	99.92	100.22	100.27	100.85
#钢材	100.28	99.74	99.92	100.22	100.28	100.87
其它	100.02	99.88	100.00	100.38	100.00	100.00
有色金属材料和电线类	101.86	99.35	102.61	99.69	100.33	101.60
化工原料类	100.65	100.13	100.26	101.72	98.87	100.02
木材及纸浆类	99.89	100.37	100.39	96.79	101.13	101.32
建筑材料及非金属矿类	99.31	99.70	100.37	100.17	103.43	101.85
其它工业原材料及半成品类	100.12	100.04	100.19	100.32	100.11	100.63
农副产品类	98.58	101.10	101.52	99.63	96.57	102.36
纺织原料类	99.96	100.00	100.01	100.00	100.43	100.01
二、按工业行业分						
非金属矿采选业	99.66	100.23	100.59	98.32	102.77	100.45
农副食品加工业	100.37	101.13	102.47	102.61	100.37	102.12
食品制造业	100.01	100.13	99.71	97.98	100.30	102.24
饮料制造业	99.08	100.95	99.11	100.33	99.94	102.97
烟草制品业	101.48	100.00	101.26	100.16	99.84	100.00
纺织业	99.25	100.91	102.27	99.94	98.64	100.11
纺织服装、鞋、帽制造业	99.38	98.39	98.84	100.00	99.70	99.27
皮革、毛皮、羽毛(绒)及其制品业	101.81	100.00	100.12	100.27	100.04	101.79
木材加工及木、竹、藤、棕、草制品业	99.72	101.92	100.42	100.06	100.28	101.27
家具制造业	101.14	100.00	100.00	100.00	100.00	100.00
造纸及纸制品业	99.93	101.08	100.92	98.03	100.32	100.40
印刷业和记录媒介的复制	101.15	100.14	101.27	100.14	102.58	99.08
文教体育用品制造业	99.82	99.91	98.47	100.00	99.98	100.22
石油加工、炼焦及核燃料加工业	103.89	102.96	102.60	95.82	101.34	100.24
化学原料及化学制品制造业	100.00	99.10	99.74	100.25	99.32	100.78
医药制造业	99.52	100.58	99.88	100.01	100.12	99.95
化学纤维制造业	100.17	101.46	103.78	97.61	98.22	102.40
橡胶制品业	99.14	103.45	100.37	99.19	98.65	100.06
塑料制品业	101.26	101.13	101.28	102.05	98.40	99.93
非金属矿物制品业	99.72	100.82	100.45	100.18	101.38	101.21
黑色金属冶炼及压延加工业	100.62	100.41	99.98	98.92	99.52	100.40
有色金属冶炼及压延加工业	101.49	102.05	103.23	100.83	100.16	98.89
金属制品业	99.28	100.23	101.57	100.41	99.72	99.92
通用设备制造业	100.33	100.01	99.79	99.67	99.82	100.01
专用设备制造业	101.56	100.67	100.25	100.56	99.95	99.33
交通运输设备制造业	99.98	100.03	99.83	100.23	100.91	99.96
电气机械及器材制造业	102.43	99.03	101.32	100.98	98.87	99.81
通信设备、计算机及其他电子设备制造业	100.22	99.23	99.91	99.54	99.68	100.62
仪器仪表及文化、办公用机械制造业	104.26	100.00	100.00	100.00	100.00	100.00
工艺品及其他制造业	100.08	99.83	100.00	99.95	100.28	100.04
电力、热力的生产和供应业	99.04	100.41	101.48	104.57	100.39	95.46
水的生产和供应业	95.69	103.70	100.00	100.00	100.00	100.00

主 要 统 计 指 标 解 释

居民消费价格指数 （Consumer Price Index，简称 CPI）是反映居民购买并用于消费的一组代表性商品和服务项目价格水平的变化趋势和变动幅度的统计指标。调查内容既有城乡居民日常生活需要的各类消费品，也包括多种与人民生活密切相关的服务项目，如水、电、交通、教育、医疗等费用。该价格指数为分析和制定货币政策、价格政策、居民消费政策、工资政策以及进行国民经济核算提供科学依据。国际上通常将居民消费价格指数作为反映通货膨胀（或通货紧缩）程度的重要指标。

按照国际标准，居民消费价格的调查内容分为食品、烟酒及用品、衣着、家庭设备用品及服务、医疗保健及个人用品、交通和通信、娱乐教育文化用品及服务、居住等八大类。根据我国城乡居民消费模式、消费习惯，参照抽样调查原理选中的城乡居民家庭的消费支出数据，并结合其它相关资料，选取了251个基本分类、约700种商品和服务项目，作为经常性调查项目。国家统计局直属的全国调查系统采取定人、定时、定点的直接调查方式，由专职调查员到不同类型、不同规模的农贸市场和商店现场采集价格资料。对于与居民生活密切相关、价格变动比较频繁的商品，至少每五天调查一次价格，从而保证了居民消费价格指数能够及时、准确地反映市场价格的变动情况。

由于价格指数是用一定数量的代表品种反映价格总水平的变化，必须确定每一种调查商品或服务项目价格对价格总水平影响的重要程度（称为权数），用以加权计算分类价格指数直至价格总指数。随着人民消费结构不断变化，还要根据城市居民家庭消费支出结构变化，每年对权数进行调整。

商品零售价格指数 是反映城市商品零售价格变动趋势的一种经济指数。零售物价的调整变动直接影响到城市居民的生活支出和国家的财政收入，影响居民购买力和市场供需平衡，影响消费与积累的比例。因此，计算零售价格指数，可以从一个侧面对上述经济活动进行观察和分析。

工业品出厂价格指数 是反映全部工业品出厂价格变化趋势和变动幅度的统计指标。其中包括工业企业销给商业、外贸、物资部门的产品，还包括销给工业和其他部门的生产资料，以及直接销给居民的生活消费品。其目的在于准确地反映工业产品价格的变动趋势及程度，为国民经济核算、计算工业发展速度、宏观经济分析和调控、理顺价格体系提供科学、准确的依据。

原材料、燃料、动力购进价格指数 是反映全部原材料、燃料、动力价格变化趋势和变动幅度的统计指标。其调查内容包括：燃料动力类、黑色金属材料类、有色金属材料和电线类、化工原料类、木材及纸浆类、建筑材料及非金属矿类、其它工业原材料及半成品类、农副产品类、纺织原料类。其目的在于准确反映中间投入的原材料、其它工业原材料及半成品类、农副产品类、纺织原料类。其目的在于准确反映中间投入的原材料、燃料、动力价格的变动趋势及程度，为国民经济核算、分析提供科学、准确的依据。

五、固定资产投资

INVESTMENT IN FIXED ASSETS

本篇内容包括：

1. 全社会固定资产投资
2. 分行业的固定资产投资
3. 房地产开发投资

资料整理

刘　程
罗新瑜
万明刚
吴婉芸
王　娟

微机处理

万明刚

全社会固定资产投资

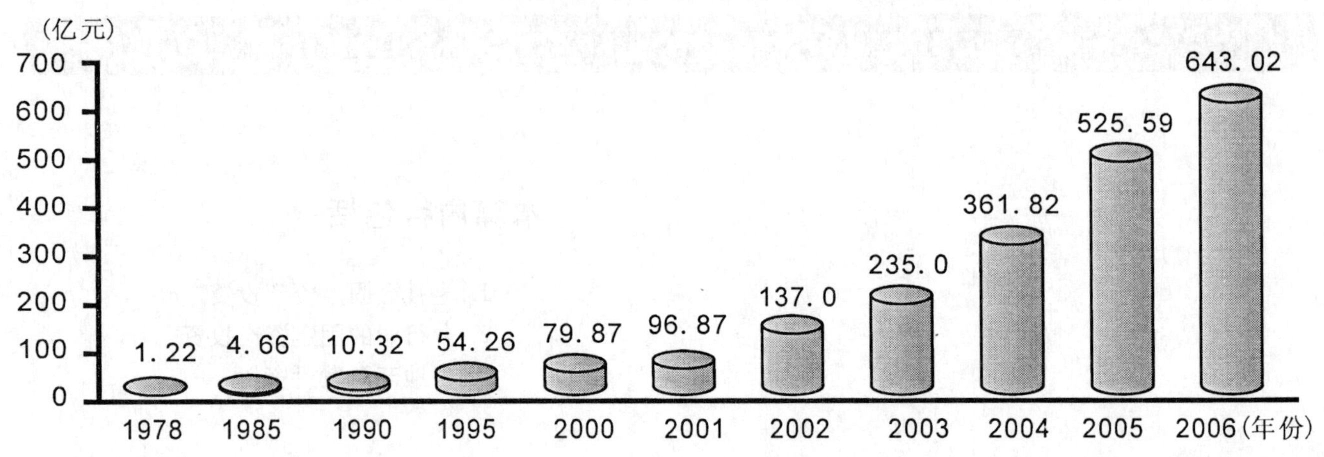

三次产业完成固定资产投资(%)

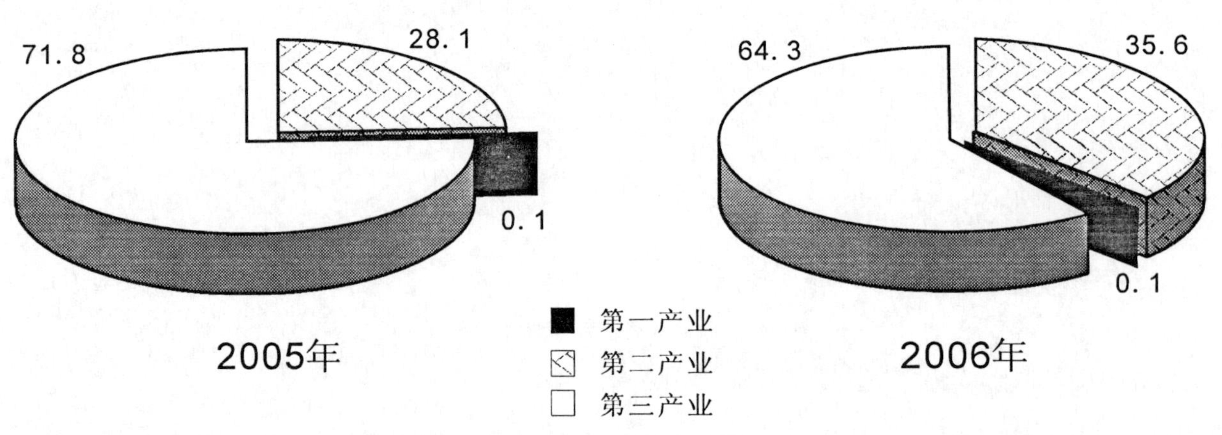

房地产开发投资

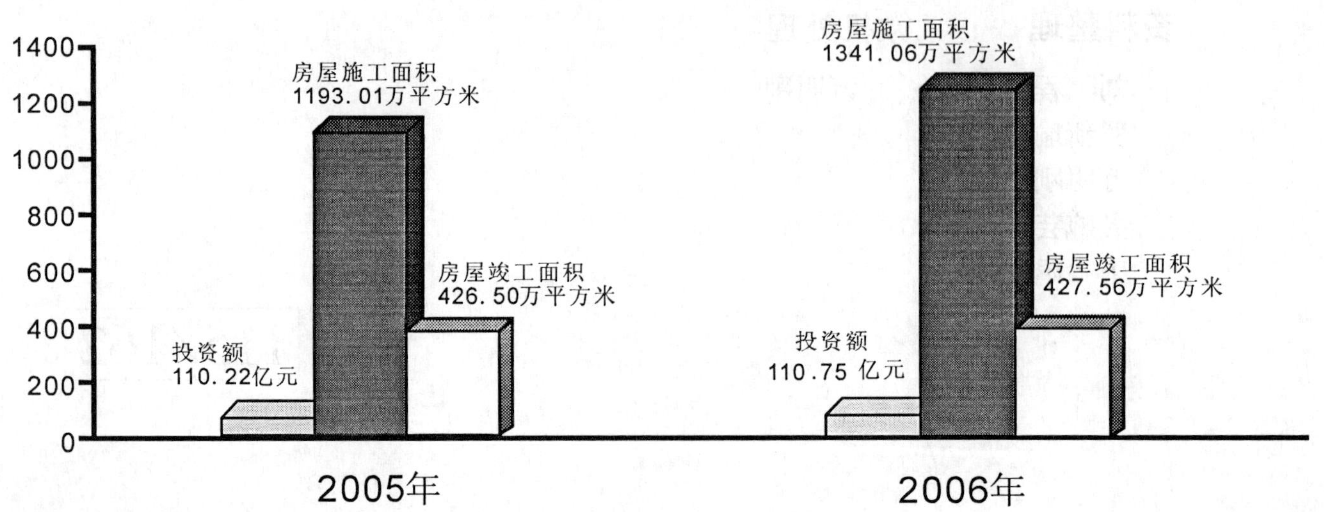

5-1 全社会固定资产投资

单位：万元

项　　目	2005	2006	2006年比上年增长%
总　计	**5 255 946**	**6 430 198**	**22.3**
中央、省属	972 576	1 125 266	15.7
市　属	4 283 370	5 304 932	23.8
城镇以上固定资产投资	4 806 491	5 964 294	24.1
中央、省属	972 576	1 125 266	15.7
市　属	3 833 915	4 839 028	26.2
#建设与改造投资	3 704 322	4 856 782	31.1
中央、省属	860 307	1 018 249	18.4
市　属	2 844 015	3 838 533	35.0
房地产开发	1 102 169	1 107 512	0.5
中央、省属	112 269	107 017	-4.7
市　属	989 900	1 000 495	1.1
农村投资	449 455	472 000	5.0
非农户	367 283	384 732	4.8
农　户	82 172	87 268	6.2

5－2　主要年份全社会固定资产投资

项　目	1978	1980	1985	1990	1995	2000	2005	2006
一、投资总额（万元）	12 209	21 075	46 575	103 225	542 553	798 684	5 255 946	6 430 198
按隶属关系分								
中央、省属	7 831	9 099	23 758	37 947	120 705	238 557	972 576	1 125 266
市　属	4 378	11 976	22 817	65 278	421 848	560 127	4 283 370	5 304 932
按经济类型分								
城镇国有	11 624	19 765	42 700	82 902	352 530	539 651	2 028 308	2 347 629
#房地产开发				7 792	96 396	131 968	76 486	149 223
城镇集体	325	840	1 811	2 905	5 943	17 564	81 157	76 307
其他经济类型							2 697 026	3 540 358
农村非农户	100	230	520	4 320	151 549	178 096	367 283	384 732
农村个人	80	120	840	8 732	25 975	53 006	82 172	87 268
二、新增固定资产（万元）	7 775	18 092	25 501	86 174	425 293	367 220	2 251 905	3 645 570
#房地产开发				8 147	24 396	73 626	506 388	532 651
三、竣工房屋面积(万平方米)	39.57	101.24	106.05	190.19	233.97	355.48	942.64	993.27
#房地产开发				29.28	84.4	92.1	426.5	427.56
#住　宅	22.71	57.69	61.51	131.72	160.44	265.75	485.93	398.68
#房地产开发				24.81	64.71	83.69	352.35	352.72

5-3 城镇以上固定资产投资

（2006 年）　　　　单位：万元

指　　标	总　计	中　央	省	市	县	其　他
一、本年完成投资	5 964 294	157 213	968 053	708 629	884 971	3 245 428
#住宅投资	952 043	32 154	75 277	62 688	67 645	714 279
1. 按企业登记注册类型分						
内　资	5 134 326	155 913	892 183	673 183	875 749	2 537 298
国　有	2 195 435	131 145	737 266	487 697	768 856	70 471
集　体	76 307			5 324	25 863	45 120
股份合作	95 559		1 757	2 942		90 860
联　营	11 711				1 960	9 751
有限责任公司	1 484 756	5 272	58 649	123 910	22 158	1 274 767
股份有限公司	377 874	18 609	94 511	53 310	24 358	187 086
私　营	736 434	887			32 554	702 993
其他内资	156 250					156 250
港澳台投资	578 132		60 160	9 327	5 034	503 611
外商投资	200 169	1 300	15 710	26 119	4 188	152 852
个体经营	51 667					51 667
2. 按建设性质分						
#新　建	4 237 411	32 349	507 421	459 431	528 050	1 602 648
扩　建	600 232	46 921	26 542	33 258	215 181	278 330
改建和技术改造	651 261	38 174	112 413	111 150	66 508	323 016
3. 按构成分						
建筑工程	3 041 203	85 056	367 299	393 800	570 468	1 624 580
安装工程	411 941	5 867	37 068	63 133	69 699	236 174
设备工器具购置	1 490 201	37 245	445 341	100 826	80 492	826 297
其他费用	1 020 949	29 045	118 345	150 870	164 312	558 377
4. 按产业分						
第一产业	4 242		240		1 027	2 975
第二产业	2 121 592	47 174	249 299	166 063	30 509	1 628 547
第三产业	3 838 460	110 039	718 514	542 566	853 435	1 613 906
二、本年新增固定资产	3 645 570	186 333	558 699	514 608	476 058	1 909 872
三、本年资金来源合计						
#本年资金来源	6 658 643	181 116	1 146 676	762 843	907 175	3 660 833
国家预算内资金	428 756	12 066	274 218	92 510	40 208	9 754
国内贷款	922 191	58 630	146 007	232 367	100 948	384 239
债　券	8 630				230	8 400
利用外资	229 041		4 800	6 007	4 330	213 904
自筹资金	3 940 994	94 045	464 186	382 865	697 398	2 302 500
其他资金来源	1 137 661	16 375	257 465	49 094	64 291	750 436

注：按照国民经济新的行业分类，2003 年及以后废弃资源和废旧材料回收加工业由批发零售贸易业（第三产业）划入工业行业（第二产业）。

5-4 分行业固定资产投资

单位：万元

行　　　　业	2005年	2006年	2006年比上年增长%
总　　计	**3 673 308**	**4 856 782**	**32.2**
农、林、牧、渔业	6 130	4 242	-30.8
工　　业			
#采　矿　业	2 671	233	-91.3
制　造　业	1 274 734	1 957 816	53.6
#农副食品加工业	18 952	58 711	209.8
食品制造业	34 811	90 932	161.2
饮料制造业	24 142	71 833	197.5
烟草制品业	17 018	17 244	1.3
纺　织　业	92 226	72 539	-21.3
纺织服装、鞋、帽制造业	61 548	112 571	82.9
家具制造业	10 612	17 401	64.0
造纸及纸制品业	96 983	41 213	-57.5
印刷业和记录媒介的复制	55 111	43 472	-21.1
文教体育用品制造业	26 340	56 704	115.3
化学原料及化学制品制造业	29 325	37 272	27.1
医药制造业	142 362	137 355	-3.5
化学纤维制造业	13 977	4 896	-65.0
橡胶制品业	11 064	46 489	320.2
塑料制品业	31 319	48 939	56.3
非金属矿物制品业	87 990	140 393	59.6
黑色金属冶炼及压延加工业	28 763	53 029	84.4
有色金属冶炼及压延加工业	48 266	75 968	57.4
金属制品业	58 941	57 181	-3.0
通用设备制造业	52 373	76 963	47.0
专用设备制造业	33 324	105 552	216.7
交通运输设备制造业	110 420	181 001	63.9
电气机械及器材制造业	38 332	158 744	314.1
通信设备、计算机及其他电子设备	107 374	181 422	69.0
仪器仪表及文化、办公用机械制造	2 550	12 422	387.1
工艺品及其他制造业	6 767	9 898	46.3

注：本表固定资产投资是指城镇固定资产投资完成额，不含房地产开发和农村投资，下同。

5－4续表 单位：万元

行　　　　业	2005年	2006年	2006年比上年增长%
电力、燃气及水的生产和供应业	52 004	118 580	128.0
#电力、热力的生产和供应业	26 916	85 577	217.9
燃气生产和供应业	9 199	13 717	49.1
水的生产和供应业	15 889	19 286	21.4
建筑业	18 708	45 196	141.6
交通运输、仓储和邮政业	309 763	107 641	－65.3
#铁路运输业	3 500	7 079	102.3
道路运输业	284 070	74 004	－73.9
公共交通业	15 596	11 230	－28.0
邮　政　业	1 308	1 331	1.8
信息传输、计算机服务和软件业	107 511	149 182	38.8
#电信和其他信息传输服务业	69 072	74 309	7.6
批发和零售业	128 582	218 257	69.7
住宿和餐饮业	122 284	167 946	37.3
金　融　业	20 244	22 572	11.5
房 地 产 业	49 011	99 994	104.0
租赁和商务服务业	57 484	92 095	60.2
科学研究、技术服务和地质勘查业	10 218	26 907	163.3
水利、环境和公共设施管理业	809 885	928 520	14.6
#水利管理业	18 462	54 798	196.8
环境管理业	420	2 115	403.6
公共设施管理业	791 003	871 607	10.2
居民服务和其他服务业	6 963	23 840	242.4
教　　育	385 914	419 763	8.8
卫生、社会保障和社会福利业	54 774	54 704	－0.1
#卫　　生	53 094	51 336	－3.3
文化、体育和娱乐业	57 545	98 935	71.9
公共管理和社会组织	198 883	320 359	61.1

5-5 各行业固定资产投资

（按登记注册类型分，2006 年）　　　　　　单位：万元

指　　标	总　计	内　资	国　有	集　体	股份合作	联　营	有限责任公司
总　　计	**4 856 782**	**4 242 517**	**2 059 751**	**72 067**	**90 380**	**11 711**	**1 010 451**
农、林、牧、渔业	4 242	3 742	1 267				330
工　　业	2 076 629	1 640 822	247 084	81 868	64 860		636 367
#采　矿　业	233	233					
制　造　业	1 957 816	1 522 804	136 251	17 008	64 860		636 367
#农副食品加工业	58 711	51 811					22 250
食品制造业	90 932	74 632	1 100				11 787
饮料制造业	71 833	67 437			27 387		35 200
烟草制品业	17 244	17 244	17 244				
纺　织　业	72 539	64 510	5 621				17 370
纺织服装、鞋、帽制造业	112 571	88 696		2 600			31 320
皮革、毛皮、羽毛（绒）及其制品业	22 633	1 180					
木材加工及木、竹、藤、棕、草制	20 280	20 180		1 200			2 400
家具制造业	17 401	14 801					150
造纸及纸制品业	41 213	34 390			425		2 425
印刷业和记录媒介的复制	43 472	42 863	16 972	6 100	2 000		12 817
文教体育用品制造业	56 704	44 104					34 904
石油加工、炼焦及核燃料加工业	100	100					
化学原料及化学制品制造业	37 272	33 224		1 000			21 749
医药制造业	137 355	109 809					83 024
化学纤维制造业	4 896	4 896	4 896				
橡胶制品业	46 489	24 741	3 200				4 200
塑料制品业	48 939	42 159			1 695		7 040
非金属矿物制品业	140 393	120 861	6 000	300			88 188
黑色金属冶炼及压延加工业	53 029	53 029	7 294				6 600
有色金属冶炼及压延加工业	75 968	21 270					10 678
金属制品业	57 181	53 685	4 200	1 100	730		17 334
通用设备制造业	76 963	68 197	2 474	400			49 699
专用设备制造业	105 552	105 434	1 500	860	2 522	200	58 132
交通运输设备制造业	181 001	154 267	30 937	3 448	30 101		49 557
电气机械及器材制造业	158 744	143 076	31 813				48 613
通信设备、计算机及其他电子设备	181 422	43 727					10 308
仪器仪表及文化、办公用机械制造	12 422	12 322	3 000				8 922

5－5 续表 1　　（按登记注册类型分，2006 年）　　单位：万元

指　　标	股份有限	私　营	其　他	港澳台投资	外商投资	个体经营
总　　计	**339 199**	**539 392**	**119 566**	**394 035**	**168 563**	**51 667**
农、林、牧、渔业	340	1 570	235	500		
工　　业	212 664	404 674	58 165	312 751	117 315	5 178
#采　矿　业	233					
制　造　业	210 580	399 573	58 165	312 751	117 083	5 178
#农副食品加工业	4 199	22 362	3 000		6 900	
食品制造业	27 200	34 545		3 200	13 100	
饮料制造业		4 850			4 396	
烟草制品业						
纺　织　业	10 823	30 696		4 563	3 466	
纺织服装、鞋、帽制造业	7 500	47 276		23 080	795	
皮革、毛皮、羽毛（绒）及其制品业	680	500		17 633	3 820	
木材加工及木、竹、藤、棕、草制	3 800	5 160	7 620	100		
家具制造业	3 532	3 858	7 261	2 600		
造纸及纸制品业	1 400	21 420	8 720		6 353	470
印刷业和记录媒介的复制	280	4 694		559		50
文教体育用品制造业		9 200		12 600		
石油加工、炼焦及核燃料加工业		100				
化学原料及化学制品制造业	4 000	6 475			3 448	600
医药制造业	916	14 900	10 969	7 760	19 786	
化学纤维制造业						
橡胶制品业	151	7 520	9 670	21 748		
塑料制品业	16 081	17 343		6 300		480
非金属矿物制品业	1 050	25 323		16 704		2 828
黑色金属冶炼及压延加工业	38 420	715				
有色金属冶炼及压延加工业	9 872	720		40 488	13 710	500
金属制品业	6 148	24 173			3 396	100
通用设备制造业	2 530	8 100	4 994	7 100	1 666	
专用设备制造业		42 420		68		50
交通运输设备制造业	31 173	8 050	1 001	13 343	13 391	
电气机械及器材制造业	11 700	46 020	4 930	6 040	9 628	
通信设备、计算机及其他电子设备	28 125	5 294		127 247	10 448	
仪器仪表及文化、办公用机械制造	400					100

指　　标	总计	内资					
			国有	集体	股份合作	联营	有限责任公司
工艺品及其他制造业	9 898	5 500					1 700
废弃资源和废旧材料回收加工业	4 659	4 659					
电力、燃气及水的生产和供应业	118 580	117 785	110 833				1 851
#电力、热力的生产和供应业	85 577	85 577	85 527				
燃气生产和供应业	13 717	12 922	7 871				
水的生产和供应业	19 286	19 286	17 435				1 851
建　筑　业	45 196	45 196	13 493	536	50		29 311
交通运输、仓储和邮政业	107 641	107 571	26 022	14 922			59 499
#铁路运输业	7 079	7 079	7 079				
道路运输业	74 004	74 004	3 325	5 000			59 499
城市公共交通业	11 230	11 160	10 212				
水上运输业	10 748	10 748	826	9 922			
仓　储　业	3 249	3 249	3 249				
邮　政　业	1 331	1 331	1 331				
信息传输、计算机服务和软件业	149 182	87 603	36 754		560		26 430
#电信和其他信息传输服务业	74 309	54 896	35 754				8 500
批发和零售业	218 257	204 664	21 866	12 770	12 510	1 960	77 998
住宿和餐饮业	167 946	121 381	2 022	10 230	4 942	9 751	29 756
金　融　业	22 572	22 572	8 978		1 757		2 752
房 地 产 业	99 994	98 994	77 711	9 150			4 169
租赁和商务服务业	92 095	74 030	19 221	1 000	1 461		34 420
科学研究、技术服务和地质勘查业	26 907	25 791	15 174				10 617
水利、环境和公共设施管理业	928 520	926 220	836 928	2 836	1 180		34 681
#水利管理业	54 798	54 798	54 375				423
环境管理业	2 115	2 115	727	200			1 188
公共设施管理业	871 607	869 307	781 826	2 636	1 180		33 070
居民服务和其他服务业	23 840	17 550			1 680		9 297
教　　育	419 763	419 763	339 409	3 040			40 844
卫生、社会保障和社会福利业	54 704	54 654	53 212	575			
#卫　　生	51 336	51 286	49 899	520			
文化、体育和娱乐业	98 935	71 605	48 801		1 380		3 579
公共管理和社会组织	320 359	320 359	311 809				8 550

5－5 续表 2－1　　　（按登记注册类型分，2006 年）　　　单位：万元

指　　　　标				港澳台投资	外商投资	个体经营
	股份有限	私　　营	其　　他			
工艺品及其他制造业	1 700	600	3 200			
废弃资源和废旧材料回收加工业			4 659			
电力、燃气及水的生产和供应业	1 851	5 101			232	
#电力、热力的生产和供应业		50				
燃气生产和供应业		5 051				
水的生产和供应业	1 851				232	
建　筑　业	29 311	976	830			
交通运输、仓储和邮政业	59 499	5 628	1 500			
#铁路运输业						
道路运输业	59 499	4 680	1 500			
城市公共交通业		948				
水上运输业						
仓　储　业						
邮　政　业						
信息传输、计算机服务和软件业	26 430	16 659	6 019	1 181	300	5 137
#电信和其他信息传输服务业	8 500	9 682	960		300	
批发和零售业	77 998	41 394	36 166		3 933	1 910
住宿和餐饮业	29 756	19 693	40 667	4 320	13 110	27 612
金　融　业	2 752	9 085				
房 地 产 业	4 169	50	4 614	3 300		1 000
租赁和商务服务业	34 420	13 500	4 220	208	10 271	
科学研究、技术服务和地质勘查业	10 617				1 116	
水利、环境和公共设施管理业	34 681			50 595	1 800	
#水利管理业	423					
环境管理业	1 188					
公共设施管理业	33 070			50 595	1 800	
居民服务和其他服务业	9 297	1 100	5 473			6 000
教　　育	40 844		34 970	1 500		
卫生、社会保障和社会福利业			805	62		50
#卫　　生			805	62		50
文化、体育和娱乐业	3 579	14 860	2 985		20 950	4 780
公共管理和社会组织	8 550					

5-6 各行业固定资产投资

（按技术构成分，2006年）

单位：万元

指标	本年完成投资	建筑工程	安装工程	设备工器具购置	其他费用
总计	**4 856 782**	**2 363 639**	**364 533**	**1 484 884**	**643 726**
农、林、牧、渔业	4 242	2 287	60	636	1 259
工业	2 076 629	837 626	31 196	855 910	200 477
#采矿业	233	154		38	41
制造业	1 957 816	807 416	151 420	814 474	184 506
#农副食品加工业	58 711	27 837	4 180	20 219	6 475
食品制造业	90 932	34 711	9 120	37 267	9 834
饮料制造业	71 833	32 445	6 318	29 790	3 280
烟草制品业	17 244	6 066	6	8 625	2 547
纺织业	72 539	35 243	6 948	22 430	7 918
纺织服装、鞋、帽制造业	112 571	52 310	11 150	38 699	10 412
皮革、毛皮、羽毛（绒）及其制品业	22 633	6 050	5 133	11 150	300
木材加工及木、竹、藤、棕、草制	20 280	14 015	1 502	3 092	1 671
家具制造业	17 401	13 643	320	2 938	500
造纸及纸制品业	41 213	21 926	4 744	12 020	2 523
印刷业和记录媒介的复制	43 472	10 233	3 625	25 358	4 256
文教体育用品制造业	56 704	24 862	4 060	24 200	3 582
石油加工、炼焦及核燃料加工业	100	30	5	45	20
化学原料及化学制品制造业	37 272	14 352	2 869	14 345	5 706
医药制造业	137 355	68 463	7 814	48 387	12 691
化学纤维制造业	4 896	3 586	466	327	517
橡胶制品业	46 489	12 840	1 300	30 930	1 419
塑料制品业	48 939	21 088	6 454	16 334	5 063
非金属矿物制品业	140 393	77 948	6 118	49 294	7 033
黑色金属冶炼及压延加工业	53 029	17 701	555	33 549	1 224
有色金属冶炼及压延加工业	75 968	14 388	2 823	40 446	18 311
金属制品业	57 181	23 721	6 243	22 132	5 085
通用设备制造业	76 963	34 535	3 583	32 334	6 511
专用设备制造业	105 552	46 717	10 759	40 216	7 860
交通运输设备制造业	181 001	67 503	15 340	73 340	24 818
电气机械及器材制造业	158 744	72 157	13 753	47 306	25 528
通信设备、计算机及其他电子设备	181 422	37 607	15 137	122 498	6 180
仪器仪表及文化、办公用机械制造	12 422	3 520	1 035	6 603	1 264

5－6 续表 （按技术构成分，2006 年） 单位：万元

指标	本年完成投资	建筑工程	安装工程	设备工器具购置	其他费用
工艺品及其他制造业	9 898	7 260	60	600	1 978
废弃资源和废旧材料回收加工业	4 659	4 659			
电力、燃气及水的生产和供应业	118 580	30 056	31 196	41 398	15 930
#电力、热力的生产和供应业	85 577	13 430	19 530	41 163	11 454
燃气生产和供应业	13 717	662	10 366	126	2 563
水的生产和供应业	19 286	15 964	1 300	109	1 913
建筑业	45 196	12 770	1 377	26 450	4 599
交通运输、仓储和邮政业	107 641	61 185	1 618	23 372	21 466
#铁路运输业	7 079	95	665	5 319	1 000
道路运输业	74 004	48 121	858	7 020	18 005
城市公共交通业	11 230	2 240		8 990	
水上运输业	10 748	7 956		1 778	1 014
仓储业	3 249	1 925			1 324
邮政业	1 331	848	95	265	123
信息传输、计算机服务和软件业	149 182	46 292	9 678	82 851	10 361
#电信和其他信息传输服务业	74 309	3 115	7 131	59 427	4 636
批发和零售业	218 257	110 952	32 655	32 361	42 289
住宿和餐饮业	167 946	93 055	24 392	33 659	16 840
金融业	22 572	5 501	880	10 937	5 254
房地产业	99 994	67 008	4 395	9 576	19 015
租赁和商务服务业	92 095	30 012	12 469	8 810	40 804
科学研究、技术服务和地质勘查业	26 907	18 160	847	2 246	5 654
水利、环境和公共设施管理业	928 520	632 335	55 634	73 417	167 134
#水利管理业	54 798	44 882	8	381	9 527
环境管理业	2 115	1 330	250	30	505
公共设施管理业	871 607	586 123	55 376	73 006	157 102
居民服务和其他服务业	23 840	11 409	3 128	7 476	1 827
教育	419 763	303 331	7 109	66 111	43 212
卫生、社会保障和社会福利业	54 704	34 359	1 604	16 162	2 579
#卫生	51 336	31 401	1 484	16 162	2 289
文化、体育和娱乐业	98 935	31 637	15 394	16 958	34 946
#新闻出版业	8 179	2 890	300	3 262	1 727
公共管理和社会组织	320 359	65 720	10 677	217 952	26 010

5-7 各行业固定资产投资

（按建设性质分，2006年）　　　　单位：万元

指　　标	本年完成投资	#新　建	#扩　建	#改建和技术改造
总　　计	**4 856 782**	**3 129 899**	**600 232**	**651 261**
农、林、牧、渔业	6 130	3 102	940	
工　　业	1 933 022	1 467 521	232 459	233 042
#采　矿　业	233		233	
制　造　业	1 957 816	1 355 980	230 558	227 904
#农副食品加工业	58 711	46 550	10 532	1 010
食品制造业	90 932	63 712	13 424	3 360
饮料制造业	71 833	36 434	27 387	7 583
烟草制品业	17 244		13 174	4 070
纺　织　业	72 539	54 167	7 908	7 055
纺织服装、鞋、帽制造业	112 571	93 715	17 140	296
皮革、毛皮、羽毛（绒）及其制品业	22 633	21 953		
木材加工及木、竹、藤、棕、草制	20 280	17 500	2 680	100
家具制造业	17 401	15 921		400
造纸及纸制品业	41 213	28 773	11 245	300
印刷业和记录媒介的复制	43 472	10 678	7 034	14 845
文教体育用品制造业	56 704	53 804	2 900	
石油加工、炼焦及核燃料加工业	100	100		
化学原料及化学制品制造业	37 272	25 868	5 700	3 313
医药制造业	137 355	103 606	1 600	17 373
化学纤维制造业	4 896		4 896	
橡胶制品业	46 489	17 141	200	24 948
塑料制品业	48 939	20 708	22 551	4 720
非金属矿物制品业	140 393	112 176	13 132	5 150
黑色金属冶炼及压延加工业	53 029	5 962	7 315	39 752
有色金属冶炼及压延加工业	75 968	65 170	4 471	2 627
金属制品业	57 181	37 201	6 380	10 666
通用设备制造业	76 963	28 484	16 352	4 599
专用设备制造业	105 552	75 576	18 902	9 728
交通运输设备制造业	181 001	145 914	4 035	28 485
电气机械及器材制造业	158 744	87 591	6 400	29 142
通信设备、计算机及其他电子设备	181 422	166 419	3 500	4 160
仪器仪表及文化、办公用机械制造	12 422	8 000		4 222
工艺品及其他制造业	9 898	8 198	1 700	
废弃资源和废旧材料回收加工业	4 659	4 659		

5-7续表 (按建设性质分，2006年) 单位：万元

指标	本年完成投资	#新建	#扩建	#改建和技术改造
电力、燃气及水的生产和供应业	118 580	111 541	1 901	5 138
#电力、热力的生产和供应业	85 577	81 472	50	4 055
燃气生产和供应业	13 717	12 687		1 030
水的生产和供应业	19 286	17 382	1 851	53
建筑业	45 196	13 123	2 860	9 945
交通运输、仓储和邮政业	107 641	77 844	1 461	10 736
#铁路运输业	7 079	200		3 100
道路运输业	74 004	65 674	36	2 114
城市公共交通业	11 230	1 640		600
水上运输业	10 748	9 922		750
仓储业	3 249	270		2 979
邮政业	1 331	138		1 193
信息传输、计算机服务和软件业	149 182	61 696	13 831	61 193
#电信和其他信息传输服务业	74 309	390	10 771	53 016
批发和零售业	218 257	135 750	23 595	53 933
住宿和餐饮业	167 946	57 194	5 495	97 780
金融业	22 572	4 955	1 000	7 838
房地产业	99 994	86 020	1 400	10 686
租赁和商务服务业	92 095	70 933	1 200	17 109
科学研究、技术服务和地质勘查业	26 907	22 425		3 482
水利、环境和公共设施管理业	928 520	624 226	247 231	56 546
#水利管理业	54 798	6 225	44 970	3 603
环境管理业	2 115	1 393		722
公共设施管理业	871 607	616 608	202 261	52 221
居民服务和其他服务业	23 840	2 291	130	19 609
教育	419 763	318 689	65 342	13 061
卫生、社会保障和社会福利业	54 704	32 102	4 127	8 479
#卫生	51 336	28 789	4 072	8 479
文化、体育和娱乐业	98 935	60 801		31 902
#新闻出版业	8 179	4 647		960
公共管理和社会组织	320 359	91 227	483	15 920

5－8　分行业新增固定资产和项目

（2006 年）

指　　标	本年完成投　资（万元）	本年新增固定资产（万元）	施工项目（个）	#本　年新开工	本年投产项　目（个）
总　　计	**4 856 782**	**3 112 919**	**1 383**	**834**	**950**
农、林、牧、渔业	4 242	3 006	8	8	6
工　　业	2 076 629	1 276 451	547	313	374
#采　矿　业	233	233	1	1	1
制　造　业	1 957 816	1 230 587	521	302	363
#农副食品加工业	58 711	49 405	19	15	16
食品制造业	90 932	76 868	33	20	26
饮料制造业	71 833	42 073	9	5	6
烟草制品业	17 244		2	1	
纺　织　业	72 539	64 459	39	24	35
纺织服装、鞋、帽制造业	112 571	89 540	33	27	26
皮革、毛皮、羽毛（绒）及其制品业	22 633	5 070	4	1	2
木材加工及木、竹、藤、棕、草制	20 280	13 020	8	7	7
家具制造业	17 401	10 526	9	5	7
造纸及纸制品业	41 213	28 915	12	10	10
印刷业和记录媒介的复制	43 472	47 520	13	5	13
文教体育用品制造业	56 704	21 700	9	4	7
石油加工、炼焦及核燃料加工业	100	100	1	1	1
化学原料及化学制品制造业	37 272	31 935	27	16	22
医药制造业	137 355	54 400	32	17	19
化学纤维制造业	4 896	32 622	3	1	2
橡胶制品业	46 489	18 437	9	6	4
塑料制品业	48 939	24 447	20	14	14
非金属矿物制品业	140 393	106 017	32	19	24
黑色金属冶炼及压延加工业	53 029	7 415	7	4	3
有色金属冶炼及压延加工业	75 968	46 734	14	4	6
金属制品业	57 181	45 378	32	23	21
通用设备制造业	76 963	61 462	20	7	12
专用设备制造业	105 552	105 200	31	16	24
交通运输设备制造业	181 001	76 137	38	14	22
电气机械及器材制造业	158 744	84 153	34	23	18
通信设备、计算机及其他电子设备	181 422	68 333	20	6	8
仪器仪表及文化、办公用机械制造	12 422	11 520	4	3	3
工艺品及其他制造业	9 898	7 201	6	4	5
废弃资源和废旧材料回收加工业	4 659		1		

5－8 续表 （2006 年）

指　　　　标	本年完成投资（万元）	本年新增固定资产（万元）	施工项目（个）	#本年新开工	本年投产项目（个）
电力、燃气及水的生产和供应业	118 580	45 631	25	10	10
#电力、热力的生产和供应业	85 577	26 284	12	6	6
燃气生产和供应业	13 717	592	5		1
水的生产和供应业	19 286	18 755	8	4	3
建　筑　业	45 196	32 717	21	18	17
交通运输、仓储和邮政业	107 641	52 802	23	8	16
#铁路运输业	7 079	18 979	2		2
道路运输业	74 004	18 418	10	2	6
城市公共交通业	11 230	12 090	5	2	4
水上运输业	10 748	826	2	2	1
仓　储　业	3 249	830	2	1	1
邮　政　业	1 331	1 659	2	1	2
信息传输、计算机服务和软件业	149 182	68 756	46	26	31
#电信和其他信息传输服务业	74 309	33 183	11	5	6
批发和零售业	218 257	169 327	100	71	82
住宿和餐饮业	167 946	177 535	120	107	109
金　融　业	22 572	25 622	12	9	11
房 地 产 业	99 994	49 092	24	16	16
租赁和商务服务业	92 095	45 524	29	23	19
科学研究、技术服务和地质勘查业	26 907	17 381	18	8	12
水利、环境和公共设施管理业	928 520	471 105	135	66	68
#水利管理业	54 798	63 131	11	2	4
环境管理业	2 115	405	4	4	2
公共设施管理业	871 607	407 569	120	60	62
居民服务和其他服务业	23 840	23 549	29	26	28
教　　育	419 763	192 213	119	45	65
卫生、社会保障和社会福利业	54 704	61 234	41	20	25
#卫　　生	51 336	57 291	36	17	22
文化、体育和娱乐业	98 935	116 373	36	26	26
#新闻出版业	8 179	12 152	4	3	3
公共管理和社会组织	320 359	330 232	75	44	45

5-9 分行业固定资产投资资金来源

(2006年)

单位：万元

指标	本年累计资金来源	#本年到位资金	国家预算内资金	国内贷款	债券	利用外资	自筹资金	其他
总计	**5 360 682**	**5128 579**	**428 756**	**560 969**		**221 966**	**3613 160**	**303 728**
农、林、牧、渔业	4 928	4 505	656				3 606	243
工业	2 251 718	2144 771	53 793	161 049		189 513	1 724 513	15 903
#采矿业	233	233					233	
制造业	2 117 467	2 011 130	8 434	141 778		189 003	1 656 944	14 971
#农副食品加工业	59 879	59 269		2 700		5 000	51 569	
食品制造业	91 697	91 322	250	16 850		14 100	59 922	200
饮料制造业	71 833	71 833				1 214	70 619	
烟草制品业	17 244	17 244					17 244	
纺织业	77 337	75 974		790		1 461	73 674	49
纺织服装、鞋、帽制造业	115 901	113 901				8 000	105 901	
皮革、毛皮、羽毛(绒)及其制品业	23 700	23 200				17 520	5 680	
木材加工及木、竹、藤、棕、草制	20 280	20 280					20 280	
家具制造业	17 401	16 373				2 600	13 773	
造纸及纸制品业	41 313	38 713				4 500	34 213	
印刷业和记录媒介的复制	46 004	45 204		600			44 574	30
文教体育用品制造业	58 004	57 854				13 130	44 724	
石油加工、炼焦及核燃料加工业	100	100					100	
化学原料及化学制品制造业	38 725	35 849		1 174		1 148	33 490	37
医药制造业	155 599	146 501	500	7 035		18 951	120 015	
化学纤维制造业	4 896	4 896					4 896	
橡胶制品业	46 489	23 266				3 858	19 358	50
塑料制品业	54 649	54 449					53 349	1 100
非金属矿物制品业	142 597	139 999		2 778		11 210	125 006	1 005
黑色金属冶炼及压延加工业	64 177	64 177		5 880			58 297	
有色金属冶炼及压延加工业	80 998	70 945		22 680		4 800	43 465	
金属制品业	69 156	68 123		4 500		8 524	55 049	50
通用设备制造业	80 713	72 464	650	1 000		1 986	68 141	687
专用设备制造业	109 303	102 773		649			101 524	600
交通运输设备制造业	236 923	236 399		48 976			187 423	
电气机械及器材制造业	168 284	166 034	6 774	18 700		7 521	132 406	633
通信设备、计算机及其他电子设备	195 424	165 207	260	7 330		57 720	89 397	10 500
仪器仪表及文化、办公用机械制造	12 422	12 422		136			12 256	30

5－9 续表　　　　　　　　　　（2006 年）　　　　　　　　　　单位：万元

指　　　标	本年累计资金来源	#本　年到位资金	国家预算内资金	国内贷款	债　券	利用外资	自筹资金	其　他
工艺品及其他制造业	11 760	11 700				5 760	5 940	
废弃资源和废旧材料回收加工业	4 659	4 659					4 659	
电力、燃气及水的生产和供应业	134 018	133 408	45 359	19 271		510	67 336	932
#电力、热力的生产和供应业	92 699	92 699	43 238	8 241			41 220	
燃气生产和供应业	13 717	13 717				510	13 207	
水的生产和供应业	27 602	26 992	2 121	11 030			12 909	932
建　筑　业	46 098	43 574					41 500	2 074
交通运输、仓储和邮政业	140 405	134 995	22 188	48 036			64 771	
#铁路运输业	7 079	7 079	7 079					
道路运输业	106 768	101 358	15 109	48 036			38 213	
城市公共交通业	11 230	11 230					11 230	
水上运输业	10 748	10 748					10 748	
仓　储　业	3 249	3 249					3 249	
邮　政　业	1 331	1 331					1 331	
信息传输、计算机服务和软件业	169 039	164 979		17 900		5 900	139 209	1 970
#电信和其他信息传输服务业	80 109	79 109		5 900		5 900	67 009	300
批发和零售业	224 464	211 306	1 400	8 030		6 700	187 976	7 200
住宿和餐饮业	195 001	170 923	215	18 972			149 653	2 083
金　融　业	23 454	23 430					23 430	
房 地 产 业	101 426	100 284		28 480			64 166	7 638
租赁和商务服务业	116 953	100 813		14 950		12 393	72 717	753
科学研究、技术服务和地质勘查业	30 136	29 923	4 990				24 020	913
水利、环境和公共设施管理业	929 590	918 107	83 500	167 825		6 260	639 239	21 283
#水利管理业	60 371	59 691	7 522	44 780			7 179	210
环境管理业	2 393	2 393	810				1 583	
公共设施管理业	866 826	856 023	75 168	123 045		6 260	630 477	21 073
居民服务和其他服务业	23 810	23 810					23 810	
教　　育	585 489	559 326	11 423	53 977			263 045	230 881
卫生、社会保障和社会福利业	85 570	80 962	11 184	24 743			41 188	3 847
#卫　　生	81 597	76 989	7 491	24 743			40 908	3 847
文化、体育和娱乐业	108 913	96 458	7 238	16 007		1 200	66 796	5 217
#新闻出版业	9 304	8 189	437	370			7 382	
公共管理和社会组织	323 688	320 413	232 169	1 000			83 521	3 723

5－10 各县区固定资产投资

（按技术构成分，2006年）　　单位：万元

指　　标	本年完成投资	建筑工程	安装工程	设备工器具购置	其他费用
南昌市	**4 856 782**	**2 363 639**	**364 533**	**1 484 884**	**643 726**
东湖区	331 238	45 517	7 517	248 764	29 440
西湖区	353 345	154 845	43 293	116 127	39 080
青云谱区	293 883	138 130	23 864	70 045	61 844
湾里区	36 206	23 653	130	4 719	7 704
青山湖区	711 840	354 801	61 328	194 169	101 542
南昌县	611 886	220 658	71 699	262 687	56 842
新建县	253 114	170 487	17 384	43 251	21 992
安义县	74 377	45 473	9 155	15 048	4 701
进贤县	94 646	34 579	13 674	33 734	12 659
经济开发区	929 772	562 771	38 722	302 758	25 521
高新开发区	515 436	227 114	21 066	131 001	136 255
红谷滩新区	491 941	306 568	38 232	22 681	124 460
桑海开发区	10 648	5 667	140	3 221	1 620
英雄开发区	4 440	4 440			
跨区项目	144 010	68 936	18 329	36 679	20 066

5-11 各县区固定资产投资

（按登记注册类型分，2006 年）　　单位：万元

指　　标	总　计	内　资					
			国　有	集　体	股份合作	联　营	有限责任公司
南 昌 市	**4 856 782**	**4 242 517**	**2 059 751**	**72 067**	**90 380**	**11 711**	**1 010 451**
东 湖 区	331 238	326 789	283 207	106	1 757	1 960	17 691
西 湖 区	353 345	316 838	117 564	14 828	12 732		68 784
青云谱区	293 883	265 790	142 391	2 400	50		75 714
湾 里 区	36 206	28 481	16 072	50			11 378
青山湖区	711 840	643 788	175 215	29 490	11 655		140 546
南 昌 县	611 886	539 655	88 684		30 101		180 452
新 建 县	253 114	222 503	51 168	1 860			134 822
安 义 县	74 377	69 097	16 874		2 715		6 330
进 贤 县	94 646	88 028	58 643	200			14 421
经济开发区	929 772	748 430	344 729	9 922	29 909	9 751	236 341
高新开发区	515 436	408 764	266 944	12 681	1 461		49 932
红谷滩新区	491 941	451 626	426 680	530			13 965
桑海开发区	10 648	7 249	5 916				260
英雄开发区	4 440	4 440	4 440				
跨区项目	144 010	124 897	65 082				59 815

5-11 续表　　（按登记注册类型分，2006 年）　　单位：万元

指　　标				港澳台投资	外商投资	个体经营
	股份有限	私　营	其　他			
南 昌 市	**339 199**	**539 392**	**119 566**	**394 035**	**168 563**	**51 667**
东 湖 区	9 800	11 639	629			4 449
西 湖 区	48 718	54 212		6 484	3 380	26 643
青云谱区	23 290	19 246	2 699	2 059	13 992	12 042
湾 里 区	481	500		5 769		1 956
青山湖区	93 120	188 762	5 000	57 477	9 675	900
南 昌 县	42 110	198 308		52 300	19 731	200
新 建 县	21 763	12 890		9 320	21 291	
安 义 县	13 330	28 048	1 800	2 600		2 680
进 贤 县	10 201	2 828	1 735	668	3 940	2 010
经济开发区	7 032	4 659	106 087	164 271	17 071	
高新开发区	61 953	14 177	1 616	61 027	44 927	718
红谷滩新区	7 401	3 050		5 759	34 556	
桑海开发区		1 073		3 330		69
英雄开发区						
跨区项目				19 113		

5－12 各县区城镇工业投资

（2006年）

单位：万元

指　　标	总　　计	采 矿 业	制 造 业	电力、燃气及水的生产和供应业
南 昌 市	**2 076 629**	**233**	**1 957 816**	**118 580**
东 湖 区	2 891		2 292	599
西 湖 区	31 793		22 223	9 570
青云谱区	84 347		83 864	483
湾 里 区	3 951	233	3 148	570
青山湖区	438 407		433 830	4 577
南 昌 县	506 329		498 188	8 141
新 建 县	130 791		127 567	3 224
安 义 县	54 523		54 523	
进 贤 县	59 155		28 958	30 197
经济开发区	479 317		479 317	
高新开发区	222 573		222 573	
红谷滩新区	15 454			15 454
桑海开发区	3 733		1 333	2 400
跨区项目	43 365			43 365

5－13　各县区施工项目和资金到位情况

（2006 年）

指　　　标	本年新增固定资产（万元）	本年施工项　　目（个）	#本　年新 开 工	本年投产项　　目（个）	本年累计到位资金（万元）	#本　年实际到位
南　昌　市	**3 112 919**	**1 383**	**834**	**950**	**5 360 682**	**5 128 579**
东　湖　区	367 946	143	103	125	356 764	346 629
西　湖　区	299 651	222	201	203	368 431	363 701
青 云 谱 区	236 571	125	72	93	334 449	321 162
湾　里　区	23 090	37	28	24	40 347	39 847
青 山 湖 区	467 774	209	130	166	726 563	705 845
南　昌　县	430 665	125	75	86	654 124	591 152
新　建　县	125 144	68	31	50	261 186	258 537
安　义　县	67 194	59	37	42	74 377	73 877
进　贤　县	103 952	62	44	40	105 552	105 509
经济开发区	334 773	94	21	19	933 152	919 315
高新开发区	236 914	151	69	69	655 493	594 252
红谷滩新区	388 104	57	13	25	672 363	635 548
桑海开发区	2 087	9	5	3	10 916	10 916
英雄开发区		2			4 440	4 440
跨 区 项 目	29 054	20	5	5	162 525	157 849

5-14 新增生产能力

(2006 年)

指　　标	建设规模	本年施工规模	#本年新开工	累计新增生产能力	#本年新增
热轧钢材（万吨/年）	0.9	0.9	0.9	0.9	0.9
铝加工（吨/年）	300	250	250	50	50
输电线路长度（11 万伏及以上）（公里）	124.15	109.15	94.15	20	
水　泥（万吨/年）	60	60	60	60	60
平板玻璃（万重量箱/年）	0.1	0.1	0.1	0.1	0.1
木　材（万立方米/年）	50	50	50	50	50
硫　酸（吨/年）	500	500	500	500	500
纯　碱（吨/年）	50	50	50	10	10
化学农药原药（吨/年）	350	350	350	350	350
塑料树脂及共聚物（吨/年）	1 000	700	700		
合成橡胶（吨/年）	500	500	500	50	50
电视机（万部/年）	0.2	0.2	0.2	0.2	0.2
#彩色电视机（万部/年）	0.2	0.2	0.2	0.2	0.2
棉纺锭（锭）	32 000	32 000	32 000	2 500	2 500
啤　酒（万吨/年）	10.12	10.04	10.04	10.12	10.04
卷　烟（箱/年）	450 000	50 000		450 000	
机制纸浆（万吨/年）	46.61	46.61	11.61	11.61	11.61
房间空气调节器（万台/年）	150	150			
新建公路（公里）	947.16	942.66	884.17	906.16	901.66
改建公路（公里）	59.53	59.53	59.53		
一级公路（公里）	29.53	29.53	29.53		
水库容量（总库容）（亿立方米）	0.5	0.5	0.5	0.5	

5－14 续表　　　　　　　　　　　　　　　　　(2006 年)

指　　　标	建设规模	本年施工		累计新增	
		规　　模	#本　年 新 开 工	生产能力	#本年新增
新建独立公路桥梁（延长米）	1 300	1 300	1 300		
新建独立公路桥梁（座）	1	1	1		
高等院校：学生席位（个）	194 710	141 590	104 763	149 730	84 180
建筑面积（平方米）	2 105 561	1 840 205	1 446 067	1 139 273	860 171
医院病床（张）	2 038	1 963	1 493	2 038	1 493
宾馆、旅馆、招待所客房数（间）	1 548	1 548	1 548	1 548	1 548
宾馆、旅馆、招待所客房数（平方米）	50 326	50 326	50 326	50 326	50 326
城市自来水供水能力（万吨/日）	205.9	205.9	205.9	3	3
城市公共交通车辆购置（辆）	403	403	403	403	403
城市道路扩建长度（公里）	11.69	11.69	5.89	2.35	
城市道路扩建面积（万平方米）	18.43	15.51	15.51	15.51	15.51
城市排水管道铺设长度（公里）	10	10	10	10	10
城市污水处理能力（万吨/日）	20	20	20	20	20
城市永久性桥梁（座）	1	1	1		
精甲醇（吨/年）	10	10	10	10	10
电视机（万部/年）	0.2	0.2	0.2	0.2	0.2
机制纸（万吨/年）	5.01	4.01	0.01	5.01	0.01
一级公路（公里）	41	41			
二级公路（公里）	906.16	901.66	884.17	906.16	901.66
二级公路（公里）	30	30	30		
热轧薄宽钢带（万吨/年）	0.9	0.9	0.9	0.9	0.9

5－15 房地产开发情况

（2006年） 单位：万元

指标	计划总投资	自开始建设累计完成投资
按登记注册类型分	**6 763 089**	**2 863 617**
内资	5 402 722	2 430 157
国有单位投资	851 645	389 406
集体单位投资	26 633	19 037
私营及个体投资	1 238 880	407 508
国有	812 245	372 075
集体	4 600	4 240
股份合作	22 033	14 797
有限责任公司	2 757 564	1 304 326
国有独资公司	39 400	17 331
其他有限责任公司	2 718 164	1 286 995
股份有限公司	282 900	106 128
私营	1 238 880	407 508
私营独资	1 500	1 470
私营有限责任公司	1 134 617	340 285
私营股份有限公司	102 763	65 753
其他内资	284 500	221 083
港澳台投资	762 847	279 328
港澳台合资经营	351 700	133 453
港澳台独资	400 354	142 140
港澳台股份有限	10 793	3 735
外商投资	597 520	154 132
外商合资经营	251 520	79 360
外商合作经营	202 000	13 000
外商独资	144 000	61 772
按隶属关系分	**6 763 089**	**2 863 617**
中央	163 000	80 887
地方	6 600 089	2 782 730
省	363 548	231 058
市	6 236 541	2 551 672
市属	163 562	81 165
县属	385 055	107 808
乡	2 500	2 500
其他	5 685 424	2 360 199
按资质等级分	**6 763 089**	**2 863 617**
一级	175 550	62 921
二级	2 056 788	1 192 503
三级	1 610 340	813 111
四级	77 422	44 881
暂定	2 842 989	750 201

5－15 续表1　　　　　　　　　　(2006 年)　　　　　　　　　　单位：万元

指　　　标	本年完成投资	建筑工程	安装工程	设备工器具购置	其他费用	#土地购置费
按登记注册类型分	**1 107 512**	**677 564**	**47 408**	**5 317**	**377 223**	**275 482**
内　资	891 809	584 244	39 102	4 110	264 353	194 007
国有单位投资	149 223	114 105	631		34 487	29 878
集体单位投资	9 419	9 269	150			
私营及个体投资	197 042	123 906	20 665	1 119	51 352	39 898
国　有	135 684	100 666	631		34 387	29 778
集　体	4 240	4 240				
股份合作	5 179	5 029	150			
有限责任公司	474 305	298 758	14 382	2 787	158 378	105 505
国有独资公司	13 539	13 439			100	100
其他有限责任公司	460 766	285 319	14 382	2 787	158 278	105 405
股份有限公司	38 675	29 928	126	198	8 423	7 423
私　营	197 042	123 906	20 665	1 119	51 352	39 898
私营独资	518	518				
私营有限责任公司	173 671	111 680	18 505	869	42 617	32 299
私营股份有限公司	22 853	11 708	2 160	250	8 735	7 599
其他内资	36 684	21 717	3 148	6	11 813	11 403
港澳台投资	184 097	75 439	5 000	1 021	102 637	80 415
港澳台合资经营	85 166	32 145	4 556	860	47 605	38 052
港澳台独资	95 196	42 474	444	161	52 117	39 637
港澳台股份有限	3 735	820			2 915	2 726
外商投资	31 606	17 881	3 306	186	10 233	1 060
外商合资经营	18 357	10 962	1 891	27	5 477	1 060
外商合作经营	695	486	209			
外商独资	12 554	6 433	1 206	159	4 756	
按隶属关系分	**1 107 512**	**677 564**	**47 408**	**5 317**	**377 223**	**275 482**
中　央	29 887	20 887			9 000	9 000
地　方	1 077 625	656 677	47 408	5 317	368 223	266 482
省	77 130	44 376	3 411	100	29 243	23 164
市	1 000 495	612 301	43 997	5 217	338 980	243 318
市　属	44 619	33 439	495		10 685	3 505
县　属	65 779	42 472	2 076	928	20 303	15 623
其　他	890 097	536 390	41 426	4 289	307 992	224 190
按资质等级分	**1 107 512**	**677 564**	**47 408**	**5 317**	**377 223**	**275 482**
一　级	56 775	27 735			29 040	29 040
二　级	355 587	251 210	25 823	895	77 659	58 858
三　级	289 826	195 109	8 111	2 030	84 576	59 038
四　级	20 074	15 035	251		4 788	4 057
暂　定	385 250	188 475	13 223	2 392	181 160	124 489

5－15 续表2 （2006年） 单位：万元

指 标	商品房建设投资额	土地开发投资额	住宅投资
按登记注册类型分	**595 551**	**162 699**	**897 604**
内 资	508 340	124 920	716 856
国有单位投资	79 466	16 072	113 633
集体单位投资	7 529		9 296
私营及个体投资	119 968	37 307	169 038
国 有	66 027	15 972	100 094
集 体	4 200		4 240
股份合作	3 329		5 056
有限责任公司	275 589	58 253	374 664
国有独资公司	13 439	100	13 539
其他有限责任公司	262 150	58 153	361 125
股份有限公司	18 500	13 373	32 496
私 营	119 968	37 307	169 038
私营独资	518		500
私营有限责任公司	107 470	32 313	150 003
私营股份有限公司	11 980	4 994	18 535
其他内资	20 727	15	31 268
港澳台投资	66 659	36 824	157 198
港澳台合资经营	25 157	36 624	74 815
港澳台独资	37 767	200	82 383
港澳台股份有限	3 735		
外商投资	20 552	955	23 550
外商合资经营	12 940	259	14 277
外商合作经营	695		695
外商独资	6 917	696	8 578
按隶属关系分	**595 551**	**162 699**	**897 604**
中 央	140		29 000
地 方	595 411	162 699	868 604
省	37 307	14 867	65 022
市	558 104	147 832	803 582
市 属	27 915	3 894	36 648
县 属	46 840	15 854	61 309
其 他	483 349	128 084	705 625
按资质等级分	**595 551**	**162 699**	**897 604**
一 级	16 880	3 854	54 573
二 级	240 361	32 144	296 444
三 级	162 151	53 687	249 578
四 级	12326	1003	10711
暂 定	163833	72011	286298

5－15　续表3　　(2006年)　　单位：万元

指　　标	经济适用房	别墅高档公寓	办公楼	商业营业用房	其他
按登记注册类型分	**23 966**	**56 520**	**11 247**	**111 306**	**87 355**
内　资	23 966	49 541	8 996	86 940	79 017
国有单位投资	19 866	20 760	14	32 646	2 930
集体单位投资				29	94
私营及个体投资	3 000	8 800		10 673	17 331
国　有	7 600	20 760	14	32 646	2 930
股份合作				29	94
有限责任公司	13 366	19 981	6 986	41 294	51 361
国有独资公司	12 266				
其他有限责任公司	1 100	19 981	6 986	41 294	51 361
股份有限公司			514	1 125	4 540
私　营	3 000	8 800		10 673	17 331
私营独资				14	4
私营有限责任公司	2 000	8 800		7 189	16 479
私营股份有限公司	1 000			3 470	848
其他内资			1 482	1 173	2 761
港澳台投资		1 779	251	23 330	3 318
港澳台合资经营			251	10 000	100
港澳台独资		1 779		9 595	3 218
港澳台股份有限				3 735	
外商投资		5 200	2 000	1 036	5 020
外商合资经营			2 000	936	1 144
外商独资		5 200		100	3 876
按隶属关系分	**23 966**	**56 520**	**11 247**	**111 306**	**87 355**
中　央				887	
地　方	23 966	56 520	11 247	110 419	87 355
省	500	12 580	1 300	6 988	3 820
市	23 466	43 940	9 947	103 431	83 535
市　属	14 666		110	5 269	2 592
县　属	7 200	1 124	60	3 556	854
其　他	1 600	42 816	9 777	94 606	80 089
按资质等级分	**23 966**	**56 520**	**11 247**	**111 306**	**87 355**
一　级			100		2 102
二　级	19 866	21 084	2 946	40 519	15 678
三　级	2 500	29 236	1 660	11 580	27 008
四　级	600		251	9 046	66
暂　定	1 000	6 200	6 290	50 161	42 501

5－15 续表4 (2006年)

指 标	本年新增固定资产（万元）	本年完成开发土地面积（平方米）	待开发土地面积（平方米）	本年购置土地面积（平方米）	本年土地成交价款（万元）
按登记注册类型分	**532 651**	**2 911 800**	**7 785 221**	**1 968 589**	**189 950**
内 资	408 412	2 333 528	6 574 288	1 702 324	146 633
国有单位投资	85 118	241 497	1 370 021	137 309	36 856
集体单位投资	3 150		36 037		
私营及个体投资	60 936	1 115 430	3 249 400	768 846	19 102
国 有	83 460	211 497	1 370 021	137 309	36 856
集 体	2 350				
股份合作	800		36 037		
有限责任公司	228 222	748 732	1 633 174	712 128	75 741
国有独资公司	1 658	30 000			
其他有限责任公司	226 564	718 732	1 633 174	712 128	75 741
股份有限公司	17 600	228 365	249 467	47 852	3 531
私 营	60 936	1 115 430	3 249 400	768 846	19 102
私营独资	1 321				
私营有限责任公司	48 542	1 078 396	3 249 400	731 812	14 108
私营股份有限公司	11 073	37 034		37 034	4 994
其他内资	15 044	29 504	36 189	36 189	11 403
港澳台投资	67 801	259 325	652 470	252 932	43 089
港澳台合资经营	48 817	221 495	307 574	219 658	34 667
港澳台独资	18 984	37 830	344 896	14 764	5 800
港澳台股份有限				18 510	2 622
外商投资	56 438	318 947	558 463	13 333	228
外商合资经营	33 617	247 282	533 375	13 333	228
外商独资	22 821	71 665	25 088		
按隶属关系分	**532 651**	**2 911 800**	**7 785 221**	**1 968 589**	**189 950**
中 央	50 000		89 333	89 333	19 125
地 方	482 651	2 911 800	7 695 888	1 879 256	170 825
省	31 728	212 428	107 335	185 050	22 403
市	450 923	2 699 372	7 588 553	1 694 206	148 422
市 属	22 558	27 701	40 732		
县 属	26 477	200 579	1 459 667	47 857	3 019
其 他	401 888	2 471 092	6 088 154	1 646 349	145 403
按资质等级分	**532 651**	**2 911 800**	**7 785 221**	**1 968 589**	**189 950**
一 级		26 601			
二 级	172 533	621 186	2 197 922	301 344	56 868
三 级	151 905	1 033 270	741 372	288 554	31 457
四 级	18 271	58 825	34 936	1 342	100
暂 定	189 942	1 171 918	4 810 991	1 377 349	101 525

5－16 房地产面积及销售情况

(2006 年)

指标	合计	住宅	#经济适用房	#别墅、高档公寓	办公楼	商业营业用房	其他
房屋施工面积（平方米）	13 410 598	10 595 827	577 454	480 918	271 718	1 544 691	998 362
本年新开工面积（平方米）	6 160 800	5 239 812	302 013	199 650	36 934	531 166	352 888
房屋竣工面积（平方米）	4 275 604	3 527 153	138 104	76 589	62 073	451 278	235 100
不可销售面积（平方米）	240 514	193 018	97 104			2 050	45 446
商品住宅竣工套数（套）		38 388	1 921	371			
竣工房屋价值（万元）	523 928	402 378	10 764	7 156	6 476	86 545	28 529
出租房屋面积（平方米）	23 379				4 182	19 197	
商品房销售面积（平方米）	3 835 094	3 599 864	14 029	181 123	1 743	211 529	21 958
现房销售面积（平方米）	1 362 928	1 257 870	14 029	11 604		94 057	11 001
期房销售面积（平方米）	2 472 166	2 341 994		169 519	1 743	117 472	10 957
商品房销售额（万元）	1 198 841	1 099 086	2 417	81 553	678	91 394	7 683
现房销售额（万元）	399 321	360 324	2 417	5 260		35 677	3 320
期房销售额（万元）	799 520	738 762		76 293	678	55 717	4 363
商品住宅销售套数（套）		40 147	144	997			
现房销售套数（套）		19 780	144	65			
期房销售套数（套）		20 367		932			
现房平均销售价格（元）	2 930	2 865	1 723	4 533		3 793	3 018
期房平均销售价格（元）	3 234	3 154		4 501	3 890	4 743	3 982
空置面积（平方米）	297 491	224 739	85 360		2 290	43 597	26 865
空置 1－3 年面积（平方米）	238 703	196 261	85 360			15 943	26 499
空置 3 年以上面积（平方米）	5 364	2 116			2 290	592	366

5－17 房地产企业财务指标

(2006 年)

单位：万元

指 标	年初存货	流动资产合计	#存 货
按登记注册类型分	**1 386 462**	**3 606 714**	**1 786 190**
内 资	982 536	2 746 625	1 362 400
国有单位投资	292 766	670 622	359 142
集体单位投资	24 531	60 019	28 756
私营及个体投资	131 848	440 321	209 873
国 有	268 046	569 736	333 366
集 体	3 468	7 372	2 269
股份合作	21 063	52 647	26 487
有限责任公司	449 888	1 408 177	645 289
国有独资公司	24 720	100 886	25 776
其他有限责任公司	425 168	1 307 291	619 513
股份有限公司	45 254	131 974	59 631
私 营	131 848	440 321	209 873
私营独资	1 590	2 667	
私营有限责任公司	110 511	373 674	173 229
私营股份有限公司	19 747	63 980	36 644
其他内资	62 969	136 398	85 485
港澳台投资	280 024	646 088	309 410
港澳台合资经营	83 480	171 596	66 425
港澳台独资	196 544	470 897	240 035
港澳台股份有限		3 595	2 950
外商投资	123 902	214 001	114 380
外商合资经营	87 678	137 183	95 204
外商独资	36 224	76 818	19 176
按隶属关系分	**1 386 462**	**3 606 714**	**1 786 190**
中 央	34 543	42 607	36 284
地 方	1 351 919	3 564 107	1 749 906
省	78 627	278 563	98 991
市	1 273 292	3 285 544	1 650 915
市 属	68 566	231 458	62 343
县 属	75 576	212 318	117 071
镇	2 226	5 297	820
乡	384	902	458
其 他	1 126 540	2 835 569	1 470 223
按资质等级分	**1 386 462**	**3 606 714**	**1 786 190**
一 级	130 511	264 377	182 942
二 级	574 923	1 326 275	658 174
三 级	357 998	1 011 363	493 066
四 级	20 597	53 219	17 992
暂 定	302 433	950 248	434 016
其 它		1 232	

5－17 续表1　　(2006年)　　单位：万元

指　　标	固定资产累计折旧	本年折旧	资产总计
按登记注册类型分	**35 358**	**19 998**	**4 326 366**
内　资	27 197	17 831	3 256 705
国有单位投资	2 423	146	851 028
集体单位投资	473	83	69 538
私营及个体投资	1 778	543	520 593
国　有	2 363	137	629 231
集　体	262	16	12 514
股份合作	211	67	57 024
联　营			400
有限责任公司	21 213	16 702	1 683 616
国有独资公司	60	9	221 597
其他有限责任公司	21 153	16 693	1 462 019
股份有限公司	730	188	185 986
私　营	1 778	543	520 593
私营独资	13	5	3 114
私营有限责任公司	1 550	483	437 633
私营股份有限公司	215	55	79 846
其他内资	640	178	167 341
港澳台投资	6 853	1 807	776 942
港澳台合资经营	3 450	816	250 479
港澳台独资	3 403	991	522 466
港澳台股份有限			3 997
外商投资	1 308	360	292 719
外商合资经营	1 044	243	153 064
外商合作经营			46 477
外商独资	264	117	92 778
外商股份有限			400
按隶属关系分	**35 358**	**19 998**	**4 326 366**
中　央	747		46 502
地　方	34 611	19 998	4 279 864
省	1 428	275	298 400
市	33 183	19 723	3 981 464
市　属	668	94	375 055
县　属	2 481	413	275 075
镇	146		5 628
乡	19		1 638
其　他	29 869	19 216	3 324 068
按资质等级分	**35 358**	**19 998**	**4 326 366**
一　级	937	228	277 799
二　级	8 413	1 835	1 641 981
三　级	8 134	1 950	1 200 996
四　级	548	112	70 521
暂　定	17 326	15 873	1 133 837
其　它	0	0	1232

5－17 续表 2　　(2006 年)　　单位：万元

指　　标	所有者权益	#实收资本	#国家资本
按登记注册类型分	**1 118 967**	**843 265**	**184 777**
内　资	874 813	629 213	184 398
国有单位投资	209 793	175 714	160 368
集体单位投资	22 992	22 558	
私营及个体投资	182 455	126 837	
国　　有	172 234	138 514	123 368
集　　体	8 177	7 980	
股份合作	14 815	14 578	
联　　营	400	400	
有限责任公司	423 238	280 731	56 030
国有独资公司	37 359	37 000	37 000
其他有限责任公司	385 879	243 731	19 030
股份有限公司	49 395	41 408	5 000
私　　营	182 455	126 837	
私营独资	1 900	1 900	
私营有限责任公司	163 598	109 237	
私营股份有限公司	16 957	15 700	
其他内资	24 099	18 765	
港澳台投资	187 977	168 643	379
港澳台合资经营	83 969	71 108	379
港澳台独资	102 362	95 889	
港澳台股份有限	1 646	1 646	
外商投资	56 177	45 409	
外商合资经营	32 319	29 251	
外商合作经营	10 400	2 700	
外商独资	13 058	13 058	
外商股份有限	400	400	
按隶属关系分	**1 118 967**	**843 265**	**184 777**
中　　央	11 515	8 672	8 272
地　　方	1 107 452	834 593	176 505
省	86 129	56 419	16 638
市　　属	59 980	56 612	29 478
县　　属	89 322	70 219	38 685
镇	2 097	1 900	
乡	1 365	1 218	
其　　他	868 559	648 225	91 704
按资质等级分	**1 118 967**	**843 265**	**184 777**
一　　级	16 869	15 802	5 000
二　　级	397 492	304 866	112 933
三　　级	349 768	244 647	16 580
四　　级	32 195	30 819	200
暂　　定	321 499	246 631	50 064
其　　它	1 144	500	

5－17 续表 3　　(2006 年)　　单位：万元

指　　标	所有者权益 实收资本 #法人资本	#个人资本	#港澳台资本
按登记注册类型分	**177 990**	**330 816**	**108 189**
内　资	113 237	310 216	5 050
国有单位投资	1 000	14 346	
集体单位投资	4 000	6 836	5 050
私营及个体投资	14 896	109 951	
国　有	1 000	14 146	
集　体		2 334	
股份合作	4 000	4 502	5 050
联　营		400	
有限责任公司	72 842	146 609	
其他有限责任公司	72 842	146 609	
股份有限公司	6 134	27 874	
私　营	14 896	109 951	
私营独资		1 900	
私营有限责任公司	13 096	94 151	
私营股份有限公司	1 800	13 900	
其他内资	14 365	4 400	
港澳台投资	53 025	12 700	102 539
港澳台合资经营	40 775	6 100	23 854
港澳台独资	12 250	6 200	77 439
港澳台股份有限		400	1 246
外商投资	11 728	7 900	600
外商合资经营	11 728	4 000	600
外商合作经营		2 700	
外商独资		800	
外商股份有限		400	
按隶属关系分	**177 990**	**330 816**	**108 189**
中　央		400	
地　方	177 990	330 416	108 189
省	7 424	24 075	7 050
市	170 566	306 341	101 139
市　属	3 918	21 316	1 900
县　属	1 650	24 669	
镇		60	
乡		1 218	
其　他	164 998	259 078	99 239
按资质等级分	**177 990**	**330 816**	**108 189**
一　级			10 802
二　级	76 119	69 789	37 782
三　级	38 300	158 797	17 307
四　级	6 796	18 133	5 450
暂　定	56 775	83 597	36 848
其　它		500	

5－17 续4　　(2006 年)　　单位：万元

指　　标	主营业务收入	商品房屋销售收入	房屋出租收入
按登记注册类型分	**816 886**	**810 989**	**687**
内　资	698 270	692 738	352
国有单位投资	160 366	157 296	315
集体单位投资	5 009	5 009	0
私营及个体投资	110 510	109 515	37
国　有	142 593	139 825	75
集　体	4 500	4 500	
股份合作	509	509	
有限责任公司	305 344	303 575	240
国有独资公司	17 773	17 471	240
其他有限责任公司	287 571	286 104	
股份有限公司	115 515	115 515	0
私　营	110 510	109 515	37
私营独资	2 026	2 026	
私营有限责任公司	89 101	88 106	37
私营股份有限公司	19 383	19 383	
其他内资	19 299	19 299	
港澳台投资	53 906	53 548	335
港澳台合资经营	4 352	4 252	100
港澳台独资	49 554	49 296	235
港澳台股份有限			
外商投资	64 710	64 703	
外商合资经营	64 710	64 703	
按隶属关系分	**816 886**	**810 989**	**687**
中　央	47 662	47 662	
地　方	769 224	763 327	687
省	54 841	54 320	
市	714 383	709 007	687
市　属	91 796	90 742	240
县　属	55 426	53 020	112
乡　镇	2 019	2 019	
乡	2 019	2 019	
其　他	565 142	563 226	335
按资质等级分	**816 886**	**810 989**	**687**
一　级	12 156	12 156	
二　级	451 342	448 867	340
三　级	247 784	247 086	112
四　级	21 138	20 836	235
暂　定	84 466	82 044	

指　　标	主营业务成本	主营业务税金及附加	主营业务利润
按登记注册类型分	**624 605**	**56 304**	**112 125**
内　资	530 480	48 868	102 037
国有单位投资	117 905	11 518	26 379
集体单位投资	4 601	195	64
私营及个体投资	91 105	5 568	10 286
国　有	102 581	10 543	25 073
集　体	4 204	150	91
股份合作	397	45	－27
有限责任公司	223 840	20 007	54 441
国有独资公司	15 324	975	1 306
其他有限责任公司	208 516	19 032	53 135
股份有限公司	97 876	10 860	6 304
私　营	91 105	5 568	10 286
私营独资	1 478	122	376
私营有限责任公司	74 434	4 260	7 668
私营股份有限公司	15 193	1 186	2 242
其他内资	10 477	1 695	5 869
港澳台投资	41 507	5 679	2 103
港澳台合资经营	3 178	174	584
港澳台独资	38 329	5 505	1 519
外商投资	52 618	1 757	7 985
外商合资经营	52 618	1 757	7 985
按隶属关系分	**624 605**	**56 304**	**112 125**
中　央	39 220	3 136	4 065
地　方	585 385	53 168	108 060
省	31 995	3 828	17 198
市	553 390	49 340	90 862
市　属	77 193	3 261	10 640
县　属	47 146	3 376	3 442
乡　镇	1 862	97	60
乡	1 862	97	60
其　他	427 189	42 606	76 720
按资质等级分	**624 605**	**56 304**	**112 125**
一　级	9 370	3 985	－2 839
二　级	340 345	33 206	68 530
三　级	193 096	13 770	34 699
四　级	16 166	917	3 385
暂　定	65 628	4 426	8 350

指　　标	其他业务利润	销 售 费 用	管 理 费 用
按登记注册类型分	**172**	**23 852**	**33 743**
内　资	172	16 885	26 265
国有单位投资	32	4 564	4 864
集体单位投资	36	149	333
私营及个体投资	37	3 551	5 072
国　有	－16	4 396	4 395
集　体		55	13
股份合作	36	94	320
有限责任公司	32	7 056	12 588
国有独资公司	48	168	469
其他有限责任公司	－16	6 888	12 119
股份有限公司	3	475	2 403
私　营	37	3 551	5 072
私营独资		50	177
私营有限责任公司	37	2 739	4 130
私营股份有限公司		762	765
其他内资	80	1 258	1 474
港澳台投资		4 617	5 881
港澳台合资经营		416	1 485
港澳台独资		4 201	4 356
港澳台股份有限			40
外商投资		2 350	1 597
外商合资经营		2 350	1 515
外商独资			82
按隶属关系分	**172**	**23 852**	**33 743**
中　央	18	1 241	418
地　方	154	22 611	33 325
省	－24	1 820	3 154
市	178	20 791	30 171
市　属	7	702	1 971
县　属	62	1 462	2 754
乡　镇			21
乡			21
其　他	109	18 627	25 425
按资质等级分	**172**	**23 852**	**33 743**
一　级	3	1 640	1 494
二　级	69	9 261	13 170
三　级	78	6 219	10 525
四　级		670	717
暂　定	22	6 062	7 837

5－17 续表7　　(2006年)　　单位：万元

指　　标	差旅费	工会经费	财务费用
按登记注册类型分	**1 150**	**87**	**16 150**
内　资	971	62	10 023
国有单位投资	72	12	1 198
集体单位投资	1		
私营及个体投资	200	12	3 043
国　有	72	12	1 081
股份合作	1		
有限责任公司	549	36	4 544
国有独资公司			117
其他有限责任公司	549	36	4 427
股份有限公司	107	2	1 288
私　营	200	12	3 043
私营独资			32
私营有限责任公司	160	11	2 744
私营股份有限公司	40	1	267
其他内资	42		67
港澳台投资	74	11	4 784
港澳台合资经营	40	7	2 299
港澳台独资	34	4	2 485
外商投资	105	14	1 343
外商合资经营	100	14	1 343
外商独资	5		
按隶属关系分	**1 150**	**87**	**16 150**
中　央			
地　方	1 150	87	16 150
省	26	6	1 437
市	1 124	81	14 713
市　属	22	4	723
县　属	272	24	343
其　他	830	53	13 647
按资质等级分	**1 150**	**87**	**16 150**
一　级			1 228
二　级	319	18	6 951
三　级	391	38	4 359
四　级	34	5	197
暂　定	406	26	3 415

5－17 续表 8　　(2006 年)　　单位：万元

指　　标	营业利润	投资收益	营业外收入
按登记注册类型分	**62 404**	**－435**	**787**
内　　资	65 921	－446	572
国有单位投资	20 349	194	94
集体单位投资	－233		
私营及个体投资	2 208	26	17
国　　有	19 581	－13	93
集　　体	78		
股 份 合 作	－311		
有限责任公司	37 341	－227	446
国有独资公司	768	207	1
其他有限责任公司	36 573	－434	445
股份有限公司	2 616	－305	5
私　　营	2 208	26	17
私 营 独 资	167		
私营有限责任公司	831	26	17
私营股份有限公司	1 210		
其 他 内 资	4 408	73	11
港澳台投资	－8 562	11	210
港澳台合资经营	－3 200	1	
港澳台独资	－5 322	10	210
港澳台股份有限	－40		
外 商 投 资	5 045		5
外商合资经营	5 127		5
外 商 独 资	－82		
按隶属关系分	**62 404**	**－435**	**787**
中　　央	3 665		5
地　　方	58 739	－435	782
省	12 583	－19	35
市	46 156	－416	747
市　　属	7 953	－98	10
县　　属	407		66
乡　　镇	39		
乡	39		
其　　他	37 757	－318	671
按资质等级分	**62 404**	**－435**	**787**
一　　级	－5 558	－295	191
二　　级	48 478	303	378
三　　级	19 893	－492	118
四　　级	2 471		
暂　　定	－2 880	49	100

指　　　　标	利润总额	应缴所得税	劳动失业、保险费
按登记注册类型分	**60 725**	**20 269**	**212**
内　　资	64 427	18 108	187
国有单位投资	20 393	1 726	121
集体单位投资	－239	103	2
私营及个体投资	2 159	2 165	9
国　　有	19 446	1 663	121
集　　体	78		
股份合作	－317	103	2
有限责任公司	36 951	12 253	44
国有独资公司	947	63	
其他有限责任公司	36 004	12 190	44
股份有限公司	1 637	445	7
私　　营	2 159	2 165	9
私营独资	167	83	
私营有限责任公司	804	1 761	1
私营股份有限公司	1 188	321	8
其他内资	4 473	1 479	4
港澳台投资	－8 546	700	11
港澳台合资经营	－3 223	163	5
港澳台独资	－5 283	537	6
港澳台股份有限	－40		
外商投资	4 844	1 461	14
外商合资经营	4 926	1 461	14
外商独资	－82		
按隶属关系分	**60 725**	**20 269**	**212**
中　　央	3 598	1 231	
地　　方	57 127	19 038	212
省	12 313	3 566	4
市	44 814	15 472	208
市　　属	7 808	1 193	47
县　　属	414	1 368	73
乡　　镇	39	13	
乡	39	13	
其　　他	36 553	12 898	88
按资质等级分	**60 725**	**20 269**	**212**
一　　级	－5 662	649	7
二　　级	48 544	10 355	74
三　　级	18 475	6 627	100
四　　级	2 388	882	2
暂　　定	－3 020	1 756	29

5－17 续表10 （2006年） 单位：万元

指 标	本年应付工资	本年应付福利费	年平均人数
按登记注册类型分	**18 457**	**2 644**	**10 847**
内 资	14 766	2 239	9 003
国有单位投资	2 933	485	1 613
集体单位投资	1 051	148	815
私营及个体投资	2 553	396	1 493
国 有	2 707	443	1 506
集 体	891	117	674
股份合作	160	31	141
联 营	4	2	10
国有联营	2	1	5
国有与集体联营	2	1	5
有限责任公司	6 470	974	3 348
国有独资公司	224	41	102
其他有限责任公司	6 246	933	3 246
股份有限公司	1 721	239	1 683
私 营	2 553	396	1 493
私营独资	18	4	26
私营有限责任公司	2 216	342	1 300
私营股份有限公司	319	50	167
其他内资	260	37	148
港澳台投资	2 529	316	1 480
港澳台合资经营	1 447	179	699
港澳台独资	1 046	131	755
港澳台股份有限	36	6	26
外商投资	1 162	89	364
外商合资经营	478	55	242
外商合作经营	19	4	25
外商独资	661	28	87
外商股份有限	4	2	10
按隶属关系分	**18 457**	**2 644**	**10 847**
中 央	308	44	271
地 方	18 149	2 600	10 576
省	1 360	238	689
市 属	1 120	182	647
县 属	1 272	259	1 403
镇	33	4	35
乡	61	10	225
其 他	14 303	1 907	7 577
按资质等级分	**18 457**	**2 644**	**10 847**
一 级	356	48	170
二 级	7 169	961	3 767
三 级	6 548	1 004	4 223
四 级	468	77	420
暂 定	3 915	553	2 262
其 它	1	1	5

5－18 房地产企业资金情况

(2006年)　　单位：万元

指　　标	本年资金来源合计	上年末结余	本年资金来源小计	国内贷款
按登记注册类型分	**1 846 632**	**316 568**	**1 530 064**	**361 222**
内　　资	1 484 029	260 877	1 223 152	263 172
国有单位投资	336 358	69 345	267 013	55 738
集体单位投资	12 824	1 782	11 042	4 000
私营及个体投资	242 163	40 551	201 612	52 785
国　　有	309 405	58 492	250 913	53 638
集　　体	5 620	1 120	4 500	
股份合作	7 204	662	6 542	4 000
有限责任公司	766 003	142 019	623 984	124 744
国有独资公司	26 953	10 853	16 100	2 100
其他有限责任公司	739 050	131 166	607 884	122 644
股份有限公司	77 318	9 986	67 332	11 000
私　　营	242 163	40 551	201 612	52 785
私营独资	1 816	1 171	645	
私营有限责任公司	207 495	34 451	173 044	45 785
私营股份有限公司	32 852	4 929	27 923	7 000
其他内资	76 316	8 047	68 269	17 005
港澳台投资	235 227	25 467	209 760	50 750
港澳台合资经营	106 153	10 758	95 395	27 750
港澳台独资	126 295	14 706	111 589	23 000
港澳台股份有限	2 779	3	2 776	
外商投资	127 376	30 224	97 152	47 300
外商合资经营	61 987	3 888	58 099	20 500
外商合作经营	20 000	19 000	1 000	
外商独资	45 389	7 336	38 053	26 800
按隶属关系分	**1 846 632**	**316 568**	**1 530 064**	**361 222**
中　　央	32 917	7 030	25 887	10 000
地　　方	1 813 715	309 538	1 504 177	351 222
省	107 736	30 585	77 151	28 550
市	1 705 979	278 953	1 427 026	322 672
市　　属	80 064	19 002	61 062	10 688
县　　属	79 264	10 034	69 230	18 759
乡	300	300		
其　　他	1 546 351	249 617	1 296 734	293 225
按资质等级分	**1 846 632**	**316 568**	**1 530 064**	**361 222**
一　　级	78 210	6 793	71 417	4 700
二　　级	584 600	99 221	485 379	105 240
三　　级	494 265	123 877	370 388	75 915
四　　级	35 232	11 709	23 523	4 358
暂　　定	654 325	74 968	579 357	171 009

(2006年)

单位：万元

指　　标	利用外资	#外商直接投资	自筹资金	#自有资金
按登记注册类型分	**7 075**	**4 575**	**327 834**	**202 590**
内　　资			267 857	153 277
国有单位投资			19 713	18 152
集体单位投资			5 850	
私营及个体投资			56 036	29 636
国　　有			19 713	18 152
集　　体			4 500	
股份合作			1 350	
有限责任公司			143 614	86 289
其他有限责任公司			143 614	86 289
股份有限公司			29 644	6 200
私　　营			56 036	29 636
私营有限责任公司			45 822	23 522
私营股份有限公司			10 214	6 114
其他内资			13 000	13 000
港澳台投资	4 575	4 575	55 130	49 313
港澳台合资经营	75	75	48 867	47 867
港澳台独资	4 500	4 500	3 487	200
港澳台股份有限			2 776	1 246
外商投资	2 500		4 847	
外商合资经营	2 500		4 847	
按隶属关系分	**7 075**	**4 575**	**327 834**	**202 590**
中　　央				
地　　方	7 075	4 575	327 834	202 590
省			17 795	6 909
市	7 075	4 575	310 039	195 681
市　　属			18 616	8 241
县　　属			15 161	9 502
其　　他	7 075	4 575	276 262	177 938
按资质等级分	**7 075**	**4 575**	**327 834**	**202 590**
一　　级			7 575	
二　　级			51 183	21 252
三　　级	2 500		58 690	32 467
四　　级			9 170	8 970
暂　　定	4 575	4 575	201 216	139 901

5－18续表2　　(2006年)　　单位：万元

指标	其他资金来源	#定金及预付款	本年各项应付款
按登记注册类型分	**833 933**	**174 638**	**109 982**
内　资	692 123	146 981	86 597
国有单位投资	191 562	11 744	7 610
集体单位投资	1 192	3 550	3 550
私营及个体投资	92 791	30 506	9 172
国　有	177 562	11 744	7 610
集　体		3 300	3 300
股份合作	1 192	250	250
有限责任公司	355 626	74 752	45 376
国有独资公司	14 000		
其他有限责任公司	341 626	74 752	45 376
股份有限公司	26 688	18 205	13 497
私　营	92 791	30 506	9 172
私营独资	645		
私营有限责任公司	81 437	30 006	8 672
私营股份有限公司	10 709	500	500
其他内资	38 264	8 224	7 392
港澳台投资	99 305	21 969	20 182
港澳台合资经营	18 703	14 615	13 893
港澳台独资	80 602	6 354	6 289
港澳台股份有限		1 000	
外商投资	42 505	5 688	3 203
外商合资经营	30 252	3 819	1 385
外商合作经营	1 000		
外商独资	11 253	1 869	1 818
按隶属关系分	**833 933**	**174 638**	**109 982**
中　央	15 887		
地　方	818 046	174 638	109 982
省	30 806	12 673	6 402
市	787 240	161 965	103 580
市　属	31 758	1 228	1 228
县　属	35 310	21 260	9 867
其　他	720 172	139 477	92 485
按资质等级分	**833 933**	**174 638**	**109 982**
一　级	59 142		
二　级	328 956	66 874	50 917
三　级	233 283	65 474	47 787
四　级	9 995	4 328	3 752
暂　定	202 557	37 962	7 526

主要统计指标解释

全社会固定资产投资 固定资产投资额（又称固定资产投资完成额）是以货币形式表现的在一定时期内建造和购置固定资产的工作量以及与此有关的费用的总称。它是反映固定资产投资规模、结构和发展速度的综合性指标，又是观察工程进度和考核投资效果的重要依据。

全社会固定资产投资包括国有经济单位投资、城乡集体经济制单位投资、其他各种经济类型的单位投资和城乡居民个人投资。城乡居民个人投资包括城市、县城、镇、工矿区所辖范围内的个人建房和农村个人建房及购买生产性固定资产（使用年限在二年以上，单位价值在50元以上的生产资料）的投资。

房地产开发投资 是指各种登记注册类型的房地产开发公司、商品房建设公司及其他房地产开发单位统一开发的统代建、拆迁还建的商品住宅、厂房、仓库、饭店、度假村、写字楼、办公楼等房屋建筑物和配套的服务设施、土地开发工程，，如通路、给水、排水、供电、供热、通讯、平整场地等（也称七通一平）基础设施工程。包括实际从事房地产开发经营活动的附营房地产开发单位。

固定资产按国民经济行业分 国民经济行业类别是按企业、事业、事业、行政单位所从事的生产或其他社会经济活动性质的同一性进行的分类。固定资产投资统计中的国民经济行业分类，基本建设项目按项目建成投产后主要产品种类或主要用途及社会活动种类来划分。一般情况下，一个基本建设项目只能属于一种国民经济行业；更新改造、其他固定资产投资根据整个企、事业单位所属的行业来划分，一般情况下，一个企、事业单位只能属于一种国民经济行业。为了更准确地反映国民经济和行业之间的比例关系，联合企业（总厂）所属分厂属于不同行业的，原则上按分厂划分行业。

固定资产投资按建设性质分 建设项目的性质一般分为新建、扩建、改建、单纯建造生活设施、迁建、恢复、单纯购置。是指固定资产再生产的性质。基本建设根据整个建设项目的情况确定；更新改造和其他固定资产投资按整个企业、事业、行政单位的情况确定。一般情况下，一个基本建设项目或企业、事业、行政单位只能有一种建设性质。目前基本建设和更新改造是根据我国现行的计划管理体制区分的，所以基本建设和更新改造都可以分别按新建、扩建和改建等划分。

（1）新建 一般是指从无到有，“平地起家”开始建设的企业、事业和行政单位或独立的工程。现有企业、事业、行政单位一般不属于新建。但如有的单位原有基础很小，经过建设后新增的固定资产价值超过该企业、事业、行政单位原有固定资产价值（原值）三倍以上的也应作为新建。

（2）扩建 是指在厂内或其他地点，为扩大原有产品的生产能力（或效益）或增加新的产品生产能力，而增建主要的生产车间（或主要工程）、分厂、独立的生产线的企业、事业单位。行政、事业单位在原单位增建业务用房（如学校增建教学用房、医院增建门诊部、病房等）也作为扩建。

（3）改建 是指原有设施进行技术改造或更新（包括相应配套的辅助性生产、生活福利设施），没有增建主要生产车间、分厂等的企业、事业单位。现有企业、事业单位为适应市场变化的需要，而改变企业的主要产品种类，或原有产品生产作业线由于各工序（车间）之间能力不平衡，为填平补充充分发挥原有生产能力而增建不增加本企业主要产品设计能力的车间，也应作为改建。

（4）单纯建造生活设施 是指在不扩建、改建生产性工程和业务用房的情况下，单纯建造职工住宅、托儿所、子弟学校、医务室、浴室、食堂等生活福利设施的企业、事业及行政单位。

（5）迁建 是指为改变生产力布局或由于城市环境保护和安全生产的需要等原因而搬迁到另地建设的企业、事业单位。在搬迁另地建设过程中，不论是维持原来规模还是扩大规模都按迁建统计。

（6）恢复 是指因自然灾害、战争等原因，使原有的固定资产全部或部分报废，以后又投资恢复建设的单位。不论是按原规模恢复还是在恢复的同时进行扩建的都按恢复统计。尚未建成投产的基本建设项目或企业、事业单位，因自然灾害而损坏的，不作为恢复项目，仍按原有建设性质划分。

（7）单纯购置 是指现有企业、事业、行政单位单纯购置不需要安装的设备、工具、器具，而不进行工程建设的单位。有些单位当年虽然只从事一些购置活动，但其设计中规定有建筑安装活动，应根据文件的内容来确定建设性质，不得作为单纯购置统计。

固定资产投资按构成分 固定资产投资活动按其工作内容和实现方式分为建筑工程、安装工程、设备、工具、器具购置、用于更新的设备、购置旧设备、其他费用、其中：土地购置费、旧建筑物购置费。

(1) 建筑工程 是指各种房屋、建筑物的建造工程，又称建筑工作量。这部分投资额必须兴工动料，通过施工活动才能实现，是固定资产投资额的重要组成部分。

(2) 安装工程 是指各种设备、装置的安装工程，又称安装工作量。安装工程包括：①生产、动力、起重、运输、传动和医疗、实验等各种需要安装设备的装配和安装，与设备相连的工作台、梯子、栏杆等装设工程，附属于被安装设备的管线敷设工程，被安装设备的绝缘、附腐、保温、油漆等工作；②为测定安装工程质量，对单个设备、系统设备进行单机试运、系统联动无负荷试运工作（投料试运工作台不包括在内)。

在安装工程中，不包括被安装设备本身价值。

(3) 设备、工具、器具购置 是指建设单位或企、事业单位购置或自制的，达到固定资产标准的设备、工具、器具的价值。①设备：指各种生产设备、传导设备、动力设备、运输设备等。分为需要安装的设备和不需要安装的设备两种。②工具、器具：是指具有独立用途的各种生产用具、工作工具和仪器。

(4) 用于更新的设备 是指为更换陈旧设备而购置的设备。用于更新的设备与原有设备在台数和价值上不一定相等。

(5) 购置旧设备 是指从外单位购入的，已经使用过的各种设备，不包括从国外购进的旧设备。

(6) 其他费用 是指在固定资产建造和购置过程中发生的。

(7) 其中：土地购置费 是指建设项目通过划拨方式或出让方式取得土地使用权而支付的各项费用。

(8) 旧建筑物购置费 是指购置已使用过的各种旧房屋及其他建筑物的费用。

施工项目 是指报告期内进行过建筑或安装施工活动的项目。凡是报告期内施过工的建设项目，不论施工时间长短，均作为施工项目统计。施工项目个数可以反映一定时期固定资产投资的实际规模，与同期建成投产的建设项目个数相比，可以从建设速度的角度反映固定资产投资的效果。根据建设项目施工活动的不同性质，施工项目又分为：本年正式施工项目、本年收尾项目和以前年度全部停缓建项目。

全部建成投产项目 工业项目是指设计文件规定形成能力的主体工程及其相应配套的辅助设施全部建成，经负荷试运转，证明具备生产设计规定合格产品的条件，并经过验收鉴定合格或达到竣工验收标准，与生产性工程配套的生活福利设施可满足近期正常生产的需要，正式移交生产的建设项目；非工业项目是指设计文件规定的主体工程和相应配套工程全部建成，能够发挥设计规定的工程效益，经验收鉴定合格或达到竣工标准，正式移交使用的建设项目。

新增生产能力 是指通过固定资产投资活动而增加的设计能力（或工程效益)，是以实物形态表现的固定资产投资成果的指标，也是考核投资经济效果的重要依据之一。新增生产能力的计算，是以能独立发挥生产能力或效益的单项工程（或项目）为对象。当单项工程（或项目）建成，经有关部门鉴定合格、正式移交投入生产，即可计算新增生产能力。新增生产能力的数量一般按设计能力计算。设计文件中规定的在正常情况下能够达到的生产能力，而不论投产后的实际产量如何。以设备数量、建筑物容积、面积、长度等表示为新增生产能力（或效益)，则按建成的实际数量计算。

施工和竣工房屋建设面积 房屋建筑面积是从房屋建筑物勒脚以上外墙外围的水平截面积，包括房屋建筑物的有效面积和结构面积。包括房屋结构（如柱、墙）占用的面积和地下室面积。多层建筑按各自然层面积计算，包括房屋内的楼隔层，突出墙面的眺望间、门斗、有柱雨罩的面积。不包括突出墙面结构的构件、艺术装饰等所占的面积。如台阶等。凹阳台、挑台按其水平投影面积一半计算建筑面积。

施工面积 是指报告期内施工的全部房屋建筑面积。包括本期新开工的面积和上期开工跨入本期继续施工的房屋面积，以及上期已停建在本期恢复施工的房屋面积。以及上期已停建在本期继续施工的房屋建筑面积。

竣工面积　是指在报告期内房屋建筑按照设计要求已经全部完工，达到住人和使用条件，经验收鉴定合格（或达到竣工验收标准），正式移交使用单位的各栋房屋建设面积的总和。

新增固定资产　新增固定资产（又称交付使用的固定资产），是指已经完成建造和购置过程，并已交付生产或使用单位的固定资产的价值。新增固定资产是表示固定资产投资成果的价值指标，也是反映建设进度，计算固定资产投资效果的重要数据。

六、城市公用事业

URBAN PUBLIC UTKITIES

本篇内容包括：

1. 城市自来水供应
2. 市政公共设施
3. 城市公共交通
4. 园林绿化
5. 环境保护，环境卫生
6. 用电情况

资料整理

姜同文
刘　程

微机处理

刘　程
姜同文

城市供水

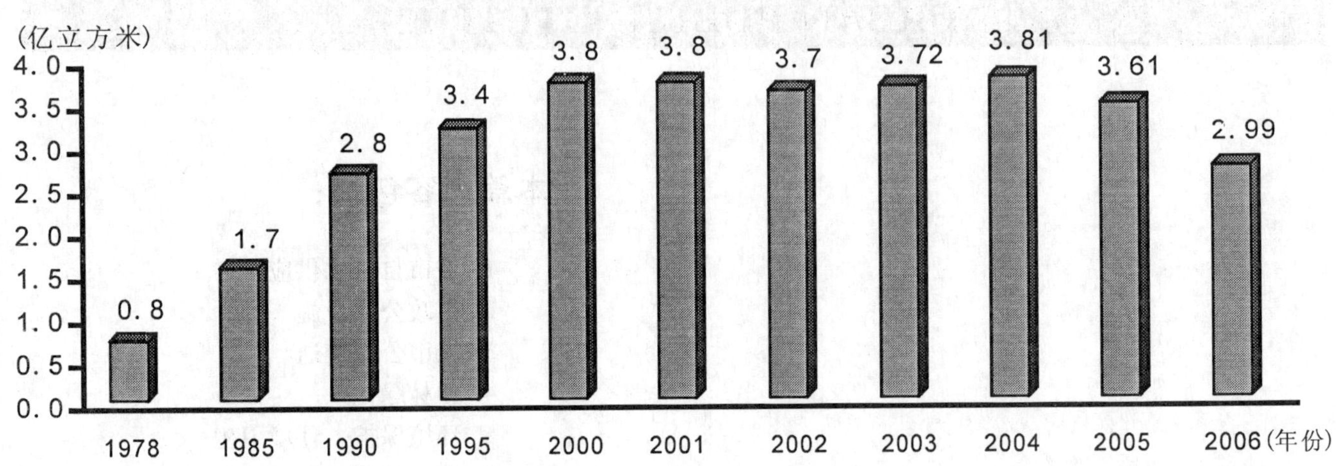

城市用电

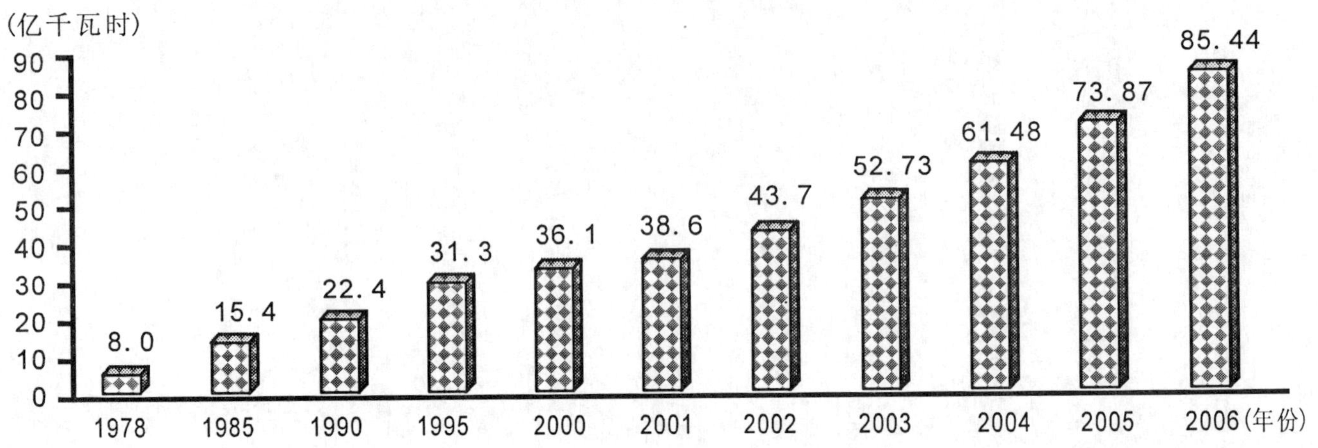

市政道路面积

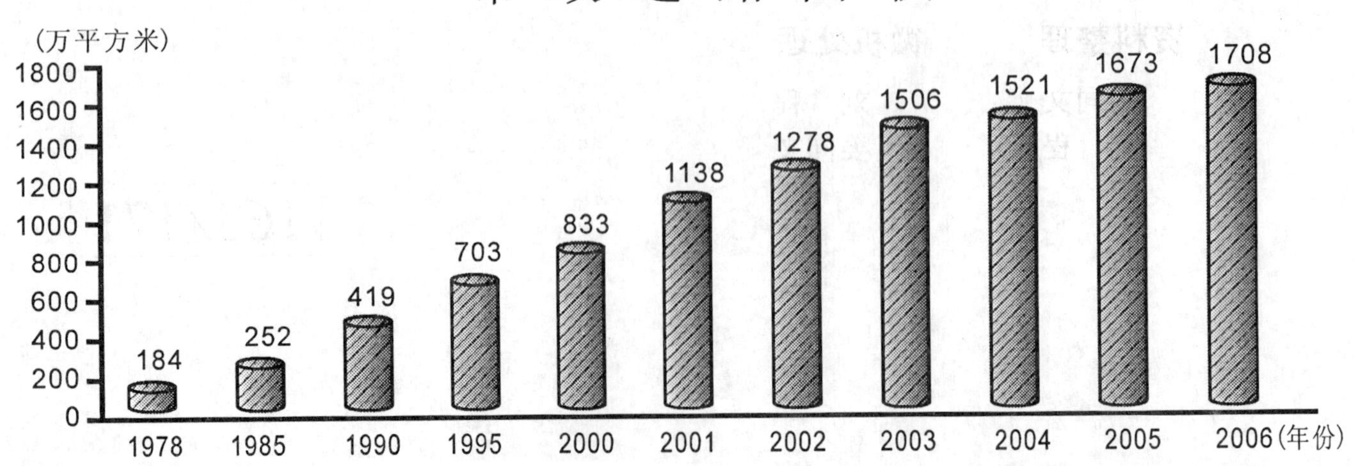

6-1 市政公用设施

（2006年）

项目	2005年	2006年
一、道路总长度（公里）	833	843
二、道路总面积（万平方米）	1 673	1 708
三、人行道总面积（万平方米）	256	520
四、桥　梁（座）	107	121
#立　交　桥（座）	13	13
五、排水管长度（公里）	875	881
六、城镇路灯盏数（盏）	115 025	40 547
七、液化气储气能力（万立方米）	3 328	3 336
八、液化气供应总量（吨）	62 972	53 765
#家庭用量（吨）	61 412	52 411
九、液化气用气户数（万户）	37.82	40
#家　庭　户（万户）	37.81	39.69
十、液化气用气人口（万人）	143.7	154.78
十一、煤气供应总量（万立方米）	4 644	6 003
#家庭用量（万立方米）	3 113	3 287
十二、煤气用气户数（万户）	13.61	8.41
#家　庭　户（万户）	13.58	8.34
十三、煤气用气人口（万人）	51.6	32.52
十四、气　化　率（%）	91.0	94.7

6-2 城市自来水供应

(2006年)

项　目	城　区	公共供水公司	自建设施供水单位
水厂个数（个）	8		
综合生产能力（万立方米/日）	151.5	131.5	20
年末供水管长度（公里）	2 064	2 064	
全年供水总量（万立方米）	34 504	29 870	4 634
#生产用水（万立方米）	9 802	6 804	2 998
生活用水（万立方米）	14 450	12 814	1 636
用水人口（万人）	210	196	14
平均每人每天生活用水（升）	200		
自来水普及率（%）	95.02		
实际利润（万元）	2 808	2 808	

6-3 城市公共交通

项　目	2005	2006
一、年末实有营运车辆（辆）	1 824	2 229
公共汽车	1 735	2 195
无轨电车	89	34
二、运营线路网长度（公里）	1 018	2 668
三、全年客运量（万人次）	36 285	45 815
公共汽车	32 661	43 487
无轨电车	3 624	2 328
四、全年实现利润总额（万元）	623	805.85
六、年末出租汽车营运车数（辆）	3 569	3 569

6－4 城 市 园 林 绿 化

（2006 年）

项　　目	城　区	城建系统内	城建系统外
城市园林绿地面积（公顷）	6 199	2 267	3 932
公共绿地面积（公顷）	1 645.95	1 645.95	
人均公共绿地面积（平方米）	7.84	7.84	
城市绿化覆盖面积（公顷）	6 585.56	6 585.56	
城区绿化覆盖率（%）	39.2	39.2	
苗圃面积（公顷）	66.6	66.6	
公园（含动物园，个）	25	18	7
公园面积（公顷）	713.94	713.94	

6-5 城市环境卫生

（2006 年）

项目	城区
全年清扫面积（万平方米）	1 288
全年清运生活垃圾（万吨）	64
生活垃圾无害化处理（万吨）	64
公共厕所数（座）	249
粪便无害化处理（万吨）	0.3
环卫机械数量（辆）	198
清洁卫生工作人员（人）	7 933
垃圾中转站（座）	92
果壳箱（个）	5 161

6-6 全市用电量

单位：万千瓦小时

行业	2005	2006
总计	**738 684**	**854 364**
农、林、牧、渔、水利业	60 525	51 254
工业	395 741	505 249
地质勘查勘探业		
建筑业	6 272	8 369
交通运输、邮电业	11 050	11 194
商业、饮食及物资供销业	25 600	25 980
其他事业	48 174	80 217
居民生活用电	170 289	172 097
乡村	41 371	39 083
城市	128 918	133 014

6-7 环 境 保 护

(2006年)

项 目	全 市
一、环境质量	
可吸入颗粒物年日平均值（毫克/立方米）	0.086
二氧化硫年日平均值（毫克/立方米）	0.056
二氧化氮年日平均值（毫克/立方米）	0.032
降尘（吨/月、平方公里）	8.9
城市交通干线噪声平均值（分贝）	69.9
区域环境噪声（分贝）	55.8
饮用水源水质达标率（%）	99.8
二、“三废”排放、处理及综合利用情况	
废水排放总量（万吨）	23 967
#工业废水（万吨）	9 942
工业废水排放达标率（%）	94.38
工业废气排放总量（亿标立方米）	580.31
#燃料燃烧过程中废气排放量（亿标立方米）	2 148 741
工艺废气排放量（亿标立方米）	3 654 374
工业二氧化硫排放量（吨）	32 798.58
工业烟尘排放量（吨）	25 256.37
工业固废产生量（万吨）	154.48
工业固废综合利用量（万吨）	139.87
工业固废综合利用率（%）	90.54
“三废”综合利用产品产值（万元）	22 893.2
三、污染治理情况	
工业企业用于污染治理资金（万元）	4 268.6
#治理废水（万元）	1 787
治理废气（万元）	2 481.6
治理固体废弃物（万元）	
治理噪声（万元）	
其 他	
当年竣工的污染治理项目设计处理利用“三废”能力	
1、废水（吨/日）	5 440
2、废气（万标立方米/时）	30.8
3、治理固体废弃物（吨/日）	

主要统计指标解释

年末自来水生产能力 指年末城建部门管理的自来水厂和社会单位自备水源的取水、净化、送水出厂输水干管等环节的实际生产能力。

年末供水管道长度 指从送水泵至用户水表之间所有管道的长度。

全年供水总量 指公用自来水厂和社会单位自备水源全年的供水总量，包括有效供水量及损失水量。

生活用水量 指居民日常生活与公共福利设施的用水量。包括饮食店、旅馆、医院、理发店、浴池、洗衣店、游泳池、商店、学校、机关、部队等单位的用水量。

年末实有铺装道路长度 指除土路外，路面经过铺装宽度在3.5米以上的道路，包括高级、次高级道路和普通道路。

城市下水道总长度 指所有排水总管、干管、支管及暗渠、检查井、连接井进出水口等长度之和。

年末实有公共汽（电）车辆 指年底可参加营运的全部车辆数。包括年底营运车辆数和库存查封未参加营运的车辆，不包括非营运车辆，如架线车、油罐车、工程车、货车及其他专用车辆和借入的客运车辆。

营运线路长度 指设置的固定营运线路长度，包括郊区营运线路长度。不包括临时行驶的线路长度。

城市园林绿地面积 指城市公共绿地、专用绿地、生活绿地、防护绿地、郊区风景名胜区的全部面积。

公共绿地 指供游览休息的各种公园、动物园、植物园、陵园以及花园、游园和供游览休息用的林荫道绿地、广场绿地。不包括一般栽植的行道树及林荫道的面积。

废水排放总量 包括生产废水和生活污水。生产废水 指企、事业单位在生产、科研过程中向外环境排放的所有排放口的废水量总和。生活污水指城镇居民区和企事业单位职工集中居住区排放的污水量。

工业废水排放量 指经过企业所有排放口排到企业外的生产废水总量，包括外排的直接冷却水和矿区超标排放的有毒有害矿井地下水，但不包括外排的间接冷却水（清污不分流的应计算在内）。

符合排放标准的工业废水量 指全面达到国家排放标准的外排工业废水量（包括经过处理和未经过处理的），但不包括虽经处理仍未达到国家排放标准的工业废水。国家尚未正式颁布标准的，以地方制定的标准为准。

工业废水处理量 指报告期内各种水治理设施实际处理的工业废水量，包括处理后外排的和处理后回用的工业废水量。虽经处理但未达到国家或地方排放标准的废水量也应计算在内。计算时，如遇有车间和厂排放口均有治理设施，并对同一废水分级处理时，不应重复计算工业废水处理量。

工业废气排放量 指企业厂区燃料燃烧和生产工艺过程中产生的各种排入空气的含有污染物的气体的总量，以标准状态［273K，101325Pa］计。

工业粉尘排放量 指企业在生产工艺过程中排放的颗粒物重量。如钢铁企业的耐火材料粉尘、焦化企业的筛焦系统粉尘、烧结机的粉尘、石灰窑的粉尘、建材企业的水泥粉尘等。不包括电厂排入大气的烟尘。

工业粉尘回收量 指经过各种回收处理装置回收的工业粉尘和尘泥量（包括干法和湿法）。

工业固体废物产生量 指企业在生产过程中产生的固体状、半固体状和高浓度液体状废弃物的总量，包括危险废物、冶炼废渣、粉煤灰、炉渣、煤矸石、尾矿、放射性废物和其他废物等；不包括矿山开采的剥离废石和掘进废石（煤矸石和呈酸性或碱性的废石除外）。酸性或碱性废石是指采掘的废石其流经水、雨淋水的PH值小于4或PH值大于10.5。

工业固体废物处置量 指将固体废物焚烧或者最终置于符合环境保护规定要求的场所并不再回取

的工业固体废物量（包括当年处置往年的工业固体废物累计贮存量）。处置方法如：填埋（其中危险废物应安全填埋）、焚烧、专业贮存场（库）封场处理、深层灌注、回填矿井等。

工业固体废物排放量 指将所产生的固体为物排到固体废物污染防治设施、场所以外的量。不包括矿山开采的剥离为石和掘进废石（煤矸石和呈酸性或碱性的废石除外）。

二氧化硫排放量 指企业在燃烧和生产工艺过程中排入大气的二氧化硫量。

工业固体废物综合利用量 指通过回收、加工、循环、交换等方式，从固体废物中提取或者使其转化为可以利用的资源、能源和其他原材料的固体废物量（包括当年利用往年的工业固体废物累计贮存量）。如用作农业肥料、生产建筑材料、筑路等。综合利用量由原产生固体废物的单位统计。

“三废”综合利用产品产值 指利用“三废”（废液、废气、废渣）作为主要原料生产的产品产值（现价），已经销售或准备销售的，应计算产品产值；但留作生产上自用的，不应计算产品产值。

七、外贸和旅游

FOREIGN ECONOMIC TRANE AND TOURISM RELATIONS

本篇内容包括：

1. 海关进出口总值
2. 利用外资
3. 接待入境旅游、国内旅游情况
4. 星级饭店住宿接待入境旅游情况
5. 星级宾馆一览表

资料整理

罗小云
褚艳红

微机处理

褚艳红
罗小云

海关出口总值

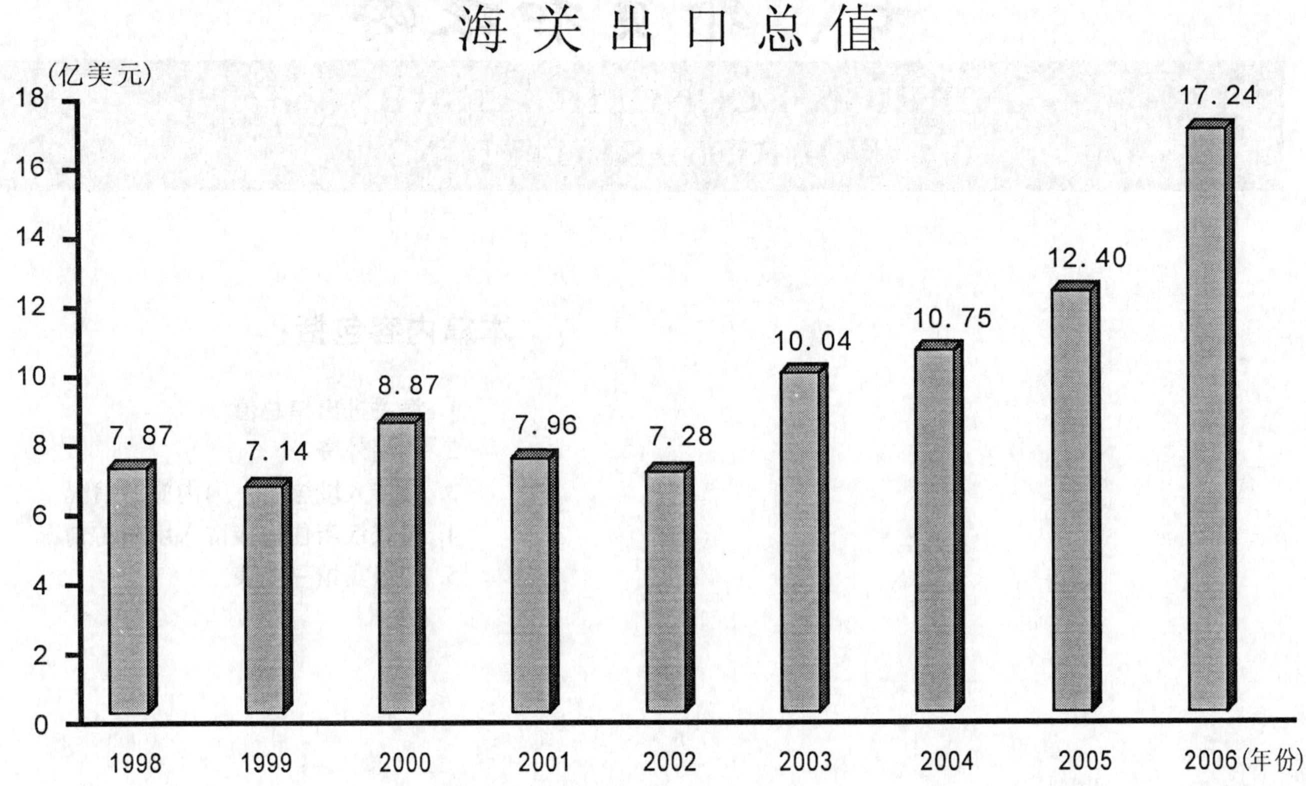

实际利用外资

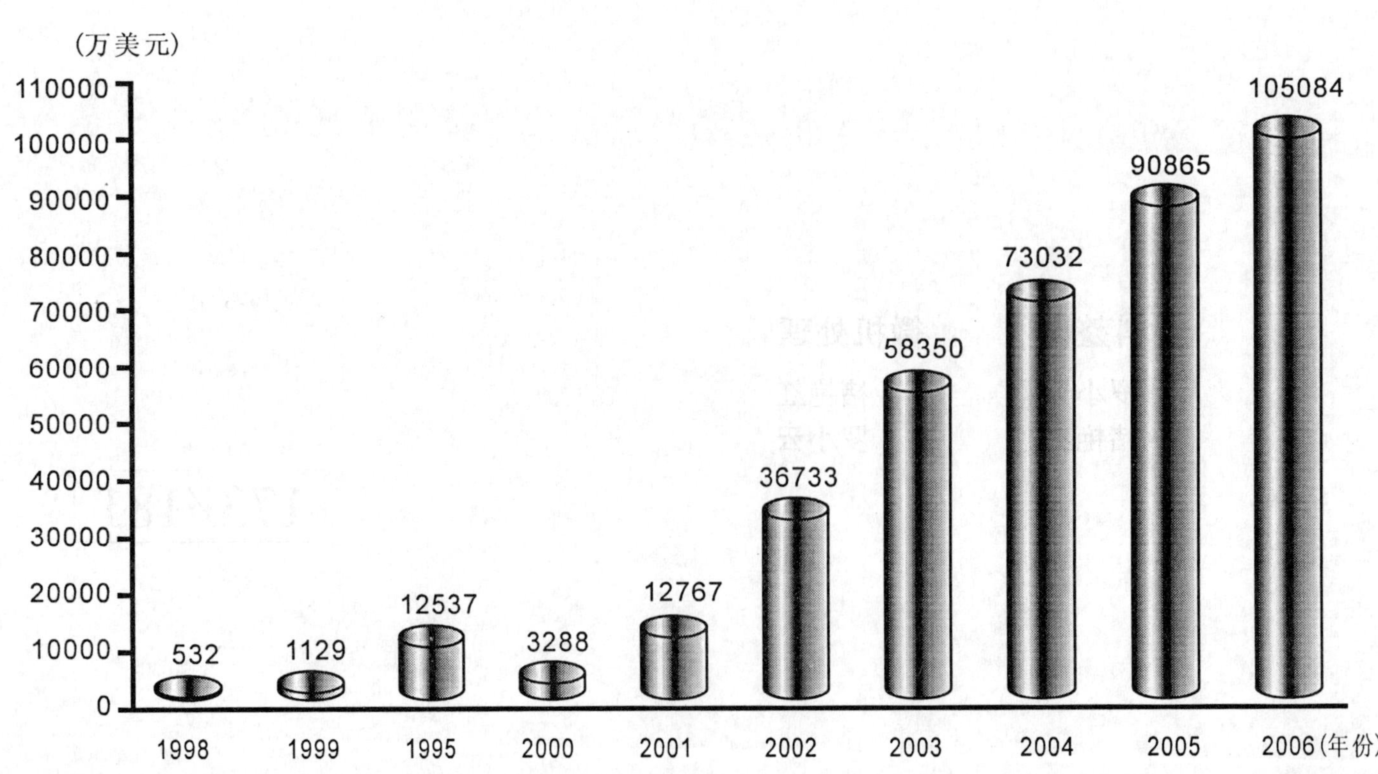

7－1 海关进出口总值

单位：万美元

项目	2005	2006	2006年比上年增长（%）
进出口总值	**174 536**	**248 952**	**42.6**
#出口总值	124 036	172 370	39.0
进口总值	50 500	76 582	51.6

7－2 主要年份实际利用外资

单位：万美元

项目	1988	1989	1990	1992	1995	2000	2001	2002	2003	2004	2005	2006
合计	**532**	**1 197**	**1 129**	**4 242**	**12 537**	**3 288**	**12 767**	**36 733**	**58 350**	**73 032**	**90 865**	**105 084**
一、对外借款	149	783	634	376	5 115							
二、外商直接投资	148	322	393	3 866	7 422	3 141	12 767	36 733	58 350	73 032	90 865	105 084
合资经营	113	184	149	3 137	4 132	2 654	7 288	19 978	17 337	21 207	17 321	13 773
合作经营	15	77	203	203	720	2	17	1 149	6 990	4 295	2 898	6 538
独资经营	20	61	41	526	2 570	485	5 462	15 606	34 023	47 530	70 646	84 773

7－3　1994—2006年签订利用外资合同

年　份	指标名称	合　计	对外借款	外商直接投资	合资经营	合作经营	独资经营
1994	项目（个）	212		212	136	11	65
	金额（万美元）	15324		15324	7086	3695	4543
1995	项目（个）	106	2	104	59	1	44
	金额（万美元）	7579	1195	6384	2696	325	3363
1996	项目（个）	64		64	40	1	23
	金额（万美元）	12419		12419	8615	540	3264
1997	项目（个）	64		64	24	5	35
	金额（万美元）	13610		13610	2798	7033	3779
1998	项目（个）	74		74	41	3	30
	金额（万美元）	11740		11740	6642	1510	3588
1999	项目（个）	52	1	50	22		28
	金额（万美元）	12007	360	12007	6252	590	5165
2000	项目（个）	43		43	23	2	18
	金额（万美元）	2856		2856	1932	42	882
2001	项目（个）	65		65	28	1	36
	金额（万美元）	17 381		17 381	3 395	83	13 903
2002	项目（个）	149		149	66	8	75
	金额（万美元）	53 239		53 239	22 033	3 092	28 114
2003	项目（个）	172		172	69	10	93
	金额（万美元）	73 579		73 579	13 377	8 884	51 318
2004	项目（个）	195		195	67	9	119
	金额（万美元）	104 743		104 743	20 278	8 461	76 004
2005	项目（个）	187		187	57	4	126
	金额（万美元）	111 479		111 479	20 694	7 005	83 780
2006	项目（个）	174		174	58	4	112
	金额（万美元）	120 976		120 976	17 386	5 473	98 117

7－4 1991－2006年接待入境旅游和国内旅游情况

年份	入境旅游				国内旅游			
	旅游外汇收入（万美元）		接待海外旅游者（人次）		国内旅游收入（亿元）		接待国内旅游者（万人次）	
	绝对值	比上年增长%	绝对值	比上年增长%	绝对值	比上年增长%	绝对值	比上年增长%
1991	250	40.5	21 330	19.2				
1992	405	62.0	19 370	-9.2				
1993	633	56.3	16 287	-15.9				
1994	981	54.9	15 432	-5.3				
1995	888	-9.5	19 871	28.8				
1996	1 171	31.9	23 832	19.9				
1997	1 478	26.2	30 018	26.0				
1998	1 743	17.9	28 722	-4.3				
1999	2 155	23.6	34 141	18.9				
2000	2 578	19.6	37 010	8.4	22		391.78	
2001	2 913	13.0	41 430	11.9	27.16	13.0	446.86	14.1
2002	1 643	-43.6	44 840	8.2	32.76	20.6	507.68	13.6
2003	1 103	-31.2	34 549	-23.0	33.4	2.0	510.0	0.5
2004	1 723	56.8	54 282	58.1	37.77	13.1	587.15	15.1
2005	1 807	4.9	65 154	20.0	44.79	18.6	718.45	22.4
2006	2 316	28.2	75 062	15.2	53.51	19.5	829.2	15.4

7－5 星级饭店住宿接待入境旅游人数和天数

项目	接待总人数（人）		接待人天数（人天）	
	2005	2006	2005	2006
合计	**65 154**	**75 062**	**138 448**	**156 613**
外国人	**51 099**	**60 088**	**113 367**	**126 824**
亚洲小计	**8 215**	**10 632**		
日本	4 992	5 178		
新加坡	681	1 035		
韩国	1 094	1 573		
马来西亚	477	618		
印度	295	292		
泰国	113	419		
印尼	236	292		
菲律宾	139	254		
欧洲小计	**17 319**	**14 125**		
英国	7 190	5 170		
法国	2 510	2 168		
德国	1 236	1 736		
意大利	650	700		
瑞士	109	177		
瑞典	902	425		
俄罗斯	630	743		
西班牙	3 284	1 897		
其他	808	1 109		
美洲小计	**21 920**	**32 146**		
美国	20 013	30 676		
加拿大	1 827	1 298		
其他	80	172		
大洋洲小计	**2 184**	**1 968**		
澳大利亚	1 503	1 366		
新西兰	650	493		
其他	31	109		
非洲小计	**562**	**689**		
其他小计	899	528		
港澳同胞	**7 767**	**7 602**	**15 177**	**15 220**
#香港同胞	6 536	6 671	13 071	13 467
台湾同胞	**6 288**	**7 372**	**9 904**	**14 569**

7-6 星级宾馆一览表

项目	客房数（间）	床位数（床）	电话	地址	邮编
五星级（2个）					
江西宾馆	228	380	6206666	八一大道368号	330006
凯莱大酒店	327	490	6738855	沿江北路88号	330008
江西索菲特酒店（待批）	206	294	8828888	红谷滩新府路28号	330038
四星级（12个）					
五湖大酒店	298	452	8521888	湖滨南路33号青山湖湖心岛	330077
富豪大酒店	219	234	6408888	洪城路160号	330002
七星商务酒店	230	337	8866666	南京西路225号	330006
锦峰大酒店	167	388	8867777	站前西路281号	330002
瑞都大酒店	115	196	6204598	广场南路399号	330003
赣江宾馆	312	589	6221159	八一大道138号	330006
锦江皇冠酒店	214	333	6429999	洪城路99号	330002
江西饭店	318	652	8858888	八一大道356号	330006
皇廷大酒店	221	320	6208888	站前路176号	330002
民航大酒店	139	238	8898888	洪城路587号	330025
华悦大酒店	118	230	6316666	丁公路117号	330002
泽源大酒店	67	128	7493600	湖滨东路66号	330077
三星级（20个）					
青山湖宾馆	260	324	8861872	福州路169号	330006
洪都宾馆	277	450	8829999	阳明路249号	330006
富洲大饭店	118	220	6232666	孺子路37号	330003
吉伟宾馆	87	162	6237700	二七北路76号	330046
九九隆大酒店	198	370	7061199	八一大道122号	330003
锦昌大酒店	144	248	6128888	站前西路107号	330002
天圆饭店	100	175	8869999	福州路82号	330006
铁路大酒店	129	289	6108108	南昌火车站	330002
明园大酒店	150	300	7038888	二七南路527号	330002
金袁州宾馆	131	242	8861666	叠山路248号	330006
江西核工业宾馆	132	271	6351111	北京西路134号	330046
金悦宾馆	88	170	6233333	系马桩326号	330003
师大白璐会所	87	164	8121888	师大瑶湖校区	330022
鄱阳湖大酒店	270	432	8856666	井冈山大道1128号	330002
环湖宾馆	172	368	8855888	环湖路99号	330006
灌城度假村	40	120	8311987	高新大道8号	330029
金山城大酒店	158	210	8896666	中山路135号	330008
桂花村大酒店	49	88	5761999	南昌县迎宾大道1089号	330200
君来大酒店	223	446	6200333	北京西路259号	330046
北京宾馆	112	206	8308888	北京东路35号	330029
二星级（11个）					
洪城宾馆	113	180	8857188	洪城路63号	330002
江铃宾馆	96	182	5233348	迎宾大道238号	330001
进园宾馆	45	80	8167666	青山湖大道388号	330039
金城宾馆	100	230	2175099	青山南路538号	330077
邮政大厦	70	126	7037900	站前路86号	330002
华财大厦	75	102	6690168	沿江中路19号	330009
惠苑宾馆	70	201	6221140	福州路4号	330006
江龙大酒店	251	498	7068168	洪都北大道10号	330046
交通宾馆	96	120	6256918	八一大道261号	330006
华昌宾馆	72	154	6120008	广场南路11号	330003
体育宾馆	130	278	6203288	福州路28号	330002

主 要 统 计 指 标 解 释

外贸出口商品收购额 指对外贸易企业单位以现金或通过银行划拨等方式，从对外贸易系统以外的单位或个人购进直接供应出口的以及经过加工后再供应出口的商品总额。

外贸进出口总额 对外贸易进出口总额是指从国外（境外）进入国境的进口商品和从国内运出国境的出口商品的总金额，包括一般贸易（含进料加工）、技术成套设备进口和出口、补偿贸易、加工装配、易货贸易以及中外合资、合作和外商独资企业的进口和出口等。外贸进口按到岸价格（CIF）计算，出口按离岸价格（FOB）计算。

利用外资 是指我国各级政府、部门、企业、中国银行和其他单位通过对外借款、吸收外商直接投资和用其他方式的境外现汇、设备、技术等。不包括赠款、援款。

对外借款 是我国利用外资的主要部分，包括我国通过外国政府贷款、国际金融组织贷款、外国银行商业贷款、出口信贷以及对外发行证券等方式，从国外和港澳地区筹措的资金。

外商直接投资 是指外国企业和经济组织或个人（包括华侨、港澳同胞以及我国在境外注册的企业）按我国有关政策、法规，用现汇、实物、技术等在我国境内开办外商独资企业、与我国境内的企业或经济组织共同举办中外合资经营企业、合作经营企业或合作开发资源的投资（包括外商投资收益的再投资）以及政府有关部门批准的项目投资总额内，企业从境外借入的资金。

外商其他投资 指对外借款和外商直接投资以外，用其他方式吸收的外资，包括补偿贸易、加工装配以及国际租赁等。

入境旅游者 指来中国（大陆）观光、度假、探亲访友、就医疗养、购物、参加会议或从事经济、文化、体育、宗教活动的外国人、港澳台同胞等游客（即入境旅游人数）中在中国（大陆）的旅游住宿设施内至少停留一夜的外国人、港澳台同胞。

入境旅游者不包括下列人员：

（1）应邀来华访问的政府部长以上官员及其随行人员；

（2）外国驻华使领官员、外交人员以及随行的家庭服务人员和受瞻养者；

（3）常驻中国（大陆）一年以上的外国专家、留学生、记者、商务机构人员等；

（4）乘坐国际航班过境不需要通过护照检查进入中国（大陆）口岸的中转旅客；

（5）边境地区往来的边民；

（6）回大陆定居的港澳台同胞；

（7）已在中国（大陆）定居的外国人和原已出境又返回在中国（大陆）定居的外国侨民；

（8）归国的中国（大陆）出国人员。

旅游收入 游客（入境游客和国内游客）在旅游过程中（由游客或游客的代表为游客）支付的一切旅游支出就是国家（省、区、市）的旅游收入。旅游支出应包括（过夜）旅游者和一日游游客在整个游程中食、住、行、游、购、娱，以及为亲友、家人购买纪念品、礼品等方面的旅游支出，不包括为商业目的购物、购买房、地、车、船等资本性或交易性的投资、馈赠亲友的现金及给公共机构的捐赠。旅游收入包括国际旅游（外汇）收入和国内旅游收入。

国际旅游（外汇）收入 入境游客在中国（大陆）境内旅行、游览过程中用于交通、参观游览、住宿、餐饮、购物、娱乐等全部花费。

国内旅游者 指中国（大陆）居民离开惯常居住地在境内其他地方的旅游住宿设施内至少停留一夜，最长不超过12个月的国内游客。

国内旅游者应包括在中国（大陆）境内常住一年以上的外国人、港澳台同胞。但不包括到各地巡视工作的部以上领导、驻外地办事机构的临时工作人员、调遣的武装人员、到外地学习的学生、到基层锻炼的干部、到境内其他地区定居的人员和无固定居住地的无业游民。

国内旅游收入 指办内游客在国内旅行、游览过程中用于交通、参观游览、住宿、餐饮、购物、娱乐等全部花费。

星级宾馆 指符合中华人民共和国《旅游饭店星级的划分与评定国家标准》暨《旅游涉外饭店星级的划分与评定国家标准1997年版》并经过有关旅游管理权威部门评定（验收）后授予“星级”称号的宾馆、饭店。

八、财政·金融

PUBLIC FINANCE, BANKING AND INSURANCE

本篇内容包括:

1. 财政收支
2. 银行存贷款及现金收支

资料整理 陈 锋

微机处理 陈 锋

财 政 收 入

(亿元)
160
140
120
100
80
60
40
20
0
财政总收入
一般预算收入
35.41
16.77
44.59
18.3
52.43
21.41
60.78
25.75
76.47
31.41
102.06
42.19
126.1
58.28
150.56
68.11
1999
2000
2001
2002
2003
2004
2005
2006(年份)

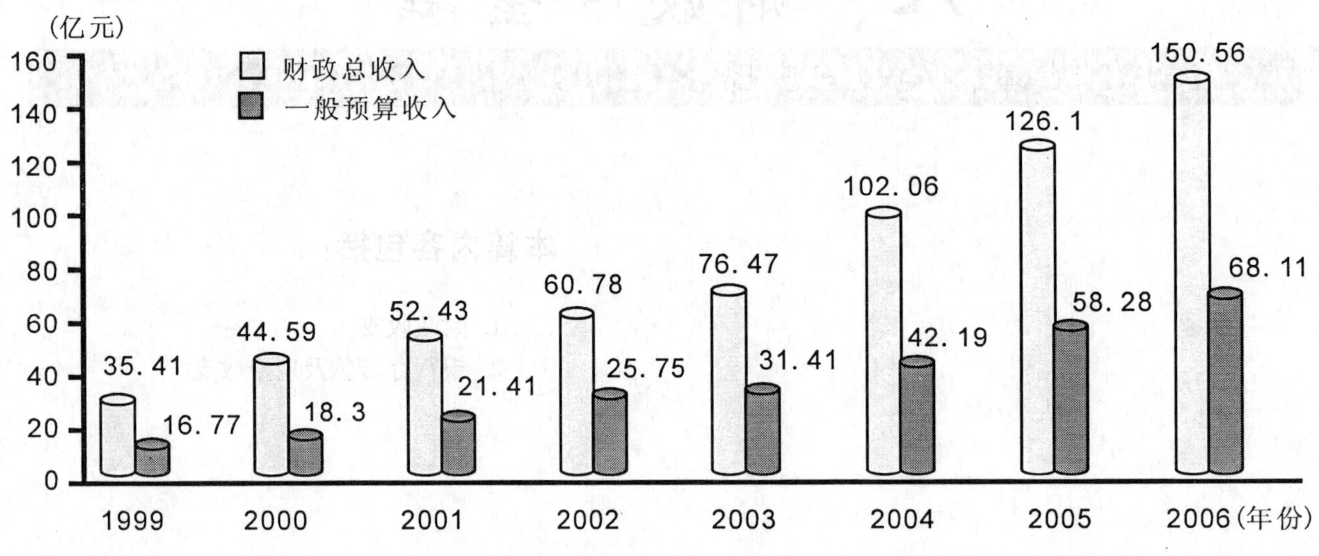

财政总收入增长速度

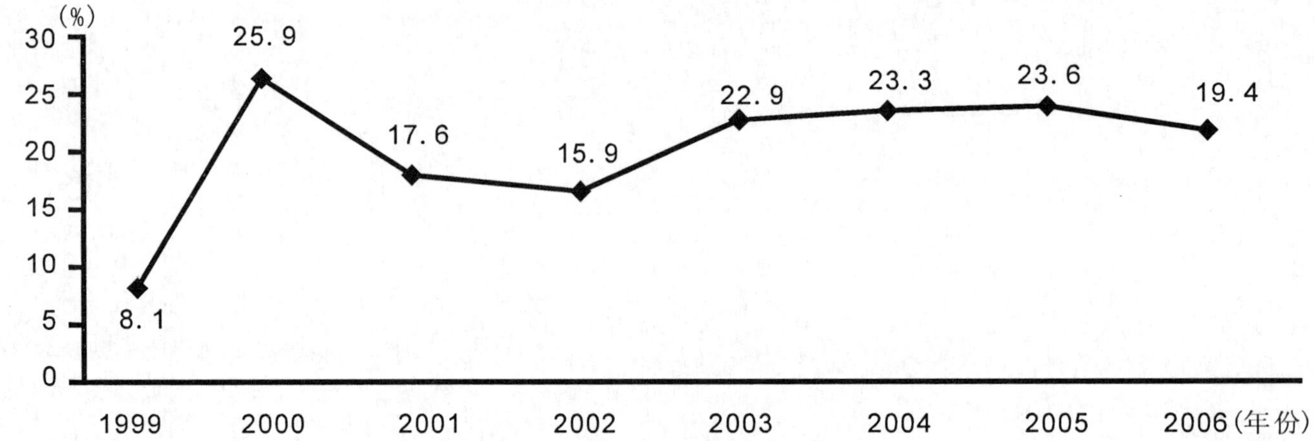

(%)
30
25
20
15
10
5
0
8.1
25.9
17.6
15.9
22.9
23.3
23.6
19.4
1999
2000
2001
2002
2003
2004
2005
2006(年份)

银行存贷款余额

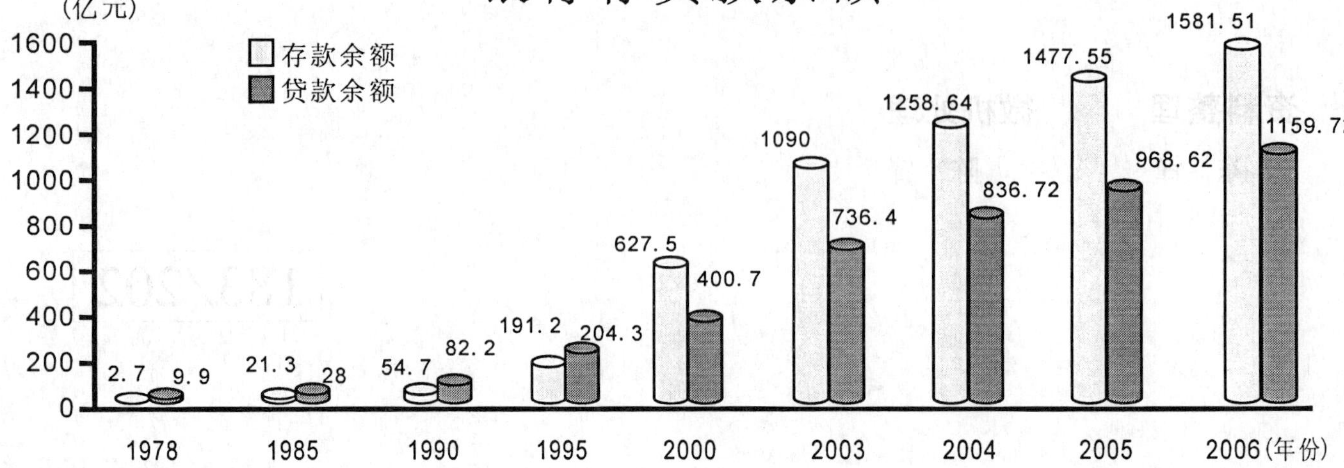

(亿元)
1600
1400
1200
1000
800
600
400
200
0
存款余额
贷款余额
2.7
9.9
21.3
28
54.7
82.2
191.2
204.3
627.5
400.7
1090
736.4
1258.64
836.72
1477.55
968.62
1581.51
1159.72
1978
1985
1990
1995
2000
2003
2004
2005
2006(年份)

8－1 历年财政总收入和财政支出

单位：万元

年　份	财政收入合　计	企业收入	各项税收	#工商税收类	其他收入	财政支出合　计	#文教、科学、卫生事业费支出	#行政管理费支出
1949	56	1	54		1	18		18
1950	1 910	4	1 303		233	149		80
1951	2 357	23	1 696	1 427	207	428		84
1952	3 653	46	3 111	1 865	395	804		314
1953	4 571	71	3 784	3 112	194	933	377	366
1954	4 363	85	3 518	3 069	139	1 086	515	361
1955	5 341	98	4 578	3 914	166	1 335	686	402
1956	6 800	140	5 825	5 242	139	1 791	764	559
1957	7 779	262	7 225	6 153	293	1 776	838	491
1958	9 871	1 004	8 556	7 486	59	3 658	720	458
1959	15 333	4 767	10 546	9 575	20	5 170	803	553
1960	18 113	6 827	10 665	9 576	48	5 421	1 224	557
1961	9 740	2 497	7 203	6 463	40	1 895	985	611
1962	9 689	1 514	8 112	7 485	64	1 806	904	512
1963	10 157	1 543	8 551	7 691	61	2 890	878	393
1964	10 985	1 343	9 588	8 713	53	3 135	961	424
1965	11 911	1 596	10 232	9 317	85	3 022	968	569
1966	12 860	2 299	10 515	9 514	37	3 162	1 125	642
1967	10 922	2 988	7 823	7 169	24	3 004	1 256	399
1968	13 413	4 370	8 944	8 860	98	2 880	1 157	578
1969	21 420	10 101	11 216	11 170	110	5 685	1 178	519
1970	29 507	13 830	15 588	14 684	89	10 408	947	661
1971	28 261	12 680	15 508	14 585	35	9 639	1 196	847
1972	26 081	11 087	14 912	13 957	83	9 360	1 484	880
1973	23 132	6 076	17 022	16 275	34	5 429	1 676	943
1974	12 875	－131	12 980	12 054	24	5 696	1 954	979
1975	16 089	966	15 090	14 207	32	6 078	2 032	951
1976	9 320	－3 001	12 262	11 351	60	6 178	2 045	978
1977	19 231	1 779	17 395	16 504	56	6 761	2 235	989
1978	25 486	4 316	21 091	19 505	78	9 046	2 703	1 036
1979	29 645	6 283	23 329	22 331	31	12 452	3 180	1 034
1980	34 194	7 639	24 194	23 509	31	11 411	3 563	1 040
1981	37 608	8 805	27 216	25 545	106	12 589	3 904	1 399
1982	37 864	7 165	28 969	28 086	311	12 449	4 411	1 450
1983	39 338	6 632	31 038	30 101	420	13 456	4 707	1 692
1984	42 362	6 605	34 388	33 250	368	17 687	5 467	2 315
1985	55 665	1 285	53 337	55 887	1 043	24 455	6 402	2 262
1986	62 807	8 366	55 240	54 833	1 265	33 970	8 066	2 753
1987	66 114	4 801	58 355	56 597	2 320	34 442	8 430	2 970
1988	77 380	6 832	68 521	66 709	1 668	42 103	10 543	3 073
1989	88 600	3 796	81 364	78 903	2 868	49 048	11 962	5 206
1990	101 910	6 642	88 528	86 039	3 225	55 090	13 563	5 856
1991	106 250	8 238	98 136	95 441	2 386	62 186	14 015	6 426
1992	123 700	14 284	111 605	108 538	2 975	69 867	16 993	8 500
1993	163 492	9 916	145 662	142 394	4 681	71 828	19 990	7 115
1994	189 576	9 220	174 639	169 135	5 492	81 546	26 140	14 018
1995	220 392	10 644	200 734	179 762	9 014	102 101	30 186	18 828
1996	268 553	8 325	244 437	232 149	15 764	119 608	34 884	26 744
1997	290 225	13 856	248 346	238 888	28 023	145 353	39 320	14 486
1998	327 654	5 325	290 549	285 944	31 780	160 993	42 114	15 361
1999	354 125	5 755	314 022	309 045	34 348	218 821	46 863	18 886
2000	445 896	16 096	409 558	397 984	20 261	237 928	54 255	21 499
2001	524 268	30 603	444 056	444 056	49 609	283 229	65 106	25 644
2002	622 242					347 114	78 716	35 478
2003	764 711					395 944	88 017	41 808
2004	1 020 556					521 873	104 387	51 335
2005	1 261 018					757 947	130 092	69 547
2006	1 505 612					933 749	160 836	82 821

8－2 地方财政收入

（2006 年）

单位：万元

项目	实际收入
一般预算收入合计	**681 075**
工商税收类	414 885
农牧业税和耕地占用税类	61 308
企业所得税类	65 589
国有资产经营收益	43 075
罚没收入	34 111
行政性收费收入	26 885
专项收入	22 766
其他收入	12 456
基金收入	**138 287**

8－3 地方财政支出

（2006 年）

单位：万元

项目	实际支出数	项目	实际支出数
合计	**933 749**	文化、教育、科学事业费	117 768
基本建设支出	108 118	卫生经费	43 068
企业挖潜改造资金类	46 733	其他部门的事业费类	33 833
科技三项费用类	10 531	抚恤和社会福利救济费类	33 853
支农支出（含农林水事业费）	51 996	行政管理费及公检法支出类	150 452
工业交通等部门的事业费类	5 521	国防、外交外事、武警部队支出	587
流通部门事业费类	1 468	政策性补贴支出类	6 979
城市维护费类	143 001	专项支出	17 508
行政事业单位离退休经费	29 683	车辆税费支出	8 663
支援不发达地区支出	1 946	其他支出类	40 941
社会保障补助支出	81 100	**基金支出**	**80 223**

8-4 县区财政收入与支出

单位：万元

地区	财政收入		财政支出	
	2005	2006	2005	2006
全市	**582 783**	**681 075**	**757 947**	**933 749**
市本级	345 099	373 102	313 280	366 346
东湖区	22 338	25 920	34 238	39 621
西湖区	27 202	30 039	42 370	45 855
青云谱区	11 481	14 819	18 295	23 825
湾里区	8 000	10 027	14 562	18 755
青山湖区	22 700	28 733	38 749	45 262
南昌县	44 671	62 445	83 275	110 183
新建县	26 296	36 525	59 314	79 369
安义县	7 397	9 900	21 621	28 689
进贤县	16 031	20 005	47 394	64 496
经济开发区	17 276	21 012	28 220	32 476
高新开发区	20 112	25 317	34 006	44 681
红谷滩新区	13 292	19 562	21 592	29 640
桑海开发区	888	1 161	1 031	1 725
英雄开发区		2 508		2 826

8－5 历年银行存款与贷款

单位：万元

年　份	年末存款余额	#企业存款	年末贷款余额	#工业贷款	#商业贷款	#农业贷款
1949	179	153	18	10	8	
1950	1 990	865	53	31	4	18
1951	4 195	828	578	90	245	243
1952	4 390	2 165	991	155	638	198
1953	4 339	1 556	3 780	242	3243	294
1954	9 355	1 960	13 854	431	13172	250
1955	5 298	1 682	6 611	226	6043	341
1956	8 331	2 181	9 489	1 493	7106	889
1957	7 998	1 710	13 808	1 980	10981	847
1958	15 617	5 252	18 447	5 918	11479	1049
1959	20 528	4 734	43 651	18 216	24452	982
1960	16 211	7 428	59 895	31 564	26784	1547
1961	24 389	7 468	42 237	14 815	25670	1691
1962	22 624	12 703	32 305	8 990	20953	2332
1963	8 928	9 609	28 300	8 323	17646	2300
1964	11 002	9 794	27 860	7 812	17854	2162
1965	18 022	13 350	30 845	9 941	18688	2202
1966	21 892	13 746	46 930	12 149	32511	2270
1967	34 191	13 585	49 699	16 237	30888	2574
1968	25 819	13 094	51 511	18 429	30778	2304
1969	11 769	12 010	47 428	19 284	26940	1205
1970	18 353	17 103	57 709	27 511	28762	1436
1971	14 337	11 498	70 368	37 999	30841	1528
1972	17 206	11 644	72 872	43 296	28023	1552
1973	22 997	15 481	73 464	42 267	29336	2043
1974	18 121	13 936	80 783	48 217	30429	2138
1975	28 874	21 462	75 590	42 852	30602	2136
1976	27 697	18 352	79 059	44 563	31892	2604
1977	31 630	20 021	84 511	43 641	38112	2758
1978	27 496	19 370	99 214	48 701	46288	4226
1979	36 590	24 829	109 026	53 071	51808	4146
1980	79 069	48 804	124 495	57 121	34142	4134
1981	118 722	50 109	158 491	68 155	81466	4061
1982	127 706	55 480	178 328	73 572	90758	5166
1983	104 543	43 164	122 963	70 602	51841	5237
1984	148 283	60 799	180 938	84 498	57074	6064
1985	212 594	85 489	280 325	102 072	126745	9512
1986	279 120	111 091	395 046	144 164	156847	14820
1987	326 295	128 210	467 779	166 560	182686	18240
1988	365 653	150 960	542 327	192 165	215193	22057
1989	411 551	151 482	671 863	242 878	270014	26567
1990	547 088	197 074	821 966	309 931	331201	32956
1991	697 950	245 715	982 895	354 253	40042	42145
1992	877 537	298 643	1 180 044	403 147	486634	50005
1993	1 120 739	349 387	1 426 183	475 958	558854	60746
1994	1 462 587	589 639	1 721 185	553 347	582808	55316
1995	1 912 127	759 818	2 043 053	672 039	627058	70696
1996	2 484 361	1 062 407	2 430 659	787 246	738668	86713
1997	2 990 353	1 299 735	2 908 996	897 179	921886	100710
1998	4 538 105	1 848 596	3 563 115	1 138 465	990572	123813
1999	5 447 080	2 350 951	4 054 545	1 218 517	1034144	130735
2000	6 274 761	2 834 300	4 007 426	1 176 822	763782	91349
2001	7 481 703	3 195 355	4 837 239	1 176 305	861226	83490
2002	8 836 436	3 650 208	5 808 029	1 185 852	935022	82334
2003	10 900 197	4 439 313	7 364 103	1 375 116	979089	78099
2004	12 586 370	5 097 725	8 367 189	1 179 402	883896	78110
2005	14 775 539	5 390 667	9 686 177	1 330 594	864938	84351
2006	15 815 080	6 449 279	11 597 155	1 618 173	846007	73832

8－6 金融机构信贷资金（资金来源）

单位：万元

项 目	2006年	比年初增减额	
		2005年	2006年
资金来源合计	**17 093 008**	**2 266 474**	**2 488 161**
一、各项存款	17 910 593	2 191 153	2 449 571
1. 企业存款	6 516 270	258 761	1 093 809
#定期	1 594 583	434 697	186 410
2. 财政存款	1 229 715	22 756	13 470
3. 机关团体存款	1 152 029	608 994	218 645
4. 储蓄存款	7 338 474	853 428	900 942
#定期	4 575 649	603 476	489 805
5. 农业存款	211 490	37 471	65 743
6. 信托存款		117 860	
7. 委托存款	25 831	－6 820	－4 629
8. 其他存款	1 436 783	298 704	161 591
二、应付及暂收款	248 098	379 063	33 580
#应付及预收利息	76 457	14 669	16 110
三、同业往来	398 035	19 170	268 969
四、各项准备	148 295	－19 994	57 414
#贷款损失准备金	135 593	7 489	55 502
五、所有者权益	442 166	146 803	35 540
#实收资本	250 574	55 786	39 006
当年结益	290 900	244 346	290 900
六、其他	－2 054 178	－449 722	－356 913

8－7 金融机构信贷资金（资金运用）

（年末余额） 单位：万元

项目	2006年	比年初增减额	
		2005年	2006年
资金运用合计	**17 093 008**	**2 266 474**	**2 488 161**
一、各项贷款	12 219 189	1 747 748	2 032 513
1. 短期贷款	5 068 763	868 599	925 610
工业贷款	1 632 791	360 455	253 404
商业贷款	846 007	16 772	－48 813
建筑业贷款	255 735	28 216	105 688
农业贷款	457 768	151 233	62 199
乡镇企业贷款	4 000	－87 900	4 000
三资企业贷款	63 891	－20 157	35 475
私营企业及个体贷款	96 304	23 317	23 064
其他短期贷款	1 712 268	396 664	490 595
2. 中长期贷款	6 188 023	430 156	1 071 380
基本建设贷款	3 473 960	96 781	424 542
技术改造贷款	102 306	－30 254	－68 238
其他中长期贷款	2 611 757	363 629	715 076
3. 信托贷款		50 094	－40 035
4. 融资租赁		－99	
5. 委托贷款	21 205	－1 968	－3 593
6. 票据融资	938 539	401 884	82 830
7. 各项垫款	2 659	－918	－3 679
二、有价证券及投资	664 365	292 662	36 799
三、应收及预付款	126 183	－137 341	84 743
#应收利息	28 099	－7 373	－4 113
四、同业往来	245 985	－66 157	227 574
五、二级准备金	1 489 893	－66 422	359 059
六、行内资金往来	1 970 601	472 574	－309 652
七、外汇占款	3 932	9 567	－853
八、固定资产	266 586	16 883	31 684
九、库存现金	106 273	－3 041	26 295

8－8　银行机构信贷资金（资金来源）

单位：万元

项　　　　目	2006年	比年初增减额	
		2005年	2006年
资金来源合计	**16 925 172**	**2 005 146**	**2 348 850**
一、各项存款	15 815 080	1 948 042	2 248 802
1. 企业存款	6 449 279	253 327	1 087 446
#定期	1 563 160	424 717	180 030
2. 机关团体存款	1 146 351	611 370	217 334
3. 储蓄存款	6 787 125	789 389	787 823
#定期	4 249 248	572 799	437 905
4. 农业存款	4 803	－802	－1 477
5. 其他存款	1 427 522	294 758	157 676
二、代理财政性存款	152 434	13 616	－6 025
三、应付及暂收款	212 605	394 801	31 428
#应付利息	67 932	16 059	12 693
四、卖出回购资产		26 296	
五、同业往来	630 670	124 872	294 319
六、委托存款及委托投资基金（净）	4 627	948	465
七、代理金融机构委托贷款基金	449		45
八、各项准备	114 214	－24 928	39 617
#贷款损失准备金	107 473	2 153	41 169
九、所有者权益	317 566	154 886	28 547
#实收资本	120 866	76 124	18 077
当年结益	281 836	239 009	281 836
十、其他	－322 474	－633 387	－288 348

8－9 银行机构信贷资金（资金运用）

（年末余额）

单位：万元

项目	2006年	比年初增减额	
		2005年	2006年
资金运用合计	**16 925 172**	**2 005 146**	**2 348 850**
一、各项贷款	11 597 155	1 631 495	1 910 972
1. 短期贷款	4 506 683	798 168	781 220
工业贷款	1 618 173	360 718	239 885
商业贷款	846 007	16 772	－48 813
建筑业贷款	254 635	28 216	104 588
农业贷款	73 832	6 493	－377
乡镇企业贷款	4 000	－2 119	4 000
三资企业贷款	50 164	－20 157	21 748
私营企业及个体贷款	66 076	18 553	1 624
其他短期贷款	1 593 797	389 693	458 566
2. 中长期贷款	6 159 753	419 966	1 057 285
基本建设贷款	3 473 960	96 781	424 542
技术改造贷款	98 556	－30 254	－71 988
其他中长期贷款	2 587 237	353 439	704 731
3. 票据融资	928 060	414 279	76 146
4. 各项垫款	2 659	－918	－3 679
二、有价证券及投资	583 047	279 974	39 764
三、应收及预付款	110 647	－106 022	86 326
#应收利息	26 498	－8 170	－4 141
四、买入返售资产	235 398	－56 554	235 398
五、存放中央银行准备金存款	921 836	－56 451	108 033
六、缴存中央银行财政性存款	40 354	－1 399	－3 224
七、同业往来	24 920	－57 864	－7 836
八、二级准备金	1 489 893	－66 422	359 059
九、行内资金往来	1 827 911	431 360	－397 865
十、代理金融机构贷款	449		
十一、库存现金	88 952	－2 313	19 156
十二、外汇占款	4 609	9 341	－932

8－10 农村信用社存款与贷款

单位：万元

项　　目	2006年	比年初增减额	
		2005年	2006年
资金来源合计	**686 816**	**44 836**	**48 258**
一、各项存款	794 184	107 282	193 425
1. 企业存款	25 263	4 550	7 759
2. 储蓄存款	551 349	64 039	113 119
定　期	326 401	30 677	51 900
活　期	224 948	33 362	61 219
3. 机关团体存款	1 624	－3 526	1 412
4. 农业存款	206 687	38 273	67 220
5. 其他存款	9 261	3 946	3 915
二、代理财政性存款	2 232	1 131	1 102
三、应付及暂收款	20 744	－7 460	2 766
#应付及预提利息	8 525	1 250	3 417
四、向中央银行借款		－2 000	
五、同业往来	145	－11 827	－74 791
六、委托存款及委托投资基金（净）	－1	－1	－1 501
七、代理金融机构委托贷款基金	1 568	4	1 564
八、各项准备	21 365	5 198	11 717
九、所有者权益	41 947	8 234	3 778
十、其他	－195 368	－55 725	－89 802
资金运用合计	**686 816**	**44 836**	**48 258**
一、各项贷款	532 877	81 287	105 304
1. 短期贷款	516 251	70 694	99 660
农业贷款	383 936	144 741	62 576
乡镇企业贷款		－85 781	
私营企业及个体贷款	13 844	4 764	5 056
其他短期贷款	118 471	6 970	32 029
2. 中长期贷款	16 626	10 593	5 644
二、有价证卷及投资	21 123	－10 366	9 980
三、应收及预付款	5 260	1 221	5
#应收利息	1 557	1 081	172
四、存放中央银行准备金存款	85 184	－3 341	－74 130
五、缴存中央银行财政性存款	282	122	160
六、同业往来	23 277	－23 492	－199
七、代理金融机构贷款	1 500		
八、库存现金	17 313	－595	7 138

8-11 历年银行现金收支

单位：万元

年 份	现金收入	#商 品 销售收入	#储 蓄 存款收入	现金支出	#工资性 支 出	#国家工资 性 支 出	#农副产品 采购支出	货币投放 (+)或 回笼(-)
1949			8					
1950			91					
1951			194					
1952	8 995	4 880	326	8 537	2 505		621	-458
1953	9 867	5 115	424	9 743	3 271		722	-124
1954	12 680	8 103	408	12 180	4 092		1 971	-500
1955	14 585	8 624	510	14 303	4 637		2 440	-282
1956	19 052	11 222	717	19 401	6 567		2 212	349
1957	19 935	11 437	854	19 583	6 453		1 367	-352
1958	24 430	13 141	1 367	23 606	6 657		1 117	-824
1959	31 930	17 079	1 710	30 926	10 858		1 469	-1 004
1960	36 483	18 482	2 024	35 397	13 507		1 009	-1 086
1961	31 009	16 515	1 283	30 468	12 751		923	-541
1962	31 994	19 235	1 106	28 014	10 390		2 300	-3 980
1963	29 725	18 331	1 318	27 448	10 139		2 849	-2 777
1964	29 932	18 989	1 752	28 870	11 002		3 049	-1 062
1965	31 722	19 113	2 035	31 328	11 620		3 719	-394
1966	34 181	21 083	2 415	33 819	12 236		4 180	-362
1967	35 413	22 257	2 538	34 991	12 674		1 599	-422
1968	33 869	21 219	2 261	33 998	12 725		4 311	129
1969	33 869	20 945	2 098	31 913	12 264		3 118	-1 956
1970	34 345	21 373	2 256	31 415	12 509		2 488	-2 930
1971	37 161	26 514	2 757	34 937	19 495	7 718	2 432	-2 224
1972	41 886	29 278	3 438	39 866	21 611	8 303	2 934	-2 020
1973	45 568	31 998	4 016	43 142	23 202	8 712	3 029	-2 426
1974	46 845	32 857	4 643	46 334	24 613	8 969	2 970	-511
1975	48 464	33 479	5 156	46 412	24 946	9 143	2 567	-2 052
1976	49 821	36 006	5 823	49 673	25 790	8 903	2 787	-148
1977	53 134	37 800	6 850	50 944	26 639	9 161	4 004	-2 190
1978	57 428	40 665	8 281	56 308	30 936	10 518	2 523	-1 120
1979	70 734	47 802	10 877	70 775	34 616	10 631	5 103	-41
1980	91 887	60 471	15 675	91 649	46 622	26 285	7 570	-238
1981	104 342	70 049	19 909	104 455	48 322	26 708	8 696	113
1982	121 306	75 716	23 342	122 221	49 848	27 082	15 227	915
1983	143 082	83 990	28 331	140 039	49 504	28 211	18 713	-3 043
1984	168 972	98 987	39 660	168 491	59 881	32 902	15 463	-481
1985	219 582	119 360	62 637	226 322	72 401	47 479	21 046	6 740
1986	274 079	139 568	89 238	274 805	106 616	50 243	26 438	726
1987	359 061	157 766	134 597	367 261	121 937	55 228	34 715	8 220
1988	509 682	204 126	211 771	543 149	153 412	67 714	45 151	33 467
1989	638 181	215 194	313 284	633 286	170 075	74 999	53 666	-4 895
1990	725 525	220 405	362 830	698 679	196 702	93 278	46 771	-26 846
1991	913 142	254 841	478 361	888 494	217 841	100 279	48 685	-24 648
1992	1 323 137	305 479	736 208	1 288 576	276 993	121 685	45 926	-34 561
1993	2 114 707	456 305	1 164 999	1 993 367	339 421	148 464	52 789	-121 340
1994	3 073 920	623 815	1 682 566	2 816 022	459 529	240 155	64 493	-257 898
1995	5 913 891	793 701	2 189 604	5 306 336	522 033	276 637	70 269	-607 555
1996	6 898 095	845 923	2 484 774	6 225 983	566 526	301 549	63 503	-672 112
1997	5 950 968	882 694	3 180 275	5 184 822	612 385	312 181	87 265	-766 146
1998	8 861 234	1 177 557	4 909 982	7 915 865	734 443	374 249	81 022	-945 369
1999	10 484 320	1 228 770	6 245 042	9 560 045	712 727	380 815	111 572	-924 275
2000	12 313 681	1 448 782	7 335 285	11 313 210	728 473	430 957	141 042	-1 000 471
2001	14 966 034	1 594 517	9 542 241	13 969 515	697 531	414 575	163 266	-996 519
2002	18 924 006	1 754 163	13 048 085	17 945 465	769 297	407 778	194 053	-978 541
2003	24 521 122	2 419 031	17 571 153	23 375 672	1 188 334	620 315	349 710	-1 145 450
2004	29 237 623	2 884 919	20 604 943	27 750 785	1 670 314	854 755	389 762	-1 486 838
2005	33 021 974	3 311 106	23 459 697	31 454 672	2 025 624	1 032 415	503 544	-1 567 302
2006	39 941 152	3 631 706	29 154 392	37 764 195	2 766 548	1 444 688	473 605	-2 176 957

8-12 金融机构现金收入

(2006年)

单位：万元

项　　　　　　目	2006	比上年增长%
收入合计	**43 164 130**	**22.0**
一、商品销售收入	3 725 355	7.9
二、服务业收入	1 917 146	12.8
三、税款收入	206 870	53.1
四、城乡个体经营收入	1 597 644	3.9
五、储蓄存款收入	31 473 583	26.7
六、其他金融机构收入	213 313	76.2
七、居民归还贷款收入	661 964	66.4
八、汇兑收入	336 387	45.1
九、有价证券收入	159 374	146.5
十、其他收入	2 872 494	-1.2

8－13 金融机构现金支出

(2006年)

单位：万元

项　　目	2006	比上年增长%
支出合计	**41 692 956**	**22.1**
一、工资性支出	2 821 149	33.9
国家工资及奖金支出	1 455 590	38.7
国家对个人其他支出	489 033	22.6
部队存款支出	105 131	187.9
其他单位工资性支出	771 395	24.1
二、农副产品采购支出	542 083	-4.1
三、工矿及其他产品采购支出	248 225	-27.1
四、行政企事业管理费支出	1 660 921	-6.4
五、城乡个体经营支出	1 907 038	22.7
六、储蓄存款支出	30 472 554	21.7
七、其他金融机构支出	735 888	400.8
八、居民提取贷款支出	586 010	26.7
九、汇兑支出	152 131	83.5
十、有价证券支出	125 773	300.3
十一、其他支出	2 441 184	18.9
投放（+）回笼（-）	**-1 471 174**	**19.5**

8-14 银 行 现 金 收 入

(2006年)　　单位：万元

项　　目	2006	比上年增长%
收入合计	**39 941 152**	**21.0**
一、商品销售收入	3 631 706	9.7
二、服务业收入	1 892 923	15.6
三、税款收入	203 153	62.0
四、城乡个体经营收入	1 194 931	0.9
五、储蓄存款收入	29 154 392	24.3
六、其他金融机构收入	213 072	118.1
七、居民归还贷款收入	357 314	148.5
八、汇兑收入	336 141	45.8
九、有价证券收入	159 374	146.9
十、其他收入	2 798 147	1.1

8－15 银 行 现 金 支 出

（2006 年）　　单位：万元

项　　目	2006	比上年增长%
支出合计	**37 764 195**	**20.1**
一、工资性支出	2 766 548	36.6
国家工资及奖金支出	1 444 688	39.9
国家对个人其他支出	474 073	23.5
部队存款支出	105 131	187.9
其他单位工资性支出	742 656	29.6
二、农副产品采购支出	473 605	－6.0
三、工矿及其他产品采购支出	234 910	－26.8
四、行政企事业管理费支出	1 555 497	－2.4
五、城乡个体经营支出	1 319 878	26.3
六、储蓄存款支出	28 012 171	18.2
七、其他金融机构支出	735 888	493.7
八、居民提取贷款支出	203 027	72.0
九、汇兑支出	151 654	85.2
十、有价证券支出	125 747	300.2
十一、其他支出	2 185 271	14.7
投放（＋）回笼（－）	**－2 176 957**	**38.9**

8－16 1978—2006年城乡居民储蓄种类

单位：万元

年份	城乡居民储蓄余额	城镇居民储蓄存款余额	定期	活期	农民储蓄存款余额	定期	活期
1978	8 947	8 281			666		
1979	11 610	10 877			1 033		
1980	17 596	15 675	8 145	7 530	1 921		
1981	21 868	18 908	14 792	4 116	2 960		
1982	29 154	24 381	18 711	5 670	4 773		
1983	38 824	31 960	25 768	6 192	6 864	3 991	2 893
1984	51 655	44 110	35 194	8 906	7 546	3 805	3 740
1985	70 563	60 019	47 204	12 815	10 550	6 099	4 451
1986	100 067	85 442	69 831	15 611	14 625	9 613	5 012
1987	136 269	116 939	94 212	22 727	19 330	12 820	6 510
1988	165 215	140 921	110 979	29 942	24 294	15 323	8 971
1989	230 534	200 275	170 660	29 615	30 259	21 825	6 744
1990	321 481	281 214	243 425	37 789	40 267	30 920	7 815
1991	421 877	368 485	317 413	51 072	53 392	40 184	11 916
1992	538 803	471 670	396 592	75 078	67 133	51 422	15 113
1993	706 424	619 431	505 154	114 277	86 993	64 430	22 075
1994	966 108	843 982	690 928	153 054	122 126	84 321	37 805
1995	1 259 559	1 103 752	920 136	183 616	155 807	120 745	35 062
1996	1 563 937	1 373 462	1 141 716	231 746	190 475	150 723	39 752
1997	1 824 475	1 608 930	1 310 741	298 189	215 545	172 936	42 609
1998	2 400 626	2 171 193	1 704 976	466 217	229 433	184 878	44 555
1999	2 640 460	2 206 159	1 656 006	550 153	434 301	344 132	90 169
2000	2 768 864	2 367 121	1 659 329	707 792	401 743	303 382	98 361
2001	3 239 324	2 799 586	1 872 405	927 181	439 738	317 703	122 035
2002	4 010 363	3 510 109	2 258 942	1 251 167	500 254	340 113	160 141
2003	4 828 029	4 222 067	2 625 906	1 596 161	605 962	392 260	213 702
2004	5 584 094	4 874 705	3 035 819	1 838 886	709 389	446 562	262 827
2005	6 437 518	5 616 704	3 582 116	2 034 588	820 814	503 740	317 074
2006	7 338 474	6 348 853	4 000 373	2 348 480	989 621	575 276	414 345

8-17 城乡居民储蓄

(2006年)

单位：万元

项　　目	2006	比上年增长%
年末储蓄存款余额	**7 338 474**	**14.0**
城镇居民储蓄存款	6 348 853	13.0
定　期	4 000 373	11.7
活　期	2 348 480	15.4
农村存款	989 621	20.6
定　期	575 276	14.2
活　期	414 345	30.7

8-18 商业保险业务概况

单位：万元

项　　目	2005	2006
保费收入	**205 159**	**218 078**
财产险	42 789	54 484
人身险	162 370	163 594
财产险赔款支出	**34 344**	**46 996**
财产险	21 523	26 486
人身险	12 821	20 510

主 要 统 计 指 标 解 释

财政收入 国家财政参与社会产品分配所得的收入，是实现国家职能的财力保证。财政收入所包括的内容几经变化，目前主要包括：

（1）各项税收　包括增值税、营业税、消费税、土地增值税、城市维护建设税、资源税、城镇土地使用税、印花税、固定资产投资方向调节税、个人所得税、企业所得税、关税、农牧业税和耕地占用税等。

（2）专项收入　包括征收排污费、征收城市水资源费收入、教育费附加收入等。

（3）其他收入　包括基本建设贷款归还收入、国家能源交通重点建设基金收入、国家预算调节基金收入等。

（4）国有企业计划亏损补贴　这项为负收入，冲减财政收入。

财政支出 国家财政将筹集起来的资金进行分配使用，以满足经济建设和各项事业的需要，主要包括：

（1）基本建设支出　指按国家有关规定，属于基本建设范围内的基本建设有偿使用、拨款、资本金支出以及经国家批准对专项和政策性基建投资贷款，在部门的基建投资额中统筹支付的贴息支出。

（2）企业挖潜改造资金　指国家预算内拨给的用于企业挖潜、革新和改造方面的资金。包括各部门企业挖潜改造资金和企业挖潜改造贷款资金，为农业服务的县办“五小”企业技术改造补助，挖潜改造贷款贴息支出。

（3）地质勘探费用　国家预算用于地质勘探单位的勘探工作费用，包括地质勘探管理机构及其事业单位经费、地质勘探经费。

（4）科技三项费用　国家预算用于科技支出的费用，包括新产品试制费、中间试验费、重要科学研究补助费。

（5）支援农村生产支出　国家财政支援农村集体（户）各项生产的支出。包括对农村举办的小型农田水利和打井、喷灌等的补助费；对农村水土保持措施的补助费；对农村举办的小水电站的补助费；特大抗旱的补助费；农村开荒补助费；扶持乡镇企业资金；农村农技推广和植保补助费；农村草场和畜禽保护补助费；农村造林和林木保护补助费；农村水产补助费；发展粮食生产专项资金。

（6）农林水利气象等部门的事业费用　国家财政用于农垦、农场、农业、畜牧、农机、林业、森工、水利、水产、气象、乡镇企业的技术推广、良种推广（示范）、植物（畜禽、森林）保护、水质监测、勘探设计、资源调查、干部训练等项费用，园艺特产场补助费，中等专业学校经费，飞播牧草试验补助费，营林机构、气象机构经费，渔政经费以及农业管理事业费等。

（7）工业交通商业等部门的事业费　国家预算支付的工交商各部门用于事业发展的经费。包括勘探设计费、中等专业学校经费、技工学校经费、干部训练费。

（8）文教科学卫生事业费　国家预算用于文化、出版、文物、教育、卫生、中医、公费医疗、体育、档案、地震、海洋、通讯、广播电影电视、计划生育、党政群干部训练、自然科学、社会科学、科协等项事业的经费支出和高技术研究专项经费。主要包括工资、补助工资、福利费、离退休费、助学金、公务费、设备购置费、修缮费、业务费、差额补助费。

（9）抚恤和社会福利救济费　国家预算用于抚恤和社会福利救济事业的经费，包括由民政部门开支的烈士家属和牺牲病故人员家属的一次性、定期抚恤金，革命伤残人员的抚恤金，各种伤残补助费、烈军属、复员退伍军人生活补助费、退伍军人安置费，优抚事业单位经费，烈士纪念建筑物管理、维修费，自然灾害救济事业费和特大自然灾害灾后重建补助费等。

（10）国防支出　国家预算用于国防建设和保卫国家安全的支出，包括驻防费、国防科研事业费、民兵建设以及专项工程支出等。

（11）行政管理费　包括行政管理支出，党派团体补助支出，外交支出，公安安全支出，司法支出，法院支出，检察院支出和公检法办案费用补助。

中央财政收入和地方财政收入 按财政体制划分的中央本级收入和地方本级收入。1994 年分税制财政体制以后，属于中央财政的收入包括关税、海关代征消费税和增值税，消费税，中央企业所得税，地方银行和外资银行及非银行金融企业所得税，铁道、银行总行、保险总公司等集中缴纳的营业税、所得税、利润和城市维护建设税，增值税的 75% 部分，海洋石油资源税和证券（印花）税 50% 部分。属于地方财政的收入包括营业税，地方企业所得税，个人所得税，城镇土地使用税，固定资产投资方向调节税，城镇维护建设税，房产税，车船使用税，印花税，屠宰税，农牧业税，农业特产税，耕地占用税，契税，增值税的 25% 部分，证券交易税（印花税）的 50% 部分和除海洋石油资源税以外的其他资源税。

中央财政支出和地方财政支出 根据政府在经济和社会活动中的不同职责，划分中央和地方政府的事权，按照政府的事权划分确定的支出。中央财政支出包括国防支出，武装警察部队支出，中央级行政管理费和各项事业费，重点建设支出以及中央政府调整国民经济结构、协调地区发展，实施宏观调控的支出。地方财政支出主要包括地方行政管理和各项事业费，地方统筹的基本建设、技术改造支出，支援农村生产支出，城市维护和建设经费等。

信贷资金 国家银行用于发放贷款的资金叫信贷资金。中国人民银行信贷资金的来源有各项存款、对国际金融机构负债、流通中货币、银行自有资金及当年结益等。信贷资金的运用有各项贷款、黄金占款、外汇占款、财政借款及在国际金融机构中的资产等。

存款 企业、机关、团体或居民根据可以收回的原则，把货币资金存入银行或其他信用机构保管并取得一定利息的一种信用活动形式。根据存款对象的不同可划分：企业存款、财政存款、机关团体存款、信托、城乡居民储蓄存款、农村存款等科目。

贷款 银行或其他信用机构根据必须归还的原则，按一定利率，为企业、个人等提供资金的一种信用活动形式。我国银行贷款，分流动资金贷款、中短期设备贷款以及农户贷款等科目。

九、农　业

AGRICULTURE

本篇内容包括：

1. 乡镇基本情况
2. 农村劳动力分布
3. 耕地面积变化
4. 农、林、牧、渔业生产
5. 主要农产品产量
6. 农业机械化、电气化、水利化、化学化水平

资料整理

谢晓灿
刘　军
黄　菲

微机处理

谢晓灿
黄　菲
刘　军

农业总产值

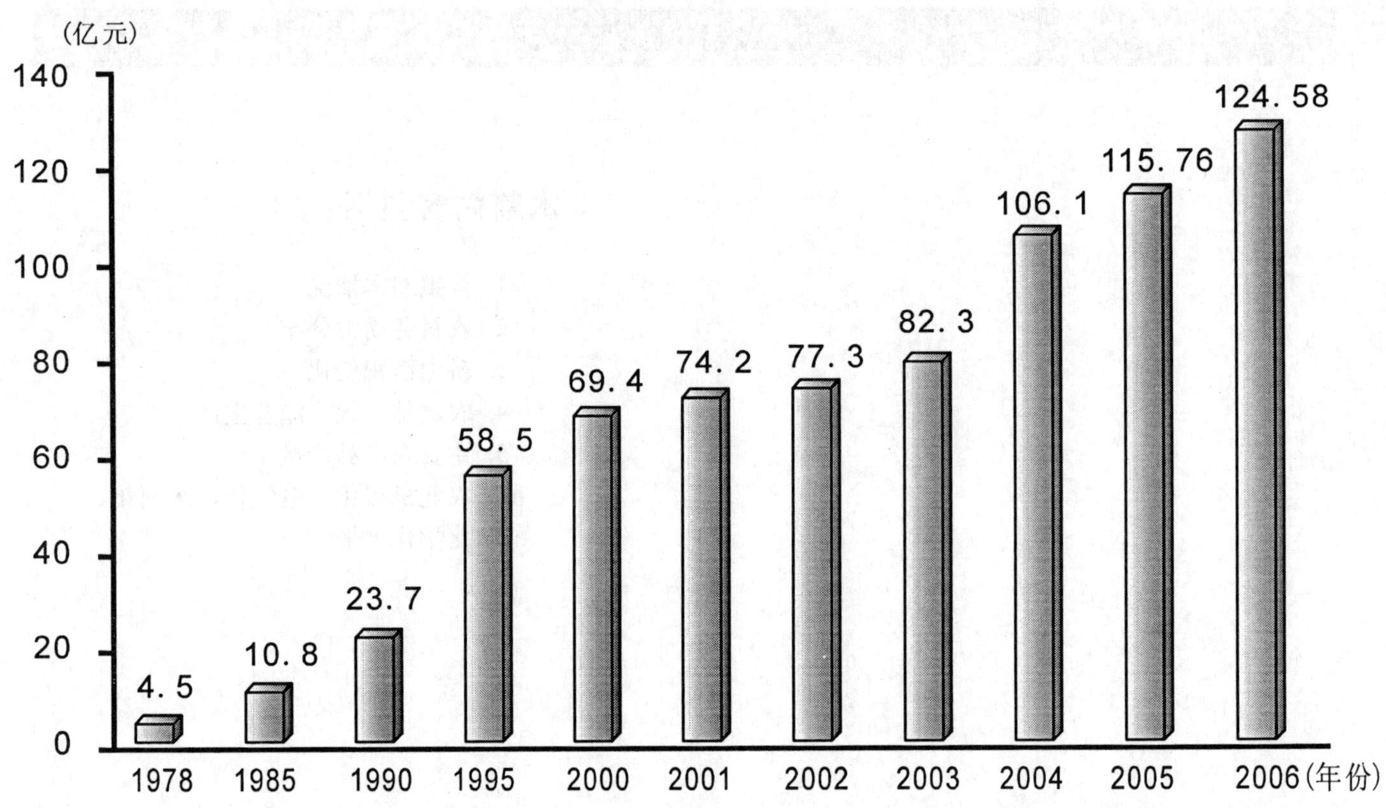

农林牧渔各业占总产值比重(%)

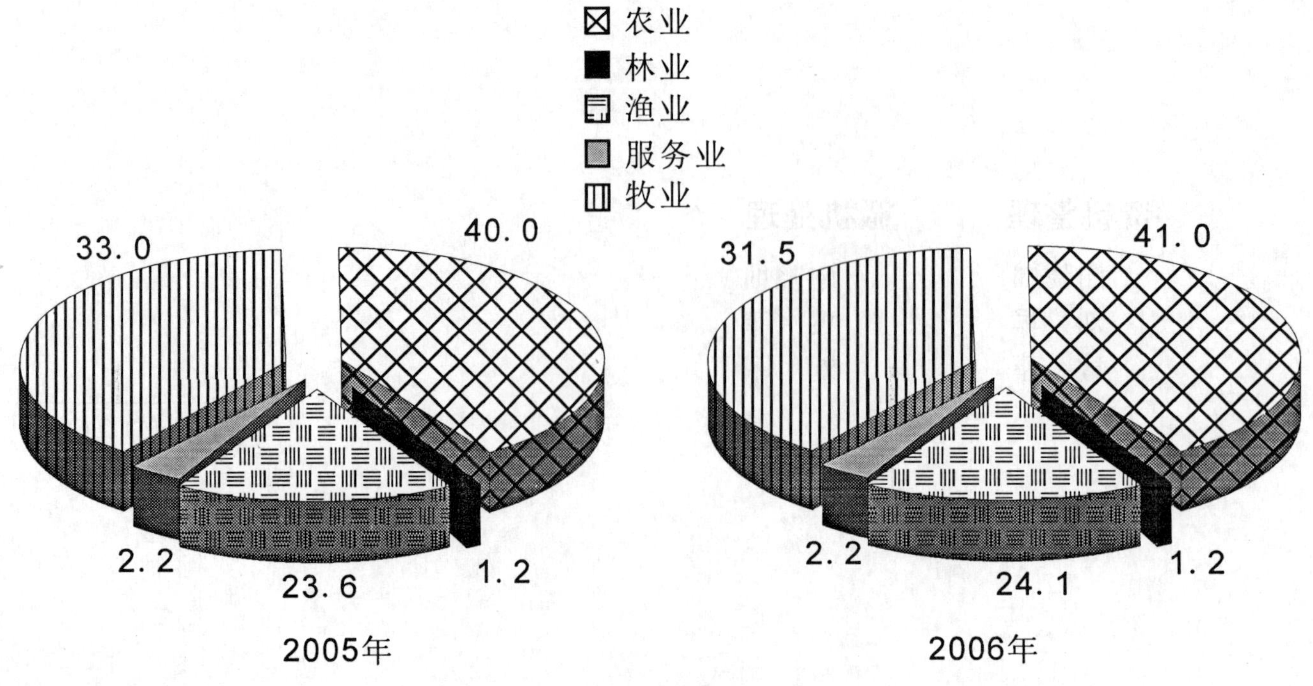

9－1 农村乡镇基本情况

项　　目	2005	2006	项　　目	2005	2006
一、乡镇政府（个）	80	80	占村委会总个数比重（%）	100	100
#镇政府	47	47	八、自来水受益村委会个数(个)	239	261
二、村民委员会（个）	1 181	1 185	占村委会总个数比重（%）	20.2	22.0
三、村民小组（个）	9 525	9 563	九、通电话的村委会个数（个）	1 181	1 185
四、乡村总户数（万户）	60.11	61.97	占村委会总个数比重（%）	100	100
五、乡村总人口（万人）	262.04	265.35	十、通广播的村委会个数（个）	635	651
六、乡村从业人员（万人）	128.83	130.86	占村委会总个数比重（%）	53.8	54.9
#女　性	61.11	61.38	十一、通电的村委会个数（个）	1 181	1 185
七、通汽车的村委会个数（个）	1 181	1 185	占村委会总个数比重（%）	100	100

9－2 县区乡镇组织

(2006年)

项　　目	乡镇政府（个）	镇政府	村民委员会（个）	村民小组（个）	乡村总户数（户）	乡村总人口（万人）
合　　计	**80**	**47**	**1 185**	**9 563**	**619 748**	**265.35**
东湖区			6	24	2 158	0.86
西湖区	1	1	13	63	6 987	2.79
青云谱区	1	1	12	68	5 815	2.34
湾里区	4	3	40	245	11 130	4.41
青山湖区	5	4	75	368	35 983	14.75
南昌县	16	9	267	2 263	179 743	73.53
新建县	19	10	314	2 091	118 238	58.75
安义县	10	7	109	1 241	48 219	18.63
进贤县	21	9	269	2 690	153 911	65.06
经济开发区	1	1	20	147	10 824	4.47
高新开发区	2	2	48	299	40 758	17.25
红谷滩新区			12	64	5 982	2.50

9-3 主要年份耕地面积变化

项目	1985	1990	1995	2000	2001	2002	2003	2004	2005	2006
一、当年增加耕地（公顷）	129	170	306	201	1 516	575	110	7 174	3 911	3 611
新开荒地	24	161	91	158	18	10	72	884	350	806
其　他	104	9	215	43	1 473	564	38	6 290	3 561	2 805
二、当年减少耕地（公顷）	1 072	318	702	1 984	1 010	12 105	15 457	8 089	1 243	1 279
（1）国家基建	194	146	453	326	474	4 505	8 251	7 703	709	427
（2）其他基建占地						2 184	828	269	278	566
（3）退耕造林	137	3	41	108	18	2 324	3 957	62	58	
（4）退耕改园	0	4	112	63		39	4			110
（5）其他减少耕地	741	165	96	1 487	518	3 053	2 416	55	198	176
三、年末实有耕地面积（万公顷）	21.81	21.58	21.30	22.17	22.22	21.06	20.87	20.78	21.04	21.28
水　田	17.86	17.72	17.58	18.44	18.48	17.66	17.73	17.60	17.79	18.00
旱　地	3.95	3.86	3.72	3.72	3.74	3.4	3.14	3.17	3.25	3.28
#水浇地			0.31	0.19	0.06	0.27	0.35	0.24	0.21	0.17

9-4 县区耕地面积变化

（分区域，2006年）

单位：公顷

项目	全市	东湖区	西湖区	青云谱区	湾里区	青山湖区	南昌县	新建县	安义县	进贤县	经济开发区	高新开发区	红谷滩新区
一、当年增加耕地	3 611	3			24			1 996	64	155	708	661	
新开荒地	806							459	64		280	3	
其　他	2 805	3			24			1 537		155	428	658	
二、当年减少耕地	1 279		44	18	16	351	162	255	46			259	128
（1）国家基建	427		24			10	49	193	44			107	
（2）其他基建占地	566		20	18		341	3	37	2			17	128
（3）退耕还林还草													
（4）退耕改园	110						110						
（5）其他减少耕地	176				16			25				135	
三、年末实有耕地	212 751	11	392	303	2 481	3 288	71 605	53 552	16 553	55 272	1 250	7 446	598
水　田	179 994		86	200	2 213	2 876	66 948	46 424	14 826	38 185	555	7 174	507
旱　地	32 757	11	306	103	268	412	4 657	7 128	1 727	17 087	695	272	91
#水浇地	1 660		186			411			93	970			

9－5 乡 村 从 业 人 员

（2006 年）

单位：人

项　　目	全　市	东湖区	西湖区	青云谱区	湾里区	青山湖区
总　　计	**1 308 583**	**3 885**	**14 149**	**12 273**	**20 623**	**66 691**
第一产业	758 519	220	4 022	5 014	12 404	17 143
第二产业	242 972	2 118	2 242	4 870	3 599	23 952
工　业	142 694	1 879	1 102	3 904	1 576	16 001
建筑业	100 278	239	1 140	966	2 023	7 951
第三产业	307 092	1 547	7 885	2 389	4 620	25 596
交通运输仓储及邮电业	41 631	371	974	475	668	4 448
信息与计算机和软件业	4 683	136	116	131	164	499
批发与零售业	57 698	424	2 913	832	866	9 919
住宿餐饮业	28 529	263	221	568	548	4 575
其他行业	174 551	353	3 661	383	2 374	6 155

9-5 续表　　(2006年)　　单位：人

项　　目	南昌县	新建县	安义县	进贤县	经济开发区	高新开发区	红谷滩新区
总　　计	**364 947**	**285 105**	**83 890**	**334 497**	**22 275**	**87 645**	**12 603**
第一产业	237 933	215 536	38 958	160 466	11 018	49 772	6 033
第二产业	56 392	20 453	16 241	89 203	5 961	15 698	2 243
工　业	30 422	12 040	4 997	56 263	4 207	9 234	1 069
建筑业	25 970	8 413	11 244	32 940	1 754	6 464	1 174
第三产业	70 622	49 116	28 691	84 828	5 296	22 175	4 327
交通运输仓储及邮电业	11 381	6 069	2 439	9 917	1 212	2 570	1 107
信息与计算机和软件业	1 409	430	29	1 081	76	554	58
批发与零售业	14 156	4 820	2 622	13 741	1 234	5 108	1 063
住宿餐饮业	6 549	4 510	1 510	4 985	1 029	3 008	763
其他行业	37 127	33 287	22 091	55 104	1 745	10 935	1 336

9－6 县区农村劳动力资源及构成

（2006 年）

单位：人

项　　目	全　市	东湖区	西湖区	青云谱区	湾里区	青山湖区
一、乡村劳动力资源总数	1 554 188	4 233	16 572	12 357	21 104	80 942
劳动年龄内的劳动力	1 437 802	3 479	16 022	12 332	20 504	75 206
二、乡村从业人员合计	1 308 583	3 885	14 149	12 273	20 623	66 691
按性别分						
男　性	694 778	1 987	7 433	6 231	10 992	35 500
女　性	613 805	1 898	6 716	6 042	9 631	31 191
按部门分						
农、林、牧、渔业	758 519	220	4 022	5 014	12 404	17 143
工　业	142 694	1 879	1 102	3 904	1 576	16 001
建筑业	100 278	239	1 140	966	2 023	7 951
交通运输仓储及邮政业	41 631	371	974	475	668	4 448
信息与计算机和软件业	4 683	136	116	131	164	499
批发与零售业	57 698	424	2 913	832	866	9 919
住宿和餐饮业	28 529	263	221	568	548	4 575
其他行业	174 551	353	3 661	383	2 374	6 155

9-6 续表　　(2006年)　　单位：人

项　　目	南昌县	新建县	安义县	进贤县	经济开发区	高新开发区	红谷滩新区
一、乡村劳动力资源总数	393 734	378 080	93 501	415 468	25 655	98 469	14 073
劳动年龄内的劳动力	364 332	355 200	79 623	384 547	22 900	91 752	11 905
二、乡村从业人员合计	364 947	285 105	83 890	334 497	22 275	87 645	12 603
按性别分							
男　性	192 709	149 440	44 682	179 283	12 299	47 536	6 686
女　性	172 238	135 665	39 208	155 214	9 976	40 109	5 917
按部门分							
农、林、牧、渔业	237 933	215 536	38 958	160 466	11 018	49 772	6 033
工　业	30 422	12 040	4 997	56 263	4 207	9 234	1 069
建筑业	25 970	8 413	11 244	32 940	1 754	6 464	1 174
交通运输仓储及邮政业	11 381	6 069	2 439	9 917	1 212	2 570	1 107
信息与计算机和软件业	1 409	430	29	1 081	76	554	58
批发与零售业	14 156	4 820	2 622	13 741	1 234	5 108	1 063
住宿和餐饮业	6 549	4 510	1 510	4 985	1 029	3 008	763
其他行业	37 127	33 287	22 091	55 104	1 745	10 935	1 336

9－7 1978－2006年农林牧渔业总产值

（不变价）

单位：万元

年份	农林牧渔业总产值	农业	林业	牧业	渔业	农林牧渔服务业
（按1970年不变价格计算）						
1978	38 044	32 654	359	4 496	535	
1979	41 652	36 236	315	4 522	579	
1980	39 708	33 738	384	4 869	717	
1981	39 716	33 483	340	5 060	833	
（按1980年不变价格计算）						
1981	52 669	43 701	665	6 765	1 538	
1982	65 998	53 402	739	10 077	1 780	
1983	69 500	54 930	722	11 451	2 397	
1984	79 743	62 354	737	14 090	2 562	
1985	85 660	64 748	1 225	16 637	3 050	
1986	87 508	64 261	1 224	18 534	3 489	
1987	94 921	69 147	1 252	19 941	4 581	
1988	96 786	66 038	1 234	23 858	5 656	
1989	101 911	69 984	1 305	24 346	6 276	
1990	107 574	73 863	1 323	25 591	6 797	
（按1990年不变价格计算）						
1990	245 082	151 599	2 920	66 455	24 108	
1991	261 761	161 070	4 662	70 645	25 384	
1992	272 671	163 763	4 716	76 580	27 612	
1993	299 558	159 471	7 396	96 440	36 251	
1994	337 755	171 376	7 563	112 900	45 916	
1995	353 335	161 630	7 392	125 616	58 697	
1996	393 885	173 170	8 452	134 784	77 479	
1997	427 930	177 088	8 169	150 544	92 129	
1998	385 144	132 277	8 673	144 753	99 441	
1999	438 549	163 811	7 556	149 796	117 386	
2000	451 772	167 752	7 696	154 143	122 181	
2001	472 010	170 510	7 770	162 108	131 622	
2002	496 260	167 228	7 874	169 937	151 221	
2003	509 871	145 964	8 987	177 024	161 903	15 994
2004	559 355	169 985	10 094	185 422	176 081	17 773
2005	587 449	175 943	9 825	192 029	190 403	19 249
2006	614 796	182 422	10 179	195 451	204 288	22 456

9－8 县区农林牧渔业总产值

（2006年，按当年价格计算）　　单位：万元

地区	农林牧渔业总产值	农业产值	林业产值	牧业产值	渔业产值	农林牧渔服务业产值
合计	**1 245 754**	**511 044**	**14 634**	**392 508**	**299 853**	**27 715**
东湖区	118	88		30		
西湖区	6 632	4 808		945	879	
青云谱区	15 806	2 316		11 988	1 250	252
湾里区	29 406	8 342	2 474	16 477	398	1 715
青山湖区	22 641	10 715	180	9 326	2 325	95
南昌县	428 225	172 218	1 417	166 647	78 938	9 005
新建县	309 285	153 488	3 531	69 807	74 774	7 685
安义县	92 368	34 481	3 844	31 578	20 365	2 100
进贤县	287 033	100 652	2 692	69 894	108 174	5 621
经济开发区	12 913	4 031	412	7 340	600	530
高新开发区	39 876	18 875	84	8 154	12 105	658
红谷滩新区	1 451	1 030		322	45	54

9－9 县区农林牧渔业总产值

（2006年，按1990年不变价格计算）　　单位：万元

地区	农林牧渔业总产值	农业产值	林业产值	牧业产值	渔业产值	农林牧渔服务业产值
合计	**614 796**	**182 422**	**10 179**	**195 451**	**204 288**	**22 456**
东湖区	38	25		13		
西湖区	3 139	2 235		386	518	
青云谱区	6 803	418		5 581	703	101
湾里区	14 749	4 697	2 324	5 801	321	1 606
青山湖区	11 873	5 162	18	5 183	1 446	64
南昌县	231 309	66 198	933	95 604	62 363	6 211
新建县	129 876	45 859	2 392	28 936	45 224	7 465
安义县	43 448	12 590	3 000	14 046	12 612	1 200
进贤县	144 830	37 021	1 085	32 256	69 196	5 272
经济开发区	5 770	1 047	353	3 910	300	160
高新开发区	22 395	6 743	74	3 623	11 582	373
红谷滩新区	566	427		112	23	4

9－10　农林牧渔业总产值

单位：万元

项　　目	按当年价格计算		按1990年不变价格计算		2006年比上年增长%
	2005年	2006年	2005年	2006年	
农林牧渔业总产值	**1 157 615**	**1 245 754**	**587 449**	**614 796**	**5.9**
一、农业产值	463 109	511 044	175 943	182 422	8.7
粮食作物	303 299	323 712	113 159	118 807	5.6
经济作物	29 051	30 808	13 502	13 807	3.1
蔬菜园艺	100 034	129 055	35 972	36 652	24.9
水果、坚果、饮料和香料	7 830	9 135	3 936	4 690	14.2
中药材	603	1 251	477	740	107.5
其他农作物	22 292	17 083	8 897	7 726	－18.4
#饲料、绿肥	758	739	191	147	－2.8
二、林业产值	13 870	14 634	9 825	10 179	3.6
营林	5 306	5 358	2 826	2 843	－7.8
林产品	6 479	6 786	5 383	5 517	8.4
竹木采运	2 085	2 490	1 616	1 819	17.6
三、牧业产值	382 134	392 508	192 029	195 451	0.6
牲畜饲养	31 007	27 339	12 880	13 347	－14.0
#牛	12 023	12 028	6 292	6 355	－3.8
羊	553	499	148	113	－16.5
猪的饲养	217 390	223 792	89 322	88 855	0.6
家禽的饲养	131 594	138 295	88 619	91 573	3.2
狩猎和捕捉动物	50	50	43	43	平
其他动物饲养	2 093	3 032	1 165	1 633	44.1
四、渔业产值	273 444	299 853	190 403	204 288	8.3
五、农林牧渔服务业产值	25 058	27 715	19 249	22 456	9.8

注：增长速度按可比价格计算。

9－11 主要年份农林牧渔业商品产值和商品率

单位：万元

年份	农林牧渔业商品产值	农业	林业	牧业	渔业	农林牧渔服务业	农林牧渔商品率(%)
1985	58 668	37 717	276	16 913	3 762		54.4
1990	142 005	75 753	595	52 649	13 008		59.8
1991	147 586	77 843	538	51 600	17 605		59.1
1992	166 601	82 149	1 381	63 478	19 593		62.0
1993	204 552	92 328	2 353	82 146	27 725		61.0
1994	327 304	155 047	3 072	126 689	42 496		66.5
1995	374 221	161 098	2 876	148 702	61 545		64.0
1996	439 645	179 197	3 414	170 823	86 211		63.9
1997	485 310	176 708	3 115	200 714	104 773		63.9
1998	409 560	110 587	3 840	185 659	109 474		64.5
1999	459 893	149 329	3 391	181 458	125 715		66.8
2000	472 610	151 913	3 397	190 211	127 089		68.1
2001	507 406	164 577	3 791	202 918	136 120		68.4
2002	542 584	159 442	4 014	219 980	159 148		70.2
2003	587 501	152 034	4 164	245 738	167 943	17 622	71.4
2004	787 246	256 953	4 794	296 814	211 431	17 254	74.2
2005	865 753	278 405	5 526	320 617	237 625	23 580	74.8
2006	945 397	312 998	5 783	329 242	271 229	26 145	75.9

9－12 农林牧渔业商品产值和商品率

（分县区，2006 年）

单位：万元

地区	农林牧渔业商品产值	农业	林业	牧业	渔业	农林牧渔服务业	农林牧渔商品率(%)
合计	**945 397**	**312 998**	**5 783**	**329 242**	**271 229**	**26 145**	**75.9**
东湖区	77	57		20			65.3
西湖区	4 322	3 125		625	572		65.2
青云谱区	13 192	1 223		10 980	839	150	83.5
湾里区	21 435	4 892	380	14 633	330	1 200	72.9
青山湖区	15 724	7 501		6 529	1 627	67	69.4
南昌县	323 216	102 035	507	137 297	74 372	9 005	75.5
新建县	246 877	103 761	745	63 924	70 762	7 685	79.8
安义县	75 560	23 962	2 589	28 947	18 622	1 440	81.8
进贤县	210 212	51 167	1 528	55 817	96 079	5 621	73.2
经济开发区	7 654	2 189	34	4 771	130	530	59.3
高新开发区	26 002	12 369		5 388	7 852	393	65.2
红谷滩新区	1 126	717		311	44	54	77.6

9－13　农林牧渔业总产出、中间消耗和增加值

项　　目	绝对数（万元）		构成（%）	
	2005	2006	2005	2006
一、农林牧渔业总产出	1 157 615	1 245 754	100.0	100.0
农　　业	463 109	511 044	40.0	41.0
林　　业	13 870	14 634	1.2	1.2
牧　　业	382 134	392 508	33.0	31.5
渔　　业	273 444	299 853	23.6	24.1
农林牧渔服务业	25 058	27 715	2.2	2.2
二、农林牧渔业中间消耗	431 625	472 790	100.0	100.0
农　　业	153 976	176 069	35.7	37.2
林　　业	3 581	3 697	0.8	0.8
牧　　业	179 347	186 342	41.6	39.4
渔　　业	85 031	95 997	19.7	20.3
农林牧渔服务业	9 690	10 685	2.2	2.3
三、农林牧渔业增加值	725 990	772 964	100.0	100.0
农　　业	309 133	334 975	42.6	43.3
林　　业	10 289	10 937	1.4	1.4
牧　　业	202 787	206 166	27.9	26.7
渔　　业	188 413	203 856	26.0	26.4
农林牧渔服务业	15 368	17 030	2.1	2.2

9－14　农林牧渔业总产出、中间消耗和增加值

（分县区，2006 年）

单位：万元

地　　区	农林牧渔业总产出	农林牧渔业中间消耗	农林牧渔业增加值	占总产出比重（%）	
				中间消耗	增加值
合　　计	**1 245 754**	**472 790**	**772 964**	**38.0**	**62.0**
东湖区	118	55	63	46.6	53.4
西湖区	6 632	2 580	4 052	38.9	61.1
青云谱区	15 806	6 601	9 205	41.8	58.2
湾里区	29 406	10 847	18 559	36.9	63.1
青山湖区	22 641	8 421	14 220	37.2	62.8
南昌县	428 225	164 586	263 639	38.4	61.6
新建县	309 285	119 017	190 268	38.5	61.5
安义县	92 368	37 738	54 630	40.9	59.1
进贤县	287 033	103 260	183 773	36.0	64.0
经济开发区	12 913	4 916	7 997	38.1	61.9
高新开发区	39 876	14 290	25 586	35.8	64.2
红谷滩新区	1 451	479	972	33.0	67.0

9－15 农林牧渔业中间消耗

项目	绝对数（万元）		构成（%）	
	2005	2006	2005	2006
总额	**431 625**	**472 790**	**100.0**	**100.0**
（一）物质消耗	389 786	426 532	90.3	90.2
#用种量	59 479	68 606	13.8	14.5
役畜用饲料、饲草	186 894	194 356	43.3	41.1
肥料	48 492	54 880	11.2	11.6
燃料	19 749	23 689	4.6	5.0
农药	7 715	7 635	1.8	1.6
用电量	24 319	27 225	5.6	5.8
小农具购置	1 869	2 031	0.4	0.4
办公用品购置	383	294	0.1	0.1
其他物质消耗	40 886	47 816	9.5	10.1
（二）生产服务支出	41 839	46 258	9.7	9.8

9－16 农林牧渔业中间消耗率

（分县区，2006 年）

单位：%

地区	农业	林业	牧业	渔业	农林牧渔服务业
合计	**34.5**	**25.3**	**47.5**	**32.0**	**38.6**
东湖区	33.0		86.7		
西湖区	31.1		59.4	59.4	
青云谱区	29.8		45.4	28.9	40.1
湾里区	35.7	27.3	39.5	31.9	32.3
青山湖区	31.8	28.9	45.7	28.3	42.1
南昌县	28.6	26.9	50.8	33.9	40.1
新建县	42.0	22.4	38.0	31.8	44.9
安义县	36.5	26.1	61.0	23.1	9.5
进贤县	32.8	24.4	47.1	31.9	39.1
经济开发区	29.4	25.5	43.9	36.3	34.9
高新开发区	35.6	39.3	34.0	36.7	50.5
红谷滩新区	30.3		45.3	20.0	22.2

9－17 农作物播种面积和产量

项目	播种面积（万公顷）		单产（千克/公顷）		总产量（万吨）		
	2005	2006	2005	2006	2005	2006	2006年比上年增长%
合计	**50.61**	**50.76**					
一、粮食作物	33.80	34.13	5 774	6 028	195.16	205.74	5.4
1. 谷物	32.19	32.49	5 963	6 226	191.94	202.27	5.4
稻谷	32.00	32.37	5 991	6 244	191.72	202.13	5.4
早稻	13.87	14.10	5 803	5 949	80.48	83.91	4.3
晚稻	18.13	18.27	6 135	6 472	111.25	118.22	6.3
一晚	3.45	3.20	6 536	7 103	22.56	22.72	0.7
二晚	14.68	15.07	6 041	6 338	88.69	95.50	7.7
小麦	0.16	0.09	820	856	0.13	0.08	－39.2
杂谷	0.03	0.03	3 090	2 450	0.08	0.06	－26.1
2. 豆类	1.19	1.16	1 229	1 242	1.47	1.44	－1.9
#大豆	1.06	1.04	1 231	1 248	1.31	1.29	－1.2
3. 薯类	0.42	0.48	4 230	4 196	1.76	2.03	15.9
二、经济作物	7.23	7.50					
#棉花	0.11	0.12	660	823	0.07	0.10	33.0
油料	6.97	7.22	1 139	1 126	7.94	8.14	2.5
花生	1.49	1.50	2 534	2 678	3.78	4.01	6.0
油菜籽	4.79	5.00	792	743	3.79	3.71	－2.1
芝麻	0.69	0.73	527	567	0.36	0.41	14.3
甘蔗	0.09	0.10	33 955	37 218	3.09	3.60	16.2
三、其他农作物	9.59	9.13					
#瓜果类	0.27	0.32	20 481	23 012	5.62	7.40	31.8
蔬菜	3.29	3.18	26 849	28 362	88.33	90.15	2.1
绿肥	5.15	4.95					

9－18 农作物播种面积

（分县区，2006年）　　单位：公顷

项　　目	全　市	东湖区	西湖区	青云谱区	湾里区	青山湖区
合　计	**507 640**	**24**	**914**	**758**	**4 535**	**9 211**
一、粮食作物	341 327		203	290	2 851	5 222
1. 谷　物	324 895		203	290	2 684	5 220
稻　谷	323 708		203	290	2 684	5 220
早　稻	141 046		67	134	476	2 571
晚　稻	182 662		136	156	2 208	2 649
一　晚	31 982		41		1 669	123
二　晚	150 680		95	156	539	2 526
小　麦	938					
杂　谷	249					
2. 豆　类	11 583				98	2
#大　豆	10 347				17	2
3. 薯　类	4 849				69	
二、经济作物						
棉　花	1 201					
油　料	72 238				273	78
花　生	14 982				78	6
油菜籽	49 949				178	72
芝　麻	7 307				17	
甘　蔗	966					
三、其他农作物	91 336	24	711	468	1 390	3 911
#蔬　菜	31 785	24	711	354	415	2 473
瓜果类	3 216			4	11	8
绿　肥	49 540			110	709	1 430

9－18 续表　　（分县区，2006 年）　　单位：公顷

项　　目	南昌县	新建县	安义县	进贤县	经济开发区	高新开发区	红谷滩新区
合　计	**167 690**	**126 215**	**40 699**	**134 724**	**2 180**	**19 425**	**1 265**
一、粮食作物	119 199	94 091	24 178	78 980	1 120	14 293	900
1. 谷　物	117 950	88 618	22 947	70 842	1 036	14 205	900
稻　谷	117 871	88 360	22 947	70 073	955	14 205	900
早　稻	52 876	38 720	6 806	32 378	85	6 767	166
晚　稻	64 995	49 640	16 141	37 695	870	7 438	734
一　晚	5 900	9 185	8 679	4 960	715	230	480
二　晚	59 095	40 455	7 462	32 735	155	7 208	254
小　麦		188		750			
杂　谷	79	70		19	81		
2. 豆　类	710	3 064	528	7 122	15	44	
#大　豆	468	2 730	328	6 782	10	10	
3. 薯　类	539	2 409	703	1 016	69	44	
二、经济作物							
棉　花		142	218	841			
油　料	7 015	17 647	10 747	35 586	132	760	
花　生	801	4 399	1 450	8 160	39	49	
油菜籽	6 155	12 825	9 161	20 770	89	699	
芝　麻	59	423	136	6 656	4	12	
甘　蔗	317	45	10	584		10	
三、其他农作物	41 159	14 263	5 419	18 340	928	4 358	365
#蔬　菜	12 330	4 485	3 102	6 436	87	1 003	365
瓜果类	574	374	336	1 551	292	66	
绿　肥	26 785	5 292	1 876	10 137		3 201	

9－19 主要农作物总产量

（分县区，2006年）

单位：吨

项　　目	全　市	东湖区	西湖区	青云谱区	湾里区	青山湖区
一、粮食作物	2 057 416		1 059	1 682	15 198	26 641
1. 谷　　物	2 022 687		1 059	1 682	14 943	26 621
稻　　谷	2 021 274		1 059	1 682	14 943	26 621
早　　稻	839 116		333	908	2 260	13 112
晚　　稻	1 182 158		726	774	12 683	13 509
一　　晚	227 153		267		9 619	627
二　　晚	955 005		459	774	3 064	12 882
小　　麦	803					
杂　　谷	610					
2. 豆　　类	14 381				98	20
#大　　豆	12 918				17	20
3. 薯　　类	20 348				157	
二、经济作物						
#棉　　花	988					
油料合计	81 372				290	82
花　生	40 124				92	6
油菜籽	37 103				182	76
芝　麻	4 145				16	
甘　　蔗	35 953					
三、其他农作物						
#蔬　　菜	901 477	800	22 170	7 777	4 764	91 384
瓜 果 类	74 007			120	109	328

9－19　续表　　(分县区，2006年)　　单位：吨

项目	南昌县	新建县	安义县	进贤县	经济开发区	高新开发区	红谷滩新区
一、粮食作物	797 805	590 162	122 982	400 287	7 360	88 875	5 365
1. 谷　物	793 138	575 823	119 029	389 701	6 670	88 656	5 365
稻　谷	792 773	575 483	119 029	389 079	6 584	88 656	5 365
早　稻	330 713	239 870	30 446	180 702	785	39 237	750
晚　稻	462 060	335 613	88 583	208 377	5 799	49 419	4 615
一　晚	49 609	71 643	52 835	32 465	4 779	2 018	3 291
二　晚	412 451	263 970	35 748	175 912	1 020	47 401	1 324
小　麦		262		541			
杂　谷	365	78		81	86		
2. 豆　类	1 608	4 259	847	7 463	20	66	
#大　豆	1 184	3 959	590	7 115	17	16	
3、薯　类	3 059	10 080	3 106	3 123	670	153	
二、经济作物							
#棉　花		129	338	521			
油料合计	8 484	23 807	10 239	37 394	150	926	
花　生	2 431	14 248	2 539	20 627	80	101	
油菜籽	5 892	9 212	7 602	13 252	67	820	
芝　麻	161	347	98	3 515	3	5	
甘　蔗	17 312	1 134	105	17 054		348	
三、其他农作物							
#蔬　菜	465 408	83 280	66 086	127 464	1 884	29 532	928
瓜果类	23 626	6 788	7 801	27 271	5 783	2 181	

9－20 茶叶、蚕茧、水果生产情况

项　　目	2005	2006	2006年比上年增长%
一、产　　量（吨）			
茶　　叶	820	805	-1.8
#红毛茶	11	11	平
绿毛茶	801	785	-2.0
蚕　　茧	7		
水　　果	12 256	15 520	26.6
#柑　　桔	9 349	11 512	23.1
梨	597	871	45.9
桃　　子	1 384	1 706	23.3
二、年末茶园面积（公顷）	973	1 016	4.4
#当年采摘	673	743	10.4
三、年末果园面积（公顷）	4 971	5 634	13.3
#当年新增	64	299	367.2
当年产果	3 712	3 709	-0.1

9-21 茶叶、蚕茧、水果产量

（分县区，2006年）

单位：吨

地区	茶叶	#红毛茶	#绿毛茶	蚕茧	水果	#柑桔	#梨
合计	**805**	**11**	**785**		**15 520**	**11 512**	**871**
湾里区	19		19		481	162	
青山湖区					45	45	
南昌县	415		415		3 210	2 893	177
新建县	68	1	61		1 112	870	78
安义县	4		2		3 852	2 036	265
进贤县	299	10	288		6 564	5 268	351
高新开发区					256	238	

9-22 茶园、果园面积

（分县区，2006年）

单位：公顷

地区	茶园	果园	#柑桔	#梨
合计	**1 016**	**5 634**	**3 292**	**722**
湾里区	306	248	37	
青山湖区		35	35	
南昌县	168	388	296	63
新建县	161	671	459	116
安义县	40	1 832	1 091	253
进贤县	341	2 454	1 368	290
高新开发区		6	6	

9-23 林业生产情况

项　　　　　目	2005	2006	2006年比上年增长%
一、当年造林面积（公顷）	1 533	586	-61.8
用 材 林	651		
经 济 林	226		
防 护 林	589	533	-9.5
二、迹地更新面积（公顷）	80		
#人 工 更 新			
三、封山育林面积（公顷）	8 044	7 566	-5.9
#本 年 新 封		333	
四、零星（四旁）植树（万株）	731	1 316	80.0
五、育苗面积（公顷）	1 869	1 007	-46.1
#本 年 新 育	577	155	-73.1
六、幼林抚育作业面积（公顷次）	5 800	14 542	150.7
七、成林抚育面积（公顷）	500	500	平
八、低产林改造面积（公顷）	53		
九、抚育改造出材量（万立方米）	0.06	0.06	平
十、主要产品产量			
油 桐 籽（吨）	120	749	524.2
油 茶 籽（吨）	2 578	1 661	-35.6
板　　栗（吨）	278	76	-72.7
棕　　片（吨）	74	74	平
松　　脂（吨）	1 140		
木 材 采 伐（万立方米）	14.45	15.01	3.8
竹 林 采 伐（万根）	151	153	1.3

9-24 牧业生产情况

项　　目	2005	2006	2006年比上年增长%
一、肉猪出栏数（万头）	238.29	242.97	2.0
出售和自宰肉用牛（万头）	4.08	4.42	8.3
出售和自宰肉用羊（只）	26 769	20 480	-23.5
出售和自宰肉用兔（只）	33 120	30 108	-9.1
出售和自宰肉用禽（万只）	3 305.18	3 401.54	2.9
二、肉类总量（万吨）	24.20	24.83	2.6
猪　　肉（万吨）	19.47	19.94	2.4
牛　　肉（吨）	5079	5529	8.9
羊　　肉（吨）	435	366	-15.9
兔　　肉（吨）	94	68	-27.7
禽　　肉（万吨）	4.03	4.24	5.2
三、牛奶产量（万吨）	6.45	4.11	-36.2
四、年底养蜂数（箱）	4 611	3 791	-17.8
蜂蜜产量（吨）	220	206	-6.4
五、禽蛋产量（万吨）	11.58	12.31	6.3
六、牛年底数（万头）	23.35	22.86	-2.1
#能繁殖母牛	11.92	11.90	-0.2
当年生仔牛	4.71	4.31	-8.5
黄　　牛	10.12	10.08	-0.4
水　　牛	11.24	11.51	2.4
良种及改良种乳牛	2.00	1.27	-36.6
七、猪年底数（万头）	170.53	169.84	-0.4
#能繁殖母猪	10.66	11.73	10.0
八、羊年底数（只）	20 291	20 061	-1.1
九、兔年底数（只）	24 287	8 665	-64.3
十、家禽年底数（万只）	2 519.58	2 578.25	2.3

9－25 牧业生产情况

（分县区，2006 年）

项目	全市	东湖区	西湖区	青云谱区	湾里区	青山湖区
一、出栏肉猪头数（万头）	242.97	0.05	1.03	0.51	12.06	9.24
出售和自宰肉用牛（头）	44 215			132	377	235
出售和自宰肉用羊（只）	20 480				1 359	270
出售和自宰肉用兔（只）	30 108				220	2 000
出售和自宰肉用禽（万只）	3 401.5		4.3	31.5	16.2	117.6
二、肉类总产量（吨）	248 295	37	970	802	10 722	8 378
猪肉	199 446	37	927	410	10 438	6 929
牛肉	5 529			7	52	28
羊肉	366				32	6
兔肉	68					4
禽肉	42 352		43	385	200	1 411
三、牛奶产量（吨）	41 130		386	17 751		610
四、年底养蜂数（箱）	3 791					
蜂蜜产量（吨）	206					
五、禽蛋产量（吨）	123 125		40	368	873	2 350
六、牛年底数（头）	228 560		333	6 325	2 363	2 174
#能繁殖母牛	118 989		269	6 310	673	1 569
当年生仔牛	43 088		5	9	172	682
黄牛	100 753		12		892	283
水牛	115 143		201	25	1 471	1 422
良种及改良种乳牛	12 664		120	6 300		469
七、生猪年底数（万头）	169.84	0.02	0.71	0.42	8.28	5.23
#能繁殖母猪（头）	117 332		345	180	7 613	3 570
八、羊年底数（只）	20 061				1 290	160
九、兔年底数（只）	8 665				400	
十、家禽年底数（万只）	2 578.3		0.6	24.8	16.9	59.2

9－25 续表 （分县区，2006年）

项目	南昌县	新建县	安义县	进贤县	经济开发区	高新开发区	红谷滩新区
一、出栏肉猪头数（万头）	99.25	43.86	21.24	47.17	3.72	4.59	0.27
出售和自宰肉用牛（头）	14 182	6 610	5 211	13 935	2 270	1 005	258
出售和自宰肉用羊（只）	3 771	4 550	9 536	804		190	
出售和自宰肉用兔（只）	1 907	1 794	11 237	12 000		950	
出售和自宰肉用禽（万只）	2 045.5	358.1	233.1	533.7	2.6	58.0	1.0
二、肉类总产量（吨）	112 695	42 556	19 598	44 551	3 131	4 597	258
猪肉	85 468	37 064	15 926	35 554	2 831	3 647	215
牛肉	1 900	923	651	1 526	275	134	33
羊肉	89	53	170	12		4	
兔肉	4	4	28	26		2	
禽肉	24 728	4 512	2 797	7 433	25	808	10
三、牛奶产量（吨）	769	7 059		660	13 620	275	
四、年底养蜂数（箱）	1 770	200	945	876			
蜂蜜产量（吨）	47	1	122	36			
五、禽蛋产量（吨）	83 067	7 135	7 231	18 314	38	3 704	5
六、牛年底数（头）	39 455	64 614	29 527	67 715	9 604	5 867	583
#能繁殖母牛	21 497	37 559	13 276	32 479	2 125	3 043	189
当年生仔牛	8 679	11 704	7 251	11 458	1 255	1 813	60
黄牛	16 459	33 047	10 582	34 098	2 197	2 830	353
水牛	22 670	29 613	18 945	33 547	4 072	2 947	230
良种及改良种乳牛	326	1 954		70	3 335	90	
七、生猪年底数（万头）	61.49	37.31	15.49	34.88	1.64	4.18	0.20
#能繁殖母猪（头）	31 049	28 567	12 350	29 196	1 670	2 532	260
八、羊年底数（只）	3 361	1 529	11 217	2 254		250	
九、兔年底数（只）	1 281	1 500	5 314			170	
十、家禽年底数（万只）	1 292.3	399.4	162.3	533.9	1.7	86.0	1.2

9-26 渔业生产情况

项　　　目	2005	2006	2006年比上年增长%
一、渔　业　乡（个）			
二、渔　业　村（个）	34	33	-2.9
三、渔　业　户（万户）	2.15	2.27	5.6
四、渔业人口（万人）	9.29	9.69	4.3
五、渔业劳动力（万人）	6.14	6.18	0.6
专业劳动力（万人）	2.89	2.95	2.3
#捕　　捞（人）	7 318	6 524	-10.8
养　　殖（人）	17 638	19 380	9.9
兼业劳动力（万人）	3.25	3.23	-0.9
六、已养殖面积（万公顷）	5.37	5.45	1.5
#池　　塘	1.06	1.12	6.1
水　　库	0.48	0.52	8.5
湖　　泊	3.04	3.22	5.9
七、养殖单产（千克/公顷）			
#池　　塘	9 227	10 099	9.4
水　　库	5 115	6 762	32.2
湖　　泊	2 254	2 301	2.0
八、水产品总产量（万吨）	28.40	29.88	5.2
#养　　殖	22.96	24.63	7.3
#池　　塘	9.76	11.33	16.1
水　　库	2.46	3.52	43.4
湖　　泊	6.85	7.4	8.1
#鱼　　类	25.05	24.88	-0.7
甲　壳　类	1.42	1.77	24.8
贝　　类	1.63	2.8	72.3
九、珍珠产量（千克）	129 000	90 000	-30.2
十、鱼苗产量（亿尾）	13.46	28.71	113.3
十一、鱼种产量（吨）	24 387	31 838	30.6

9－27 渔业生产情况

（分县区，2006 年）

项目	全市	西湖区	青云谱区	湾里区	青山湖区
一、渔业乡（个）					
二、渔业村（个）	33	2	1		1
三、渔业户（户）	22 668	395	170	21	309
四、渔业人口（人）	96 894	1 754	433	193	1 236
五、渔业劳动力（人）	61 767	649	265	148	1 127
专业劳动力（人）	29 542	649	265	59	600
#捕　捞	6 524				166
养　殖	19 380	649	215	40	434
兼业劳动力（人）	32 225			89	527
六、已养殖面积（公顷）	54 466	161	266	153	251
#池　塘	11 217	161	34	21	220
水　库	5 210			132	
湖　泊	32 183		200		
七、养殖单产（千克/公顷）					
#池　塘	10 099	7 466	10 294	5 810	11 777
水　库	6 762			1 917	
湖　泊	2 301		4 750		
八、水产品总产量（吨）	298 821	1 202	1 350	380	2 876
#养　殖	246 261	1 202	1 350	375	2 778
#池　塘	113 275	1 202	350	122	2 591
水　库	35 231			253	
湖　泊	74 046		950		
#鱼　类	248 776	1 202	1 325	377	2 864
甲壳类	17 680		25		12
贝　类	28 044				
九、珍珠产量（千克）	90 000				
十、鱼苗产量（亿尾）	28.71				
十一、鱼种产量（吨）	31 838			16	330

9－27 续表 （分县区，2006 年）

项　　目	南昌县	新建县	安义县	进贤县	经济开发区	高新开发区	红谷滩新区
一、渔业乡（个）							
二、渔业村（个）	5	6		18			
三、渔业户（户）	7 299	3 898	950	8 834		792	
四、渔业人口（人）	27 002	13 085	4 865	45 116		3 210	
五、渔业劳动力（人）	21 116	8 104	3 232	23 418	20	3 682	6
专业劳动力	12 192	4 597	1 285	8 329	20	1 542	4
#捕　捞	1 623	1 586	154	2 877	18	100	
养　殖	8 806	1 886	1 073	4 973		1 300	4
兼业劳动力（人）	8 924	3 507	1 947	15 089		2 140	2
六、已养殖面积（公顷）	9 822	7 983	2 333	30 693	60	2 738	6
#池　塘	5 733	1 371	1 167	2 143	60	301	6
水　库	123	2 218	976	1 746		15	
湖　泊	1 247	2 072		26 464		2 200	
七、养殖单产（千克/公顷）							
#池　塘	10 500	11 621	8 602	9 231	2 500	9 502	9 000
水　库	82 667	5 250	4 392	5 046		4 533	
湖　泊	6 095	6 001		1 756		3 000	
八、水产品总产量（吨）	106 472	59 473	18 252	96 302	150	12 310	54
#养　殖	87 615	49 728	15 502	76 947	150	10 560	54
#池　塘	60 194	15 933	10 038	19 781	150	2 860	54
水　库	10 168	11 644	4 287	8 811		68	
湖　泊	7 601	12 434		46 461		6 600	
#鱼　类	87 701	53 270	15 237	74 444	150	12 152	54
甲壳类	6 851	3 052	223	7 371		146	
贝　类	11 513	1 377	1 927	13 223		4	
九、珍珠产量（千克）	27 000	40 000	5 000	18 000			
十、鱼苗产量（亿尾）	10.16	5.00	2.50	11.00		0.05	
十一、鱼种产量（吨）	16 235	3 680	2 362	9 113		80	22

9－28 农业经济效益

（2006年）

项目	全市	东湖区	西湖区	青云谱区	湾里区	青山湖区
农业劳动力创造农业总产值（元/人）	16 424	5 364	16 489	31 524	23 707	13 207
农业劳动力创造农业商品产值（元/人）	12 464	3 500	10 746	26 310	17 281	9 172
农业劳动力生产农产品（千克/人）						
粮食	2 712		263	335	1 225	1 554
棉花	1.30					
油料	107.28				23.38	4.78
肉类	327.34	168.18	241.17	159.95	864.40	488.71
水产品	393.95		298.86	269.25	30.64	167.77
每公顷耕地产出农业总产值（元/公顷）	58 555	107 273	169 184	521 650	118 525	68 859

9－28续表

（2006年）

项目	南昌县	新建县	安义县	进贤县	经济开发区	高新开发区	红谷滩新区
农业劳动力创造农业总产值（元/人）	17 998	14 350	23 710	17 887	11 720	8 012	2 405
农业劳动力创造农业商品产值（元/人）	13 584	11 454	19 395	13 100	6 947	5 224	1 866
农业劳动力生产农产品（千克/人）							
粮食	3 353	2 738	3 157	2 495	668	1 786	889
棉花		0.60	8.68	3.25			
油料	35.66	110.45	262.82	233.03	13.61	18.60	
肉类	473.64	197.44	503.05	277.64	284.17	92.36	42.76
水产品	447.49	275.93	468.50	600.14	13.61	247.33	8.95
每公顷耕地产出农业总产值（元/公顷）	59 804	57 754	55 801	51 931	103 304	53 554	24 264

9－29 主要农业机械年末拥有量

项　　　　目	2005	2006	2006年比上年增长%
农业机械总动力（万千瓦）	209.32	243.59	16.4
大中型农用拖拉机（混合台）	5 390	5 900	9.5
（万千瓦）	13.43	15.77	17.4
小型及手扶拖拉机（混合台）	14 770	22 500	52.3
（万千瓦）	14.29	58.64	310.4
农用排灌动力机械（台）	79 894	95 540	19.6
（万千瓦）	58.49	69.51	18.8
#柴 油 机（台）	54 455	65 178	19.7
（万千瓦）	31.48	39.15	24.4
电 动 机（台）	26 439	30 362	14.8
（万千瓦）	27.02	30.36	12.4
农用水泵（台）	74 717	85 712	14.7
动力脱粒机（台）	99 508	106 178	6.7
机动喷（雾）粉机（部）	312	401	28.5
饲料粉碎机（台）	2 369	2 969	25.3

9－30 农业机耕、水电、化肥、水利情况

项　　　　目	2005	2006	2006年比上年增长 %
一、农业机械化情况			
当年实际机耕面积（万公顷）	16.82	17.65	4.9
机耕面积占耕地面积比重（%）	79.94	57.01	－28.7
二、农业电气化情况			
农村用电量（万千瓦小时）	61 383	67 960	10.7
乡镇村办水电站个数（个）	17	14	－17.6
发电能力（千瓦）	1 602	1 426	－11.0
三、农业化学化情况			
化肥施用量（实物量）（万吨）	35.78	36.70	2.6
氮　　肥（万吨）	12.27	12.44	1.4
磷　　肥（万吨）	9.78	10.15	3.8
钾　　肥（万吨）	5.00	5.13	2.6
复 合 肥（万吨）	8.73	8.98	2.9
化肥施用量（折纯量）（万吨）	13.88	14.31	3.1
氮　　肥（万吨）	4.18	4.23	1.2
磷　　肥（万吨）	3.39	3.57	5.2
钾　　肥（万吨）	2.48	2.55	3.1
复 合 肥（万吨）	3.83	3.95	3.2
每亩耕地用化肥（实物量）（千克）	113.36	115.01	1.5
每亩耕地用化肥（折纯量）（千克）	43.97	44.83	2.0
农用塑料薄膜使用量（吨）	2 219	2 137	-3.7
#地膜使用量（吨）	955	923	-3.4
地膜覆盖面积（公顷）	11 298	8 010	－29.1
农药使用量（吨）	8 480	7 641	-9.9
四、农业水利化情况			
有效灌溉面积（万公顷）	18.98	19.05	0.4
有效灌溉面积占耕地面积比重（%）	90.21	89.54	-0.7
旱涝保收面积（万公顷）	15.57	15.73	1.0
旱涝保收面积占耕地面积比重（%）	73.99	73.95	-0.1

9－31 农业电气化情况

（分县区，2006年）

地　区	农村用电量（万千瓦小时）	每亩耕地用电量（千瓦小时）	乡镇村办水电站个数（个）	水电站发电能力（千瓦）
合　计	**67 960**	**213**	**14**	**1 426**
东湖区	26	1 576		
西湖区	282	480		
青云谱区	1 530	3 366		
湾里区	681	183	3	120
青山湖区	12 844	2 604		
南昌县	18 509	172	5	733
新建县	10 265	128	3	205
安义县	2 044	82	2	218
进贤县	12 732	154		
经济开发区	900	480	1	150
高新开发区	8 130	728		
红谷滩新区	17	19		

9－32 农业水利化情况

（分县区，2006年）

地　区	有效灌溉面积（万公顷）	有效灌溉面积占耕地面积比重（%）	旱涝保收面积（万公顷）	旱涝保收面积占耕地面积比重（%）
合　计	**19.05**	**89.54**	**15.73**	**73.95**
湾里区	0.30	121.73	0.29	116.08
青山湖区	0.36	109.49	0.36	109.49
南昌县	7.15	99.91	6.17	86.21
新建县	4.96	92.68	3.86	72.08
安义县	1.81	109.04	1.40	84.82
进贤县	4.44	80.37	3.62	65.57
经济开发区	0.02	18.40	0.02	18.40

9-33 农业化学化情况

（分县区，2006年）　　单位：吨

地区	化肥施用量（实物量）	氮肥	磷肥	钾肥	复合肥
合计	**367 041**	**124 379**	**101 536**	**51 283**	**89 843**
东湖区	5				5
西湖区	373	51	93	49	180
青云谱区	260	65	40	45	110
湾里区	2 280	464	372	293	1 151
青山湖区	3 569	1 803	528	637	601
南昌县	157 304	47 352	42 023	23 333	44 596
新建县	86 110	34 884	28 690	11 596	10 940
安义县	33 916	10 862	9 176	5 441	8 437
进贤县	73 119	25 933	17 659	8 635	20 892
经济开发区	1 164	180	390	114	480
高新开发区	8 528	2 652	2 444	1 097	2 335
红谷滩新区	413	133	121	43	116

9-33续表　　（分县区，2006年）　　单位：吨

地区	化肥施用量（折纯量）	氮肥	磷肥	钾肥	复合肥
合计	**143 055**	**42 313**	**35 668**	**25 537**	**39 537**
东湖区	2				2
西湖区	181	25	42	24	90
青云谱区	92	20	16	20	36
湾里区	955	171	76	138	570
青山湖区	1 265	541	106	318	300
南昌县	70 601	15 626	21 011	11 666	22 298
新建县	27 470	10 464	5 742	5 798	5 466
安义县	16 209	5 114	4 157	2 720	4 218
进贤县	22 302	9 057	3 727	4 253	5 265
经济开发区	375	60	130	35	150
高新开发区	3 447	1 185	627	545	1 090
红谷滩新区	156	50	34	20	52

9－34 水利灌溉设施

（年末数）

项　　目	2005	2006
一、工程座数		
蓄水工程（座）	5 377	6 293
中型水库（座）	7	7
小（一）型水库（座）	65	67
小（二）型水库（座）	416	415
塘　　坝（座）	4 889	5 804
引水工程（座）	157	314
机电灌站（座）	2 667	6 399
机　电　井（眼）	72	212
二、蓄水工程总库容	4.35	4.57
中型水库（亿立方米）	1.20	1.36
小（一）型水库（亿立方米）	1.56	1.62
小（二）型水库（亿立方米）	1.23	1.21
塘坝蓄水量（亿立方米）	0.36	0.37
三、有效灌溉面积（万公顷）	18.98	19.05
蓄水工程（万公顷）	4.39	4.35
中型水库（万公顷）	1.21	1.21
小（一）型水库（万公顷）	1.25	1.25
小（二）型水库（万公顷）	1.15	0.99
塘　　坝（万公顷）	0.78	0.88
引水工程（万公顷）	5.91	5.89
30万亩以上（万公顷）	5.56	5.09
万亩以下（万公顷）	0.35	0.79

9-35 主要年份农作物受灾情况

单位：公顷

年份	受灾面积	旱灾	水灾	病虫灾	其他
1985	89 460	21 227	14 320	51 873	2 040
1990	212 673	115 160	70 073	4 767	22 673
1995	131 915		98 186		33 729
1996	23 510		10 700		
1997	65 000		56 000	4 000	
1998	164 148		164 000		148
1999	57 826		57 826		
2000	36 968	13 403	4 917		18 648
2001	32 824	12 658	15 143	5 023	
2002	93 116	11 265	23 170	36 248	22 433
2003	160 679	7 999	152 680		
2004	22 479	4 228	6 190		12 061
2005	153 010	13 086	28 467	70 844	40 613
2006	197 961	32 348	4 699	25 585	135 329

9-35 续表1

单位：公顷

年份	成灾面积	旱灾	水灾	病虫灾	其他
1985	41 420	6 980	8 040	25 753	647
1990	105 327	62 280	33 860	2 287	6 900
1995	92 340		78 730		13 610
1996	16 430		7 490		
1997	43 000		38 000	2 000	
1998	164 148		164 000		148
1999	43 904		43 904		
2000	30 974	11 402	3 044		16 528
2001	30 181	10 963	14 207	5 011	
2002	64 686	9 020	16 960	27 825	10 881
2003	126 215	6 835	119 380		
2004	16 250	3 120	4 020		9 110

9-35 续表2

单位：公顷

年份	绝收面积	旱灾	水灾	病虫灾	其他
2005	45 342	1 565	5 148	21 455	17 174
2006	38 635	2 896	973	713	34 053

主 要 统 计 指 标 解 释

农林牧渔业总产值 指以货币表现的农、林、牧、渔业全部产品和对农林牧渔业生产活动进行的各种支持性服务活动的价值总量，它反映一定时期内农林牧渔业生产总规模和总成果。1957 年以前的农林牧渔业总产值中包括了厩肥和农民自给性手工业（如农民自制衣服、鞋、袜，自己从事粮食初步加工等）。1958 年及以后，林业中增加了村及村以下竹木采伐产值；牧业中取消了厩肥产值；副业中取消了农民自给性手工业产值，增加了村及村以下办的工业产值；渔业中增加了海洋捕捞水产品产值。1980 年及以后，在副业中增加了农民家庭兼营工业商品部分的产值。从 1984 年起村及村以下工业产值划归工业。从 1993 年起取消副业，将野生动物的捕猎划入牧业、野生植物采集和农民家庭兼营商品性工业划归农业。从 2003 年起，执行新的国民经济行业分类标准，农林牧渔业总产值中包括了农林牧渔服务业产值。林业中增加了森林采运业产值。农业中取消了家庭兼营商品性工业产值，将野生林产品的采集划归林业。

农林牧渔业总产值的计算方法通常是按农、林、牧、渔业产品及其副产品的产量分别乘以各自单位产品价格求得；少数生产周期较长，当年没有产品或产品产量不易统计的，则采用间接方法匡算其产值；然后将四业产品产值相加即为农林牧渔业总产值。

农林牧渔业中间消耗 指各种经济类型的农业生产单位和农户，在农业生产经营过程中消耗的各种物质产品和劳务价值的总和。包括物质消耗和生产服务支出两个部分。计入中间消耗必须具备以下两个条件：一是与总产值相对应的生产过程中所消耗的物质产品和劳务；二是本期消耗的不属于固定资产的低值易耗品。

农林牧渔业增加值 指各种经济类型的农业生产单位和农户从事农业生产经营活动所提供的社会最终产品的货币表现。增加值的计算方法有两种，一是生产法：农林牧渔业增加值 = 农林牧渔业总产值 - 农林牧渔业中间消耗；二是分配法：农林牧渔业增加值 = 固定资产折旧 + 劳动者报酬 + 生产税净额 + 营业盈余。

粮食产量 指全社会的产量。包括国有经济经营的、集体统一经营的和农民家庭经营的粮食产量，还包括工矿企业办的农场和其他生产单位的产量。粮食除包括稻谷、小麦、玉米、高粱、谷子及其他杂粮外，还包括薯类和豆类。其产量计算方法，豆类按去豆荚后的干豆计算；薯类（包括甘薯和马铃薯，不包括芋头和木薯）1963 年以前按每 4 公斤鲜薯折 1 公斤粮食计算，从 1964 年开始改为按 5 公斤鲜薯折 1 公斤粮食计算。城市郊区作为蔬菜的薯类（如马铃薯等）按鲜品计算，并且不作粮食统计。其他粮食一律按脱粒后的原粮计算。

油料产量 指全部油料作物的生产量。包括花生、油菜籽、芝麻、向日葵籽、胡麻籽（亚麻籽）和其他油料。不包括大豆、木本油料和野生油料。花生以带壳干花生计算。

水产品产量 指人工养殖的水产品和天然生长的水产品的捕捞量。包括海水的鱼类、虾蟹类、贝类和藻类以及内陆水域的鱼类、虾蟹类和贝类，不包括淡水生植物。水产品产量是通过各级水产和统计部门逐级上报取得数据。1995 年及以前，贝类中牡蛎按鲜肉计算；蚶、蛤、蛏 5 公斤鲜品折 1 斤计算。1996 年以后则统一按鲜品计算。

猪、牛、羊肉产量 指当年出栏并已屠宰、除去头蹄下水后带骨肉（即胴体重）的重量。包括全社会范围内的产量。

期初（末）畜禽存栏头（只）数 指报告期初（末）农村各种合作经济组织和国营农场、农民个人、机关、团体、学校、工矿企业、部队等单位以及城镇居民饲养的大牲畜、猪、羊、家禽等畜禽的存栏数。

耕地面积 指可以用来种植农作物、经常进行耕锄的田地，包括熟地、当年新开荒地、连续撂荒未满三年的耕地和当年的休闲地（轮歇地），还包括以种植农作物为主并附带种植桑树、茶树、果树和其他林木的土地，以及沿海、沿湖地区已围垦利用的“海涂”、“湖田”等面积。但不包括属于专业性的桑园、茶园、果园、果木苗圃、林地、芦苇地、天然或人工草地面积。

农作物播种面积 指实际播种或移植有农作物的面积。凡是实际种植有农作物的面积，不论种植在耕地上还是种植在非耕地上，均包括在农作物播种面积中。在播种季节基本结束后，因遭灾而重新改种和补种的农作物面积，也包括在内。它是反映耕地面积利用情况的一个重要指标。

有效灌溉面积 指具有一定的水源，地块比较平整，灌溉工程或设备已经配套，在一般年景下当年能够进行正常灌溉的耕地面积。在一般情况下，有效灌溉面积应等于灌溉工程或设备已经配套，能够进行正常灌溉的水田和水浇地面积之和。它是反映耕地抗旱能力的一个重要指标。

农用化肥施用量 指本年内实际用于农业生产的化肥数量，包括氮肥、磷肥、钾肥和复合肥。化肥施用量要求按折纯量计算数量。折纯量是指把氮肥、磷肥、钾肥分别按含氮、含五氧化二磷、含氧化钾的百分之一百成份进行折算后的数量。复合肥按其所含主要成分折算。公式为：

折纯量 = 实物量 × 某种化肥有效成分含量的百分比

农业机械总动力 指主要用于农、林、牧、渔业的各种动力机械的动力总和。包括耕作机械、排灌机械、收获机械、农用运输机械、植物保护机械、牧业机械、林业机械、渔业机械和其他农业机械〔内燃机按引擎马力折成瓦（特）计算、电动机按功率折成瓦（特）计算〕。不包括专门用于乡、镇、村、组办工业、基本建设、非农业运输、科学试验和教学等非农业生产方面用的动力机械与作业机械。这个指标的统计数据主要来源于农机部门。

乡村从业人员 指乡村人口中劳动年龄（16 周岁）以上实际参加生产经营活动并取得实物或货币收入的人员，包括劳动年龄内经常参加劳动的人员，也包括超过劳动年龄但经常参加劳动的人员。但不包括户口在家的在外学生、现役军人和丧失劳动能力的人，也不包括待业人员和家务劳动者。从业人员按从事主业时间最长（时间相同按收入）分为农业从业人员、工业从业人员、建筑业从业人员、交运仓储及邮政业从业人员、批零贸易和餐饮业从业人员、其他从业人员。

十、工　　业

INDUSTRY

本篇内容包括：

1. 工业总产值
2. 支柱产业主要指标
3. 主要工业产品产量
4. 规模以上工业企业主要指标
5. 工业园区主要指标

资料整理	微机处理
张志萍	张志萍
许卫群	许卫群
黄　赟	黄　赟
袁　方	袁　方
焦　安	焦　安

全部工业增加值

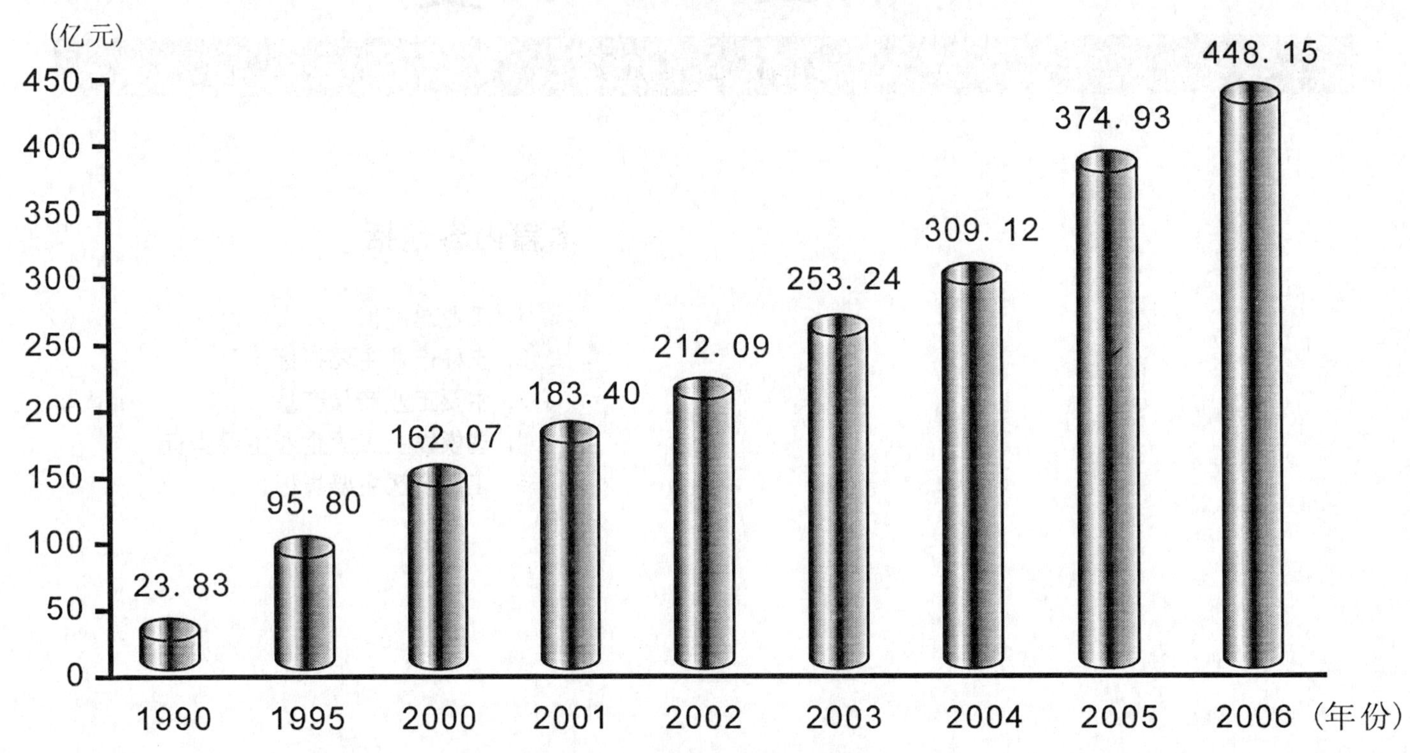

工业增加值构成(%)

(规模以上)

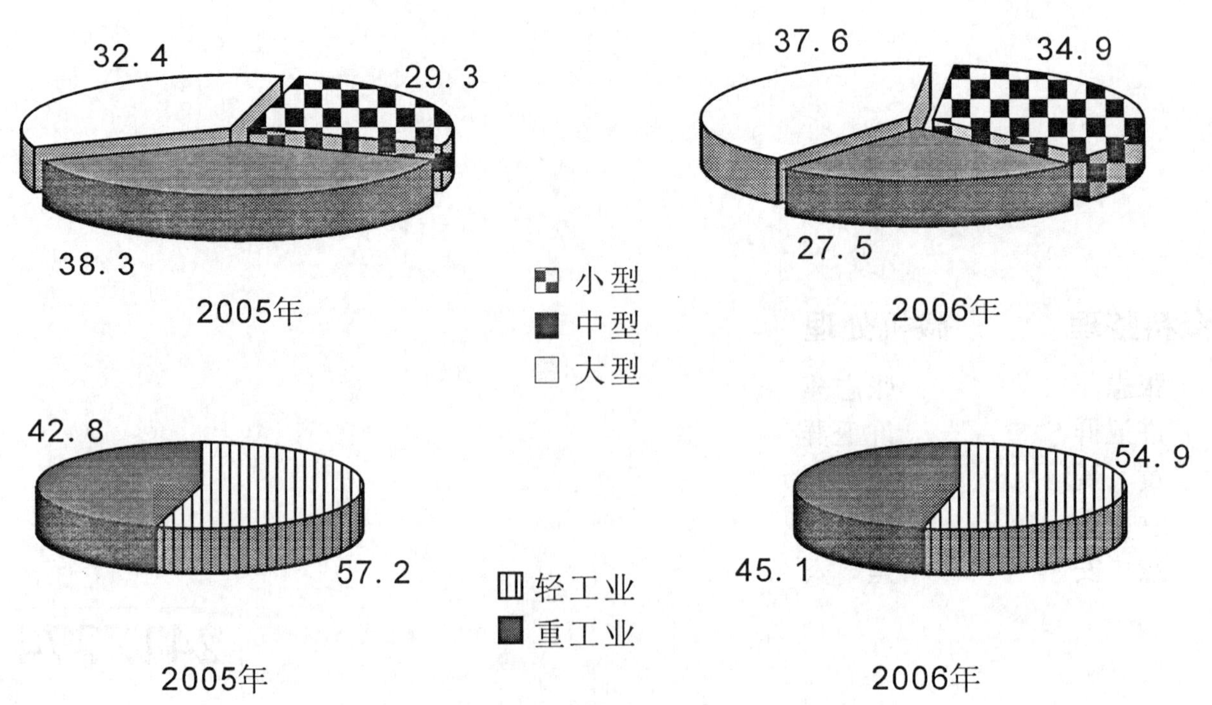

10－1　规模以上工业总产值和增加值

（2006 年）　　　　单位：万元

分类	总产值		增加值	
	绝对数	比上年增长%	绝对数	比上年增长%
规模以上工业	**9 659 689**	**21.22**	**3 071 629**	**21.09**
1. 按经济类型分				
#国有企业	1 257 256	－5.11	560 215	1.66
集体企业	140 601	31.28	44 948	29.54
股份合作企业	211 365	16.06	69 045	14.27
有限责任公司企业	2 928 600	29.83	781 002	23.96
股份有限企业	1 087 415	26.37	346 419	26.73
私营企业	1 352 384	51.17	476 923	43.44
港澳台及外商企业	2 677 131	14.44	791 547	21.16
2. 按轻、重工业分				
轻工业	4 366 049	17.07	1 687 510	16.28
重工业	5 293 640	24.87	1 384 119	27.52
3. 大中型工业	6 513 627	13.27	2 000 523	11.61

10－2　2000—2006 年工业总产值

单位：万元

指标	2000 年	2001 年	2002 年	2003 年	2004 年	2005 年	2006 年
	乡及乡以上	乡及乡以上	规模以上	规模以上	规模以上	规模以上	规模以上
工业总产值	**2 854 683**	**3 057 718**	**3 299 897**	**4 149 169**	**5 543 352**	**7 262 572**	**9 659 689**
国有经济	690 148	759 354	785 496	837 606	1 117 698	1 207 621	1 257 256
集体经济	540 521	250 814	126 400	100 616	105 645	97 611	140 601
其他经济	1 624 014	2 047 550	2 388 001	3 210 947	4 320 009	5 957 340	8 261 832
#外商及港澳台投资企业	608 317	676 438	813 284	1 082 109	670 462	2 132 028	2 677 131
股份制企业	853 171	1 099 948	1 328 223	2 532 751	2 966 861	2 840 115	5 172 379

10－3　2000—2006 年工业企业主要指标

指　　标	2000 年 乡及乡以上	2001 年 乡及乡以上	2002 年 规模以上	2003 年 规模以上	2004 年 规模以上	2005 年 规模以上	2006 年 规模以上
单位数（个）	1 778	1 659	504	500	794	769	902
从业人员（人）	246 998	221 905	191 899	195 487	206 053	215 277	218 724
工业总产值（万元）	2 854 683	3 057 718	3 299 897	4 149 169	5 543 352	7 262 572	9 659 689
主营业务收入（万元）	2 554 809	2 845 287	3 191 313	4 088 976	5 647 538	7 094 866	9 594 223
利润总额（万元）	114 048	105 448	141 251	232 231	272 558	341 750	383 342
税金总额（万元）	215 228	251 079	285 893	344 125	412 082	483 500	585 125
固定资产原价（万元）	2 189 293	2 266 253	2 339 926	2 623 086	2 974 318	3 811 439	4 351 797
固定资产净值（万元）	1 522 148	1 541 769	1 563 057	1 687 007	1 950 107	3 058 447	3 100 634

10－3　续表　　　　单位：万元

指　　标	2000 年 乡及乡以上	2001 年 乡及乡以上	2002 年 规模以上	2003 年 规模以上	2004 年 规模以上	2005 年 规模以上	2006 年 规模以上
工业销售产值	2 750 044	2 967 162	3 217 833	4 099 999	5 443 377	7 141 936	9 574 880
出口交货值	113 693	155 389	175 922	213 238	381 037	493 841	752 418
工业增加值	885 881	936 282	1 072 538	1 356 247	1 720 611	2 311 874	3 071 629
固定资产净值年平均余额	1 532 372	1 495 596	1 563 262	1 665 369	1 888 683	2 493 399	2 980 186
流动资产合计	2 030 740	2 006 773	2 241 100	2 629 367	2 904 511	3 610 821	4 175 216
流动资产年平均余额	1 885 466	2 000 685	2 194 459	2 478 593	2 773 573	3 499 803	3 958 762
年末资产总计	4 190 310	4 179 194	4 562 298	5 281 145	6 415 476	7 577 563	8 681 856
年末负债合计	2 703 362	2 496 630	2 762 553	3 196 767	3 486 661	4 424 764	4 980 976
流动负债合计	1 980 054	2 058 309	2 290 174	2 666 410	2 961 408	3 536 357	4 180 827
年末所有者权益	1 486 948	1 682 564	1 606 669	1 848 433	2 843 094	2 854 041	3 411 435
成本费用总额	2 361 906	2 637 885	2 933 772	3 700 154	5 230 028	6 372 184	8 751 667

10－4 县区工业主要指标

（按属地原则分，2006 年）

项目	企业数（个）	#大中型	年平均从业人员（人）	工业总产值（现价，万元）	工业增加值（现价，万元）
总计	**902**	**78**	**218 724**	**9 659 689**	**3 071 629**
东湖区	13	3	5 689	96 316	28 138
西湖区	26	3	7 142	75 430	22 256
青云谱区	70	9	42 638	2 045 139	546 899
湾里区	26	0	1 928	64 851	18 778
青山湖区	260	12	51 138	2 315 597	616 147
南昌县	125	8	24 880	1 066 646	353 380
新建县	73	5	12 508	551 100	156 183
安义县	53	3	4 621	138 735	48 186
进贤县	85	7	16 955	516 367	168 621
经济开发区	71	11	15 344	1 020 606	318 379
高新开发区	90	15	30 922	1 680 555	773 263
红谷滩新区	2		258	13 577	2 737
桑海开发区	4	1	3 956	53 824	14 080
英雄开发区	4	1	745	20 948	4 582

10－4　续表　（按属地原则分，2006 年）　单位：万元

项目	流动资产合计	固定资产合计	负债合计	主营业务收入	利税总额
总计	**4 175 216**	**3 539 089**	**4 980 976**	**9 594 223**	**968 467**
东湖区	52 940	122 078	162 672	94 650	3 879
西湖区	54 549	34 828	86 523	73 931	2 431
青云谱区	1 490 144	755 574	1 554 685	2 066 959	238 904
湾里区	20 207	8 119	21 331	59 951	1 908
青山湖区	590 670	637 201	828 566	2 357 239	121 313
南昌县	262 399	294 173	387 521	1 040 336	53 561
新建县	127 372	106 499	151 648	527 045	25 901
安义县	43 077	36 651	50 005	138 040	7 606
进贤县	112 877	120 961	137 868	501 995	24 190
经济开发区	455 066	666 533	670 298	987 033	56 807
高新开发区	929 430	726 701	860 803	1 664 842	427 448
红谷滩新区	8 043	3 628	7 001	18 020	1 089
桑海开发区	20 125	13 982	44 777	43 385	3 594
英雄开发区	8 318	12 162	17 280	20 798	－165

10－5 支柱产业主要指标

（2006 年）

指标名称	企业单位数（个）	工业总产值（万元）	工业增加值（万元）	工业销售产值（万元）	#出口交货值
总计	**902**	**9 659 689**	**3 071 629**	**9 574 880**	**752 418**
农副食品加工业	73	607 577	193 461	606 322	17 559
食品制造业	40	234 175	79 003	232 122	14
方便食品制造	12	57 790	20 942	59 423	
液体乳及乳制品制造	2	38 736	15 705	37 548	
饮料制造业	17	135 377	53 609	134 960	904
烟草制品业	1	436 804	329 042	453 094	193
纺织业	127	521 484	189 453	511 109	100 078
纺织服装、鞋、帽制造业	51	191 290	67 445	185 612	56 694
造纸及纸制品业	16	280 826	85 011	265 696	85 355
印刷业和记录媒介的复制	42	195 106	84 507	194 974	29
化学原料及化学制品制造业	51	253 955	77 115	244 789	29 889
医药制造业	55	895 085	324 039	886 841	14 514
化学药品原药制造	6	67 696	20 299	62 927	8 959
中成药制造	22	707 828	258 952	707 352	
化学纤维制造业	2	176 499	48 585	176 136	1 252
橡胶制品业	9	103 016	38 720	102 462	54 269
塑料制品业	30	93 723	32 229	92 174	2 887
非金属矿物制品业	67	400 626	138 065	393 498	11 245
水泥、石灰和石膏的制造	8	103 963	34 616	102 663	
黑色金属冶炼及压延加工业	8	1 211 277	203 906	1 213 414	18 563
钢压延加工	8	1 211 277	203 906	1 213 414	18 563
有色金属冶炼及压延加工业	17	324 425	88 921	309 190	96 598
有色金属合金制造	2	111 553	21 043	106 966	81 432
有色金属压延加工	12	193 613	61 325	182 717	9 853
通用设备制造业	34	165 083	57 893	161 872	21 947
锅炉及原动机制造	5	85 537	25 955	85 465	18 715
专用设备制造业	40	172 915	68 047	164 356	12 395
交通运输设备制造业	38	1 633 657	375 488	1 655 866	113 748
汽车制造	29	1 204 985	292 212	1 202 300	64 558
航空航天器制造	2	414 731	79 228	439 418	49 190
电气机械及器材制造业	46	588 796	186 752	579 464	4 984
电机制造	2	124 366	41 324	123 387	4 984
输配电及控制设备制造	18	102 983	32 950	103 756	
电线、电缆、光缆及电工器材制造	13	184 076	51 036	175 780	
家用电力器具制造	5	143 566	50 032	143 434	
通信设备、计算机及其他电子设备制造业	15	287 825	88 595	279 078	69 681
电子器件制造	4	197 531	62 257	189 724	52 606
家用视听设备制造	3	61 489	14 747	61 489	5 440
电力、热力的生产和供应业	12	222 882	80 681	219 220	
水的生产和供应业	5	42 733	21 077	40 922	

10－5　续表　　　　　　　　　　　　（2006年）

指　标　名　称	资产总计（万元）	主营业务收入（万元）)	利润总额（万元）	本年应交增值税（万元）	全部从业人员年平均人数（人）
总　计	**8 681 856**	**9 594 223**	**383 342**	**308 474**	**218 724**
农副食品加工业	258 931	604 794	16 625	2 854	8 704
食品制造业	112 198	232 245	8 050	4 691	6 047
方便食品制造	32 589	58 432	1 403	1 962	2 033
液体乳及乳制品制造	30 377	39 033	1 924	1 204	1 300
饮料制造业	143 136	126 036	5 924	5 962	3 256
烟草制品业	398 677	437 636	49 165	50 336	2 285
纺织业	222 759	518 230	9 288	11 032	24 461
纺织服装、鞋、帽制造业	80 437	191 956	4 257	3 509	8 045
造纸及纸制品业	384 494	266 672	8 132	5 730	2 211
印刷业和记录媒介的复制	228 731	195 524	22 162	9 522	7 919
化学原料及化学制品制造业	207 267	244 191	6 943	7 049	8 087
医药制造业	820 845	888 336	48 760	46 604	21 497
化学药品原药制造	79 594	63 833	1 226	837	3 267
中成药制造	617 747	703 625	38 498	41 421	15 174
化学纤维制造业	198 035	175 269	－7 364	7 453	2 408
橡胶制品业	119 609	101 241	1 281	247	2 592
塑料制品业	59 347	93 532	3 402	1 338	2 831
非金属矿物制品业	229 945	392 608	15 375	6 133	6 793
水泥、石灰和石膏的制造	62 781	105 249	4 726	2 952	1 307
黑色金属冶炼及压延加工业	697 423	1 242 890	16 496	36 841	13 811
钢压延加工	697 423	1 242 890	16 496	36 841	13 811
有色金属冶炼及压延加工业	180 605	307 398	－517	4 168	2 752
有色金属合金制造	51 044	101 183	1 144	2 755	994
有色金属压延加工	115 680	187 738	－1 955	886	1 276
通用设备制造业	196 955	158 695	7 509	5 620	6 339
锅炉及原动机制造	110 613	83 666	3 075	2 997	3 380
专用设备制造业	211 805	163 747	6 588	3 860	12 474
交通运输设备制造业	2 083 625	1 662 833	94 943	64 556	30 516
汽车制造	1 262 749	1 259 351	78 075	62 945	19 252
航空航天器制造	783 793	385 430	16 904	691	10 014
电气机械及器材制造业	499 849	576 009	19 608	4 846	11 050
电机制造	202 267	127 275	8 989	1 862	3 376
输配电及控制设备制造	121 045	99 694	4 185	1 813	3 294
电线、电缆、光缆及电工器材制造	70 312	175 017	93	186	1 574
家用电力器具制造	95 722	140 270	5 044	645	1 882
通信设备、计算机及其他电子设备制造业	428 671	275 647	20 826	5 117	11 164
电子器件制造	314 184	187 303	11 157	3 046	8 460
家用视听设备制造	47 501	61 322	9 827	1 742	799
电力、热力的生产和供应业	415 453	223 335	3 985	13 143	8 197
水的生产和供应业	196 103	44 152	2 816	1 860	2 608

10－6　主要工业产品生产量与销售量

（2006年）

产　品　名　称	计量单位	生产量	销售量
精制食用植物油	吨	5 733	5 773
配混合饲料	吨	1 346 324.13	1 349 894.74
乳　制　品	吨	99 835.41	100 162
白酒（折65度，商品量）	千升	7 312	7 523
啤　　酒	千升	262 863	261 240
软　饮　料	吨	460 931	461 567.85
卷　　烟	万支	2 746 007	2 727 943
化学纤维	吨	114 459	111 288
合成纤维	吨	114 459	111 288
纱	吨	32 667.18	20 453.96
布	万米	9 352.74	9 363.66
棉　　布	万米	6 380.29	6 412.21
棉混纺布（混纺交织布）	万米	2 880.35	2 859.35
化学纤维布（纯化纤布）	万米	92.1	92.1
丝　织　品	万米	1 227.6	1 220.25
服　　装	万件	31 141.53	31 647.21
机制纸及纸板	吨	350 335.50	309 849.34
润　滑　油	吨	16 881	17 102
焦　　炭	吨	918 382	134 864
氢氧化钠（烧碱）（折100%）	吨	27 359	10 641
合　成　氨	吨	96 946	817
农用氮磷钾化学肥料总计（折纯）	吨	78 065.64	78 327.64
氮肥（折含N100%）	吨	76 904	77 167
尿　　素	吨	76 904	77 167
磷肥（折合P2O5100%）	吨	1 161.64	1 160.64
初级形态的塑料（塑料树脂及共聚物）	吨	5 029	5 288
合成纤维聚合物	吨	100 016	99 739
合成洗涤剂	吨	20 022.6	19 459.2
化学药品原药（化学原料药）	吨	5 813.19	5 803.15
橡胶轮胎外胎（轮胎外胎）	条	4 069 502	4 082 568
塑料制品	吨	15 079.42	15 113.8

10－6 续表 (2006年)

产品名称	计量单位	生产量	销售量
水泥	吨	3 009 908.64	3 027 933.48
生铁	吨	1 800 093	
粗钢	吨	2 625 213	189 600
钢材	吨	2 884 050	2 810 523.64
中小型型钢	吨	144 322	144 047
棒材	吨	686 435	692 831
钢筋	吨	1 557 932	1 556 276
热轧窄钢带	吨	177 925	112 214
无缝钢管	吨	195 884	183 272
焊接钢管	吨	86 817	87 797
铜材（铜加工材）	吨	2 070	2 074.4
铝材	吨	6 068	6 040.8
工业锅炉	蒸发量吨	790.5	800.5
内燃机	千瓦	195 249	203 914
金属切削机床	台	2 087	2 551
数控机床	台	255	382
大中型拖拉机	台	1 721	1 683
小型拖拉机	台	7 404	7 438
汽车	辆	96 666	97 464
载货汽车	辆	58 469	59 916
公路客车	辆	38 197	37 548
摩托车	辆	4 524	4 626
两轮自行车（自行车）	辆	4 490	4 371
民用钢质船舶	总吨	688	688
发电设备	千瓦	55 300	56 600
交流电动机	千瓦	717 515	728 895
家用电冰箱	台	105 241	110 504
冷柜（含冷冻箱、冷藏箱、展示柜）	台	42 922	43 105
房间空气调节器	台	812 041	773 851
程控交换机	线	27 072	27 072
数字程控交换机	线	27 072	27 072
显示器	台	29 517	28 412
彩色电视机	台	642 238	642 277

10－7　全市规模以上工业主要经济指标

（2006 年）

项　　目	企业单位数（个）	#亏损企业	工业总产值（现价，万元）	新产品产值（现价，万元）	工业销售产值（现价，万元）	#出口交货值	全部从业人员年平均人数（人）
总　计	**902**	**121**	**9 659 689**	**1 371 926**	**9 574 880**	**752 418**	**218 724**
一、按登记注册类型分							
内资企业	781	95	6 982 559	562 486	6 935 917	399 196	176 820
国有企业	84	28	1 257 256	176 852	1 267 730	24 477	33 130
集体企业	25	6	140 601	168	140 078	3 936	3 748
股份合作企业	32	3	211 365		209 521	7 995	3 399
联营企业	1	1	4 939		4 692		81
其他联营企业	1	1	4 939		4 692		81
有限责任公司	251	30	2 928 600	199 412	2 911 229	166 998	67 395
国有独资公司	7	1	1 401 950	61 264	1 413 142	27 184	22 842
其他有限责任公司	244	29	1 526 650	138 148	1 498 087	139 814	44 553
股份有限公司	55	5	1 087 415	174 424	1 084 857	110 749	30 273
私营企业	333	22	1 352 384	11 630	1 317 810	85 041	38 794
私营独资企业	78	3	226 709	70	219 056	31 078	8 416
私营合伙企业	12	1	46 072		45 268	1 800	1 107
私营有限责任公司	186	14	906 660	10 636	887 347	41 298	23 550
私营股份有限公司	57	4	172 943	924	166 139	10 866	5 721
港、澳、台商投资企业	44	14	460 790	306	452 793	89 632	8 700
合资经营企业（港或澳、台资）	26	4	296 906	306	291 267	24 898	4 352
合作经营企业（港或澳、台资）	1	1	18 824		18 581		120
港澳台商独资企业	17	9	145 060		142 945	64 734	4 228
外商投资企业	77	12	2 216 341	809 134	2 186 170	263 590	33 204
中外合资经营企业	50	6	945 399	5 043	919 382	150 143	12 357
中外合作经营企业	2		33 435		33 488		431
外资企业	23	6	109 393	4 585	105 608	48 889	3 431
外商投资股份有限公司	2		1 128 115	799 506	1 127 692	64 558	16 985
二、按企业经济类型分							
独资企业	227	52	1 879 019	181 674	1 875 416	173 112	52 953
国有企业	84	28	1 257 256	176 852	1 267 730	24 477	33 130
集体企业	25	6	140 601	168	140 078	3 936	3 748
私营独资企业	78	3	226 709	70	219 056	31 078	8 416
港澳台商独资经营企业	17	9	145 060		142 945	64 734	4 228
外资企业	23	6	109 393	4 585	105 608	48 889	3 431
合作、合伙企业	48	6	314 634		311 550	9 795	5 138
股份合作企业	32	3	211 365		209 521	7 995	3 399
其他联营企业	1	1	4 939		4 692		81
私营合伙企业	12	1	46 072		45 268	1 800	1 107
港或澳、台资合作经营企业	1	1	18 824		18 581		120
中外合作经营企业	2		33 435		33 488		431
股份有限公司	114	9	2 388 473	974 855	2 378 687	186 173	52 979
股份有限公司（内资）	55	5	1 087 415	174 424	1 084 857	110 749	30 273
私营股份有限公司	57	4	172 943	924	166 139	10 866	5 721
外商投资股份有限公司	2		1 128 115	799 506	1 127 692	64 558	16 985
有限责任公司	513	54	5 077 565	215 397	5 009 226	383 338	107 654
国有独资公司	7	1	1 401 950	61 264	1 413 142	27 184	22 842
私营有限责任公司	186	14	906 660	10 636	887 347	41 298	23 550
港澳台合资经营企业	26	4	296 906	306	291 267	24 898	4 352

10－7 续表1 (2006年)

项目	企业单位数(个)	#亏损企业	工业总产值(现价,万元)	新产品产值(现价,万元)	工业销售产值(现价,万元)	#出口交货值	全部从业人员年平均人数(人)
中外合资经营企业	50	6	945 399	5 043	919 382	150 143	12 357
其他有限责任公司	244	29	1 526 650	138 148	1 498 087	139 814	44 553
三、在总计中							
亏损企业	121	121	655 011	23 631	635 112	43 604	28 493
国有控股企业	133	40	5 115 394	1 339 419	5 124 266	339 336	111 928
农村工业	16	1	61 382		60 516	8 064	2 087
四、按轻重工业分							
轻工业	542	64	4 366 049	162 759	4 324 619	313 530	109 714
重工业	360	57	5 293 640	1 209 167	5 250 261	438 888	109 010
五、按企业规模分							
大型企业	13	1	4 013 670	1 254 786	4 039 071	194 311	67 991
中型企业	65	13	2 499 957	101 576	2 461 101	336 859	60 931
小型企业	824	107	3 146 063	15 564	3 074 708	221 248	89 802
六、按工业行业大类分							
非金属矿采选业	3		13 245		13 203		318
农副食品加工业	73	7	607 577	1 081	606 322	17 559	8 704
食品制造业	40	7	234 175		232 122	14	6 047
饮料制造业	17	4	135 377		134 960	904	3 256
烟草制品业	1		436 804	105 658	453 094	193	2 285
纺织业	127	8	521 484	16 999	511 109	100 078	24 461
纺织服装、鞋、帽制造业	51	4	191 290	468	185 612	56 694	8 045
皮革、毛皮、羽毛(绒)及其制品业	11	1	31 151	4 585	30 739	10 789	1 141
木材加工及木、竹、藤、棕、草制品业	11		42 310	6 604	40 985	2 672	1 146
家具制造业	4		15 048		14 949		302
造纸及纸制品业	16	1	280 826		265 696	85 355	2 211
印刷业和记录媒介的复制	42	6	195 106	40	194 974	29	7 919
文教体育用品制造业	19		49 183		47 665	2 987	2 141
石油加工、炼焦及核燃料加工业	3	1	26 768		25 982		177
化学原料及化学制品制造业	51	9	253 955	8 278	244 789	29 889	8 087
医药制造业	55	11	895 085	13 158	886 841	14 514	21 497
化学纤维制造业	2	1	176 499	20 663	176 136	1 252	2 408
橡胶制品业	9	1	103 016		102 462	54 269	2 592
塑料制品业	30	4	93 723		92 174	2 887	2 831
非金属矿物制品业	67	10	400 626	1 279	393 498	11 245	6 793
黑色金属冶炼及压延加工业	8	1	1 211 277	46 007	1 213 414	18 563	13 811
有色金属冶炼及压延加工业	17	3	324 425	67 031	309 190	96 598	2 752
金属制品业	41	4	237 124	266	230 019	19 709	5 571
通用设备制造业	34	9	165 083	49 989	161 872	21 947	6 339
专用设备制造业	40	4	172 915	4 409	164 356	12 395	12 474
交通运输设备制造业	38	10	1 633 657	867 776	1 655 866	113 748	30 516
电气机械及器材制造业	46	6	588 796	62 506	579 464	4 984	11 050
通信设备、计算机及其他电子设备制造业	15	6	287 825	95 107	279 078	69 681	11 164
仪器仪表及文化、办公用机械制造业	6		11 737	23	11 854		772
工艺品及其他制造业	5		34 492		33 930	3 464	736
废弃资源和废旧材料回收加工业	2		18 213		17 101		81
电力、热力的生产和供应业	12	1	222 882		219 220		8 197
燃气生产和供应业	1		5 283		5 283		292
水的生产和供应业	5	2	42 733		40 922		2 608

10－7 续表2－1　　(2006年)　　单位：万元

项目	工业增加值（现价）	流动资产合计	流动资产年平均余额	固定资产合计	固定资产原价	固定资产净值年平均余额
总计	**3 071 629**	**4 175 216**	**3 958 762**	**3 539 089**	**4 351 797**	**2 980 186**
一、按登记注册类型分						
内资企业	2 280 082	2 870 839	2 737 624	2 398 099	2 990 548	2 038 080
国有企业	560 215	647 804	626 008	529 990	737 299	462 781
集体企业	44 948	20 785	18 217	17 391	26 329	14 897
股份合作企业	69 045	47 350	44 125	20 896	23 704	18 428
联营企业	1 532	1 219	1 170	246	666	221
其他联营企业	1 532	1 219	1 170	246	666	221
有限责任公司	781 002	1 020 278	991 759	949 044	1 173 619	804 524
国有独资公司	273 241	594 691	563 981	523 936	645 681	416 924
其他有限责任公司	507 761	425 588	427 778	425 107	527 937	387 600
股份有限公司	346 419	842 298	786 945	643 013	771 339	502 519
私营企业	476 923	291 104	269 400	237 519	257 592	234 710
私营独资企业	76 839	37 222	33 902	33 260	38 028	31 396
私营合伙企业	17 330	2 981	2 959	2 285	2 711	2 039
私营有限责任公司	316 207	214 409	201 957	173 631	184 312	173 174
私营股份有限公司	66 548	36 491	30 582	28 344	32 542	28 101
港、澳、台商投资企业	153 858	160 912	157 780	165 224	184 040	127 736
合资经营企业（港或澳、台资）	100 056	96 295	98 723	55 517	69 298	50 231
合作经营企业（港或澳、台资）	4 669	3 435	3 475	2 857	8 724	2 512
港澳台商独资企业	49 132	61 182	55 581	106 850	106 018	74 993
外商投资企业	637 689	1 143 465	1 063 359	975 766	1 177 209	814 369
中外合资经营企业	314 110	348 724	314 937	511 625	553 398	479 624
中外合作经营企业	11 382	11 923	11 424	8 605	18 128	8 733
外资企业	41 871	58 300	52 667	126 658	130 091	92 424
外商投资股份有限公司	270 326	724 519	684 331	328 878	475 591	233 589
二、按企业经济类型分						
独资企业	773 005	825 293	786 375	814 149	1 037 765	676 490
国有企业	560 215	647 804	626 008	529 990	737 299	462 781
集体企业	44 948	20 785	18 217	17 391	26 329	14 897
私营独资企业	76 839	37 222	33 902	33 260	38 028	31 396
港澳台商独资经营企业	49 132	61 182	55 581	106 850	106 018	74 993
外资企业	41 871	58 300	52 667	126 658	130 091	92 424
合作、合伙企业	103 957	66 908	63 152	34 889	53 933	31 934
股份合作企业	69 045	47 350	44 125	20 896	23 704	18 428
其他联营企业	1 532	1 219	1 170	246	666	221
私营合伙企业	17 330	2 981	2 959	2 285	2 711	2 039
港或澳、台资合作经营企业	4 669	3 435	3 475	2 857	8 724	2 512
中外合作经营企业	11 382	11 923	11 424	8 605	18 128	8 733
股份有限公司	683 293	1 603 309	1 501 857	1 000 235	1 279 472	764 209
股份有限公司（内资）	346 419	842 298	786 945	643 013	771 339	502 519
私营股份有限公司	66 548	36 491	30 582	28 344	32 542	28 101
外商投资股份有限公司	270 326	724 519	684 331	328 878	475 591	233 589
有限责任公司	1 511 375	1 679 707	1 607 377	1 689 816	1 980 626	1 507 554
国有独资公司	273 241	594 691	563 981	523 936	645 681	416 924
私营有限责任公司	316 207	214 409	201 957	173 631	184 312	173 174
港澳台合资经营企业	100 056	96 295	98 723	55 517	69 298	50 231

10－7 续表2－2 (2006年) 单位：万元

项　　目	工业增加值（现价）	流动资产合计	流动资产年平均余额	固定资产合计	固定资产原价	固定资产净值年平均余额
中外合资经营企业	314 110	348 724	314 937	511 625	553 398	479 624
其他有限责任公司	507 761	425 588	427 778	425 107	527 937	387 600
三、在总计中						
亏损企业	190 507	384 899	362 498	575 058	643 050	460 925
国有控股企业	1 505 951	2 890 060	2 744 852	2 161 338	2 850 542	1 762 846
农村工业	21 930	7 690	6 671	4 936	5 769	4 856
四、按轻重工业分						
轻工业	1 687 510	1 520 652	1 454 240	1 526 271	1 833 016	1 379 451
重工业	1 384 119	2 654 564	2 504 522	2 012 817	2 518 781	1 600 735
五、按企业规模分						
大型企业	1 154 800	2 257 622	2 131 562	1 313 871	1 720 521	1 070 378
中型企业	845 723	1 038 127	999 253	1 196 574	1 524 731	1 043 333
小型企业	1 071 106	879 467	827 947	1 028 644	1 106 545	866 476
六、按工业行业大类分						
非金属矿采选业	2 550	3 918	4 313	4 682	5 755	4 573
农副食品加工业	193 461	117 976	117 175	104 033	128 383	103 439
食品制造业	79 003	50 443	42 530	49 099	63 106	45 372
饮料制造业	53 609	68 839	66 237	67 772	98 377	64 064
烟草制品业	329 042	269 379	259 224	122 725	180 023	118 275
纺织业	189 453	103 554	101 560	97 565	138 773	87 158
纺织服装、鞋、帽制造业	67 445	45 688	35 655	29 736	32 766	28 268
皮革、毛皮、羽毛(绒)及其制品业	11 445	4 043	3 748	3 712	4 147	3 712
木材加工及木、竹、藤、棕、草制品业	16 552	7 808	7 527	14 665	16 074	13 716
家具制造业	5 312	1 899	2 004	2 531	2 179	1 955
造纸及纸制品业	85 011	102 610	100 322	271 201	278 947	265 764
印刷业和记录媒介的复制	84 507	73 589	80 647	127 426	195 028	113 356
文教体育用品制造业	14 447	9 134	7 289	11 846	13 370	9 859
石油加工、炼焦及核燃料加工业	7 527	1 124	882	778	868	974
化学原料及化学制品制造业	77 115	94 023	93 321	98 987	126 245	85 641
医药制造业	324 039	400 801	380 049	319 724	341 849	265 596
化学纤维制造业	48 585	60 545	54 908	77 100	78 690	80 874
橡胶制品业	38 720	44 466	40 486	67 654	82 632	59 271
塑料制品业	32 229	27 237	26 559	28 156	33 624	28 550
非金属矿物制品业	138 065	97 299	91 763	114 032	129 518	108 871
黑色金属冶炼及压延加工业	203 906	314 608	319 451	320 871	373 576	244 231
有色金属冶炼及压延加工业	88 921	77 284	67 332	89 989	105 249	88 999
金属制品业	79 337	74 832	73 793	68 367	85 252	67 545
通用设备制造业	57 893	117 230	120 223	51 821	76 623	47 818
专用设备制造业	68 047	95 020	88 822	107 951	113 479	86 116
交通运输设备制造业	375 488	1 298 350	1 193 207	529 335	716 478	405 467
电气机械及器材制造业	186 752	297 876	266 292	152 125	158 080	101 861
通信设备、计算机及其他电子设备制造业	88 595	177 096	165 100	225 174	220 285	141 174
仪器仪表及文化、办公用机械制造业	4 652	6 188	7 212	1 839	2 074	1 828
工艺品及其他制造业	10 743	5 785	4 506	4 661	4 294	2 948
废弃资源和废旧材料回收加工业	6 062	1 230	911	392	461	323
电力、热力的生产和供应业	80 681	57 490	61 824	227 465	365 231	184 862
燃气生产和供应业	1 361	9 776	13 571	30 659	24 969	19 263
水的生产和供应业	21 077	58 078	60 322	115 016	155 397	98 467

10－7　续表3－1　（2006年）　单位：万元

项　　目	固定资产净　值	资产总计	流动负债合　计	长期负债合　计	负债合计	所有者权益合计
总　　计	**3 100 634**	**8 681 856**	**4 180 827**	**750 931**	**4 980 976**	**3 411 435**
一、按登记注册类型分						
内资企业	2 106 422	6 008 098	3 007 813	460 135	3 512 477	2 485 137
国有企业	480 618	1 322 304	722 378	120 522	851 148	471 156
集体企业	16 404	39 617	38 277	7 641	46 071	－6 454
股份合作企业	19 600	75 916	44 907	244	45 269	30 647
联营企业	246	1 567	594		594	973
其他联营企业	246	1 567	594		594	973
有限责任公司	867 050	2 229 787	1 280 670	92 115	1 381 540	844 900
国有独资公司	471 002	1 286 844	858 100	55 675	913 775	369 721
其他有限责任公司	396 048	942 943	422 570	36 440	467 765	475 178
股份有限公司	500 894	1 729 972	730 984	204 128	939 133	783 702
私营企业	221 610	608 936	190 003	35 485	248 722	360 214
私营独资企业	30 662	77 047	25 368	3 122	31 614	45 433
私营合伙企业	2 006	6 387	3 119		3 356	3 031
私营有限责任公司	161 697	450 012	134 265	31 007	184 378	265 634
私营股份有限公司	27 245	75 491	27 251	1 356	29 375	46 116
港、澳、台商投资企业	144 825	353 116	160 610	10 170	171 314	181 803
合资经营企业（港或澳、台资）	54 262	167 193	99 613		99 822	67 370
合作经营企业（港或澳、台资）	2 857	6 598	3 752		3 752	2 845
港澳台商独资企业	87 706	179 326	57 245	10 170	67 739	111 587
外商投资企业	849 387	2 320 641	1 012 404	280 626	1 297 186	744 495
中外合资经营企业	479 687	892 633	266 242	235 192	503 109	385 603
中外合作经营企业	8 122	20 684	10 735		10 735	9 949
外资企业	118 838	191 417	43 751	14 711	60 931	130 486
外商投资股份有限公司	242 740	1 215 907	691 676	30 723	722 411	218 458
二、按企业经济类型分						
独资企业	734 228	1 809 711	887 019	156 166	1 057 503	752 208
国有企业	480 618	1 322 304	722 378	120 522	851 148	471 156
集体企业	16 404	39 617	38 277	7 641	46 071	－6 454
私营独资企业	30 662	77 047	25 368	3 122	31 614	45 433
港澳台商独资经营企业	87 706	179 326	57 245	10 170	67 739	111 587
外资企业	118 838	191 417	43 751	14 711	60 931	130 486
合作、合伙企业	32 831	111 151	63 107	244	63 707	47 445
股份合作企业	19 600	75 916	44 907	244	45 269	30 647
其他联营企业	246	1 567	594		594	973
私营合伙企业	2 006	6 387	3 119		3 356	3 031
港或澳、台资合作经营企业	2 857	6 598	3 752		3 752	2 845
中外合作经营企业	8 122	20 684	10 735		10 735	9 949
股份有限公司	770 879	3 021 370	1 449 911	236 207	1 690 918	1 048 276
股份有限公司（内资）	500 894	1 729 972	730 984	204 128	939 133	783 702
私营股份有限公司	27 245	75 491	27 251	1 356	29 375	46 116
外商投资股份有限公司	242 740	1 215 907	691 676	30 723	722 411	218 458
有限责任公司	1 562 696	3 739 624	1 780 790	358 314	2 168 849	1 563 507
国有独资公司	471 002	1 286 844	858 100	55 675	913 775	369 721
私营有限责任公司	161 697	450 012	134 265	31 007	184 378	265 634
港澳台合资经营企业	54 262	167 193	99 613		99 822	67 370

10－7　续表3－2　　(2006年)　　单位：万元

项目	固定资产净值	资产总计	流动负债合计	长期负债合计	负债合计	所有者权益合计
中外合资经营企业	479 687	892 633	266 242	235 192	503 109	385 603
其他有限责任公司	396 048	942 943	422 570	36 440	467 765	475 178
三、在总计中						
亏损企业	495 376	1 096 017	588 300	99 088	695 068	400 949
国有控股企业	1 846 491	5 771 591	3 082 446	437 489	3 532 261	1 953 806
农村工业	4 777	13 354	4 458	50	4 508	8 847
四、按轻重工业分						
轻工业	1 389 053	3 398 259	1 419 896	342 802	1 791 665	1 602 672
重工业	1 711 581	5 283 597	2 760 931	408 129	3 189 311	1 808 763
五、按企业规模分						
大型企业	1 121 054	4 019 308	2 266 756	207 460	2 474 228	1 260 581
中型企业	1 068 629	2 549 057	1 050 259	382 372	1 436 916	1 107 196
小型企业	910 951	2 113 490	863 812	161 099	1 069 832	1 043 658
六、按工业行业大类分						
非金属矿采选业	4 681	8 650	2 389	30	2 419	6 231
农副食品加工业	100 399	258 931	123 163	14 009	142 334	112 675
食品制造业	44 058	112 198	41 112	12 680	56 160	56 038
饮料制造业	64 243	143 136	75 018	70	76 938	66 197
烟草制品业	112 807	398 677	177 204	13 606	190 810	207 867
纺织业	85 811	222 759	122 022	7 356	136 257	86 502
纺织服装、鞋、帽制造业	28 097	80 437	28 596	5 489	34 084	46 353
皮革、毛皮、羽毛(绒)及其制品业	3 660	8 297	3 362	26	5 069	3 228
木材加工及木、竹、藤、棕、草制品业	14 522	30 096	9 941	9 136	20 155	9 942
家具制造业	1 927	5 049	1 621		1 621	3 428
造纸及纸制品业	261 442	384 494	69 653	171 667	242 089	142 405
印刷业和记录媒介的复制	122 234	228 731	66 180	25 293	91 677	137 054
文教体育用品制造业	10 777	22 158	5 772	30	6 270	15 888
石油加工、炼焦及核燃料加工业	673	2 407	1 388	89	1 477	930
化学原料及化学制品制造业	84 937	207 267	117 140	11 976	133 144	74 123
医药制造业	269 632	820 845	362 435	32 187	396 891	423 953
化学纤维制造业	73 984	198 035	147 346	7 913	155 259	42 776
橡胶制品业	67 475	119 609	43 631	9 877	53 740	65 869
塑料制品业	27 097	59 347	34 340	10 048	44 507	14 840
非金属矿物制品业	109 844	229 945	102 933	9 677	114 312	115 633
黑色金属冶炼及压延加工业	292 348	697 423	462 598	27 095	489 758	207 665
有色金属冶炼及压延加工业	85 655	180 605	77 249	34 530	114 844	65 761
金属制品业	66 022	161 945	83 015	7 598	93 734	68 211
通用设备制造业	50 208	196 955	111 107	18 547	130 752	66 203
专用设备制造业	93 435	211 805	90 463	17 384	110 237	101 568
交通运输设备制造业	407 044	2 083 625	1 235 669	100 572	1 336 540	468 108
电气机械及器材制造业	124 628	499 849	258 819	24 470	288 483	205 842
通信设备、计算机及其他电子设备制造业	172 618	428 671	111 381	73 777	185 207	243 464
仪器仪表及文化、办公用机械制造业	1 808	12 541	2 631	133	2 764	9 776
工艺品及其他制造业	3 761	11 138	3 961		5 656	5 482
废弃资源和废旧材料回收加工业	363	1 729	1 363		1 363	366
电力、热力的生产和供应业	186 188	415 453	117 911	82 833	204 173	210 255
燃气生产和供应业	22 219	42 951	24 863	3 302	28 165	14 786
水的生产和供应业	106 040	196 103	64 554	19 531	84 085	112 018

10－7　续表4－1　（2006年）　单位：万元

项　　目	实收资本	国家资本	集体资本	法人资本	个人资本	港澳台资本	外商资本
总　计	**2 036 302**	**660 937**	**23 974**	**699 748**	**230 106**	**139 118**	**282 419**
一、按登记注册类型分							
内资企业	1 268 845	513 974	23 296	502 333	224 995	2 252	1 994
国有企业	224 080	150 869	1 413	70 929	154		715
集体企业	12 178		11 485	694			
股份合作企业	16 840		2 615	8 966	5 219	40	
联营企业	600	240			360		
其他联营企业	600	240			360		
有限责任公司	541 124	278 770	6 150	196 756	55 957	2 212	1 279
国有独资公司	239 889	229 595	819	6 523	570	1 519	863
其他有限责任公司	301 236	49 175	5 331	190 233	55 387	693	417
股份有限公司	283 034	84 069		131 697	67 268		
私营企业	190 989	26	1 634	93 291	96 038		
私营独资企业	29 098			11 193	17 905		
私营合伙企业	2 556			1 594	962		
私营有限责任公司	130 832	26	1 634	65 910	63 262		
私营股份有限公司	28 502			14 594	13 908		
港、澳、台商投资企业	155 254	1 055	678	25 885	1 260	123 122	3 255
合资经营企业（港或澳、台资）	50 682	1 055	343	21 727	1 210	26 347	
合作经营企业（港或澳、台资）	3 255						3 255
港澳台商独资企业	101 317		335	4 158	50	96 775	
外商投资企业	612 203	145 908		171 531	3 851	13 744	277 170
中外合资经营企业	348 634	9 021		170 733	3 851	13 744	151 285
中外合作经营企业	5 186	788					4 397
外资企业	122 030			542			121 488
外商投资股份有限公司	136 354	136 099		255			
二、按企业经济类型分							
独资企业	488 703	150 869	13 233	87 515	18 109	96 775	122 202
国有企业	224 080	150 869	1 413	70 929	154		715
集体企业	12 178		11 485	694			
私营独资企业	29 098			11 193	17 905		
港澳台商独资经营企业	101 317		335	4 158	50	96 775	
外资企业	122 030			542			121 488
合作、合伙企业	28 437	1 028	2 615	10 560	6 541	40	7 652
股份合作企业	16 840		2 615	8 966	5 219	40	
其他联营企业	600	240			360		
私营合伙企业	2 556			1 594	962		
港或澳、台资合作经营企业	3 255						3 255
中外合作经营企业	5 186	788					4 397
股份有限公司	447 890	220 168		146 546	81 176		
股份有限公司（内资）	283 034	84 069		131 697	67 268		
私营股份有限公司	28 502			14 594	13 908		
外商投资股份有限公司	136 354	136 099		255			
有限责任公司	1 071 271	288 871	8 126	455 126	124 280	42 303	152 564
国有独资公司	239 889	229 595	819	6 523	570	1 519	863
私营有限责任公司	130 832	26	1 634	65 910	63 262		
港澳台合资经营企业	50 682	1 055	343	21 727	1 210	26 347	

10－7　续表 4－2　　　　　　　　　　　　　　（2006 年）　　　　　　　　　　　　　　单位：万元

项　　目	实收资本	国家资本	集体资本	法人资本	个人资本	港澳台资本	外商资本
中外合资经营企业	348 634	9 021		170 733	3 851	13 744	151 285
其他有限责任公司	301 236	49 175	5 331	190 233	55 387	693	417
三、在总计中							
亏损企业	413 832	59 593	1 145	149 498	19 418	51 000	133 179
国有控股企业	983 546	649 717	2 315	249 311	67 212	1 646	13 345
农村工业	6 289		1 492	2 585	2 212		
四、按轻重工业分							
轻工业	833 149	206 216	9 579	350 191	84 119	45 631	137 414
重工业	1 203 152	454 721	14 395	349 558	145 987	93 487	145 005
五、按企业规模分							
大型企业	504 251	439 470	902	16 098	45 065	1 519	1 197
中型企业	706 583	126 909	10 319	344 644	50 532	66 929	107 251
小型企业	825 468	94 557	12 753	339 006	134 510	70 670	173 972
六、按工业行业大类分							
非金属矿采选业	2 293		50	2 243			
农副食品加工业	64 474	9 008	68	28 984	11 751	1 372	13 292
食品制造业	34 345	312	5 248	21 565	7 221		
饮料制造业	48 460	9 422	50	24 443	1 786	1 591	11 169
烟草制品业	36 347	36 347					
纺织业	53 899	12 676	1 127	22 343	15 764	1 989	
纺织服装、鞋、帽制造业	26 055	259	356	19 145	2 697	1 672	1 926
皮革、毛皮、羽毛(绒)及其制品业	3 685	347	7	1 085	614		1 632
木材加工及木、竹、藤、棕、草制品业	5 624			2 295	3 329		
家具制造业	2 212			2 148	64		
造纸及纸制品业	153 289	878	60	80 430	384	1 754	69 784
印刷业和记录媒介的复制	84 863	50 796	1 310	20 926	8 090	1 427	2 314
文教体育用品制造业	5 859			2 568	91	3 200	
石油加工、炼焦及核燃料加工业	1 154			372	782		
化学原料及化学制品制造业	75 021	18 133	2 130	37 405	12 006	5 054	292
医药制造业	175 159	35 562		82 568	15 637	9 007	32 386
化学纤维制造业	11 301	8 913		2 335			53
橡胶制品业	50 191		520	2 981	397	46 294	
塑料制品业	20 946	433	4 601	10 876	4 202	240	595
非金属矿物制品业	90 566	3 125		61 734	17 676	4 161	3 870
黑色金属冶炼及压延加工业	111 170	108 268	363	1 597	941		
有色金属冶炼及压延加工业	54 687	2 137	138	43 179	3 274	150	5 810
金属制品业	65 545	12 957	434	15 676	16 295	2 631	17 552
通用设备制造业	75 868	14 416	566	35 812	9 647	800	14 626
专用设备制造业	97 905	35 780	424	33 513	15 962	1 552	10 675
交通运输设备制造业	253 108	226 182	627	12 155	13 495	400	250
电气机械及器材制造业	105 421	7 821	3 360	43 899	22 650	20 368	7 323
通信设备、计算机及其他电子设备制造业	169 634	20 426	1 383	6 631	20 403	33 098	87 693
仪器仪表及文化、办公用机械制造业	5 289	155	335	130	3 845	800	25
工艺品及其他制造业	3 542	34		2 610	525		373
废弃资源和废旧材料回收加工业	364			264	60	40	
电力、热力的生产和供应业	90 148	8 943		61 756	19 448		
燃气生产和供应业	10 000			9 500	500		
水的生产和供应业	47 880	37 611	819	6 581	570	1 519	780

(2006年)

单位：万元

项目	主营业务收入	主营业务成本	主营业务税金及附加	营业费用	管理费用	财务费用
总计	**9 594 223**	**7 846 979**	**272 317**	**394 664**	**428 901**	**81 123**
一、按登记注册类型分						
内资企业	6 896 481	5 659 871	243 957	234 139	285 740	57 188
国有企业	1 245 007	855 091	194 502	25 326	70 896	10 811
集体企业	137 419	130 121	379	2 040	2 836	353
股份合作企业	209 582	189 958	1 284	2 193	3 144	705
联营企业	4 867	4 625	17	151	135	－34
其他联营企业	4 867	4 625	17	151	135	－34
有限责任公司	2 873 617	2 529 824	15 723	73 285	112 177	20 142
国有独资公司	1 371 969	1 259 910	4 857	17 107	60 526	8 650
其他有限责任公司	1 501 649	1 269 915	10 866	56 178	51 651	11 492
股份有限公司	1 101 228	866 115	6 102	71 439	70 602	19 209
私营企业	1 324 761	1 084 138	25 951	59 705	25 950	6 003
私营独资企业	217 586	187 385	3 390	3 522	3 128	1 624
私营合伙企业	46 424	39 363	813	359	258	64
私营有限责任公司	894 223	717 408	19 243	52 651	19 258	3 643
私营股份有限公司	166 527	139 982	2 505	3 172	3 305	672
港、澳、台商投资企业	458 033	409 482	2 243	12 283	14 539	2 978
合资经营企业（港或澳、台资）	294 888	264 000	1 027	6 686	6 961	1 919
合作经营企业（港或澳、台资）	18 592	16 481		468	537	110
港澳台商独资企业	144 553	129 002	1 216	5 130	7 041	950
外商投资企业	2 239 709	1 777 626	26 117	148 243	128 622	20 957
中外合资经营企业	914 589	735 049	5 006	70 668	27 256	16 503
中外合作经营企业	32 670	22 778		5 836	1 553	63
外资企业	106 707	88 768	152	1 655	6 267	905
外商投资股份有限公司	1 185 743	931 031	20 959	70 084	93 546	3 486
二、按企业经济类型分						
独资企业	1 851 271	1 390 366	199 638	37 673	90 168	14 643
国有企业	1 245 007	855 091	194 502	25 326	70 896	10 811
集体企业	137 419	130 121	379	2 040	2 836	353
私营独资企业	217 586	187 385	3 390	3 522	3 128	1 624
港澳台商独资经营企业	144 553	129 002	1 216	5 130	7 041	950
外资企业	106 707	88 768	152	1 655	6 267	905
合作、合伙企业	312 136	273 205	2 113	9 007	5 627	907
股份合作企业	209 582	189 958	1 284	2 193	3 144	705
其他联营企业	4 867	4 625	17	151	135	－34
私营合伙企业	46 424	39 363	813	359	258	64
港或澳、台资合作经营企业	18 592	16 481		468	537	110
中外合作经营企业	32 670	22 778		5 836	1 553	63
股份有限公司	2 453 498	1 937 127	29 566	144 695	167 453	23 367
股份有限公司（内资）	1 101 228	866 115	6 102	71 439	70 602	19 209
私营股份有限公司	166 527	139 982	2 505	3 172	3 305	672
外商投资股份有限公司	1 185 743	931 031	20 959	70 084	93 546	3 486
有限责任公司	4 977 318	4 246 281	40 999	203 290	165 653	42 206
国有独资公司	1 371 969	1 259 910	4 857	17 107	60 526	8 650
私营有限责任公司	894 223	717 408	19 243	52 651	19 258	3 643
港澳台合资经营企业	294 888	264 000	1 027	6 686	6 961	1 919

10－7　续表5－2　　　　　　　　　(2006年)　　　　　　　　　单位：万元

项　　目	主营业务收　入	主营业务成　本	主营业务税金及附加	营业费用	管理费用	财务费用
中外合资经营企业	914 589	735 049	5 006	70 668	27 256	16 503
其他有限责任公司	1 501 649	1 269 915	10 866	56 178	51 651	11 492
三、在总计中						
亏损企业	636 681	602 676	3 408	14 689	37 894	11 840
国有控股企业	5 133 265	4 121 545	225 836	192 157	311 737	44 919
农村工业	60 330	54 191	947	790	1 127	272
四、按轻重工业分						
轻工业	4 319 346	3 272 479	233 712	259 423	159 255	43 263
重工业	5 274 877	4 574 500	38 605	135 241	269 646	37 860
五、按企业规模分						
大型企业	4 060 029	3 267 527	220 423	139 686	230 883	26 872
中型企业	2 449 122	1 982 122	23 158	183 086	103 346	36 079
小型企业	3 085 072	2 597 331	28 736	71 892	94 673	18 172
六、按工业行业大类分						
非金属矿采选业	13 248	10 184	75	665	678	152
农副食品加工业	604 794	541 960	835	15 516	11 013	2 814
食品制造业	232 245	189 743	1 402	13 977	6 747	700
饮料制造业	126 036	87 407	6 576	11 968	6 603	1 170
烟草制品业	437 636	149 065	191 480	14 073	28 202	3 872
纺织业	518 230	436 079	7 249	6 045	10 005	2 979
纺织服装、鞋、帽制造业	191 956	155 379	5 419	3 908	5 643	1 265
皮革、毛皮、羽毛(绒)及其制品业	30 370	26 903	170	451	538	101
木材加工及木、竹、藤、棕、草制品业	41 381	31 980	580	544	850	824
家具制造业	15 085	12 025	108	109	158	80
造纸及纸制品业	266 672	224 065	177	8 471	4 192	10 974
印刷业和记录媒介的复制	195 524	142 463	2 187	2 329	15 537	753
文教体育用品制造业	47 208	42 102	514	974	759	167
石油加工、炼焦及核燃料加工业	26 538	22 477	37	501	856	32
化学原料及化学制品制造业	244 191	214 314	2 375	4 437	9 694	2 385
医药制造业	888 336	580 926	15 742	170 906	46 064	12 210
化学纤维制造业	175 269	174 194	107	321	3 227	2 212
橡胶制品业	101 241	90 658	393	2 862	2 599	656
塑料制品业	93 532	78 838	569	1 669	2 556	446
非金属矿物制品业	392 608	336 475	1 143	8 631	8 557	2 563
黑色金属冶炼及压延加工业	1 242 890	1 183 497	3 789	7 788	24 663	7 907
有色金属冶炼及压延加工业	307 398	289 934	775	4 075	7 147	2 182
金属制品业	226 704	199 365	930	2 767	6 097	2 139
通用设备制造业	158 695	132 135	506	5 316	9 975	1 634
专用设备制造业	163 747	137 308	555	5 398	10 446	1 570
交通运输设备制造业	1 662 833	1 337 490	22 337	73 928	133 391	5 797
电气机械及器材制造业	576 009	508 345	3 509	16 430	16 742	4 808
通信设备、计算机及其他电子设备制造业	275 647	219 180	706	6 565	26 951	2 373
仪器仪表及文化、办公用机械制造业	13 359	8 951	187	651	1 030	225
工艺品及其他制造业	33 970	29 234	30	271	319	63
废弃资源和废旧材料回收加工业	18 101	16 691	52	41	96	67
电力、热力的生产和供应业	223 335	202 086	1 217	91	19 815	4 581
燃气生产和供应业	5 283	4 297	21	219	903	251
水的生产和供应业	44 152	31 229	566	2 769	6 847	1 174

10－7　续表6－1　（2006年）　单位：万元

项　　目	营业利润	投资收益	补贴收入	营业外收入	利润总额	应交所得税
总　　计	**383 435**	**10 188**	**10 215**	**107 709**	**383 342**	**69 550**
一、按登记注册类型分						
内资企业	253 765	10 016	6 978	105 171	254 616	47 662
国有企业	64 218	1 659	988	1 788	59 362	24 339
集体企业	1 188	115	55	116	1 444	415
股份合作企业	5 242		2 330	641	5 275	158
联营企业	－19			4	－29	
其他联营企业	－19			4	－29	
有限责任公司	62 198	191	2 605	10 325	59 424	8 641
国有独资公司	20 673	860	1 250	1 477	17 874	4 719
其他有限责任公司	41 525	－669	1 356	8 848	41 550	3 922
股份有限公司	60 687	7 835	708	1 748	69 029	9 061
私营企业	60 251	216	291	90 549	60 111	5 047
私营独资企业	6 699		64	1	6 603	419
私营合伙企业	517				517	1
私营有限责任公司	46 859	182	227	89 473	46 867	4 219
私营股份有限公司	6 177	34		1 075	6 124	409
港、澳、台商投资企业	6 047	5	880	808	7 116	450
合资经营企业（港或澳、台资）	9 682	5	485	141	10 044	415
合作经营企业（港或澳、台资）	20			1	－277	
港澳台商独资企业	－3 655		394	666	－2 651	35
外商投资企业	123 622	167	2 357	1 731	121 610	21 438
中外合资经营企业	36 279	90	1 010	1 054	35 899	2 926
中外合作经营企业	2 861			7	2 864	432
外资企业	5 856	31	330	28	5 659	416
外商投资股份有限公司	78 626	47	1 018	642	77 188	17 664
二、按企业经济类型分						
独资企业	74 307	1 804	1 831	2 600	70 418	25 624
国有企业	64 218	1 659	988	1 788	59 362	24 339
集体企业	1 188	115	55	116	1 444	415
私营独资企业	6 699		64	1	6 603	419
港澳台商独资经营企业	－3 655		394	666	－2 651	35
外资企业	5 856	31	330	28	5 659	416
合作、合伙企业	8 620		2 330	653	8 350	591
股份合作企业	5 242		2 330	641	5 275	158
其他联营企业	－19			4	－29	
私营合伙企业	517				517	1
港或澳、台资合作经营企业	20			1	－277	
中外合作经营企业	2 861			7	2 864	432
股份有限公司	145 489	7 916	1 726	3 465	152 341	27 134
股份有限公司（内资）	60 687	7 835	708	1 748	69 029	9 061
私营股份有限公司	6 177	34		1 075	6 124	409
外商投资股份有限公司	78 626	47	1 018	642	77 188	17 664
有限责任公司	155 018	468	4 328	100 992	152 234	16 201
国有独资公司	20 673	860	1 250	1 477	17 874	4 719
私营有限责任公司	46 859	182	227	89 473	46 867	4 219
港澳台合资经营企业	9 682	5	485	141	10 044	415

项　　目	营业利润	投资收益	补贴收入	营业外收入	利润总额	应交所得税
中外合资经营企业	36 279	90	1 010	1 054	35 899	2 926
其他有限责任公司	41 525	－669	1 356	8 848	41 550	3 922
三、在总计中						
亏损企业	－39 537	208	931	962	－42 743	152
国有控股企业	224 274	9 627	4 848	5 886	222 865	56 886
农村工业	1 264	72		10	1 335	37
四、按轻重工业分						
轻工业	204 666	378	2 394	76 416	198 998	37 972
重工业	178 769	9 810	7 820	31 293	184 344	31 578
五、按企业规模分						
大型企业	189 038	2 607	2 811	3 462	182 210	45 127
中型企业	90 820	7 163	1 431	76 698	98 034	16 904
小型企业	103 577	418	5 973	27 549	103 098	7 520
六、按工业行业大类分						
非金属矿采选业	1 333		180	3	1 507	
农副食品加工业	16 533	65	369	145	16 625	693
食品制造业	8 207	3		72 814	8 050	682
饮料制造业	6 066	30	3	7	5 924	657
烟草制品业	51 078	271		204	49 165	16 426
纺织业	9 539	－106	123	254	9 288	397
纺织服装、鞋、帽制造业	4 061	53	294	30	4 257	114
皮革、毛皮、羽毛(绒)及其制品业	557			4	547	20
木材加工及木、竹、藤、棕、草制品业	1 901		89		1 898	192
家具制造业	490				490	4
造纸及纸制品业	8 328		98	831	8 132	28
印刷业和记录媒介的复制	23 102	241	264	556	22 162	7 011
文教体育用品制造业	1 941				1 941	1
石油加工、炼焦及核燃料加工业	842				841	3
化学原料及化学制品制造业	7 076		158	192	6 943	912
医药制造业	49 394	－713	486	422	48 760	8 793
化学纤维制造业	－4 564		23	440	－7 364	49
橡胶制品业	367		305	650	1 281	168
塑料制品业	3 534	－4	73	1 088	3 402	94
非金属矿物制品业	14 975	114	654	32	15 375	505
黑色金属冶炼及压延加工业	16 675	329	42	285	16 496	3 629
有色金属冶炼及压延加工业	464	－662	2 473	40	－517	－183
金属制品业	6 854	39	178	10 791	7 172	706
通用设备制造业	7 156	221	400	529	7 509	906
专用设备制造业	6 640	83	149	25	6 588	638
交通运输设备制造业	99 738	230	2 425	7 525	94 943	18 846
电气机械及器材制造业	18 527	955	171	9 288	19 608	2 764
通信设备、计算机及其他电子设备制造业	20 026	610	1 258	272	20 826	2 744
仪器仪表及文化、办公用机械制造业	1 328				1 326	123
工艺品及其他制造业	2 272				2 272	1
废弃资源和废旧材料回收加工业	42				18	
电力、热力的生产和供应业	－4 102	8 060		802	3 985	604
燃气生产和供应业	1 162	－81		11	1 078	356
水的生产和供应业	1 898	450		470	2 816	1 670

10－7　续表 7－1　　　　　　　　　　（2006 年）　　　　　　　　　　单位：万元

项　　　目	亏损企业 亏损总额	利税总额	本年应付 工资总额	本年应付 福利费 总　额	本年应交 增值税	工业中间 投入合计
总　　计	**42 743**	**968 467**	**349 745**	**44 048**	**308 474**	**6 900 869**
一、按登记注册类型分						
内资企业	27 896	718 122	272 723	36 394	219 145	4 922 025
国有企业	18 541	332 738	56 887	7 730	78 874	775 915
集体企业	255	2 793	3 244	278	970	96 623
股份合作企业	112	9 652	3 955	372	3 093	145 413
联营企业	29	－12	152	21		3 407
其他联营企业	29	－12	152	21		3 407
有限责任公司	7 171	150 228	108 940	16 565	74 945	2 222 679
国有独资公司	4	61 748	55 591	10 453	39 017	1 167 725
其他有限责任公司	7 167	88 480	53 349	6 112	35 928	1 054 954
股份有限公司	1 240	111 188	60 592	8 042	36 057	777 053
私营企业	548	111 535	38 952	3 387	25 206	900 934
私营独资企业	85	13 264	7 574	577	3 270	153 140
私营合伙企业	19	2 558	863	45	1 228	29 971
私营有限责任公司	324	84 895	24 148	2 108	18 518	609 238
私营股份有限公司	120	10 818	6 367	658	2 190	108 585
港、澳、台商投资企业	5 999	14 175	11 521	827	4 803	311 748
合资经营企业（港或澳、台资）	1 787	14 351	5 858	386	3 269	200 130
合作经营企业（港或澳、台资）	277	－269	448	108	8	14 163
港澳台商独资企业	3 935	93	5 214	333	1 526	97 456
外商投资企业	8 848	236 170	65 502	6 827	84 526	1 667 096
中外合资经营企业	8 085	65 486	20 967	1 484	21 881	655 870
中外合作经营企业		4 298	2 095	281	1 434	23 487
外资企业	763	6 866	5 942	240	－162	68 578
外商投资股份有限公司		159 520	36 498	4 822	61 373	919 161
二、按企业经济类型分						
独资企业	23 579	355 754	78 861	9 157	84 478	1 191 712
国有企业	18 541	332 738	56 887	7 730	78 874	775 915
集体企业	255	2 793	3 244	278	970	96 623
私营独资企业	85	13 264	7 574	577	3 270	153 140
港澳台商独资经营企业	3 935	93	5 214	333	1 526	97 456
外资企业	763	6 866	5 942	240	－162	68 578
合作、合伙企业	437	16 227	7 514	827	5 764	216 440
股份合作企业	112	9 652	3 955	372	3 093	145 413
其他联营企业	29	－12	152	21		3 407
私营合伙企业	19	2 558	863	45	1 228	29 971
港或澳、台资合作经营企业	277	－269	448	108	8	14 163
中外合作经营企业		4 298	2 095	281	1 434	23 487
股份有限公司	1 360	281 526	103 458	13 522	99 620	1 804 800
股份有限公司（内资）	1 240	111 188	60 592	8 042	36 057	777 053
私营股份有限公司	120	10 818	6 367	658	2 190	108 585
外商投资股份有限公司		159 520	36 498	4 822	61 373	919 161
有限责任公司	17 367	314 960	159 913	20 543	118 612	3 687 917
国有独资公司	4	61 748	55 591	10 453	39 017	1 167 725
私营有限责任公司	324	84 895	24 148	2 108	18 518	609 238
港澳台合资经营企业	1 787	14 351	5 858	386	3 269	200 130

10－7　续表7－2　　　　　　　　　　　　（2006年）　　　　　　　　　　　　单位：万元

项　　目	亏损企业亏损总额	利税总额	本年应付工资总额	本年应付福利费总额	本年应交增值税	工业中间投入合计
中外合资经营企业	8 085	65 486	20 967	1 484	21 881	655 870
其他有限责任公司	7 167	88 480	53 349	6 112	35 928	1 054 954
三、在总计中						
亏损企业	42 743	－18 905	34 699	3 903	16 625	484 934
国有控股企业	28 517	674 753	224 382	33 092	223 320	3 835 495
农村工业	10	2 972	2 127	117	691	40 143
四、按轻重工业分						
轻工业	23 135	589 954	144 792	14 502	156 862	2 835 783
重工业	19 609	378 514	204 954	29 547	151 612	4 065 086
五、按企业规模分						
大型企业	7 569	579 478	154 297	24 287	176 844	3 035 714
中型企业	13 530	202 054	97 673	10 869	80 034	1 735 096
小型企业	21 644	186 935	97 776	8 892	51 596	2 130 059
六、按工业行业大类分						
非金属矿采选业		1 730	352	49	149	10 844
农副食品加工业	430	20 415	10 313	1 108	2 854	417 070
食品制造业	939	14 143	7 485	759	4 691	159 862
饮料制造业	3 334	18 468	5 136	792	5 962	87 735
烟草制品业		290 981	13 863	2 219	50 336	158 098
纺织业	570	27 846	23 906	1 579	11 032	343 340
纺织服装、鞋、帽制造业	210	13 184	9 286	528	3 509	127 354
皮革、毛皮、羽毛(绒)及其制品业	28	1 041	1 162	97	324	20 030
木材加工及木、竹、藤、棕、草制品业		2 911	1 146	77	433	26 192
家具制造业		840	302	10	243	9 979
造纸及纸制品业	60	14 039	2 727	36	5 730	201 545
印刷业和记录媒介的复制	2 881	33 871	11 472	1 582	9 522	120 122
文教体育用品制造业		2 814	1 711	157	359	35 095
石油加工、炼焦及核燃料加工业	21	968	123	13	91	19 332
化学原料及化学制品制造业	692	16 367	9 085	1 152	7 049	183 890
医药制造业	4 018	111 106	32 479	2 893	46 604	617 650
化学纤维制造业	7 569	196	2 888	401	7 453	135 368
橡胶制品业	9	1 921	3 424	243	247	64 543
塑料制品业	98	5 309	2 605	267	1 338	62 832
非金属矿物制品业	950	22 651	8 207	1 293	6 133	268 694
黑色金属冶炼及压延加工业	1	57 126	29 452	4 297	36 841	1 044 213
有色金属冶炼及压延加工业	4 144	6 169	3 933	488	4 168	241 416
金属制品业	1 849	11 488	7 548	534	2 407	161 173
通用设备制造业	732	13 635	8 725	1 090	5 620	112 810
专用设备制造业	603	11 034	14 413	1 709	3 860	108 760
交通运输设备制造业	961	181 836	73 119	12 667	64 556	1 322 725
电气机械及器材制造业	5 169	28 919	17 303	1 804	4 846	407 846
通信设备、计算机及其他电子设备制造业	1 623	26 890	17 850	2 281	5 117	204 587
仪器仪表及文化、办公用机械制造业		1 969	1 042	56	456	7 541
工艺品及其他制造业		2 485	690	59	183	23 933
废弃资源和废旧材料回收加工业		755	86	6	684	12 835
电力、热力的生产和供应业	5 814	18 345	21 751	2 963	13 143	155 344
燃气生产和供应业		1 775	682	74	676	4 598
水的生产和供应业	41	5 242	5 482	768	1 860	23 516

10－8　规模以上工业企业经济效益指数

（2006 年）

项　　目	工业经济效益综合指数（%）	总资产贡献率（%）	资本保值增值率（%）	资产负债率（%）	流动资产周转率（次）	成本费用利润率（%）	全员劳动生产率（元/人）	工业产品销售率（%）
总　　计	**190.86**	**12.81**	**119.53**	**57.37**	**2.42**	**4.38**	**140 434**	**99.12**
一、按登记注册类型分								
内资企业	185.48	13.69	120.2	58.46	2.52	4.08	128 949	99.33
国有企业	233.31	26.17	109.99	64.37	1.99	6.17	169 096	100.83
集体企业	178.49	7.41		116.29	7.54	1.07	119 925	99.63
股份合作企业	252.21	15.85	127.6	59.63	4.75	2.69	203 133	99.13
联营企业	185.54	－3.04	97.11	37.91	4.16	－0.59	189 086	95
其他联营企业	185.54	－3.04	97.11	37.91	4.16	－0.59	189 086	95
有限责任公司	159.5	7.42	102.95	61.96	2.9	2.17	115 884	99.41
国有独资公司	145.31	5.13	89.01	71.01	2.43	1.33	119 622	100.8
其他有限责任公司	176.32	10.91	117.24	49.61	3.51	2.99	113 968	98.13
股份有限公司	169.1	8.96	137.46	54.29	1.4	6.72	114 432	99.76
私营企业	232.52	23.32	160.56	40.85	4.92	5.11	122 937	97.44
私营独资企业	223.15	22.88	179.21	41.03	6.42	3.37	91 301	96.62
私营合伙企业	363.12	38.19	88.74	52.54	15.69	1.29	156 545	98.26
私营有限责任公司	238.38	23.9	158.08	40.97	4.43	5.91	134 270	97.87
私营股份有限公司	222.04	18.6	167.41	38.91	5.45	4.16	116 322	96.07
港、澳、台商投资企业	187.44	3.91	96.65	48.51	2.9	1.62	176 848	98.26
合资经营企业（港或澳、台资）	239.29	9.17	108.68	59.7	2.99	3.59	229 909	98.1
合作经营企业（港或澳、台资）	310.86	－2.09	50.49	56.87	5.35	－1.57	389 100	98.71
港澳台商独资企业	131.93	0.26	127.83	37.77	2.6	－1.87	116 207	98.54
外商投资企业	224.06	12.21	124.41	55.9	2.11	5.86	192 052	98.64
中外合资经营企业	256.44	9.72	108.29	56.36	2.9	4.23	254 196	97.25
中外合作经营企业	307.98	21.7	133.74	51.9	2.86	9.47	264 081	100.16
外资企业	199.58	6.11	354.33	31.83	2.03	5.8	122 036	96.54
外商投资股份有限公司	207.63	14.61	110.28	59.41	1.73	7.03	159 156	99.96
二、按经济组织类型分								
独资企业	212.49	21.7	130.41	58.43	2.35	4.59	145 979	99.81
国有企业	233.31	26.17	109.99	64.37	1.99	6.17	169 096	100.83
集体企业	178.49	7.41		116.29	7.54	1.07	119 925	99.63
私营独资企业	223.15	22.88	179.21	41.03	6.42	3.37	91 301	96.62
港澳台商独资经营企业	131.93	0.26	127.83	37.77	2.6	－1.87	116 207	98.54
外资企业	199.58	6.11	354.33	31.83	2.03	5.8	122 036	96.54
合作、合伙企业	254.49	16.87	114.3	57.32	4.94	2.89	202 330	99.02
股份合作企业	252.21	15.85	127.6	59.63	4.75	2.69	203 133	99.13
其他联营企业	185.54	－3.04	97.11	37.91	4.16	－0.59	189 086	95
私营合伙企业	363.12	38.19	88.74	52.54	15.69	1.29	156 545	98.26
港或澳、台资合作经营企业	310.86	－2.09	50.49	56.87	5.35	－1.57	389 100	98.71
中外合作经营企业	307.98	21.7	133.74	51.9	2.86	9.47	264 081	100.16
股份有限公司	182.98	11.26	126.46	55.97	1.63	6.7	128 974	99.59
股份有限公司（内资）	169.1	8.96	137.46	54.29	1.4	6.72	114 432	99.76
私营股份有限公司	222.04	18.6	167.41	38.91	5.45	4.16	116 322	96.07
外商投资股份有限公司	207.63	14.61	110.28	59.41	1.73	7.03	159 156	99.96
有限责任公司	186.27	9.69	111.14	58	3.1	3.27	140 392	98.65
国有独资公司	145.31	5.13	89.01	71.01	2.43	1.33	119 622	100.8
私营有限责任公司	238.38	23.9	158.08	40.97	4.43	5.91	134 270	97.87
港澳台合资经营企业	239.29	9.17	108.68	59.7	2.99	3.59	229 909	98.1

（2006 年）

项目	工业经济效益综合指数（%）	总资产贡献率（%）	资本保值增值率（%）	资产负债率（%）	流动资产周转率（次）	成本费用利润率（%）	全员劳动生产率（元/人）	工业产品销售率（%）
中外合资经营企业	256.44	9.72	108.29	56.36	2.9	4.23	254 196	97.25
其他有限责任公司	176.32	10.91	117.24	49.61	3.51	2.99	113 968	98.13
三、在总计中								
亏损企业	81.48	－0.8	188.89	63.42	1.76	－6.41	66 861	96.96
国有控股企业	186.14	13.68	130.24	61.2	1.87	4.77	134 546	100.17
农村工业	242.92	22.18	106.75	33.75	9.04	2.37	105 080	98.59
四、按轻重工业分								
轻工业	218.84	19.1	113.15	52.72	2.97	5.33	153 810	99.05
重工业	169.65	8.53	125.82	60.36	2.11	3.67	126 972	99.18
五、按企业规模分								
大型企业	215.84	16.89	139.59	61.56	1.9	4.97	169 846	100.63
中型企业	178.08	8.75	90.24	56.37	2.45	4.25	138 800	98.45
小型企业	187.7	10.81	144.15	50.62	3.73	3.71	119 274	97.73
六、按工业行业大类分								
非金属矿采选业	234.7	26.25	244.13	27.97	3.07	12.9	80 189	99.68
农副食品加工业	257.59	9.94	126.48	54.97	5.16	2.91	222 267	99.79
食品制造业	215.25	13.8	124.36	50.05	5.46	3.81	130 649	99.12
饮料制造业	210.42	15.69	121.23	53.75	1.9	5.53	164 648	99.69
烟草制品业	1178.47	80.96	125.05	47.86	1.69	25.19	1 440 010	103.73
纺织业	171.64	14.11	115.16	61.17	5.1	2.04	77 451	98.01
纺织服装、鞋、帽制造业	193.89	18.05	160.54	42.37	5.38	2.56	83 834	97.03
皮革、毛皮、羽毛（绒）及其制品业	195.27	9.19	36.95	61.09	8.1	1.95	100 306	98.68
木材加工及木、竹、藤、棕、草制品业	228.83	15.07	111.74	66.97	5.5	5.55	144 428	96.87
家具制造业	270.2	18.23	111.28	32.1	7.53	3.96	175 877	99.35
造纸及纸制品业	321.31	6.32	104.51	62.96	2.66	3.28	384 489	94.61
印刷业和记录媒介的复制	212.12	16.19	118.56	40.08	2.42	13.76	106 714	99.93
文教体育用品制造业	204.64	16.78	200.19	28.3	6.48	4.41	67 478	96.91
石油加工、炼焦及核燃料加工业	684.78	43.04	87.43	61.37	30.09	3.52	425 226	97.06
化学原料及化学制品制造业	144.07	8.68	68.2	64.24	2.62	3.01	95 356	96.39
医药制造业	206.07	15.59	107.82	48.35	2.34	6.02	150 737	99.08
化学纤维制造业	174.29	1.17	103.2	78.4	3.19	－4.09	201 763	99.79
橡胶制品业	161.71	1.85	94.31	44.93	2.5	1.32	149 384	99.46
塑料制品业	174.19	10.24	113.3	75	3.52	4.07	113 844	98.35
非金属矿物制品业	247.32	11.89	135.79	49.71	4.28	4.32	203 246	98.22
黑色金属冶炼及压延加工业	191.33	9.83	131.27	70.22	3.89	1.35	147 640	100.18
有色金属冶炼及压延加工业	290.45	5.16	125.52	63.59	4.57	－0.17	323 113	95.3
金属制品业	189.46	8.71	139.1	57.88	3.07	3.41	142 410	97
通用设备制造业	145.32	8.42	141.26	66.39	1.32	5.04	91 328	98.05
专用设备制造业	120.03	6.31	120.3	52.05	1.84	4.26	54 551	95.05
交通运输设备制造业	170.19	9.81	119.61	64.14	1.39	6.12	123 046	101.36
电气机械及器材制造业	190.23	6.17	120.45	57.71	2.16	3.59	169 007	98.42
通信设备、计算机及其他电子设备制造业	156.64	8.4	153.12	43.2	1.67	8.16	79 358	96.96
仪器仪表及文化、办公用机械制造业	165.34	13.75	98.03	22.04	1.85	12.22	60 259	101
工艺品及其他制造业	284.3	25.81	144.05	50.78	7.54	7.6	145 962	98.37
废弃资源和废旧材料回收加工业	760.83	45.1	56.12	78.82	19.86	0.11	748 358	93.9
电力、热力的生产和供应业	154.99	5.92	125.08	49.14	3.61	1.76	98 427	98.36
燃气生产和供应业	205.72	7.87	475.05	65.57	0.39	19.01	46 616	100
水的生产和供应业	127.31	3.3	110.15	42.88	0.73	6.7	80 816	95.76

10－9　规模以上工业企业能源购进、消费与库存

(2006 年)

项　　目	年初库存	购进量		消费量					年末库存
		实物量	金　额	消费合计	工业生产消费	#用于原材料	非工业生产消费	#车辆用油	
	(吨)	(吨)	(万元)	(吨)					(吨)
原　　煤	290 028	4 041 604	137 020	4 162 377	4 142 814	304 659	19 563		169 255
洗 精 煤	34 992	1 083 060	95 388	1 097 338	1 097 338				20 714
其他洗煤	12	2 110	83	2 110	2 110				12
型　　煤	554	5 952	209	222 021	222 021				
焦　　炭	28 917	213 319	23 678	1 150 365	1 150 365				10 253
焦炉煤气（万立方米）		6 003	3 602	39 363	32 671		6 692		
液化天然气		479	230	479	479				
汽　　油	59	7 032	3 403	7 059	5 200		1 859	3 424	32
煤　　油	7	1 851	1 063	1 847	1 847				11
柴　　油	842	33 457	15 586	33 582	32 186		1 396	3 989	717
燃 料 油	2 206	24 859	10 957	25 716	25 716				1 350
液化石油气	1	4 378	2 170	4 379	4 379				
热　　力（百万千焦）		2 732 595	9 147	4 433 563	4 433 563				
电　　力（万千瓦时）		340 638	218 717	423 496	420 240		3 255		
其他燃料（吨标准煤）		12 655	868	12 655	12 655				

10－10　规模以上工业企业水消费量

(2006 年)

项　　目	水消费数量（万立方米）	水消费金额（万元）
工业取水总量	**44 416**	**11 036**
1. 地表水	39 904	6 403
2. 地下水	730	200
3. 自来水	3 781	4 433
重复用水	20 105	

10－11 规模以上工业企业主要能源库存量

（分行业，2006 年）

单位：吨

项目	原煤	洗精煤	其他洗煤	型煤	焦炭	汽油	煤油	柴油	燃料油	液化石油气
总计	**169 255**	**20 714**	**12**		**10 253**	**32**	**11**	**717**	**1 350**	
非金属矿采选业										
其他采矿业										
农副食品加工业	587		12					2		
食品制造业	1 348					1		9		
饮料制造业	3 334							9		
烟草制品业		50								
纺织业	4 987					1	1	21		
纺织服装、鞋、帽制造业	1					1		6		
皮革、毛皮、羽毛（绒）及其制品业										
材加工及木、竹、藤、棕、草制品业								2		
家具制造业										
造纸及纸制品业	8 697							125		
印刷业和记录媒介的复制						9	4			
文教体育用品制造业	38									
石油加工、炼焦及核燃料加工业										
化学原料及化学制品制造业	16 970							1	10	
医药制造业	3 252							17		
化学纤维制造业	90									
橡胶制品业						3		11	294	
塑料制品业	123									
非金属矿物制品业	2 227	213					1	22		
黑色金属冶炼及压延加工业	22 640	20 378			9 838	15		17	251	
有色金属冶炼及压延加工业	1 563							5		
金属制品业	161						5			
通用设备制造业	7				15					
专用设备制造业	129					1		4		
交通运输设备制造业		73			400	1		5		
电气机械及器材制造业	295							48	71	
设备、计算机及其他电子设备制造业								6		
仪器仪表及文化、办公用机械制造业										
工艺品及其他制造业	2							1		
废弃资源和废旧材料回收加工业										
电力、热力的生产和供应业	102 804							406	724	
燃气生产和供应业										
水的生产和供应业										

10－12 规模以上工业企业主要能源消费量

（分行业，2006年）

项目	原煤（吨）	洗精煤（吨）	其他洗煤（吨）	型煤（吨）	焦炭（吨）	焦炉煤气（万立方米）	液化天然气（万立方米）
总计	**4 162 377**	**1 097 338**	**2 110**	**222 021**	**1 150 365**	**39 363**	**479**
非金属矿采选业	438						
农副食品加工业	44 133	16	18 397				
食品制造业	48 765	280	271				
饮料制造业	60 335						
烟草制品业	4 337	3 493					
纺织业	74 088				23		
纺织服装、鞋、帽制造业	2 196						
皮革、毛皮、羽毛（绒）及其制品业	8						
材加工及木、竹、藤、棕、草制品业	9 707						
家具制造业	13						
造纸及纸制品业	513 671						
印刷业和记录媒介的复制	983						
文教体育用品制造业	696						
石油加工、炼焦及核燃料加工业	292			12			
化学原料及化学制品制造业	345 092	431		215 515			
医药制造业	118 112						
化学纤维制造业	5 213						
橡胶制品业	587						
塑料制品业	2 814	35					
非金属矿物制品业	116 743	2 218					479
黑色金属冶炼及压延加工业	265 756	1 083 109		6 420	1 143 967	33 360	
有色金属冶炼及压延加工业	15 818	299		74			
金属制品业	8 836						
通用设备制造业	1 737	378			432		
专用设备制造业	2 396				564		
交通运输设备制造业	50 342	4 673			5 379		
电气机械及器材制造业	10 906	2 406					
设备、计算机及其他电子设备制造业							
仪器仪表及文化、办公用机械制造业							
工艺品及其他制造业	98						
废弃资源和废旧材料回收加工业	212						
电力、热力的生产和供应业	2 458 053						
燃气生产和供应业						6 003	
水的生产和供应业							

10－12　续表　　　　　　　　　　　（分行业，2006 年）

项　　　　　目	汽　油 （吨）	煤　油 （吨）	柴　油 （吨）	燃料油 （吨）	液　化 石油气 （吨）	热　力 （百万 千焦）	电　力 （万千 瓦时）	其　他 燃　料 （吨标煤）
总　　计	**7 059**	**1 847**	**33 582**	**25 716**	**4 379**	**4 433 563**	**423 496**	**12 655**
非金属矿采选业			643				249	
其他采矿业								
农副食品加工业	989		1 570	404		78	8 122	
食品制造业	197		275	64			3 165	
饮料制造业	60		289	44			5 929	
烟草制品业	174		2 892				2 931	
纺织业	519	7	1 431	370			16 473	
纺织服装、鞋、帽制造业	260		936	137			2 652	
皮革、毛皮、羽毛（绒）及其制品业	17		6				367	
材加工及木、竹、藤、棕、草制品业	28		82				484	
家具制造业	14		3				147	
造纸及纸制品业	27		862		4 314	1 700 968	58 536	
印刷业和记录媒介的复制	292	29	815				3 698	
文教体育用品制造业	6	2					519	
石油加工、炼焦及核燃料加工业	20						104	
化学原料及化学制品制造业	730		2 200	762		2 732 517	46 400	
医药制造业	216		600	75			12 140	
化学纤维制造业	82		156				13 744	
橡胶制品业	156		225	6 775			3 999	
塑料制品业	65		27				2 325	
非金属矿物制品业	67	19	2 977	5 044	9		20 672	
黑色金属冶炼及压延加工业	234		2 318	7 850			119 197	
有色金属冶炼及压延加工业	317		3 415	801	52		11 550	
金属制品业	57	45	478	59	4		4 369	
通用设备制造业	103	2	244	36			2 443	
专用设备制造业	269	1	378	39			6 569	
交通运输设备制造业	1 104	1 742	8 234	658			26 398	
电气机械及器材制造业	307		703	1 000			6 740	447
设备、计算机及其他电子设备制造业	151		74				2 218	
仪器仪表及文化、办公用机械制造业	38		3				205	
工艺品及其他制造业	29		236	17			151	
废弃资源和废旧材料回收加工业			141	61			311	
电力、热力的生产和供应业	298		1 102	1 520			31 498	12 208
燃气生产和供应业	59		39				173	
水的生产和供应业	174		228				9 018	

10－13 工业园区主要经济指标

（2006年）

项目	开发面积（平方公里）	投产工业企业数（个）	招商实际到位资金（万元）		工业增加值（万元）		出口交货值（万元）	
		2006	2006	比上年增长%	2006	比上年增长%	2006	比上年增长%
总计	**47.72**	**1 129**	**2122 264**	**26.2**	**2239 459**	**23.9**	**587 105**	**73.3**
南昌昌南工业园区	1.95	45	34 984	－7.5	26 557	40.6	6 804	－20.7
南昌昌东工业园区	4.86	269	266 340	31.0	174 657	32.1	64 094	43.6
江西南昌小蓝经济开发区	5.80	157	385 073	32.3	329 472	54.4	31 223	466.9
江西新建长堎工业园区	7.00	98	210 473	12.7	139 529	40.0	471	－36.7
江西安义工业园区	3.00	49	62 651	95.2	40 813	46.6	14 355	48.4
南昌经济技术开发区	9.80	186	516 600	10.6	549 221	14.1	265 953	131.4
南昌高新技术产业开发区	11.70	306	535 361	17.3	972 538	17.9	204 205	31.9
南昌英雄经济技术开发区	3.61	19	110 782	1618.0	6 672	10.8		

10－13 续表

项目	主营业务收入（万元）		利润总额（万元）		税金总额（万元）		从业人员（人）	
	2006	比上年增长%	2006	比上年增长%	2006	比上年增长%	2006	比上年增长%
总计	**6 891 111**	**38.2**	**315 960**	**25.1**	**485 845**	**34.2**	**195 367**	**15.5**
南昌昌南工业园区	84 708	65.5	2 058	72.2	1 844	22.0	6 494	38.7
南昌昌东工业园区	545 497	51.5	16 808	9.7	30 399	61.6	25 323	47.9
江西南昌小蓝经济开发区	1 012 800	60.7	40 003	58.2	43 444	78.1	30 020	36.0
江西新建长堎工业园区	390 380	59.6	17 677	49.3	3 151	14.2	12 110	15.7
江西安义工业园区	124 126	68.9	4 198	30.6	2 925	26.7	3 716	10.9
南昌经济技术开发区	1 665 318	24.2	56 101	2.8	39 700	46.6	35 290	8.3
南昌高新技术产业开发区	3 047 132	34.3	179 608	28.1	363 916	27.7	81 130	5.0
南昌英雄经济技术开发区	21 150	33.3	－492		466	12.1	1 284	－20.8

主 要 统 计 指 标 解 释

工业 指从事自然资源的开采，对采掘品和农产品进行加工再加工的物质生产部门，具体包括：（1）对自然资源的开采，如采矿、晒盐、森林采伐等（但不包括禽兽捕猎和水产捕捞）；（2）对农副产品的加工、再加工，如粮油加工、食品加工、轧花、缫丝、纺织、制革等；（3）对采掘品的加工、再加工，如炼铁、炼钢、炼焦、化工生产、机器制造、木材加工以及自来水、煤气的生产和电力的生产及供应；（4）对工业品的修理、翻新，如修理机械设备、交通运输工具等。

1984 年以前农村的村及村以下办工业归属农业，1984 年及以后划归工业。

工业统计调查单位 工业统计调查单位分为两类：独立核算法人工业企业和工业活动单位。

（1）独立核算法人工业企业 是指从事工业生产经营活动的单位。独立核算法人工业应同时具备以下条件：①依法成立，有自己的名称、组织机构和场所，能够承担民事责任；②独立拥有和使用资产，承担负债，有权与其他单位签订合同；③独立核算盈亏，并能够编制资产负债表。

（2）工业活动单位是指在一个场所从事一种或主要从事一种工业生产活动的经济单位。它包括独立核算工业企业按主营业务活动（即工业生产活动）划分的主营业务活动单位和非工业企业所属的工业生产活动单位（即原非独立核算工业生产单位）。工业活动单位，一般应同时具备以下三个条件：①具有一个场所，从事一种或主要从事一种工业活动；②单独组织工业生产、经营或业务活动；③单独核算收人和支出。

工业企业经济类型 是按企业生产资料和产品归属对象划分企业类型。1992 年以前，执行的是由国家统计局和国家工商行政管理局于 1980 年联合颁发的《关于统计上划分经济类型的暂行规定》及近几年来的补充规定，将我国经济类型划分为：全民所有制、集体所有制、全民与集体合营、全民与大陆私人合营、全民与华侨或港澳台工商业者合营、集体与大陆私人合营、集体与华侨或港澳台工商业者合营、中外合营、华侨或港澳台工商业者经营、外资经营、个体经营、其他等十二种。随着经济体制改革的不断深化和社会经济的发展，我国国民经济结构发生了新的变化，出现了一些新的经济成份，原有的分类已不能反映我国体制格局发展变化的新情况。为此。国家统计局和国家工商行政管理局在调查研究的基础上，联合颁发了修订后的《关于经济类型划分暂行规定》，将我国经济成份划分为九种类型。

1. 国有经济工业 是指生产资料归国家所有的一种经济类型，是社会主义公有制经济的重要组成部分。包括中央和地方各级国家机关、事业单位和社会团体使用国有资产投资举办的企业，也包括实行企业化经营，国家不再核拨经费或核拨部分经费的事业单位和从事经营性活动的社会团体，以及上述企业、事业单位和社会团体使用自有资金投资举办的企业。

2. 集体经济工业 是指生产资料归公民集体所有的一种经济类型，是社会主义公有制经济的组成部分。包括城乡所有用集体投资举办的企业，以及部分个人通过集资自愿放弃所有权并依法经工商行政管理机关认定为集体所有制的企业。

3. 私营经济工业 是生产资料归公民私人所有，以雇佣劳动力为基础的一种经济类型。包括所有按国家法律、规定登记注册的私营独资企业、私营合伙企业和私营有限责任公司。

4. 个体经济工业 是指生产资料归劳动者个人所有，以个体劳动为基础，劳动成果归劳动者个人占有和支配的一种经济类型。包括所有按国家有关规定登记注册的个体工商户和个人合伙经营者。

5. 联营经济工业 是指不同所有制性质的企业之间或者企业、事业单位之间共同投资组成新的经济实体的一种经济类型。联营经济只包括具备法人条件的紧密型联营企业。

6. 股份制经济工业 是指全部注册资本由全体股东共同出资，并以股份形式投资举办企业而形成的一种经济类型。股份制经济主要有股份有限公司和有限责任公司两种组织形式。国有、集体、联营、私营企业等经济组织虽然以股份制形式经营，但不以股份有限公司或有限责任公司登记注册的，仍按原有所有制性质划归经济类型。

7. 外商投资经济工业 是指国外投资者根据我国有关涉外经济的法律、法规，以合资、合作或独资的形式在大陆境内开办企业而形成的一种经济类型。外商投资经济包括中外合资经营企业、中外合作经营企业和外资企业的三种形式。

8. 港、澳、台投资经济工业　是指港、澳、台地区投资者依照中华人民共和国有关涉外经济的法律、法规，以合资、合作或独资的形式在大陆举办企业而形成的一种经济类型。港、澳、台投资经济参照外商投资经济，可分为合资经营企业、合作经营企业和独资企业三种形式。

9. 其他经济工业　是指以上八种类型之外的其他经济类型。随着经济体制改革的深化，可能会出现新的经济形式，或遇到不易划清的，可列人其他经济类型。

轻工业　指主要提供生活消费品和制作手工工具的工业。按其所使用的原料不同，可分为两大类：（1）以农产品为原料的轻工业，是指直接或间接以农产品为基本原料的轻工业。主要包括食品制造、饮料制造、烟草加工、纺织、缝纫、皮革和毛皮制作、造纸以及印刷等工业；（2）以非农产品为原料的轻工业，是指以工业品为原料的轻工业。主要包括文教体育用品、化学药品制造、合成纤维制造、日用化学制品、日用玻璃制品、日用金属制品、手工工具制造、医疗器械制造、文化和办公用机械制造等工业。

重工业　是指为国民经济各部门提供物质技术基础的主要生产资料的工业。按其生产性质和产品用途，可以分为下列三类：（1）采掘（伐）工业，是指对自然资源的开采，包括石油开采、煤炭开采、金属矿开采、非金属矿开采和木材采伐等工业；（2）原材料工业，指向国民经济各部门提供基本材料、动力和燃料的工业。包括金属冶炼及加工、炼焦及焦炭化学、化工原料、水泥、人造板以及电力、石油和煤炭加工等工业；（3）加工工业，是指对工业原材料进行再加工制造的工业。包括装备国民经济各部门的机械设备制造工业、金属结构、水泥制品等工业，以及为农业提供的生产资料如化肥、农药等工业。

根据上述划分原则，修理业中以重工业产品为修理作业对象的划为重工业，反之划为轻工业。

大、中、小型企业划分　根据国家经贸委、国家计委、财政部、国家统计局《关于印发中小企业标准暂行规定的通知》（国经贸中小企［2003］143号），结合统计工作的实际情况，2003年制定了统计上大中小型企业划分办法（暂定）。它以法人企业或单位作为对企业规模的划分对象，以从业人员数、销售额和资产总额三项指标为划分依据。企业规模的具体划分标准见附表。

指标名称	计算单位	大　型	中　型	小　型
从业人员数	人	2 000及以上	300－2 000以下	300以下
销售额	万元	30 000及以上	3 000－30 000以下	3 000以下
资产总额	万元	40 000及以上	4 000－40 000以下	4 000以下

1. 表中的“工业企业”包括采矿业，制造业，电力、燃气及水的生产和供应业三个行业的企业。

2. 工业企业的销售额以现行统计制度中的年产品销售收入代替；资产总额以现行统计制度中的资产合计代替。

3. 大型和中型企业须同时满足所列各项条件的下限指标，否则下划一档。

4. 企业规模由政府综合统计部门根据上年统计年报每年划分一次。企业规模一经确认，月度统计原则上不进行调整。

工业总产值　是以货币表现的工业企业在一定时期内生产的已出售或可供出售工业产品总量，它反映一定时间内工业生产的总规模和总水平。它包括：在本企业内不再进行加工，经检验、包装入库（规定不需包装的产品除外）的成品价值，工业性作业价值，自制半成品、在产品期末初差额价值。工业总产值采用“工厂法”计算，即以工业企业作为一个整体，按企业工业生产活动的最终成果来计算，企业内部不允许重复计算，不能把企业内部各个车间（分厂）生产的成果相加。但在企业之间、行业之间、地区之间存在着重复计算。

轻重工业总产值的划分也是按“工厂法”计算的，即一个工业企业在正常情况下生产的主要产品的性质属于轻工业，则该企业的全部总产值作为轻工业总产值；一个工业企业生产的主要产品的性质属于重工业，则该企业的全部总产值作为重工业总产值。

工业销售产值　是以货币表现的工业企业是一定时期内销售的本企业生产的工业产品总量。包括已销售的成品、半成品价值，对外提供的工业性作业价值和对本企业基本建设部门、生活福利部门等提供的产品和工业性作业及自制设备的价值。

工业增加值　是指工业企业在报告期内以货币形式表现的工业生产活动的最终成果，是企业全部生产活动的总成果扣除了在生产过程中消耗或转换的物质产品和劳务价值后的余额，即企业生产过程中新增加的价值。

所有者权益 是指企业投资人对企业净资产的所有权，包括企业投资者对企业的投人资本以及形成的资本公积金、盈余公积金和未分配利润等的所有权。

固定资产原值 指企业在建造、购置、安装、改建、扩建、技术改造某项固定资产时所支出的全部货币总额。它一般包括买价、包装费、运杂费和安装费等。

固定资产净值 是指固定资产原价减去历年已提折旧额后的净额。

流动资产 是指可以在一年或者超过一年的一个营业周期内变现或者耗用的资产，包括现金及各种存款、短期投资、应收及预付货款、存货等。

流动负债 是指将在一年或者超过一年的一个营业周期内偿还的债务。包括短期借款、应付票据、应付帐款、预收货款、应付工资、应交税金、应付利润、其他应付款、预报费用等。

产品销售收入 指企业销售产品的销售收人和提供劳务等主要经营业务取得的业务总额。1994 年实施新的税制后，取消了产品税，开征消费税，增值税由价内税改为价外税，因此，产品销售收人中不再含增值税。

利润总额 是指企业实现的利润总额，等于盈利企业的利润额减亏损企业的亏损额。

利税总额 指企业利润总额、产品销售税金及附加和应交增值税之和。

工业经济效益综合指数 是综合衡量工业经济效益各方面在数量上总体水平的一种特殊相对数，是反映工业经济运行质量的总量指标。它是以各项工业经济效益指标实际数值分别除以该项指标的全国标准值并乘以各自权数，加总后除以总权数求得。

工业经济效益综合指数的计算方法：

$$工业经济效益综合指数 = \Sigma（\frac{某项经济效益指标报告期数值}{该项指标全国标准值} \times 权数）\div 总权数$$

权数是根据上述各项工业经济效益指标在综合经济效益中的重要程度，由专家调查确定的，各项权数之和即是总权数。

工业产品销售率 指报告期销售产值与同期全部工业总产值之比，反映工业产品生产已实现销售的程度。计算公式为：

$$工业产品销售率（\%）= \frac{报告期现价工业销售产值}{报告期现价工业总产值} \times 100\%$$

工业资金利税率 指报告期已实现的利润、税金总额与同期的资产（流动资产和固定资产净值）之比，反映企业资金运用的经济效益指标。

计算公式为：

$$工业资金利税率（\%）= \frac{报告期累计实现利税总额}{报告期平均流动资产 + 固定资产净值平均余额} \times \frac{12}{累计数} \times 100\%$$

工业增加值率 指报告期工业增加值与同期工业总产值之比，反映降低中间消耗的经济效益指标。计算公式为：

$$工业增加值率（\%）= \frac{报告期工业增加值}{报告期现价工业总产值（新规定）+ 报告期销项税额} \times 100\%$$

工业成本费用利润率 指报告期实现利润与成本费用之比，反映降低成本的经济效益的指标。计算公式为

$$工业成本费用利润率（\%）= \frac{利润总额}{成本费用总额} \times 100\%$$

成本费用总额 指企业的产品销售成本、产品销售费用、管理费用和财务费用之和。由于 1994 年工业财务统计年报中没有财务费用指标，故用利息支出代替（1993 年全省利息支出占财务费用的 91.7%）。

工业全员劳动生产率 指根据产品的价值量指标计算的平均每一个职工在单位时间内的产品生产量。是考核企业经济活动的重要指标，是企业生产技术水平、经营管理水平、职工技术熟练程度和劳动积极性的综合表现。目前我国的全员劳动生产率是将工业企业的工业增加值除以同一时期全部职工的平均人数来计算的。计算公式：

$$全员劳动生产率 = \frac{工业增加值}{全部职工平均人数}$$

流动资产周转次数 指一定时期内流动资产完成的周转次数，是反映工业企业投入流动资产的周

转速度的指标。计算公式为：

$$\text{流动资产周转次数（次）}=\frac{\text{报告期累计产品销售收入}}{\text{报告期流动资产平均余额}}\times\frac{12}{\text{累计月数}}$$

资本金 指企业在工商行政管理部门登记的注册资金合计。企业资本金按投资主体可分为国家资本金、法人资本金、个人资本金和外商资本金等。资本金会计包括企业各种投资主体注册的全部资本金。

总资产 指企业拥有或控制的全部资产。包括流动资产、长期投资、固定资产、无形及递延资产、其他长期资产、递延税项等，即为企业资产负债表的资产总计项。

(1) 流动资产 指企业可以在一年内或者超过一年的一个生产周期内变现或耗用的资产合计。包括现金及各种存款、短期投资、应收及预付款项、存货等。

(2) 固定资产 指企业固定资产净值、固定资产清理、在建工程、待处理固定资产损失所占用的资金合计。

(3) 无形资产 指企业长期使用而没有实物形态的资产。包括专利权、非专利技术、商标权、著作权、土地使用权、商誉等。

总负债 指企业承担并需要偿还的全部债务。包括流动负债和长期负债、递延税项等，即为企业资产负债表的负债合计项。

(1) 流动负债 指企业在一年内或者超过一年的一个营业周期内需要偿还的债务合计，其中包括短期借款、应付及预收款项、应付工资、应交税金和应交利润等。

(2) 长期负债 指企业在一年以上或者超过一年的一个生产周期以上需要偿还的债务合计，其中包括长期借款、应付债务、长期应付款项等。

所有者权益 指企业投资人对企业净资产的所有权。企业净资产等于企业全部资产减去全部负债后的余额，其中包括投资者对企业的最初投人，以及资本公积金、盈余公积金和未分配利润。对股份制企业即为股东权益。

工业企业能源消费 工业企业能源消费指独立核算的法人工业企业在报告期内实际使用的能源数量。能源消费数量分别用价值量和实物量表示。

能源消费 能源消费指独立核算的法人企业在报告期内实际使用的能源的数量，包括主营活动和附营活动实际使用能源数量；并包括由本企业（作为投资单位）代填的乡镇建筑企业为完成本企业建筑项目而实际使用的能源数量。能源消费数量用价值量和实物量表示。

消费的核算原则：“谁消费谁统计”，即能源在哪个企业使用，就由哪个企业统计消费。

消费的核算方法：能源进人第一道生产工序，改变了原来的形态或性能，或者已经实际投入使用，即作消费统计。

能源库存 能源库存是指独立核算法人企业在报告期初、期末实际结存的能源的数量和价值。

库存的核算原则:“谁支配谁统计”,即凡是本企业有权支配动用的能源,不论存放何处,都应作本企业库存统计;反之,本企业无权支配动用的能源,即使存在本企业仓库,也不能作为本企业库存统计。

库存的核算方法：凡属本企业有权支配动用的某一时点实际结存的能源，都应作本企业库存统计。

全国工业经济效益综合指数标准

单位:%

总资产贡献率	资本保值增值率	资产负债率	流动资产周转率（次）	成本费用利润率	劳动生产率（元/人）	产品销售率
10.7	120	≤60	1.52	3.71	16 500	96.0

十一、建 筑 业

CONSTRUCTION

本篇内容包括：

1. 建筑业企业生产情况
2. 建筑业企业财务状况

资料整理

刘 程
王 娟

微机处理

王 娟

11-1 建筑业企业生产情况

（总承包和专业承包资质企业，2006年）

项目	企业个数（个）	#有工作量的企业	建筑业合同情况		
			签订的合同额（万元）	上年结转	本年新签
总　　计	**384**	**317**	**5 944 434**	**2 378 897**	**3 565 538**
#国有及国有控股企业	98	88	3 621 597	1 608 518	2 013 079
一、按登记注册类型分					
内资企业	371	307	5 874 757	2 352 514	3 522 242
国有企业	60	54	2 618 714	1 196 933	1 421 782
集体企业	58	53	1 217 083	402 317	814 766
股份合作企业	3	2	586		586
联营企业	2	2	4 412	300	4 112
国有联营企业	1	1	212		212
集体联营企业	1	1	4 200	300	3 900
有限责任公司	118	96	1 625 457	644 879	980 578
国有独资公司	4	3	153 180	86 020	67 160
其他有限责任公司	114	93	1 472 277	558 859	913 418
股份有限公司	30	23	110 418	29 930	80 488
私营企业	99	76	297 926	78 156	219 770
私营独资企业	2	1	2 939	322	2 617
私营有限责任公司	78	63	211 737	65 383	146 354
私营股份有限公司	19	12	83 251	12 452	70 799
其他企业	1	1	160		160
港、澳、台商投资企业	11	9	68 539	25 244	43 295
合资经营企业	9	7	67 777	24 906	42 872
合作经营企业	1	1	504	338	166
港、澳、台商独资经营企业	1	1	257		257
外商投资企业	2	1	1 139	1 139	
中外合资经营企业	1	1	1 139	1 139	
中外合作经营企业	1				
二、按国民经济行业分					
房屋和土木工程建筑业	184	168	5 273 985	2 122 252	3 151 733
房屋工程建筑	108	103	3 414 898	1 307 488	2 107 410
土木工程建筑	76	65	1 859 088	814 764	1 044 324
铁路道路隧道和桥梁工程	38	34	1 446 030	644 444	801 587
水利和港口工程建筑	14	14	247 486	108 547	138 939

11－1 续表1 （总承包和专业承包资质企业，2006年）

项目	企业个数（个）	#有工作量的企业	建筑业合同情况 签订的合同额（万元）	上年结转	本年新签
工矿工程建筑	6	5	83 172	11 816	71 356
架线和管道工程建筑	5	4	78 316	48 323	29 993
其他土木工程建筑	13	8	4 083	1 635	2 449
建筑安装业	92	79	441 182	213 946	227 236
建筑装饰业	98	64	131 810	28 790	103 020
其它建筑业	10	6	97 458	13 910	83 548
工程准备	8	6	97 458	13 910	83 548
其它未列明的建筑活动	2				
三、按隶属关系分					
中　　央	9	8	445 525	224 223	221 301
省	88	77	2 584 087	1 102 280	1 481 807
市	59	52	872 739	350 981	521 758
县及县以下	228	180	2 042 084	701 413	1 340 671
四、按企业资质等级分					
施工总承包	165	154	5 455 217	2 248 672	3 206 545
一　　级	33	33	3 970 747	1 650 124	2 320 623
二　　级	60	57	1 120 048	513 765	606 283
三级及以下	72	64	364 422	84 783	279 639
专业承包	219	163	489 217	130 225	358 992
一　　级	32	30	331 138	83 539	247 599
二　　级	56	47	106 328	29 069	77 259
三级及以下	131	86	51 751	17 618	34 134
五、按营业状态分					
营　　业	328	317	5 944 434	2 378 897	3 565 538
停　　业	52				
筹　　建	3				
其　　它	1				
六、按控股情况分					
国有控股	98	88	3 621 597	1 608 518	2 013 079
集体控股	87	76	1 458 644	530 813	927 831
私人控股	186	143	794 516	213 184	581 332
港澳台商控股	11	9	68 539	25 244	43 295
外商控股	2	1	1 139	1 139	

（总承包和专业承包资质企业，2006年） 单位：万元

项目	承包工程完成情况			
	直接从建设单位承揽工程产值	自行完成施工产值	分包出去工程产值	从建设单位以外承揽工程完成的产值
总计	**3 338 220**	**3 296 087**	**42 133**	**35 658**
#国有及国有控股企业	1 904 744	1 868 041	36 703	10 802
一、按登记注册类型分				
内资企业	3 301 917	3 259 784	42 133	35 658
国有企业	1 378 921	1 342 301	36 620	8 298
集体企业	750 189	747 717	2 472	8 337
股份合作企业	515	515		
联营企业	4 112	4 112		
国有联营企业	212	212		
集体联营企业	3 900	3 900		
有限责任公司	908 885	907 354	1 531	9 742
国有独资公司	71 386	71 386		
其他有限责任公司	837 499	835 968	1 531	9 742
股份有限公司	84 712	84 629	83	7 989
私营企业	174 461	173 034	1 427	1 292
私营独资企业	2 638	2 638		
私营有限责任公司	130 720	129 293	1 427	1 292
私营股份有限公司	41 103	41 103		
其他企业	122	122		
港、澳、台商投资企业	35 164	35 164		
合资经营企业	34 402	34 402		
合作经营企业	504	504		
港、澳、台商独资经营企业	257	257		
外商投资企业	1 139	1 139		
中外合资经营企业	1 139	1 139		
中外合作经营企业				
二、按国民经济行业分				
房屋和土木工程建筑业	2 803 656	2 778 738	24 918	18 389
房屋工程建筑	1 684 004	1 681 753	2 251	16 253
土木工程建筑	1 119 652	1 096 985	22 667	2 136
铁路道路隧道和桥梁工程	832 805	810 221	22 584	1 930
水利和港口工程建筑	154 828	154 828		

项目	承包工程完成情况			
	直接从建设单位承揽工程产值	自行完成施工产值	分包出去工程产值	从建设单位以外承揽工程完成的产值
工矿工程建筑	55 976	55 976		
架线和管道工程建筑	72 378	72 378		
其他土木工程建筑	3 665	3 582	83	206
建筑安装业	346 975	331 187	15 788	16 154
建筑装饰业	103 041	101 614	1 427	1 115
其它建筑业	84 548	84 548		
工程准备	84 548	84 548		
其它未列明的建筑活动				
三、按隶属关系分				
中　央	305 017	304 694	323	7 547
省	1 361 965	1 321 582	40 383	11 046
市	463 548	463 548		1 281
县及县以下	1 207 689	1 206 262	1 427	15 784
四、按企业资质等级分				
施工总承包	2 913 804	2 881 357	32 446	18 183
一　级	2 179 975	2 149 780	30 196	13 172
二　级	473 612	471 362	2 251	1 260
三级及以下	260 216	260 216		3 751
专业承包	424 416	414 730	9 686	17 475
一　级	297 250	291 973	5 277	11 492
二　级	78 682	75 496	3 187	3 379
三级及以下	48 484	47 261	1 223	2 604
五、按营业状态分				
营　业	3 338 220	3 296 087	42 133	35 658
停　业				
筹　建				
其　它				
六、按控股情况分				
国有控股	1 904 744	1 868 041	36 703	10 802
集体控股	881 615	877 920	3 695	9 832
私人控股	515 558	513 823	1 735	15 024
港澳台商控股	35 164	35 164		
外商控股	1 139	1 139		

11－1　续表3－1　　（总承包和专业承包资质企业，2006年）　　单位：万元

项　　目	建筑业总产值	#装饰装修产值	#在外省完成产值	按构成分			竣工产值
				建筑工程	安装工程	其他产值	
总　　计	**3 331 745**	**154 122**	**957 166**	**2 713 333**	**402 204**	**216 208**	**2 071 269**
#国有及国有控股企业	1 878 843	54 713	751 135	1 562 814	280 535	35 493	1 206 716
一、按登记注册类型分							
内资企业	3 295 442	148 107	951 548	2 684 655	399 276	211 512	2 035 723
国有企业	1 350 599	43 075	581 027	1 060 227	267 824	22 547	939 302
集体企业	756 054	22 087	69 356	714 726	17 239	24 090	417 351
股份合作企业	515	500			15	500	
联营企业	4 112			4 112			2 700
国有联营企业	212			212			
集体联营企业	3 900			3 900			2 700
有限责任公司	917 096	25 009	272 245	768 402	62 336	86 358	471 603
国有独资公司	71 386	13		71 373		13	832
其他有限责任公司	845 710	24 996	272 245	697 029	62 336	86 345	470 771
股份有限公司	92 618	1 958	7 145	43 840	30 702	18 076	60 776
私营企业	174 327	55 479	21 775	93 348	21 159	59 820	143 870
私营独资企业	2 638				2 638		2 638
私营有限责任公司	130 585	44 295	16 223	66 601	15 073	48 911	104 454
私营股份有限公司	41 103	11 183	5 553	26 747	3 447	10 909	36 778
其他企业	122					122	122
港、澳、台商投资企业	35 164	6 015	5 618	27 539	2 929	4 696	35 547
合资经营企业	34 402	5 253	5 618	27 539	2 929	3 935	35 380
合作经营企业	504	504				504	166
港、澳、台商独资经营企业	257	257				257	
外商投资企业	1 139			1 139			
中外合资经营企业	1 139			1 139			
中外合作经营企业							
二、按国民经济行业分							
房屋和土木工程建筑业	2 797 127	51 361	782 501	2 582 345	120 186	94 596	1 608 314
房屋工程建筑	1 698 007	50 367	252 660	1 645 747	10 926	41 333	1 049 054
土木工程建筑	1 099 120	994	529 841	936 597	109 260	53 263	559 261
铁路道路隧道和桥梁工程	812 151	821	426 644	760 564	1 448	50 139	379 069
水利和港口工程建筑	154 828		53 563	120 488	33 408	932	74 133

11－1 续表3－2 （总承包和专业承包资质企业，2006年） 单位：万元

项目	建筑业总产值	#装饰装修产值	#在外省完成产值	按构成分 建筑工程	安装工程	其他产值	竣工产值
工矿工程建筑	55 976		19 307	47 144	6 916	1 916	26 177
架线和管道工程建筑	72 378		30 283	4 890	67 487		77 959
其他土木工程建筑	3 788	173	44	3 511		277	1 924
建筑安装业	347 341	3 246	106 127	46 117	279 239	21 985	297 217
建筑装饰业	102 729	99 515	1 494	323	2 780	99 627	86 809
其它建筑业	84 548		67 045	84 548			78 929
工程准备	84 548		67 045	84 548			78 929
其它未列明的建筑活动							
三、按隶属关系分							
中　央	312 242	1 600	154 182	220 760	90 336	1 145	168 261
省	1 332 628	38 239	549 679	1 019 992	228 549	84 087	868 791
市	464 829	23 025	63 303	426 204	23 877	14 748	297 895
县及县以下	1 222 046	91 259	190 002	1 046 377	59 442	116 228	736 323
四、按企业资质等级分							
施工总承包	2 899 540	52 063	835 977	2 568 217	229 621	101 702	1 720 242
一　级	2 162 952	40 849	820 999	1 913 337	193 017	56 598	1 234 999
二　级	472 622	8 584	12 173	427 735	27 983	16 903	326 707
三级及以下	263 967	2 630	2 805	227 145	8 621	28 201	158 536
专业承包	432 205	102 059	121 189	145 115	172 583	114 506	351 028
一　级	303 465	80 943	97 976	101 919	114 456	87 090	257 279
二　级	78 875	14 635	19 762	38 456	24 646	15 772	66 033
三级及以下	49 865	6 481	3 451	4 740	33 481	11 644	27 716
五、按营业状态分							
营　业	3 331 745	154 122	957 166	2 713 333	402 204	216 208	2 071 269
停　业							
筹　建							
其　它							
六、按控股情况分							
国有控股	1 878 843	54 713	751 135	1 562 814	280 535	35 493	1 206 716
集体控股	887 752	27 476	119 078	811 478	41 030	35 245	479 842
私人控股	528 847	65 919	81 335	310 363	77 711	140 774	349 165
港澳台商控股	35 164	6 015	5 618	27 539	2 929	4 696	35 547
外商控股	1 139			1 139			

项　　目	房屋建筑施工面积（平方米）	#本年新开工面积	#实行投标承包面积	#本年新开工	年末自有施工机械设备 净　值（万元）	总台数（台）	总功率（千瓦）
总　计	**32 412 981**	**17 455 207**	**32 404 239**	**17 440 847**	**177 981**	**39 927**	**691 443**
#国有及国有控股企业	13 059 165	6 264 429	13 059 165	6 264 429	104 496	18 277	440 508
一、按登记注册类型分							
内资企业	31 874 548	17 226 698	31 865 806	17 212 338	175 806	39 341	685 607
国有企业	9 902 908	4 774 658	9 902 908	4 774 658	71 536	13 764	300 124
集体企业	13 125 284	6 841 409	13 122 002	6 841 409	29 697	10 096	118 156
股份合作企业					27	56	19
联营企业	60 000	40 000	60 000	40 000	269	13	20
国有联营企业					269	13	20
集体联营企业	60 000	40 000	60 000	40 000			
有限责任公司	6 207 153	3 509 329	6 207 153	3 509 329	47 230	9 701	209 638
国有独资公司					6 734	990	44 641
其他有限责任公司	6 207 153	3 509 329	6 207 153	3 509 329	40 496	8 711	164 997
股份有限公司	962 659	845 859	962 659	845 859	13 509	1 625	26 069
私营企业	1 616 544	1 215 443	1 611 084	1 201 083	13 540	4 086	31 581
私营独资企业					156	102	885
私营有限责任公司	976 490	642 930	971 030	628 570	11 948	2 805	29 447
私营股份有限公司	640 054	572 513	640 054	572 513	1 435	1 179	1 249
其他企业							
港、澳、台商投资企业	538 433	228 509	538 433	228 509	1 104	551	5 734
合资经营企业	538 433	228 509	538 433	228 509	1 104	551	5 734
合作经营企业							
港、澳、台商独资经营企业							
外商投资企业					1 071	35	102
中外合资经营企业					1 071	35	102
中外合作经营企业							
二、按国民经济行业分							
房屋和土木工程建筑业	31 973 288	17 071 014	31 964 546	17 056 654	151 938	31 636	578 573
房屋工程建筑	30 083 375	16 056 500	30 074 633	16 042 140	73 592	19 903	264 179
土木工程建筑	1 889 913	1 014 514	1 889 913	1 014 514	78 346	11 733	314 394
铁路道路隧道和桥梁工程	1 245 927	610 729	1 245 927	610 729	56 455	5 151	195 922
水利和港口工程建筑	474 061	248 860	474 061	248 860	9 047	2 024	52 052

项　　目	房屋建筑施工面积（平方米）	#本年新开工面积	#实行投标承包面积	#本年新开工	年末自有施工机械设备 净　值（万元）	总台数（台）	总功率（千瓦）
工矿工程建筑	160 313	145 313	160 313	145 313	7 683	2 508	54 354
架线和管道工程建筑					4 054	2 004	11 936
其他土木工程建筑	9 612	9 612	9 612	9 612	1 107	46	130
建筑安装业	439 693	384 193	439 693	384 193	19 132	5 623	66 993
建筑装饰业					2 811	1 889	5 945
其它建筑业					4 100	779	39 932
工程准备					4 100	779	39 932
其它未列明的建筑活动							
三、按隶属关系分							
中　　央	601 000	121 139	601 000	121 139	9 580	3 349	47 526
省	6 213 525	3 160 925	6 213 525	3 160 925	86 019	14 637	362 796
市	7 939 320	3 533 921	7 936 038	3 533 921	19 683	3 012	88 643
县及县以下	17 659 136	10 639 222	17 653 676	10 624 862	62 699	18 929	192 478
四、按企业资质等级分							
施工总承包	32 123 209	17 165 435	32 114 467	17 151 075	150 473	33 343	578 916
一　　级	18 468 031	9 485 701	18 468 031	9 485 701	108 944	19 470	413 146
二　　级	8 843 700	4 341 264	8 843 700	4 341 264	31 555	9 232	127 783
三级及以下	4 811 478	3 338 470	4 802 736	3 324 110	9 975	4 641	37 987
专业承包	289 772	289 772	289 772	289 772	27 507	6 584	112 527
一　　级					12 503	3 048	73 709
二　　级	289 772	289 772	289 772	289 772	11 783	2 149	28 364
三级及以下					3 221	1 387	10 454
五、按营业状态分							
营　　业	32 412 981	17 455 207	32 404 239	17 440 847	177 981	39 927	691 443
停　　业							
筹　　建							
其　　它							
六、按控股情况分							
国有控股	13 059 165	6 264 429	13 059 165	6 264 429	104 496	18 277	440 508
集体控股	14 135 189	7 473 387	14 131 907	7 473 387	39 388	12 097	152 501
私人控股	4 680 194	3 488 882	4 674 734	3 474 522	31 922	8 967	92 598
港澳台商控股	538 433	228 509	538 433	228 509	1 104	551	5 734
外商控股					1 071	35	102

11－1 续表5－1　　（总承包和专业承包资质企业，2006年）

项　目	从业人员（人）				补充资料	
	计算劳动生产率的平均人数	年末从业人数	#管理人员	#工程技术人员	企业总产值（万元）	境外营业额（万元）
总　计	**259 740**	**250 176**	**28 698**	**28 835**	**3 457 333**	**65 953**
#国有及国有控股企业	126 037	114 630	14 869	13 604	1 985 209	57 543
一、按登记注册类型分						
内资企业	255 029	245 892	28 136	28 145	3 418 401	65 953
国有企业	85 996	78 914	10 046	9 858	1 437 344	57 543
集体企业	77 724	79 314	6 309	6 958	762 991	3 500
股份合作企业	98	101	37	56	515	
联营企业	428	428	31	34	4 112	
国有联营企业	50	50	6	12	212	
集体联营企业	378	378	25	22	3 900	
有限责任公司	67 883	64 344	8 565	7 714	942 707	4 344
国有独资公司	3 467	3 562	1 012	698	73 064	
其他有限责任公司	64 416	60 782	7 553	7 016	869 642	4 344
股份有限公司	7 891	7 007	925	1 005	92 788	
私营企业	14 998	15 773	2 220	2 512	177 823	566
私营独资企业	584	593	53	52	2 638	
私营有限责任公司	10 811	11 335	1 781	1 891	133 061	566
私营股份有限公司	3 603	3 845	386	569	42 123	
其他企业	11	11	3	8	122	
港、澳、台商投资企业	4 560	4 133	541	675	37 794	
合资经营企业	4 467	3 967	525	632	37 032	
合作经营企业	67	138	10	38	504	
港、澳、台商独资经营企业	26	28	6	5	257	
外商投资企业	151	151	21	15	1 139	
中外合资经营企业	150	150	20	15	1 139	
中外合作经营企业	1	1	1			
二、按国民经济行业分						
房屋和土木工程建筑业	223 336	215 323	23 636	23 180	2 905 383	65 387
房屋工程建筑	162 178	164 500	17 394	15 589	1 768 508	57 342
土木工程建筑	61 158	50 823	6 242	7 591	1 136 875	8 044
铁路道路隧道和桥梁工程	42 007	35 447	4 544	5 062	831 656	4 344
水利和港口工程建筑	10 866	7 754	708	1 536	154 828	3 700

项　　目	从业人员（人）				补充资料	
	计算劳动生产率的平均人数	年末从业人数	#管理人员	#工程技术人员	企业总产值（万元）	境外营业额（万元）
工矿工程建筑	5 138	5 164	485	607	59 531	
架线和管道工程建筑	2 618	1 896	362	274	87 008	
其他土木工程建筑	529	562	143	112	3 853	
建筑安装业	23 012	21 036	3 178	3 311	363 125	566
建筑装饰业	9 090	9 647	1 578	1 565	104 156	
其它建筑业	4 302	4 170	306	779	84 669	
工程准备	4 300	4 168	304	779	84 669	
其它未列明的建筑活动	2	2	2			
三、按隶属关系分						
中　央	21 415	16 647	1 556	1 893	344 756	
省	82 843	76 718	11 232	11 121	1 353 816	9 775
市	36 490	35 688	4 330	3 952	521 408	52 112
县及县以下	118 992	121 123	11 580	11 869	1 237 353	4 066
四、按企业资质等级分						
施工总承包	229 808	220 144	24 484	23 509	3 016 296	65 387
一　级	151 225	139 938	14 940	12 364	2 214 910	13 175
二　级	41 454	43 088	6 425	7 143	531 246	52 212
三级及以下	37 129	37 118	3 119	4 002	270 140	
专业承包	29 932	30 032	4 214	5 326	441 037	566
一　级	18 168	18 013	1 965	2 655	305 013	
二　级	6 258	6 582	1 271	1 445	81 937	
三级及以下	5 506	5 437	978	1 226	54 087	566
五、按营业状态分						
营　业	259 611	250 018	28 600	28 814	3 457 333	65 953
停　业	116	125	88	16		
筹　建	12	32	9	5		
其　它	1	1	1			
六、按控股情况分						
国有控股	126 037	114 630	14 869	13 604	1 985 209	57 543
集体控股	88 137	88 741	7 546	8 621	895 269	3 500
私人控股	40 855	42 521	5 721	5 920	537 923	4 910
港澳台商控股	4 560	4 133	541	675	37 794	
外商控股	151	151	21	15	1 139	

11－1　续表6－1　（总承包和专业承包资质企业，2006年）

项　　目	主要建筑材料消耗量					
	钢　材	木　材	水　泥	平板玻璃		铝　材
	（吨）	（立方米）	（吨）	重量箱	平方米	（吨）
总　计	**1 534 353**	**1 274 828**	**6 143 090**	**125 198**	**2 299 952**	**36 630**
#国有及国有控股企业	825 657	611 386	3 833 895	26 928	538 812	15 060
一、按登记注册类型分						
内资企业	1 515 362	1 273 597	6 131 847	125 180	2 299 342	35 316
国有企业	640 329	455 906	2 782 620	4 961	244 247	12 601
集体企业	338 043	315 242	1 341 828	84 010	1 425 718	14 945
股份合作企业	12					
联营企业	850		3 000			
国有联营企业						
集体联营企业	850		3 000			
有限责任公司	361 700	196 787	1 595 696	29 640	441 528	5 762
国有独资公司	620		2 150			
其他有限责任公司	361 080	196 787	1 593 546	29 640	441 528	5 762
股份有限公司	78 024	6 153	69 992	453	7 119	408
私营企业	96 404	299 509	338 711	6 116	180 730	1 600
私营独资企业	1 500					
私营有限责任公司	67 959	282 128	254 848	5 914	169 630	956
私营股份有限公司	26 945	17 381	83 863	202	11 100	644
其他企业						
港、澳、台商投资企业	18 991	1 231	11 243	18	610	1 314
合资经营企业	18 991	1 151	10 983	18	610	1 296
合作经营企业		80	260			18
港、澳、台商独资经营企业						
外商投资企业						
中外合资经营企业						
中外合作经营企业						
二、按国民经济行业分						
房屋和土木工程建筑业	1 376 980	991 784	5 915 382	116 032	2 182 318	33 453
房屋工程建筑	1 040 836	968 404	4 273 566	113 602	2 154 901	22 223
土木工程建筑	336 144	23 380	1 641 816	2 430	27 417	11 230
铁路道路隧道和桥梁工程	242 862	13 377	1 297 128	1 684	12 601	244
水利和港口工程建筑	50 352	8 081	219 345	392	7 150	184

项　　　目	主要建筑材料消耗量					
	钢材（吨）	木材（立方米）	水泥（吨）	平板玻璃 重量箱	平板玻璃 平方米	铝材（吨）
工矿工程建筑	3 297	1 324	77 646	144	3 887	5
架线和管道工程建筑	39 453	598	46 986	210	3 779	10 797
其他土木工程建筑	180		711			
建筑安装业	139 634	18 558	119 780	720	12 400	397
建筑装饰业	4 600	260 313	29 195	8 446	105 234	2 761
其它建筑业	13 139	4 173	78 733			19
工程准备	13 139	4 173	78 733			19
其它未列明的建筑活动						
三、按隶属关系分						
中　　央	99 452	4 001	469 920	2 585	13 981	10 878
省	589 284	228 851	2 129 287	23 892	394 669	3 755
市	203 984	402 721	1 119 308	17 850	230 159	2 742
县及县以下	641 633	639 255	2 424 575	80 871	1 661 143	19 255
四、按企业资质等级分						
施工总承包	1 437 983	1 007 801	6 015 849	116 563	2 190 296	33 492
一　　级	1 022 141	780 620	4 642 099	91 310	1 647 374	20 761
二　　级	222 455	167 197	783 042	15 168	307 124	1 622
三级及以下	193 387	59 984	590 708	10 085	235 798	11 109
专业承包	96 370	267 027	127 241	8 635	109 656	3 138
一　　级	41 771	258 094	66 265	5 792	77 550	1 943
二　　级	43 410	5 608	54 100	1 938	11 465	1 007
三级及以下	11 189	3 325	6 876	905	20 641	188
五、按营业状态分						
营　　业	1 534 353	1 274 828	6 143 090	125 198	2 299 952	36 630
停　　业						
筹　　建						
其　　它						
六、按控股情况分						
国有控股	825 657	611 386	3 833 895	26 928	538 812	15 060
集体控股	387 124	328 001	1 598 765	87 348	1 507 622	15 208
私人控股	302 581	334 210	699 187	10 904	252 908	5 048
港澳台商控股	18 991	1 231	11 243	18	610	1 314
外商控股						

11－2 建筑业企业财务状况

（总承包和专业承包资质企业，2006 年） 单位：万元

项目	流动资产合计	#存货	长期投资	固定资产合计	固定资产原价	#生产经营用	累计折旧	#本年折旧
总计	**1 813 821**	**321 307**	**144 585**	**441 629**	**641 533**	**478 681**	**229 402**	**29 907**
#国有及国有控股企业	1 145 563	150 624	119 577	263 903	423 615	342 822	176 332	21 152
一、按登记注册类型分								
内资企业	1 745 065	312 737	143 375	433 227	627 646	465 543	223 912	29 068
国有企业	740 222	116 398	101 490	201 552	314 219	243 265	127 528	14 732
集体企业	232 873	75 472	11 680	64 809	76 287	30 185	19 316	2 247
股份合作企业	839	417		102	231	160	129	7
联营企业	1 695	9		684	977	420	293	149
国有联营企业	1 653			272	425	420	153	51
集体联营企业	43	9		412	553		140	98
有限责任公司	585 282	76 961	26 009	106 952	167 789	141 037	62 717	8 949
国有独资公司	89 068	924	5 832	6 735	20 743	16 772	14 008	1 846
其他有限责任公司	496 215	76 038	20 176	100 216	147 046	124 266	48 709	7 102
股份有限公司	46 217	8 561	2 112	21 283	24 889	18 286	4 863	930
私营企业	137 856	34 892	2 084	37 369	42 771	32 147	9 059	2 046
私营独资企业	686	302		886	900	269	20	7
私营有限责任公司	113 740	29 047	2 044	30 085	34 028	26 338	7 592	1 376
私营股份有限公司	23 430	5 543	40	6 398	7 844	5 540	1 447	663
其他企业	81	26		475	483	43	8	8
港、澳、台商投资企业	68 090	8 548	1 210	7 276	10 997	10 247	3 726	664
合资经营企业	67 574	8 232	1 210	7 158	10 788	10 098	3 630	642
合作经营企业	450	311		77	113	113	37	3
港、澳、台商独资经营企业	66	5		42	96	36	59	19
外商投资企业	666	23		1 126	2 891	2 891	1 764	176
中外合资经营企业	508	–		1 071	2 785	2 785	1 715	166
中外合作经营企业	159	23		56	105	105	50	10
二、按国民经济行业分								
房屋和土木工程建筑业	1 473 612	240 292	125 475	341 861	507 623	385 174	187 211	22 939
房屋工程建筑	754 690	159 665	82 720	176 123	241 594	172 143	76 651	8 683
土木工程建筑	718 923	80 627	42 755	165 738	266 029	213 031	110 561	14 256
铁路道路隧道和桥梁工程	536 892	56 892	28 220	106 417	184 858	154 114	83 858	9 958
水利和港口工程建筑	109 899	12 792	7 651	26 590	37 563	26 326	14 143	2 514

11－2　续表1　（总承包和专业承包资质企业，2006年）　单位：万元

项　　目	流动资产合　计	#存　货	长期投资	固定资产合　计	固定资产原　价	#生产经营用	累计折旧	#本年折　旧
工矿工程建筑	28 856	1 829	3 174	23 066	27 925	20 884	6 180	634
架线和管道工程建筑	37 091	7 324	3 676	7 311	11 388	7 668	4 438	940
其他土木工程建筑	6 185	1 790	35	2 354	4 296	4 040	1 942	210
建筑安装业	216 286	49 497	15 221	69 783	96 501	63 742	29 426	4 508
建筑装饰业	89 467	22 304	3 029	13 516	19 852	13 096	6 505	1 021
其它建筑业	34 456	9 215	861	16 469	17 557	16 668	6 260	1 439
工程准备	33 316	9 087	861	15 202	16 281	15 392	6 250	1 431
其它未列明的建筑活动	1 140	128		1 267	1 277	1 277	10	8
三、按隶属关系分								
中　　央	185 812	31 174	10 709	19 717	38 473	30 087	18 878	2 740
省	821 724	84 612	112 617	222 485	360 098	289 829	152 409	16 123
市	336 678	86 392	11 750	56 247	74 156	60 296	21 808	4 280
县及县以下	469 607	119 130	9 509	143 179	168 807	98 468	36 307	6 764
四、按企业资质等级分								
施工总承包	1 540 871	260 755	138 355	359 610	534 681	401 438	196 575	23 425
一　　级	1 060 886	143 546	106 819	209 072	349 810	280 263	149 387	16 743
二　　级	337 161	83 156	16 437	96 619	121 824	83 232	34 016	3 987
三级及以下	142 825	34 053	15 100	53 919	63 047	37 943	13 172	2 695
专业承包	272 950	60 552	6 231	82 019	106 852	77 243	32 827	6 482
一　　级	159 257	39 846	3 052	39 215	48 554	34 402	16 377	3 360
二　　级	50 487	12 396	1 931	24 739	34 864	27 057	10 550	2 060
三级及以下	63 207	8 310	1 248	18 066	23 434	15 785	5 900	1 061
五、按营业状态分								
营　　业	1 784 602	319 730	144 538	430 757	627 933	467 100	225 823	29 535
停　　业	27 943	1 578	47	10 594	13 322	11 303	3 578	372
筹　　建	1 223			33	33	32	1	
其　　它	54			246	246	246		
六、按控股情况分								
国有控股	1 145 563	150 624	119 577	263 903	423 615	342 822	176 332	21 152
集体控股	313 244	91 454	13 844	86 508	104 982	53 370	26 380	3 130
私人控股	286 257	70 658	9 955	82 816	99 049	69 350	21 200	4 786
港澳台商控股	68 090	8 548	1 210	7 276	10 997	10 247	3 726	664
外商控股	666	23		1 126	2 891	2 891	1 764	176

项 目	在建工程	无形及递延资产小计	#无形资产	其他资产	资产合计	流动负债合计	长期负债合计
总 计	**16 903**	**75 634**	**63 375**	**2 241**	**2 477 911**	**1 473 446**	**101 469**
#国有及国有控股企业	8 847	38 433	36 018	1 735	1 569 211	1 009 432	72 891
一、按登记注册类型分							
内资企业	16 898	75 373	63 115	2 241	2 399 281	1 413 759	101 469
国有企业	7 490	33 633	31 616	1 645	1 078 543	682 091	51 217
集体企业	5 279	21 742	14 690	289	331 392	169 422	21 555
股份合作企业					942	283	1
联营企业		367	367		2 747	582	
国有联营企业					1 925	425	
集体联营企业		367	367		822	157	
有限责任公司	1 196	13 712	13 062	236	732 191	449 485	23 536
国有独资公司		405	27		102 041	53 083	21 035
其他有限责任公司	1 196	13 307	13 035	236	630 151	396 402	2 501
股份有限公司	271	2 783	400		72 396	31 801	2 181
私营企业	2 662	3 135	2 980	71	180 515	80 042	2 981
私营独资企业					1 573	667	
私营有限责任公司	2 662	2 435	2 392	71	148 373	63 994	2 981
私营股份有限公司		701	589		30 569	15 381	
其他企业					556	53	
港、澳、台商投资企业	5	261	260		76 837	59 502	
合资经营企业		261	260		76 203	59 400	
合作经营企业					527	35	
港、澳、台商独资经营企业	5				108	66	
外商投资企业					1 793	185	
中外合资经营企业					1 578	91	
中外合作经营企业					215	94	
二、按国民经济行业分							
房屋和土木工程建筑业	9 762	70 075	59 363	1 726	2 012 749	1 222 197	83 773
房屋工程建筑	6 150	50 546	44 043	997	1 065 076	615 600	29 885
土木工程建筑	3 612	19 529	15 320	729	947 673	606 597	53 889
铁路道路隧道和桥梁工程	2 760	10 619	8 062	508	682 655	421 594	46 170
水利和港口工程建筑	312	3 994	2 498	221	148 355	111 690	1 287

11－2 续表2－2　　（总承包和专业承包资质企业，2006年）　　单位：万元

项　　目	在建工程	无形及递延资产小计	#无形资产	其他资产	资产合计	流动负债合计	长期负债合计
工矿工程建筑	180	2 892	2 954		57 988	34 758	5 637
架线和管道工程建筑	361	1 831	1 748		49 909	36 283	780
其他土木工程建筑		193	59		8 767	2 273	16
建筑安装业	2 262	4 477	3 351	515	306 282	178 741	13 535
建筑装饰业	142	785	381		106 797	45 886	2 826
其它建筑业	4 737	297	280		52 082	26 622	1 335
工程准备	4 737	24	7		49 403	25 940	1 335
其它未列明的建筑活动		273	273		2 680	681	
三、按隶属关系分							
中　　央	123	1 644	1 528	9	217 891	173 243	847
省	9 658	11 005	9 300	1 349	1 169 180	726 527	48 328
市	16	4 531	3 527	529	409 735	257 996	30 465
县及县以下	7 106	58 454	49 021	355	681 104	315 680	21 829
四、按企业资质等级分							
施工总承包	9 887	70 497	60 252	2 221	2 111 553	1 291 591	95 098
一　　级	4 064	32 841	31 067	1 766	1 411 383	948 930	68 179
二　　级	4 953	30 448	25 743	332	480 996	238 323	20 170
三级及以下	871	7 208	3 442	123	219 174	104 338	6 749
专业承包	7 016	5 137	3 123	20	366 357	181 855	6 371
一　　级	6 602	1 763	733		203 287	116 680	5 890
二　　级	204	2 374	1 639		79 530	30 076	28
三级及以下	209	1 000	751	20	83 540	35 099	454
五、按营业状态分							
营　　业	16 903	74 690	62 534	2 221	2 436 807	1 457 825	101 469
停　　业		944	841	20	39 548	15 620	
筹　　建					1 255		
其　　它					300		
六、按控股情况分							
国有控股	8 847	38 433	36 018	1 735	1 569 211	1 009 432	72 891
集体控股	5 326	24 296	17 233	435	438 327	227 754	21 556
私人控股	2 725	12 645	9 864	71	391 743	176 573	7 023
港澳台商控股	5	261	260		76 837	59 502	
外商控股					1 793	185	

项　　　目	负债合计	所有者权益合计	#实收资本				
				国家资本	集体资本	法人资本	个人资本
总　　计	**1 574 915**	**902 996**	**735 139**	**294 408**	**96 724**	**190 500**	**143 843**
#国有及国有控股企业	1 082 323	486 888	400 272	294 004		105 331	937
一、按登记注册类型分							
内资企业	1 515 228	884 053	717 977	294 029	96 445	184 314	143 188
国有企业	733 308	345 235	280 581	231 871		48 710	
集体企业	190 976	140 416	105 267		90 468	14 800	
股份合作企业	284	657	692		692		
联营企业	582	2 165	2 100	1 000	600	500	
国有联营企业	425	1 500	1 500	1 000		500	
集体联营企业	157	665	600		600		
有限责任公司	473 021	259 171	214 697	60 701	3 585	85 797	64 613
国有独资公司	74 118	27 923	18 363	16 963		1 400	
其他有限责任公司	398 903	231 247	196 334	43 739	3 585	84 397	64 613
股份有限公司	33 982	38 414	35 048	456	601	22 148	11 843
私营企业	83 023	97 493	79 092			12 360	66 732
私营独资企业	667	906	906				906
私营有限责任公司	66 975	81 399	62 972			11 519	51 453
私营股份有限公司	15 381	15 188	15 214			841	14 374
其他企业	53	503	500		500		
港、澳、台商投资企业	59 502	17 335	15 544	379	279	5 654	655
合资经营企业	59 400	16 802	15 004	379	279	5 304	655
合作经营企业	35	491	500			350	
港、澳、台商独资经营企业	66	42	40				
外商投资企业	185	1 608	1 618			532	
中外合资经营企业	91	1 487	1 428			428	
中外合作经营企业	94	121	190			104	
二、按国民经济行业分							
房屋和土木工程建筑业	1 305 970	706 778	590 582	267 716	85 505	139 679	92 062
房屋工程建筑	645 485	419 591	351 436	167 372	82 005	51 625	49 223
土木工程建筑	660 486	287 187	239 146	100 344	3 500	88 054	42 839
铁路道路隧道和桥梁工程	467 764	214 892	175 026	71 439	3 500	59 838	36 839
水利和港口工程建筑	112 977	35 378	32 736	23 335		9 198	203

项　　　目	负债合计	所有者权益合计	#实收资本	国家资本	集体资本	法人资本	个人资本
工矿工程建筑	40 394	17 594	14 433	3 481		10 422	530
架线和管道工程建筑	37 063	12 846	10 741	2 089		7 131	1 520
其他土木工程建筑	2 288	6 479	6 211			1 465	3 746
建筑安装业	192 276	114 006	80 456	7 632	7 612	34 924	28 484
建筑装饰业	48 712	58 086	43 395	5 601	3 607	12 039	19 908
其它建筑业	27 957	24 126	20 707	13 459		3 859	3 389
工程准备	27 275	22 128	18 697	13 459		3 539	1 699
其它未列明的建筑活动	681	1 998	2 010			320	1 690
三、按隶属关系分							
中　　央	174 091	43 800	34 889	5 262	1 000	28 627	
省	774 855	394 325	326 140	216 945	5 418	78 209	23 816
市	288 461	121 275	92 621	31 575	28 118	18 903	13 575
县及县以下	337 509	343 595	281 490	40 626	62 188	64 761	106 452
四、按企业资质等级分							
施工总承包	1 386 689	724 865	585 603	255 930	89 123	140 915	93 516
一　　级	1 017 109	394 274	319 536	200 067	33 683	65 836	19 500
二　　级	258 493	222 503	175 138	36 145	30 567	62 860	41 396
三级及以下	111 087	108 087	90 929	19 718	24 873	12 218	32 620
专业承包	188 226	178 131	149 536	38 478	7 601	49 585	50 327
一　　级	122 569	80 718	61 521	25 685	2 000	23 390	9 273
二　　级	30 104	49 426	45 044	7 115	2 940	14 768	18 935
三级及以下	35 553	47 987	42 971	5 677	2 661	11 427	22 119
五、按营业状态分							
营　　业	1 559 295	877 513	710 964	292 590	94 169	180 369	135 013
停　　业	15 620	23 928	23 319	1 518	2 550	10 131	8 279
筹　　建		1 255	555		5		550
其　　它		300	300	300			
六、按控股情况分							
国有控股	1 082 323	486 888	400 272	294 004		105 331	937
集体控股	249 310	189 017	142 825		96 018	44 183	2 625
私人控股	183 596	208 147	174 879	25	427	34 801	139 626
港澳台商控股	59 502	17 335	15 544	379	279	5 654	655
外商控股	185	1 608	1 618			532	

11－2　续表4－1　（总承包和专业承包资质企业，2006年）　单位：万元

项　　目	所有者权益 #实收资本 港澳台资本	所有者权益 #实收资本 外商资本	工程结算收入	工程结算成本	工程结算税金及附加	工程结算利润
总　　计	**8 579**	**1 086**	**2 955 834**	**2 668 075**	**97 523**	**179 159**
#国有及国有控股企业			1 739 598	1 572 253	56 353	103 536
一、按登记注册类型分						
内资企业	1		2 932 142	2 647 568	96 774	176 725
国有企业			1 209 219	1 087 742	40 307	75 688
集体企业			677 305	627 177	22 656	27 057
股份合作企业			650	625	21	－18
联营企业			214	204	7	－1
国有联营企业			212	202	7	－1
集体联营企业			2	2		
有限责任公司	1		800 282	727 797	24 825	44 420
国有独资公司			67 615	62 332	2 189	3 094
其他有限责任公司	1		732 667	665 465	22 636	41 326
股份有限公司			82 779	69 898	2 088	10 052
私营企业			161 571	134 028	6 864	19 508
私营独资企业			2 583	1 860	100	600
私营有限责任公司			114 296	92 168	5 520	15 870
私营股份有限公司			44 692	40 001	1 245	3 038
其他企业			122	96	7	19
港、澳、台商投资企业	8 578		22 516	19 553	712	2 251
合资经营企业	8 388		21 667	18 865	681	2 120
合作经营企业	150		593	465	23	105
港、澳、台商独资经营企业	40		257	223	8	26
外商投资企业		1 086	1 176	955	38	184
中外合资经营企业		1 000	1 176	955	38	184
中外合作经营企业		86				
二、按国民经济行业分						
房屋和土木工程建筑业	4 620	1 000	2 495 575	2 277 300	83 195	126 219
房屋工程建筑	1 210		1 456 076	1 347 160	50 294	56 582
土木工程建筑	3 410	1 000	1 039 499	930 140	32 900	69 637
铁路道路隧道和桥梁工程	3 410		762 447	688 598	23 941	44 441
水利和港口工程建筑			147 146	128 891	4 780	13 148

项　　目	所有者权益 #实收资本 港澳台资本	所有者权益 #实收资本 外商资本	工程结算收入	工程结算成本	工程结算税金及附加	工程结算利润
工矿工程建筑			52 537	47 091	1 625	3 817
架线和管道工程建筑			73 468	62 417	2 425	7 606
其他土木工程建筑		1 000	3 901	3 144	131	625
建筑安装业	1 718	86	291 017	249 556	8 432	31 160
建筑装饰业	2 241		95 975	75 619	3 544	16 472
其它建筑业			73 267	65 599	2 352	5 308
工程准备			73 267	65 599	2 352	5 308
其它未列明的建筑活动						
三、按隶属关系分						
中　　央			329 247	296 787	9 793	20 880
省	1 753		1 197 209	1 074 378	38 538	82 676
市	450		376 275	339 757	13 654	17 964
县及县以下	6 376	1 086	1 053 102	957 153	35 538	57 640
四、按企业资质等级分						
施工总承包	6 120		2 609 336	2 375 829	86 809	137 673
一　　级	450		2 007 454	1 839 954	65 196	96 468
二　　级	4 170		402 642	359 039	15 193	26 392
三级及以下	1 500		199 241	176 837	6 420	14 812
专业承包	2 459	1 086	346 499	292 246	10 714	41 487
一　　级	1 173		220 815	184 667	7 182	28 724
二　　级	1 285		77 940	68 727	1 895	6 103
三级及以下	1	1 086	47 744	38 851	1 637	6 659
五、按营业状态分						
营　　业	7 824	1 000	2 955 834	2 668 060	97 522	179 187
停　　业	755	86		15	1	－28
筹　　建						
其　　它						
六、按控股情况分						
国有控股			1 739 598	1 572 253	56 353	103 536
集体控股			794 462	730 839	26 419	36 473
私人控股	1		398 082	344 476	14 002	36 715
港澳台商控股	8 578		22 516	19 553	712	2 251
外商控股		1 086	1 176	955	38	184

项　　目	其他业务收入	其他业务利润	经营费用	管理费用	#税金	#财产保险费	#差旅费	#工会经费
总　计	**46 829**	**10 168**	**11 077**	**121 412**	**2 666**	**482**	**6 635**	**2 360**
#国有及国有控股企业	35 526	6 789	7 456	82 815	1 337	283	4 473	1 954
一、按登记注册类型分								
内资企业	46 806	10 177	11 076	119 883	2 640	482	6 565	2 319
国有企业	32 368	4 925	5 482	60 009	1 116	135	3 332	1 410
集体企业	2 773	1 684	416	12 170	301	29	263	117
股份合作企业			22	17	1		4	2
联营企业			4	20			3	
国有联营企业			4	2			2	
集体联营企业				18			1	
有限责任公司	10 083	3 312	3 240	35 883	484	219	1 948	659
国有独资公司	1 730	1 730		2 436	11	10	34	3
其他有限责任公司	8 353	1 582	3 240	33 446	473	209	1 915	657
股份有限公司	812	115	741	3 829	325	63	512	39
私营企业	770	142	1 170	7 942	412	36	503	92
私营独资企业			23	84	3		4	
私营有限责任公司	738	110	739	6 990	332	15	428	89
私营股份有限公司	32	32	409	867	77	22	72	2
其他企业				13			1	
港、澳、台商投资企业	23	－10	1	1 412	22		62	37
合资经营企业	23	－10	1	1 262	16		29	35
合作经营企业				113	5		30	2
港、澳、台商独资经营企业				38	1		4	
外商投资企业				118	4		8	3
中外合资经营企业				117	4		8	3
中外合作经营企业				1				
二、按国民经济行业分								
房屋和土木工程建筑业	37 678	8 527	8 862	88 500	1 883	367	4 809	1 963
房屋工程建筑	21 251	6 004	2 040	36 907	841	87	2 034	664
土木工程建筑	16 427	2 524	6 822	51 593	1 042	280	2 775	1 299
铁路道路隧道和桥梁工程	4 858	2 075	5 468	30 085	653	234	1 881	768
水利和港口工程建筑	486	442	328	12 865	210	31	429	298

项目	其他业务收入	其他业务利润	经营费用	管理费用	#税金	#财产保险费	#差旅费	#工会经费
工矿工程建筑	793	191	4	2 158	83	15	100	75
架线和管道工程建筑	10 141	-274	1 020	6 062	86		326	152
其他土木工程建筑	149	89	1	423	11	1	39	7
建筑安装业	8 488	1 306	1 869	22 663	478	85	1 158	280
建筑装饰业	543	274	340	7 942	272	28	404	36
其它建筑业	121	61	7	2 307	34	3	265	80
工程准备	121	61	7	2 305	34	3	265	80
其它未列明的建筑活动				2				
三、按隶属关系分								
中央	12 372	-247	1 788	17 108	188	69	910	366
省	18 753	6 827	1 617	65 659	944	330	3 924	1 343
市	6 838	633	4 901	13 967	665	25	651	439
县及县以下	8 866	2 955	2 771	24 679	870	58	1 150	211
四、按企业资质等级分								
施工总承包	38 672	8 845	9 025	98 385	1 993	360	5 100	2 064
一级	23 831	4 655	5 835	69 007	1 097	274	3 874	1 881
二级	14 450	4 087	2 018	22 371	647	73	959	71
三级及以下	391	104	1 172	7 007	248	12	267	112
专业承包	8 157	1 323	2 053	23 027	674	122	1 535	296
一级	1 851	461	241	11 380	232	65	741	135
二级	383	245	1 215	4 973	261	51	460	106
三级及以下	5 923	617	597	6 673	181	7	334	55
五、按营业状态分								
营业	46 829	10 168	11 066	120 356	2 661	479	6 626	2 359
停业			12	1 050	6	3	9	
筹建				7				
其它								
六、按控股情况分								
国有控股	35 526	6 789	7 456	82 815	1 337	283	4 473	1 954
集体控股	3 422	2 323	731	16 418	400	33	488	146
私人控股	7 859	1 066	2 889	20 650	904	165	1 603	219
港澳台商控股	23	-10	1	1 412	22		62	37
外商控股				118	4		8	3

11－2　续表6－1　（总承包和专业承包资质企业，2006年）　单位：万元

项　目	财务费用	#利息支出	营业利润	营业外收入	营业外支出	利润总额
总　计	**10 050**	**6 601**	**57 866**	**1 132**	**944**	**56 953**
#国有及国有控股企业	6 654	4 874	20 856	897	2 784	20 819
一、按登记注册类型分						
内资企业	9 609	6 184	57 411	1 109	914	56 505
国有企业	4 903	4 192	15 701	557	1 370	16 148
集体企业	421	230	16 150	73	－2 278	15 947
股份合作企业			－35			－35
联营企业			－21			－21
国有联营企业			－3			－3
集体联营企业			－18			－18
有限责任公司	3 100	1 495	8 749	432	1 614	8 931
国有独资公司	1 173	64	1 215	41	19	1 237
其他有限责任公司	1 927	1 431	7 534	391	1 595	7 694
股份有限公司	281	17	6 057		197	5 777
私营企业	903	250	10 804	47	12	9 752
私营独资企业	7		509			48
私营有限责任公司	843	223	8 146	9	7	7 731
私营股份有限公司	53	27	2 150	38	6	1 973
其他企业			6			6
港、澳、台商投资企业	432	417	398	23	30	391
合资经营企业	431	415	418	23	30	411
合作经营企业	1	2	－9			－9
港、澳、台商独资经营企业			－11			－11
外商投资企业	9		57			57
中外合资经营企业	9		58			58
中外合作经营企业			－1			－1
二、按国民经济行业分						
房屋和土木工程建筑业	7 771	5 102	38 475	877	582	38 116
房屋工程建筑	3 952	2 517	21 727	193	－1 591	24 328
土木工程建筑	3 819	2 585	16 749	684	2 173	13 788
铁路道路隧道和桥梁工程	2 516	1 131	13 915	597	1 441	11 694
水利和港口工程建筑	830	963	－105	19	140	－277

项目	财务费用	#利息支出	营业利润	营业外收入	营业外支出	利润总额
工矿工程建筑	128	169	1 723	66	277	1 511
架线和管道工程建筑	307	292	963	1	316	603
其他土木工程建筑	39	31	252			256
建筑安装业	1 265	1 010	8 537	199	210	7 882
建筑装饰业	823	293	7 981	53	132	8 099
其它建筑业	190	195	2 873	4	19	2 857
工程准备	190	195	2 874	4	19	2 859
其它未列明的建筑活动			-2			-2
三、按隶属关系分						
中央	551	552	2 974	158	1 538	1 552
省	5 914	4 490	17 930	714	1 393	18 837
市	1 191	743	3 439	135	227	4 639
县及县以下	2 394	816	33 523	125	-2 214	31 927
四、按企业资质等级分						
施工总承包	8 299	5 624	39 834	880	673	39 892
一级	5 899	4 604	26 217	751	2 458	24 243
二级	1 995	1 009	6 113	128	-1 787	9 614
三级及以下	404	10	7 504	1	2	6 036
专业承包	1 751	977	18 032	253	272	17 061
一级	1 135	517	16 669	139	220	16 685
二级	401	354	975	79	17	540
三级及以下	215	106	388	35	35	-165
五、按营业状态分						
营业	10 050	6 601	58 949	1 126	941	58 033
停业			-1 077	7	3	-1 073
筹建			-7			-7
其它						
六、按控股情况分						
国有控股	6 654	4 874	20 856	897	2 784	20 819
集体控股	693	426	21 685	143	-2 121	21 620
私人控股	2 262	884	14 869	70	251	14 066
港澳台商控股	432	417	398	23	30	391
外商控股	9		57			57

11－2　续表7－1　（总承包和专业承包资质企业，2006年）　单位：万元

项　　目	应交所得税	应付利润	劳　动、失业保险费	住房公积金及住房补贴	本年应付工资总额	#主　营业务应付工资总额
总　　计	**19 457**	**33 448**	**18 640**	**4 650**	**375 023**	**356 323**
#国有及国有控股企业	6 678	13 415	15 729	4 234	205 384	191 550
一、按登记注册类型分						
内资企业	19 310	33 123	18 637	4 650	371 976	353 313
国有企业	5 154	9 521	10 274	3 261	140 319	128 369
集体企业	5 593	8 862	1 849	191	105 515	103 345
股份合作企业	1	2		1	112	112
联营企业					316	298
国有联营企业					90	72
集体联营企业					226	226
有限责任公司	3 112	6 955	5 889	1 169	95 495	92 822
国有独资公司	465	1 022	133	186	4 034	3 442
其他有限责任公司	2 647	5 933	5 756	983	91 462	89 380
股份有限公司	2 635	2 119	561	18	11 968	11 743
私营企业	2 815	5 660	63	10	18 247	16 620
私营独资企业	2	8			469	469
私营有限责任公司	2 403	4 778	54		13 507	12 084
私营股份有限公司	409	874	10	10	4 271	4 067
其他企业	1	3			5	5
港、澳、台商投资企业	139	291	4		2 896	2 860
合资经营企业	139	291	4		2 789	2 769
合作经营企业					56	40
港、澳、台商独资经营企业					51	51
外商投资企业	8	35			150	150
中外合资经营企业	8	35			150	150
中外合作经营企业						
二、按国民经济行业分						
房屋和土木工程建筑业	12 174	22 702	13 032	3 712	326 403	312 624
房屋工程建筑	9 049	13 048	6 270	714	240 246	230 990
土木工程建筑	3 125	9 654	6 762	2 998	86 157	81 635
铁路道路隧道和桥梁工程	2 094	8 436	4 333	1 509	54 853	52 521
水利和港口工程建筑	117	298	744	705	18 296	17 690

项　　目	应交所得税	应付利润	劳动、失业保险费	住房公积金及住房补贴	本年应付工资总额	#主营业务应付工资总额
工矿工程建筑	498	713	60	199	7 746	7 198
架线和管道工程建筑	335	51	1 613	584	4 751	3 732
其他土木工程建筑	81	155	13	2	512	493
建筑安装业	3 691	3 197	4 671	789	32 272	28 422
建筑装饰业	2 633	5 647	80	70	11 641	10 628
其它建筑业	959	1 903	856	79	4 707	4 649
工程准备	959	1 903	856	79	4 706	4 648
其它未列明的建筑活动					1	1
三、按隶属关系分						
中　央	642	492	5 419	1 109	35 781	34 544
省	5 970	12 665	9 169	3 113	129 045	121 944
市	1 668	3 108	2 654	380	46 419	40 500
县及县以下	11 177	17 184	1 399	49	163 777	159 334
四、按企业资质等级分						
施工总承包	12 763	23 138	16 433	4 070	340 453	324 681
一　级	8 780	15 653	14 410	3 738	258 838	245 439
二　级	2 891	3 960	952	267	45 487	43 906
三级及以下	1 092	3 525	1 071	65	36 128	35 336
专业承包	6 694	10 311	2 207	580	34 570	31 641
一　级	5 794	9 107	1 698	340	21 840	19 826
二　级	418	747	436	156	7 065	6 600
三级及以下	482	457	73	84	5 665	5 215
五、按营业状态分						
营　业	19 457	33 448	18 640	4 650	374 938	356 238
停　业					68	68
筹　建					16	16
其　它					1	1
六、按控股情况分						
国有控股	6 678	13 415	15 729	4 234	205 384	191 550
集体控股	7 984	10 941	2 248	229	121 073	118 582
私人控股	4 648	8 767	659	187	45 520	43 181
港澳台商控股	139	291	4		2 896	2 860
外商控股	8	35			150	150

（总承包和专业承包资质企业，2006 年）

项目	本年应付福利费总额（万元）	#主营业务应付福利费总额	建筑业增加值（万元）	应收工程款（万元）	#竣工工程	全部从业人员年平均人数（人）
总计	**39 399**	**37 400**	**608 282**	**402 056**	**223 923**	**268 804**
#国有及国有控股企业	20 781	19 210	333 213	332 103	189 958	130 116
一、按登记注册类型分						
内资企业	39 215	37 220	602 954	399 806	223 242	263 762
国有企业	14 865	13 550	229 227	247 644	166 411	89 681
集体企业	12 130	11 940	158 876	24 238	12 659	78 458
股份合作企业	13	13	124			108
联营企业	13	10	443			438
国有联营企业	12	9	136			59
集体联营企业	1	1	307			379
有限责任公司	9 245	8 848	152 831	99 971	28 845	70 553
国有独资公司	563	480	9 513	10 456	6 839	3 471
其他有限责任公司	8 682	8 367	143 311	89 514	22 007	67 082
股份有限公司	1 494	1 481	23 264	7 374	3 951	8 233
私营企业	1 455	1 379	38 371	20 570	11 376	16 279
私营独资企业	5	5				622
私营有限责任公司	1 152	1 100	28 762	14 422	11 089	11 748
私营股份有限公司	298	274	8 513	6 148	287	3 909
其他企业				9		12
港、澳、台商投资企业	181	177	4 895	2 249	681	4 889
合资经营企业	173	172	4 755	1 869	681	4 723
合作经营企业	8	6	72	380		138
港、澳、台商独资经营企业			68			28
外商投资企业	3	3	433			153
中外合资经营企业	3	3	423			151
中外合作经营企业						2
二、按国民经济行业分						
房屋和土木工程建筑业	34 075	32 592	511 201	338 889	185 037	230 373
房屋工程建筑	26 285	25 220	345 647	181 710	86 526	167 737
土木工程建筑	7 790	7 372	165 553	157 179	98 511	62 636
铁路道路隧道和桥梁工程	4 452	4 159	112 170	112 882	72 986	43 082
水利和港口工程建筑	1 820	1 775	28 778	26 060	15 182	11 054

项 目	本年应付福利费总额（万元）	#主营业务应付福利费总额	建筑业增加值（万元）	应收工程款（万元）	#竣工工程	全部从业人员年平均人数（人）
工矿工程建筑	949	875	12 474	5 690	372	5 159
架线和管道工程建筑	524	520	10 992	11 493	9 801	2 758
其他土木工程建筑	45	43	1 159	1 054	170	583
建筑安装业	3 689	3 197	59 406	52 094	30 512	23 982
建筑装饰业	1 030	1 015	24 718	8 801	6 212	10 124
其它建筑业	605	596	12 996	2 272	2 163	4 325
工程准备	605	596	12 988	2 272	2 163	4 321
其它未列明的建筑活动						4
三、按隶属关系分						
中 央	1 943	1 910	59 187	20 279	13 673	21 691
省	14 014	13 150	222 961	272 250	152 460	85 611
市	4 199	3 434	69 625	59 953	33 820	38 314
县及县以下	19 244	18 907	256 686	49 574	23 970	123 188
四、按企业资质等级分						
施工总承包	35 743	33 984	534 195	351 840	184 044	236 780
一 级	28 606	27 185	402 655	288 044	157 351	154 628
二 级	3 643	3 410	74 659	45 747	20 939	42 919
三级及以下	3 495	3 389	56 929	18 049	5 754	39 233
专业承包	3 655	3 416	73 993	50 216	39 879	32 024
一 级	2 268	2 148	51 627	38 967	31 344	19 218
二 级	806	743	13 323	6 704	5 469	6 782
三级及以下	581	525	9 272	4 544	3 066	6 024
五、按营业状态分						
营 业	39 395	37 396	608 869	402 056	223 923	268 610
停 业	4	4				173
筹 建						19
其 它						2
六、按控股情况分						
国有控股	20 781	19 210	333 213	332 103	189 958	130 116
集体控股	14 161	13 914	186 871	29 411	16 066	89 367
私人控股	4 274	4 095	82 975	38 293	17 218	44 279
港澳台商控股	181	177		2 249	681	4 889
外商控股	3	3	433			153

11－3　建筑业企业房屋建筑竣工面积

（2006 年）　　　　单位：平方米

项　　　目	总　　计	厂房、仓库	住　　宅	办公用房	批发和零售用房	住宿和餐饮用房
总　　计	**13 800 756**	**1 724 523**	**8 361 285**	**1 087 083**	**153 528**	**156 563**
#国有及国有控股企业	4 368 356	656 013	2 004 110	407 733	49 317	45 439
一、按登记注册类型分						
内资企业	13 569 017	1 659 979	8 320 085	1 045 597	153 528	123 739
国有企业	3 239 577	297 183	1 516 860	288 341	38 930	23 874
集体企业	6 037 676	232 743	4 775 746	432 248	44 951	36 817
联营企业	40 000		40 000			
集体联营企业	40 000		40 000			
有限责任公司	2 716 600	450 582	1 435 491	276 457	39 967	21 565
其他有限责任公司	2 716 600	450 582	1 435 491	276 457	39 967	21 565
股份有限公司	630 581	374 750	151 820	8 000		
私营企业	904 583	304 721	400 168	40 551	29 680	41 483
私营有限责任公司	367 170	104 921	174 998	18 401	29 680	
私营股份有限公司	537 413	199 800	225 170	22 150		41 483
港、澳、台商投资企业	231 739	64 544	41 200	41 486		32 824
合资经营企业	231 739	64 544	41 200	41 486		32 824
二、按国民经济行业分						
房屋和土木工程建筑业	13 461 396	1 473 723	8 361 285	1 056 733	153 528	147 163
房屋工程建筑	13 044 900	1 401 359	8 183 525	1 035 397	145 008	147 163
土木工程建筑	416 496	72 364	177 760	21 336	8 520	
铁路道路隧道和桥梁工程	295 766	51 752	120 156	21 336	8 520	
水利和港口工程建筑	76 018	11 000	29 104			
工矿工程建筑	35 100		28 500			
其他土木工程建筑	9 612	9 612				
建筑安装业	339 360	250 800		30 350		9 400
三、按隶属关系分						
中　　央	188 676	83 904	80 772			
省	2 520 992	525 647	1 140 877	352 328	57 837	35 335
市	2 866 920	220 350	1 853 025	245 936		54 528
县及县以下	8 224 168	894 622	5 286 611	488 819	95 691	66 700
四、按企业资质等级分						
施工总承包	13 510 984	1 515 111	153 528	147 163		
一　　级	7 072 296	781 261	4 250 500	540 350	76 935	106 420
二　　级	3 957 686	243 443	2 875 535	199 277	42 081	8 660
三级及以下	2 481 002	490 407	1 235 250	325 306	34 512	32 083
专业承包	289 772	209 412		22 150		9 400
二　　级	289 772	209 412		22 150		9 400
五、按营业状态分						
营业	13 800 756	1 724 523	8 361 285	1 087 083	153 528	156 563
六、按控股情况分						
国有控股	4 368 356	656 013	2 004 110	407 733	49 317	45 439
集体控股	6 624 070	288 543	5 165 292	494 261	66 011	36 817
私人控股	2 576 591	715 423	1 150 683	143 603	38 200	41 483
港澳台商控股	231 739	64 544	41 200	41 486		32 824

11－3　续表　　　　(2006 年)　　　　单位：平方米

项　　目	居民服务业用　　房	教育用房	文化、体育和娱乐用房	卫生医疗用　　房	科研用房	其他用房
总　　计	**63 481**	**805 863**	**342 139**	**159 614**	**28 335**	**918 342**
#国有及国有控股企业	29 900	387 322	161 163	72 072	28 335	526 952
一、按登记注册类型分						
内资企业	63 481	780 103	342 139	147 451	28 335	904 580
国有企业	29 900	313 477	161 163	70 748	28 335	470 766
集体企业	17 168	261 831	10 834	48 941		176 397
联营企业						
集体联营企业						
有限责任公司	16 413	174 485	116 372	20 712		164 556
其他有限责任公司	16 413	174 485	116 372	20 712		164 556
股份有限公司		1 350	1 800			92 861
私营企业		28 960	51 970	7 050		
私营有限责任公司		28 960	3 160	7 050		
私营股份有限公司			48 810			
港、澳、台商投资企业		25 760		12 163		13 762
合资经营企业		25 760		12 163		13 762
二、按国民经济行业分						
房屋和土木工程建筑业	63 481	805 863	293 329	159 614	28 335	918 342
房屋工程建筑	63 481	736 949	293 329	155 814	28 335	854 540
土木工程建筑		68 914		3 800		63 802
铁路道路隧道和桥梁工程		33 000		3 800		57 202
水利和港口工程建筑		35 914				
工矿工程建筑						6 600
其他土木工程建筑						
建筑安装业			48 810			
三、按隶属关系分						
中　　央						24 000
省	4 700	191 840	44 350	8 124	3 645	156 309
市	8 667	133 803	179 517	12 163		158 931
县及县以下	50 114	480 220	118 272	139 327	24 690	579 102
四、按企业资质等级分						
施工总承包	63 481	805 863	293 329	159 614	28 335	918 342
一　　级	29 900	564 045	169 868	112 145	24 690	416 182
二　　级	6 486	159 199	115 825	24 831	3 645	278 704
三级及以下	27 095	82 619	7 636	22 638		223 456
专业承包			48 810			
二　　级			48 810			
五、按营业状态分						
营　　业	63 481	805 863	342 139	159 614	28 335	918 342
六、按控股情况分						
国有控股	29 900	387 322	161 163	72 072	28 335	526 952
集体控股	17 168	294 621	13 994	62 951		184 412
私人控股	16 413	98 160	166 982	12 428		193 216
港澳台商控股		25 760		12 163		13 762

11－4　建筑业企业房屋建筑竣工造价

（2006 年）　　　　单位：万元

项　　　　目	总　　计	厂房、仓库	住　　宅	办公用房	批发和零售用房	住宿和餐饮用房
总　　计	**974 315**	**108 485**	**541 049**	**96 288**	**11 157**	**11 297**
#国有及国有控股企业	377 036	54 292	133 233	47 597	3 985	4 034
一、按登记注册类型分						
内资企业	953 677	102 263	538 347	91 737	11 157	8 663
国有企业	293 029	33 683	105 590	26 769	2 905	2 399
集体企业	386 046	12 362	301 208	31 446	3 981	2 751
联营企业	2 342		2 342			
集体联营企业	2 342		2 342			
有限责任公司	192 041	25 791	91 467	30 552	2 835	1 635
其他有限责任公司	192 041	25 791	91 467	30 552	2 835	1 635
股份有限公司	28 166	14 282	12 422	680		
私营企业	52 053	16 146	25 319	2 290	1 436	1 878
私营有限责任公司	24 686	6 156	13 368	1 183	1 436	
私营股份有限公司	27 367	9 990	11 951	1 107		1 878
其他企业						
港、澳、台商投资企业	20 638	6 222	2 702	4 551		2 635
合资经营企业	20 638	6 222	2 702	4 551		2 635
二、按国民经济行业分						
房屋和土木工程建筑业	957 683	96 700	541 049	94 352	11 157	10 827
房屋工程建筑	927 338	91 263	527 396	91 736	10 276	10 827
土木工程建筑	30 345	5 437	13 653	2 615	881	
铁路道路隧道和桥梁工程	21 591	4 510	9 296	2 615	881	
水利和港口工程建筑	5 577	670	1 901			
工矿工程建筑	2 921		2 456			
其他土木工程建筑	256	256				
建筑安装业	16 632	11 785		1 936		470
三、按隶属关系分						
中　　央	17 219	8 055	6 772			
省	193 288	41 301	67 827	39 761	4 866	2 734
市	232 265	16 898	131 122	28 122		4 520
县及县以下	531 544	42 231	335 327	28 405	6 291	4 044
四、按企业资质等级分						
施工总承包	960 051	98 239	541 049	95 181	11 157	10 827
一　　级	584 896	63 768	293 637	64 039	6 468	8 975
二　　级	256 375	13 223	182 576	14 010	3 122	445
三级及以下	118 779	21 248	64 837	17 132	1 567	1 408
专业承包	14 264	10 246		1 107		470
二　　级	14 264	10 246		1 107		470
五、按营业状态分						
营　　业	974 315	108 485	541 049	96 288	11 157	11 297
六、按控股情况分						
国有控股	377 036	54 292	133 233	47 597	3 985	4 034
集体控股	425 539	15 065	331 280	34 326	4 855	2 751
私人控股	151 102	32 906	73 834	9 814	2 317	1 878
港澳台商控股	20 638	6 222	2 702	4 551		2 635

11－4 续表 （2006年） 单位：万元

项目	居民服务业用房	教育用房	文化、体育和娱乐用房	卫生医疗用房	科研用房	其他用房
总计	**8 907**	**78 354**	**33 671**	**13 743**	**3 579**	**67 785**
#国有及国有控股企业	6 796	44 377	16 348	7 079	3 579	55 717
一、按登记注册类型分						
内资企业	8 907	76 590	33 671	13 155	3 579	65 610
国有企业	6 796	37 109	16 348	6 973	3 579	50 880
集体企业	927	24 111	863	4 791		3 606
联营企业						
集体联营企业						
有限责任公司	1 184	13 177	13 592	1 067		10 741
其他有限责任公司	1 184	13 177	13 592	1 067		10 741
股份有限公司		100	300			383
私营企业		2 093	2 567	324		
私营有限责任公司		2 093	126	324		
私营股份有限公司			2 441			
港、澳、台商投资企业		1 765		589		2 176
合资经营企业		1 765		589		2 176
二、按国民经济行业分						
房屋和土木工程建筑业	8 907	78 354	31 230	13 743	3 579	67 785
房屋工程建筑	8 907	73 248	31 230	13 523	3 579	65 351
土木工程建筑		5 106		220		2 434
铁路道路隧道和桥梁工程		2 100		220		1 969
水利和港口工程建筑		3 006				
工矿工程建筑						465
其他土木工程建筑						
建筑安装业			2 441			
三、按隶属关系分						
中央						2 392
省	275	17 092	5 145	556	370	13 361
市	1 161	12 420	19 428	589		18 005
县及县以下	7 472	48 842	9 098	12 599	3 209	34 027
四、按企业资质等级分						
施工总承包	8 907	78 354	31 230	13 743	3 579	67 785
一级	6 796	59 882	17 002	10 212	3 209	50 909
二级	416	14 266	13 886	2 466	370	11 596
三级及以下	1 696	4 206	342	1 065		5 280
专业承包			2 441			
二级			2 441			
五、按营业状态分						
营业	8 907	78 354	33 671	13 743	3 579	67 785
六、按控股情况分						
国有控股	6 796	44 377	16 348	7 079	3 579	55 717
集体控股	927	25 899	994	5 412		4 030
私人控股	1 184	6 314	16 329	664		5 863
港澳台商控股		1 765		589		2 176

11－5 建筑业企业主要指标

（不含劳务分包企业，2006 年）

项目	建筑业增加值（万元）	劳动生产率（元/人）		房屋建筑面积竣工率（%）	产值利税率（%）
		按总产值计算	按增加值计算		
总计	**608 282**	**128 272**	**23 419**	**42.6**	**4.7**
#国有及国有控股企业	333 213	149 071	26 438	33.5	4.2
一、按登记注册类型分					
内资企业	602 954	129 218	23 643	42.6	4.7
国有企业	229 227	157 054	26 656	32.7	4.3
集体企业	158 876	97 274	20 441	46.0	5.1
股份合作企业	124	52 592	12 629		－2.5
联营企业	443	96 075	10 356	66.7	－0.3
国有联营企业	136	42 400	27 172		2.0
集体联营企业	307	103 175	8 131	66.7	－0.5
有限责任公司	152 831	135 099	22 514	43.8	3.7
国有独资公司	9 513	205 901	27 439		4.8
其他有限责任公司	143 311	131 289	22 248	43.8	3.6
股份有限公司	23 264	117 372	29 481	65.5	8.8
私营企业	38 371	116 233	25 584	56.0	9.8
私营独资企业		45 171			5.7
私营有限责任公司	28 762	120 789	26 604	37.6	10.4
私营股份有限公司	8 513	114 081	23 627	84.0	8.0
其他企业		110 455			10.4
港、澳、台商投资企业	4 895	77 114	10 735	43.0	3.2
合资经营企业	4 755	77 014	10 644	43.0	3.2
合作经营企业	72	75 284	10 812		3.7
港、澳、台商独资经营企业	68	98 962	26 236		－0.9
外商投资企业	433	75 404	28 648		8.7
中外合资经营企业	423	75 907	28 192		8.7
中外合作经营企业					
二、按国民经济行业分					
房屋和土木工程建筑业	511 201	125 243	22 889	42.1	4.4
房屋工程建筑	345 647	104 700	21 313	43.4	4.4
土木工程建筑	165 553	179 718	27 070	22.0	4.3
铁路道路隧道和桥梁工程	112 170	193 337	26 703	23.7	4.5
水利和港口工程建筑	28 778	142 488	26 485	16.0	3.0

11－5　续表1　（不含劳务分包企业，2006年）

项　　目	建筑业增加值（万元）	劳动生产率（元/人）		房屋建筑面积竣工率（%）	产值利税率（%）
		按总产值计算	按增加值计算		
工矿工程建筑	12 474	108 946	24 278	21.9	5.8
架线和管道工程建筑	10 992	276 461	41 988		4.3
其他土木工程建筑	1 159	71 599	21 910	100.0	10.5
建筑安装业	59 406	150 939	25 815	77.2	4.8
建筑装饰业	24 718	113 013	27 193		11.6
其它建筑业	12 996	196 532	30 209		6.2
工程准备	12 988	196 624	30 205		6.2
其它未列明的建筑活动					
三、按隶属关系分					
中　　央	59 187	145 805	27 638	31.4	3.7
省	222 961	160 862	26 914	40.6	4.4
市	69 625	127 385	19 081	36.1	4.1
县及县以下	256 686	102 700	21 572	46.6	5.6
四、按企业资质等级分					
施工总承包	534 195	126 172	23 245	42.1	4.4
一　　级	402 655	143 029	26 626	38.3	4.2
二　　级	74 659	114 011	18 010	44.8	5.4
三级及以下	56 929	71 095	15 333	51.6	4.8
专业承包	73 993	144 395	24 720	100.0	6.6
一　　级	51 627	167 033	28 416		7.9
二　　级	13 323	126 038	21 289	100.0	3.4
三级及以下	9 272	90 565	16 839		3.3
五、按营业状态分					
营　　业	608 869	128 336	23 453	42.6	4.7
停　　业					
筹　　建					
其　　它					
六、按控股情况分					
国有控股	333 213	149 071	26 438	33.5	4.2
集体控股	186 871	100 724	21 202	46.9	5.5
私人控股	82 975	129 445	20 310	55.1	5.5
港澳台商控股		77 114		43.0	3.2
外商控股	433	75 404	28 648		8.7

（不含劳务分包企业，2006年）

项　　　　目	人均利润（元/人）	人均利税（元/人）	资产负债率（%）	技术装备率（元/人）	动力装备率（千瓦/人）
总　　计	**2 119**	**5 846**	**63.6**	**6 852**	**2.7**
#国有及国有控股企业	1 600	6 034	69.0	8 291	3.5
一、按登记注册类型分					
内资企业	2 142	5 911	63.2	6 894	2.7
国有企业	1 801	6 420	68.0	8 318	3.5
集体企业	2 033	4 959	57.6	3 821	1.5
股份合作企业	－3 204	－1 176	30.2	2 735	0.2
联营企业	－486	－317	21.2	6 280	
国有联营企业	－508	712	22.1	53 760	0.4
集体联营企业	－483	－478	19.1		
有限责任公司	1 266	4 853	64.6	6 958	3.1
国有独资公司	3 564	9 903	72.6	19 423	12.9
其他有限责任公司	1 147	4 592	63.3	6 287	2.6
股份有限公司	7 017	9 947	46.9	17 119	3.3
私营企业	5 991	10 460	46.0	9 028	2.1
私营独资企业	768	2 424	42.4	2 671	1.5
私营有限责任公司	6 581	11 562	45.1	11 052	2.7
私营股份有限公司	5 047	8 428	50.3	3 983	0.3
其他企业	4 750	10 500	9.6		
港、澳、台商投资企业	799	2 300	77.4	2 421	1.3
合资经营企业	870	2 346	78.0	2 471	1.3
合作经营企业	－638	1 370	6.7		
港、澳、台商独资经营企业	－4 036	－857	61.2		
外商投资企业	3 739	6 451	10.3	70 894	0.7
中外合资经营企业	3 828	6 576	5.8	71 367	0.7
中外合作经营企业	－3 000	－3 000	43.7		
二、按国民经济行业分					
房屋和土木工程建筑业	1 655	5 348	64.9	6 803	2.6
房屋工程建筑	1 450	4 499	60.6	4 538	1.6
土木工程建筑	2 201	7 620	69.7	12 810	5.1
铁路道路隧道和桥梁工程	2 714	8 423	68.5	13 440	4.7
水利和港口工程建筑	－250	4 263	76.2	8 326	4.8

11－5　续表 2－2　　（不含劳务分包企业，2006 年）

项　　目	人均利润（元/人）	人均利税（元/人）	资产负债率（%）	技术装备率（元/人）	动力装备率（千瓦/人）
工矿工程建筑	2 930	6 239	69.7	14 953	10.6
架线和管道工程建筑	2 187	11 290	74.3	15 487	4.6
其他土木工程建筑	4 393	6 813	26.1	20 919	0.2
建筑安装业	3 287	7 002	62.8	8 314	2.9
建筑装饰业	7 999	11 768	45.6	3 092	0.7
其它建筑业	6 605	12 123	53.7	9 530	9.3
工程准备	6 615	12 138	55.2	9 535	9.3
其它未列明的建筑活动	－4 250	－4 250	25.4		
三、按隶属关系分					
中　　央	715	5 317	79.9	4 474	2.2
省	2 200	6 812	66.3	10 383	4.4
市	1 211	4 948	70.4	5 394	2.4
县及县以下	2 592	5 547	49.6	5 269	1.6
四、按企业资质等级分					
施工总承包	1 685	5 435	65.7	6 548	2.5
一　　级	1 568	5 855	72.1	7 204	2.7
二　　级	2 240	5 931	53.7	7 612	3.1
三级及以下	1 538	3 238	50.7	2 686	1.0
专业承包	5 328	8 883	51.4	9 190	3.8
一　　级	8 682	12 540	60.3	6 882	4.1
二　　级	797	3 975	37.9	18 829	4.5
三级及以下	－273	2 744	42.6	5 851	1.9
五、按营业状态分					
营　　业	2 160	5 890	64.0	6 856	2.7
停　　业	－62 040	－61 659	39.5		
筹　　建	－3 421	－3 421			
其　　它	－1 000				
六、按控股情况分					
国有控股	1 600	6 034	69.0	8 291	3.5
集体控股	2 419	5 420	56.9	4 469	1.7
私人控股	3 177	6 543	46.9	7 814	2.3
港澳台商控股	799	2 300	77.4	2 421	1.3
外商控股	3 739	6 451	10.3	70 894	0.7

11-6 建筑业企业生产情况

（总承包和专业承包资质，分县区，2006年）

项目	企业（个）	有工作量	签订的合同额（亿元）	建筑业总产值（亿元）	装饰装修产值	在外省完成的产值	按构成分		
							建筑工程产值	安装工程产值	其他产值
总计	**384**	**317**	**594.44**	**333.17**	**15.41**	**95.72**	**271.33**	**40.22**	**21.62**
东湖区	92	71	76.12	29.20	5.33	3.88	22.88	1.53	4.79
西湖区	89	69	208.97	111.29	4.73	37.77	105.64	2.49	3.16
青云谱区	47	42	110.28	58.83	3.23	28.16	44.79	7.25	6.79
湾里区	5	4	8.88	6.59	0.07	0.10	6.19	0.01	0.40
青山湖区	39	33	64.87	40.88	1.07	4.47	29.55	9.63	1.70
南昌县	31	27	40.69	33.22	0.12	6.54	21.72	10.16	1.34
新建县	10	6	5.28	3.76			3.52		0.24
安义县	4	4	2.81	1.59			1.53		0.06
进贤县	19	19	15.93	13.17	0.19	0.81	8.16	2.78	2.23
经济开发区	12	9	26.43	14.99	0.11	6.63	14.93	0.01	0.05
高新开发区	26	24	29.08	17.60	0.57	7.36	11.29	5.56	0.75
红谷滩新区	8	8	4.96	2.04			1.12	0.79	0.13
桑海开发区	1	1	0.14	0.01			0.01		
英雄开发区	1								

11－6 续表1　　（总承包和专业承包资质，分县区，2006年）

项目	竣工产值（亿元）	房屋建筑施工面积（万平方米）	本年新开工	实行投标承包面积	本年新开工	从业人员情况（万人）平均人数	年末从业人数	企业总产值（亿元）
总计	**207.13**	**3 241.30**	**1 745.52**	**3 240.42**	**1 744.08**	**25.97**	**25.02**	**345.73**
东湖区	18.19	261.75	136.21	261.75	136.21	2.19	2.42	35.16
西湖区	53.60	1 146.99	571.94	1 146.99	571.94	8.43	7.78	113.51
青云谱区	52.65	410.81	21853	410.48	218.53	3.44	3.49	60.19
湾里区	2.35	80.93	40.01	80.93	40.01	1.26	1.26	6.59
青山湖区	26.80	514.42	306.46	514.42	306.46	3.89	3.86	41.29
南昌县	21.39	317.42	113.42	316.88	111.99	2.25	2.33	35.43
新建县	2.84	59.77	38.45	59.77	3845	0.45	0.46	3.76
安义县	1.41	58.02	40.64	58.02	40.64	0.16	0.15	1.59
进贤县	11.38	243.25	200.67	243.25	200.67	1.59	1.65	13.18
经济开发区	8.59	45.48	26.98	45.48	26.98	0.65	0.35	14.99
高新开发区	7.30	91.72	42.18	91.72	42.18	1.46	1.10	18.00
红谷滩新区	0.57	8.80	8.80	8.80	8.80	0.16	0.14	2.04
桑海开发区	0.06	1.93	1.22	1.93	1.22	0.04	0.04	0.01
英雄开发区								

项目	房屋建筑竣工面积											
	合计	厂房、仓库	住宅	办公用房	批发和零售用房	住宿和餐饮用房	居民服务业用房	教育用房	文化、体育用房	卫生医疗用房	科研用房	其他用房
总计	**1 380.08**	**172.45**	**836.13**	**108.71**	**15.35**	**15.66**	**6.35**	**80.59**	**34.21**	**15.96**	**2.83**	**91.83**
东湖区	77.41	7.43	46.65	6.80		1.49	0.70	6.40	6.70		0.36	0.89
西湖区	370.63	38.21	186.45	30.71	2.40	6.58	1.82	35.33	8.01	8.14	2.47	50.50
青云谱区	166.39	36.23	70.33	29.05	4.59	6.26	0.64	11.98	2.49	0.81		4.00
湾里区	38.06	0.81	37.25									
青山湖区	246.82	8.32	219.52	3.18	1.00		0.52	10.81	0.18	2.26		1.03
南昌县	202.86	12.18	184.39	0.88	0.13	0.07		1.91		2.48		0.81
新建县	28.78	3.21	21.69	1.28				2.60				
安义县	23.10	0.28	16.85	1.06			0.52	1.59		0.16		2.63
进贤县	182.67	65.15	32.81	32.18	5.23	1.26	2.15	6.46	5.55	1.47		30.41
经济开发区	16.63		0.93	3.28					11.28			1.14
高新开发区	17.21	0.62	10.03		2.00			3.51		0.64		0.42
红谷滩新区	8.80		8.80									
桑海开发区	0.71		0.42	0.30								
英雄开发区												

11－6 续表3 （总承包和专业承包资质，分县区，2006年） 单位：亿元

项 目	竣工房屋价值											
	合计	厂房、仓库	住宅	办公用房	批发和零售用房	住宿和餐饮用房	居民服务业用房	教育用房	文化、体育用房	卫生医疗用房	科研用房	其他用房
总 计	**97.43**	**10.85**	**54.10**	**9.63**	**1.12**	**1.13**	**0.89**	**7.84**	**3.37**	**1.37**	**0.36**	**6.78**
东湖区	7.59	0.63	3.81	0.74		0.15	0.11	0.69	0.61		0.04	0.81
西湖区	32.08	3.13	14.06	3.04	0.18	0.51	0.55	3.97	0.78	0.74	0.32	4.79
青云谱区	12.74	2.96	3.70	3.53	0.40	0.39	0.04	1.04	0.33	0.06		0.29
湾里区	1.83	0.04	1.79									
青山湖区	17.05	0.36	14.81	0.29	0.09		0.04	1.08	0.03	0.23		0.12
南昌县	12.03	0.71	10.85	0.08	0.01			0.09		0.25		0.04
新建县	1.89	0.18	1.49	0.06				0.16				
安义县	1.34	0.02	0.93	0.11			0.07	0.09		0.01		0.12
进贤县	7.55	2.79	1.52	1.50	0.33	0.07	0.09	0.40	0.27	0.06		0.52
经济开发区	1.70		0.05	0.24					1.34			0.07
高新开发区	1.09	0.03	0.61		0.11			0.30		0.03		0.02
红谷滩新区	0.47		0.47									
桑海开发区	0.06		0.03	0.03								
英雄开发区												

11－7 建筑业企业主要财务指标

（总承包和专业承包资质，分县区，2006年）

项目	建筑业企业（个）	有工作量	建筑业总产值（亿元）	建筑业增加值（亿元）	工程结算收入（亿元）	工程结算税金及附加（亿元）	其他业务收入（亿元）
总计	**384**	**317**	**333.17**	**60.83**	**295.58**	**9.75**	**4.68**
东湖区	92	71	29.20	4.57	21.93	0.75	1.75
西湖区	89	69	111.29	21.67	104.85	3.44	0.65
青云谱区	47	42	58.83	11.04	54.89	1.79	0.20
湾里区	5	4	6.59	0.73	1.11	0.05	
青山湖区	39	33	40.88	7.92	34.78	1.17	0.14
南昌县	31	27	33.22	4.55	29.43	1.09	1.21
新建县	10	6	3.76	0.70	3.38	0.13	0.09
安义县	4	4	1.59	0.28	1.59	0.06	
进贤县	19	19	13.17	3.43	11.61	0.29	0.01
经济开发区	12	9	14.99	1.89	13.27	0.39	0.51
高新开发区	26	24	17.60	3.57	16.69	0.53	0.11
红谷滩新区	8	8	2.04	0.46	1.98	0.06	
桑海开发区	1	1	0.01	0.01	0.09		
英雄开发区	1						

11－7　续表1　　（总承包和专业承包资质，分县区，2006年）　　单位：亿元

项　　目	经营费用	管理费用	#税　金	#差旅费	#工　会经　费	财务费用	营业利润	利润总额	本年固定资产折旧
总　　计	**1.11**	**12.14**	**0.27**	**0.66**	**0.24**	**1.01**	**5.79**	**5.70**	**2.99**
东 湖 区	0.42	1.34	0.04	0.08	0.04	0.12	0.69	0.94	0.32
西 湖 区	0.24	3.42	0.09	0.21	0.07	0.34	1.63	1.65	1.21
青云谱区	0.04	2.37	0.03	0.15	0.07	0.18	0.80	0.80	0.46
湾 里 区	0.01	0.02	0.01			0.01	0.14	0.14	
青山湖区	0.08	0.83	0.03	0.05		0.04	0.34	0.35	0.07
南 昌 县	0.14	1.46	0.03	0.07	0.03	0.06	0.38	0.38	0.24
新 建 县		0.25		0.01		0.04	0.04	0.04	0.09
安 义 县		0.05					0.01	0.01	0.01
进 贤 县	0.04	0.21	0.01	0.02		0.03	0.80	0.51	0.14
经济开发区	0.09	0.86	0.01	0.02		0.07	0.41	0.32	0.31
高新开发区	0.05	1.18	0.02	0.05	0.03	0.12	0.44	0.46	0.12
红谷滩新区		0.15	0.01	0.01		0.01	0.09	0.09	0.02
桑海开发区									
英雄开发区									

11－7　续表2　　（总承包和专业承包资质，分县区，2006年）　　单位：亿元

项　　目	主营业务应付工资	主营业务应付福利费	劳动、失业保险费	住房公积金及住房补贴	资产总计	负债合计	所有者权益合计	应收工程款	#竣工拖欠
总　　计	**35.63**	**3.74**	**1.86**	**0.47**	**247.79**	**157.49**	**90.30**	**40.21**	**22.39**
东湖区	2.30	0.28	0.12	0.05	32.46	20.02	12.44	4.17	2.27
西湖区	13.20	1.24	0.60	0.14	87.79	55.97	31.81	9.42	6.88
青云谱区	6.44	0.74	0.60	0.08	43.42	31.88	11.54	14.17	6.45
湾里区	0.47	0.07			1.67	0.83	0.84		
青山湖区	5.45	0.69	0.14	0.02	14.51	9.88	4.63	2.82	1.90
南昌县	2.31	0.19	0.21	0.08	23.65	11.92	11.73	3.06	1.93
新建县	0.40	0.04			2.28	1.03	1.25		
安义县	0.19				0.90	0.39	0.51	0.10	0.01
进贤县	1.98	0.20			7.01	2.29	4.72	0.25	0.03
经济开发区	0.66	0.06	0.04	0.02	13.57	7.36	6.20	1.98	1.04
高新开发区	2.07	0.22	0.05	0.07	15.97	12.65	3.32	3.64	1.88
红谷滩新区	0.16	0.01	0.10		4.32	3.14	1.17	0.59	
桑海开发区	0.01				0.21	0.12	0.08		
英雄开发区					0.05		0.05		

11－8　劳务分包建筑业企业生产经营情况

（2006年）

项　　目	企业个数（个）	#有工作量的企业个数	建筑业总产值（万元）	从业人员情况（人） 计算劳动生产率的平均人数	年末从业人数	#工程技术人员
总　计	**21**	**11**	**3 517**	**343**	**382**	**72**
#国有及国有控股企业	1			2	2	
一、按登记注册类型分						
内资企业	21	11	3 517	343	382	72
国有企业						
集体企业	4	3	194	69	59	18
有限责任公司	6	1	447	42	44	15
其他有限责任公司	6	1	447	42	44	15
股份有限公司	4	3	1 035	119	126	3
私营企业	7	4	1 841	113	153	36
私营有限责任公司	7	4	1 841	113	153	36
二、按国民经济行业分						
房屋和土木工程建筑业	15	5	472	176	171	23
房屋工程建筑	4			7	9	1
土木工程建筑	11	5	472	169	162	22
铁路道路隧道和桥梁工程	1			1	1	
其他土木工程建筑	10	5	472	168	161	22
建筑安装业	5	5	2 995	147	191	44
其它建筑业	1	1	50	20	20	5
提供工程设备服务	1	1	50	20	20	5
三、按隶属关系分						
省	2	1	263	81	83	2
市	2			3	3	
县及县以下	17	10	3 254	259	296	70
四、按企业资质等级分						
劳务分包	21	11	3 517	343	382	72
一　　级	12	3	328	127	132	10
二　　级	4	3	194	69	59	18
三级及以下	5	5	2 995	147	191	44
五、按营业状态分						
营　　业	13	11	3 517	334	370	72
停　　业	5			6	7	
筹　　建	3			3	5	
六、按控股情况分						
国有控股	1			2	2	
集体控股	6	4	457	150	142	20
私人控股	14	7	3 060	191	238	52
港澳台商控股						
外商控股						

项目	固定资产原价	本年折旧	资产总计	负债合计	实收资本	营业收入合计	#工程结算收入
总计	**476**	**34**	**6 858**	**2 596**	**4 219**	**3 293**	**3 277**
#国有及国有控股企业	1		76	2	74		
一、按登记注册类型分							
内资企业	476	34	6 858	2 596	4 219	3 293	3 277
国有企业							
集体企业	46	2	234	149	85	194	194
有限责任公司	50	6	574	188	386	447	447
其他有限责任公司	50	6	574	188	386	447	447
股份有限公司	34	3	2 653	689	1 947	831	814
私营企业	345	23	3 397	1 571	1 801	1 822	1 822
私营有限责任公司	345	23	3 397	1 571	1 801	1 822	1 822
二、按国民经济行业分							
房屋和土木工程建筑业	119	25	1 433	207	1 226	268	252
房屋工程建筑	2	1	386	2	384		
土木工程建筑	117	24	1 047	205	842	268	252
铁路道路隧道和桥梁工程			10		10		
其他土木工程建筑	117	24	1 037	205	832	268	252
建筑安装业	352	8	5 307	2 321	2 943	2 995	2 995
其它建筑业	5	1	118	68	50	31	31
提供工程设备服务	5	1	118	68	50	31	31
三、按隶属关系分							
省	9	1	207	1	207	59	43
市	1		86	2	84		
县及县以下	466	32	6 565	2 593	3 929	3 234	3 234
四、按企业资质等级分							
劳务分包	476	34	6 858	2 596	4 219	3 293	3 277
一级	78	24	1 317	126	1 191	105	89
二级	46	2	234	149	85	194	194
三级及以下	352	8	5 307	2 321	2 943	2 995	2 995
五、按营业状态							
营业	472	33	6 302	2 595	3 664	3 293	3 277
停业	4	1	126	1	125		
筹建			430		430		
六、按控股情况							
国有控股	1		76	2	74		
集体控股	55	3	441	149	292	253	236
私人控股	420	30	6 341	2 444	3 854	3 041	3 041
港澳台商控股							
外商控股							

11－8　续表2　（2006年）　单位：万元

项　目	工程结算成本	工程结算税金及附加	费用合计	营业利润	利润总额	从业人员劳动报酬	劳动、失业保险费
总　计	**2 816**	**121**	**318**	**38**	**6**	**402**	**19**
#国有及国有控股企业			10	－10	－10	3	1
一、按登记注册类型分							
内资企业	2 816	121	318	38	6	402	19
国有企业							
集体企业	176	8	6	－1	1	74	
有限责任公司	398	16	60	22	－14	67	1
其他有限责任公司	398	16	60	22	－14	67	1
股份有限公司	665	30	51	42	42	124	16
私营企业	1 577	67	202	－25	－23	136	2
私营有限责任公司	1 577	67	202	－25	－23	136	2
二、按国民经济行业分							
房屋和土木工程建筑业	199	12	59	－50	－48	167	18
房屋工程建筑			12	－12	－12	5	1
土木工程建筑	199	12	47	－38	－37	162	17
铁路道路隧道和桥梁工程							
其他土木工程建筑	199	12	47	－38	－37	162	17
建筑安装业	2 597	108	259	88	54	215	
其它建筑业	20	2				19	2
提供工程设备服务	20	2				19	2
三、按隶属关系分							
省	13	3	1	－1	－1	79	16
市			10	－10	－10	3	1
县及县以下	2 803	118	308	48	16	320	2
四、按企业资质等级分							
劳务分包	2 816	121	318	38	6	402	19
一　级	44	5	53	－49	－49	112	19
二　级	176	8	6	－1	1	74	
三级及以下	2 597	108	259	88	54	215	
五、按营业状态分							
营　业	2 816	121	315	42	9	399	19
停　业			3	－3	－3	3	
筹　建							
六、按控股情况分							
国有控股			10	－10	－10	3	1
集体控股	189	11	6	－1		153	16
私人控股	2 627	110	302	49	15	246	2
港澳台商控股							
外商控股							

主 要 统 计 指 标 解 释

建筑施工企业 指从事房屋、构筑物和设备安装生产活动的独立施工单位，分为建筑安装企业和自营施工单位两种组织形式。建筑安装企业是指行政上有独立组织、经济上实行独立核算的企业。一般称为建筑公司、安装公司、工程公司、工程局（处）等。自营施工单位是指附属于现有生产企业、事业内部或行政单位的，为建造和修理本单位固定资产而自行组织的。并同时具备下述条件：（1）对内独立核算；（2）有固定组织和施工队伍；（3）全年施工期在半年以上。

建筑业总产值 建筑总产值是以货币表现的建筑安装企业在一定时期内生产的建筑业产品的总和。按现行报表制度规定，具体包括：建筑工程产值、设备安装工程产值和其他产值。

建筑业增加值 是建筑业企业在报告期内以货币表现的建筑业生产经营活动的最终成果。建筑业增加值有两种计算方法：一是生产法，即建筑业总产出减去建筑业中间消耗后的余额；二是分配法(收入法)，即从收入的角度出发，根据生产要素在生产过程中应得到的收入份额计算，具体构成项目有固定资产折旧、劳动者报酬、生产税净额、营业盈余。

年末自有机械设备价值 指年末本单位自有施工机械、生产设备、运输设备的全部机械价值，分别按原值和净值计算，不包括非生产用的机械设备价值。

利润总额 指建筑业企业在一定时期内所实现的利润。包括营业利润、投资收益和营业外收入与营业外支出的差额。

工程结算收入 指本企业承包实现的工程价额结算收入以及向发包单位收取的除工程价款以外按规定列作营业收入的各种款项，如临时设施费、劳动保险费、施工机构调迁等以及向发包单位收取的各种索赔款。

十二、运输和邮电

TRANSPORTATION, POSTS AND TELECOMMUNICATIONS SERVICES

本篇内容包括：

1. 交通运输业资料
2. 邮电通信业资料

资料整理

袁　方

微机处理

袁　方

货物、旅客运输量

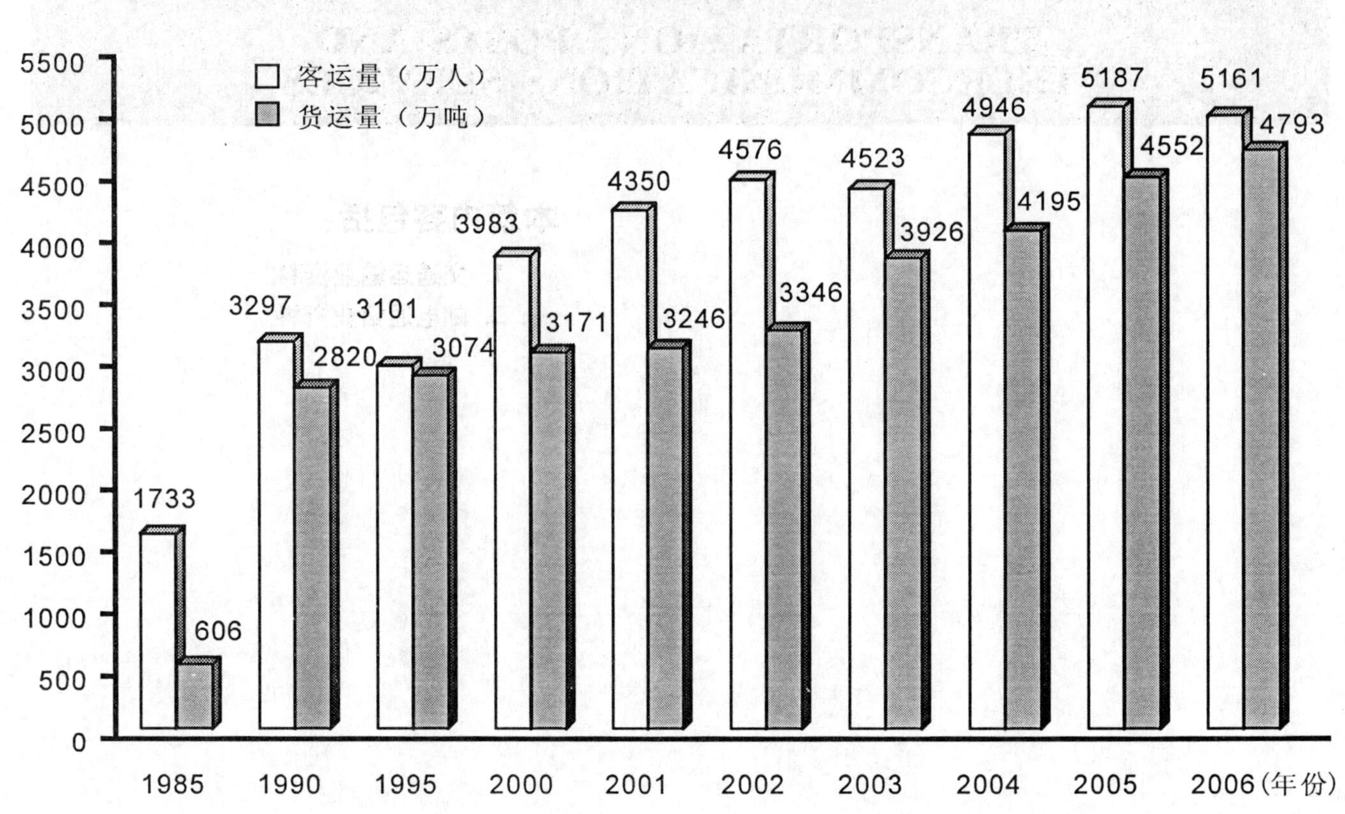

邮电业务总量

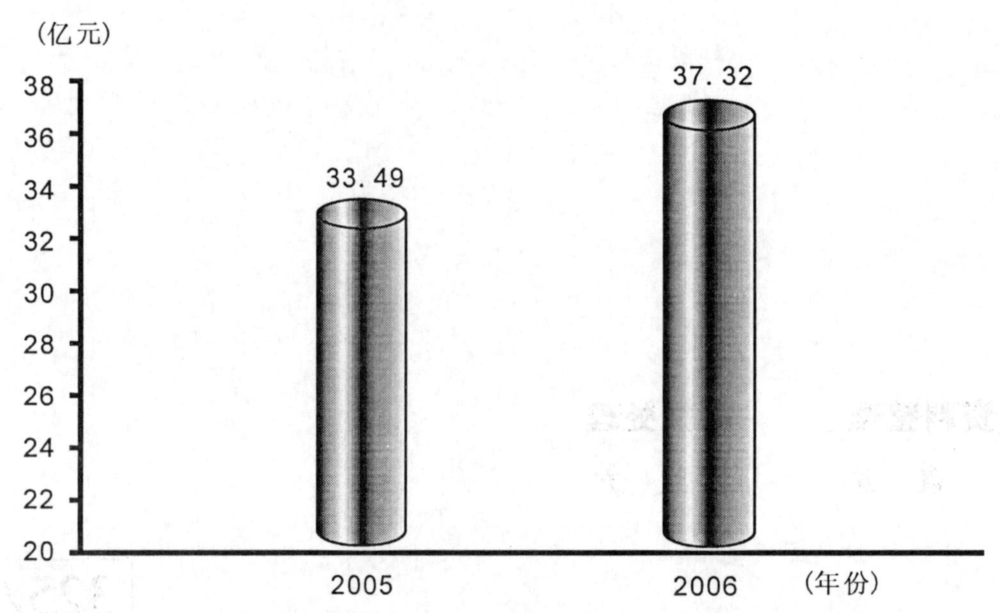

12－1　主要年份交通运输工具拥有量

项　　目	1980	1985	1990	1995	2000	2004	2005	2006
一、汽车（辆）	**10 551**	**14 953**	**21 050**	**24 697**	**41 707**	**137 701**	**161 899**	**195 968**
#载货汽车	7 395	10 719	11 150	11 688	20 827	41 540	44 565	48 316
载客汽车	3 020	3 758	8 051	10 829	18 280	82 941	103 965	132 672
特种汽车	136	476	1 849	2 172	2 600	1 894	2 014	2 353
二、其他机动车（辆）	**3 178**	**9 636**	**11 883**	**31 733**	**118 248**	**151 366**	**174 215**	**182 307**
#摩托车	1 255	2 837	7 202	23 936	102 505	151 201	154 055	159 317
拖拉机	1 923	5 144	4 681	3 833	9 314		20 160	22 990
三、船舶（艘）								
#机动船	225	505	771	800	334	229	338	423
客货轮	13	12	11	11	6	2		5
推拖船	51	54	－	40	29	21	14	14
驳　船	153	240	211	161	141	66	37	47
四、汽车挂车（辆）		**389**		**455**	**114**	**568**	**594**	**609**
附：年末汽车驾驶员（万人）				**7.12**	**13.7**	**27.6**	**35.6**	**53.1**

注：2001 年起，民用汽车拥有量含省直属部分。2002 年民用车辆指标解释进行重新制定，故特种汽车数量变动较大。

12－2　主要年份旅客运输量及周转量

项　　目	1980	1985	1990	1995	2000	2004	2005	2006
一、旅客运输总量（万人）		**1 733**	**3 297**	**3 101**	**3 983**	**4 946**	**5 187**	**5 161**
1. 民　　航		4	8	75	78	123	136	151
2. 铁　　路		680	517	625	906	1 274	1 346	1 278
3. 公　　路		955	2 720	2 357	2 978	3 522	3 687	3 725
#交通部门		955	1 114	719	558			
非交通部门			1 606	1 638	2 420			
4. 水　　运	96	94	52	44	20	27	18	6.4
#交通部门	96	94	50	31	15	2	0.6	0.03
非交通部门			2	13	5	25	17.4	6.37
二、旅客运输周转量(万人公里)			**239 480**	**314 305**	**609 103**	**833 725**	**887 779**	**883 340**
1. 民　　航		1 133	7 306	38 608	86 356	114 012	137 257	151 257
2. 铁　　路			113 319	153 674	325 371	494 494	512 379	490 859
3. 公　　路		12 607	115 521	118 451	195 477	224 591	237 793	241 122
#交通部门		12 607	61 649	48 667	79 393			
非交通部门			53 871	69 784	116 084			
4. 水　　运	5 077	5 292	3 335	3 572	1 899	628	350	124
#交通部门	5 077	5 292	3 255	3 227	1 811	220	72	1
非交通部门			80	345	88	408	278	123

12－3 主要年份货物运输量及周转量

项目	1985	1990	1995	2000	2002	2003	2004	2005	2006
一、货物运输总量（万吨）	**606**	**2 820**	**3 074**	**3 171**	**3 346**	**3 926**	**4 195**	**4 552**	**4 793**
1. 民　航	0.07	0.07	0.74	0.95	1.34	1.45	1.75	1.57	1.8
2. 铁　路	235	221	201	224	332	353	365	392	412
3. 公　路	262	2 298	2 541	2 784	2 845	3 398	3 624	3 890	3 989
#交通部门	262	194	91	23					
非交通部门		2 104	2 450	2 761					
4. 水　运	109	301	331	163	167	174	205	268.5	390.1
#交通部门	109	71	61	35	29	28	34	40.1	39
非交通部门		230	271	128	138	146	171	228.4	351.1
二、货物运输周转量(万吨公里)		**218 157**	**223 886**	**282 129**	**337 454**	**363 347**	**1 091 449**	**1 577 125**	**1 920 911**
1. 民　航	19	56	423	1 697	1 541.32	1 438.3	1 848.77	1 654.17	1 895.59
2. 铁　路		65 573	61 491	99 691	140 188	146 297	854 800	1 282 042	1 617 937
3. 公　路	12 607	96 686	116 418	148 211	150 585	179 972	192 253	210 546	217 283
#交通部门	12 607	15 007	9 452	7 710					
非交通部门		81 679	106 966	140 501					
4. 水　运	39 174	55 843	45 554	32 531	45 140	35 640	42 547	82 883	83 834
#交通部门	39 174	41 313	33 457	21 330	22 691	16 291	20 280	19 018	15 339
非交通部门		14 530	12 097	11 201	22 449	19 349	22 267	63 865	68 495

注：民航货物运输总量1992年及以前年份为发送量，2004年铁路旅客、货物运输周转量调整了计算方法，故数据增长较大。

12－4　主要年份电信网络及主要设备拥有量

项　目	1978	1980	1985	1990	1995
电报电路总数（路）	57	65	81	162	287
长话业务电路总数（路）	197	248	419	1 629	15 105
自备火车邮箱（辆）	6	3	13	17	18
邮政汽车车辆（辆）	25	26	38	52	87
市内电话交换机总容量（万门）	0.7	0.7	1.5	4.5	52.6
#自动交换机容量			1.4	4.4	50.8
市内电话总数（万部）	1	1.5	2.3	5.3	27
#接入局用交换机的话机	0.5	0.6	0.9	2.8	21.2

项　目	2000	2002	2003	2004	2005	2006
自备火车邮箱（辆）	10	9	9	9	9	9
邮政汽车车辆（辆）	281	259	259	306	312	287
市内电话交换机总容量（万门）	100	139.4	160.4	183.9	197.27	201
市内电话总数（万部）	81.6	97.3	99.3	138	154	167
小灵通用户数（万户）			20	30.5	39.11	41.6
移动通信交换机容量（万门）	105	165.8	250	270	340.44	341
移动电话用户数（万户）	42.7	120.1	152	164	218	255
因特网用户数（万户）	7.1	37.4	46.7	60.1	70.2	74.2

12-5 主要年份邮电业务量

项目	1985	1990	1995	2000	2002	2003	2004	2005	2006
一、邮电业务总量（不变价，万元）	**3 262**	**8 252**	**42 100**	**218 524**	**287 644**	**244 859**	**284 030**	**334 822**	**373 327**
二、邮电业务量									
函件（万件）	5 205	4 781	5 642	3 016	3 596	3 480	4 043	3 728	3 210
包裹（万件）	36	85	185	60	68	68	62	59	61
汇票（万件）	82	74	74	57	52	51	44	45	38
报纸累计（万份）	13 207	6 579	7 044	7 468	7 734	7 571	7 667	8 364	9 497
杂志累计（万份）		532	9 778	802	555	606	630	672	692
特快专递（万件）				72	78	94	99	138	165
机要文件（万件）	16	13	16	12	13	16	19	19	15
长途电话（万个）	152	576	4 401	9 804	8 910	14 167	10 131	18 741	33 445
城乡电话用户数（户）	14 121	31 513	195 781	740 813	928 994	1 155 626	1 380 211	1 543 241	1 672 873
#市话年末到户数	12 598	29 892	195 781	603 010	738 117	962 265	1 185 286	1 282 773	1 392 278
#农话年末到达户数	1 523	1 621		137 803	190 877	193 361	194 925	260 468	280 595

注：1998 年起，市辖县的邮政业务统计由市电信局转为市邮政局。2001 年起邮电业务总量以 2000 年不变价计算。2002 由于移动通讯统计口径发生变化，故数据调整较大。

12-6 主要年份邮电邮路

项目	1985	1990	1995	2000	2002	2003	2004	2005	2006
一、邮路总条数（条）	**213**		**177**	**100**	**95**	**95**	**103**	**103**	**111**
#一级邮路				51	42	37	43	31	39
二、邮路单程总长度（公里）	**8 021**	**10 229**	**10 637**	**85 324**	**67 555**	**56 955**	**73 575**	**38 703**	**34 791**
1. 航空	481	4 215	3 788	73 487	53 779	41 612	57 899	23 431	20 247
2. 铁路	4 895	4 174	5 262	3 351	3 284	3 763	3 763	3 778	3 778
3. 汽车	1 614	1 092	1 104	8 470	10 476	11 564	11 897	11 478	10 765
4. 水路邮路	275	210	140						
5. 摩托	4	45							
6. 其它邮路	751	440	343	16	16	16	16	16	1
三、农村投递路线单程长度（公里）		**8 110**	**7 985**	**8 564**	**8 270**	**8 085**	**7 990**	**7 395**	**8 004**

主 要 统 计 指 标 解 释

铁路营业里程 指办理客货运输业务的铁路正线总长度。凡是全线或部分建成双线及以上的线路，以第一线的实际长度计算：复线、站线、线管线、岔线和特别用途以及不计算运费的联络线都不计算营业里程。铁路线营业里程是反映铁路运输业基础设施发展水平的重要指标，也是计算客货周转量、运输密度和机车车辆运用效率指标的基础资料。

公路里程 也称“公路通车里程”，是指实际达到交通部制定的公路工程技术标准规定的等级的公路长度。它包括大中城市的郊区公路以及通过小城镇街道的公路里程，也包括桥梁、渡口的长度，但不包括城市的街道以及厂矿、林区和农业生产用道的里程，两条或多条公路共同经由同一路段，只计算一次，不重复计算里程长度。公路里程是反映公路建设发展规模的重要指标，也是计算运输网密度等指标的基础资料。

内河航道里程 也称“内河通航里程”，是指在枯水季节水深在0.3米及以上，能通航运船舶及排筏的天然河流、湖泊水库、运河及通航渠道的长度。包括全年季节性通航累计三月以上的航道，但不包括仅供零散流放竹木排的河道。内河航道里程是反映河水运网规模，水平和发展情况的主要指标。

货（客）运量 指运输业实际运送的货物（旅客）数量。货运按吨计算，客运按人计算。货物不论运输距离长短，货物类别，均按实际重量统计：旅客不论行程远近或票价多少、均按一人一次作为客运量统计。半价票、小孩票，也按一人统计。货（客）运量是反映运输业为国民经济和人民生活服务的数量指标，也是制定和检查运输生产计划、研究运输发展规模和速度的重要指标。

货物（旅客）周转量 指运输业运送的货物（旅客）数量与其相应运输距离的乘积之总和，常以吨公里和人公里为计算单位。计算货物周转量通常按发出站与到达站之间的最短距离，也就是计费距离计算。它是反映运输业生产总成果的重要指标，也是编制和检查运输生产计划、计算运输效率、劳动生产率以及核算运输单位成本的主要基础资料。

邮电业务总量 指以货币表现的邮电部门为用户传递信息和提供其他邮电服务的总量。它用各种邮电分类业务量，如函件件数、电报份数、长话张数、市内电话和农村电话年均户数、订销报刊累计份数等，分别乘以相应的平均单价（不变价格）加总后再加上出租电路和设备的收入、代用户维护电话交换机和线路等设备的收入、其它业务收入求得。邮电业务量综合反映了一定时期邮电工作的总成果，是研究邮电业务量构成和发展趋势的重要指标。

十三、国内贸易

DOMESTIC TRADE

本篇内容包括：

1. 社会消费品零售总额情况
2. 限额以上批发零售贸易业商品销售类值
3. 批发和零售业、住宿和餐饮业连锁经营情况
4. 限额以上批发零售贸易业商品购进、销售、库存情况
5. 星级住宿业和限额以上餐饮业经营情况
6. 限额以上批发零售贸易业企业财务状况
7. 星级住宿业和限额以上餐饮业财务状况
8. 亿元以上商品交易市场主要指标
9. 零售企业排名和亿元以上市场排名
10. 个体工商业及私营企业基本情况
11. 各类商品交易市场个数

资料整理：

罗小云
褚艳红

微机处理：

褚艳红
罗小云

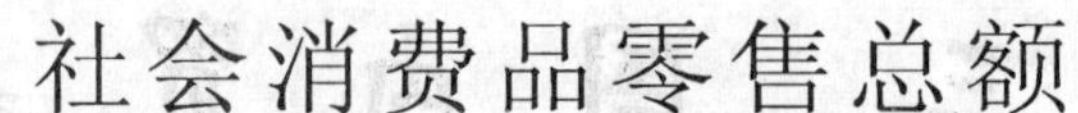

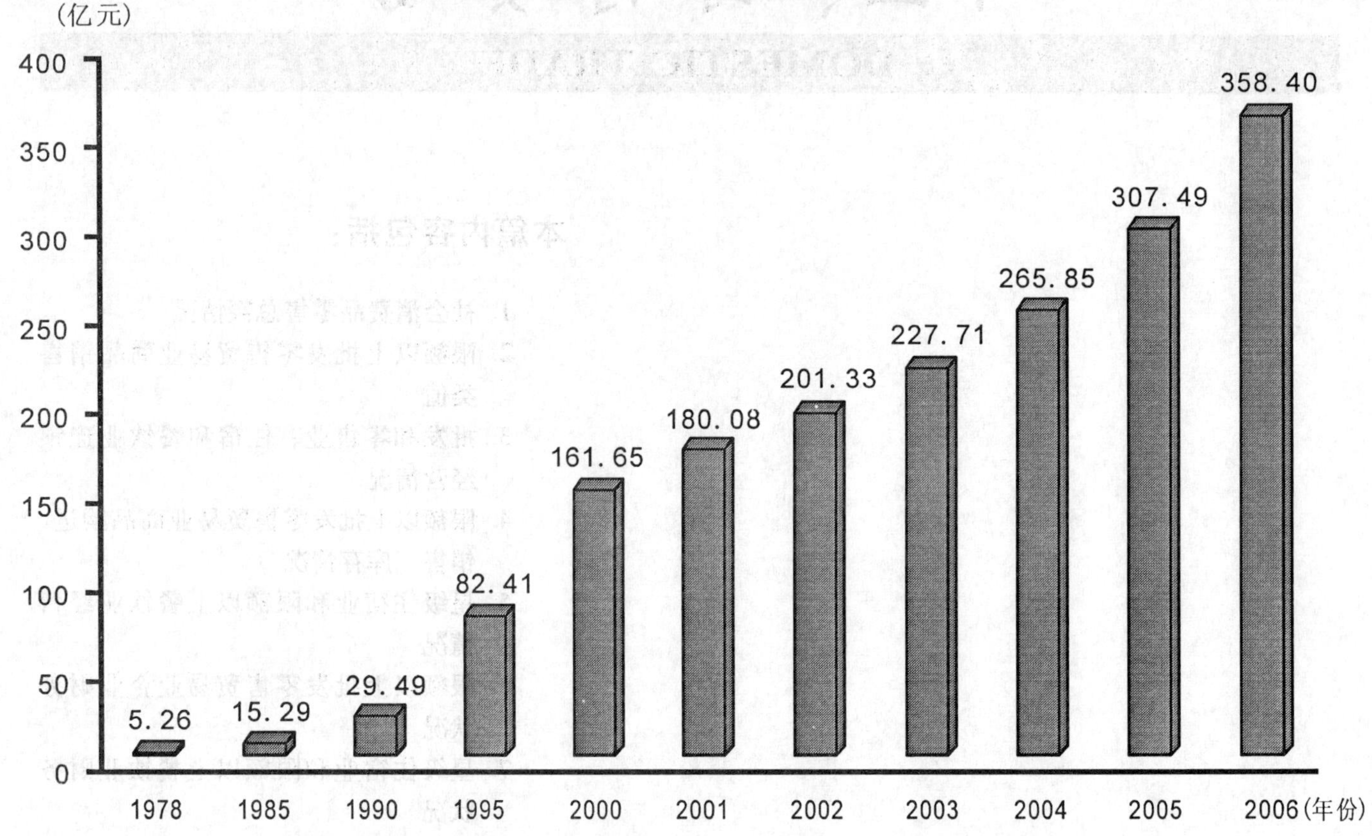

社会消费品零售总额构成(%)

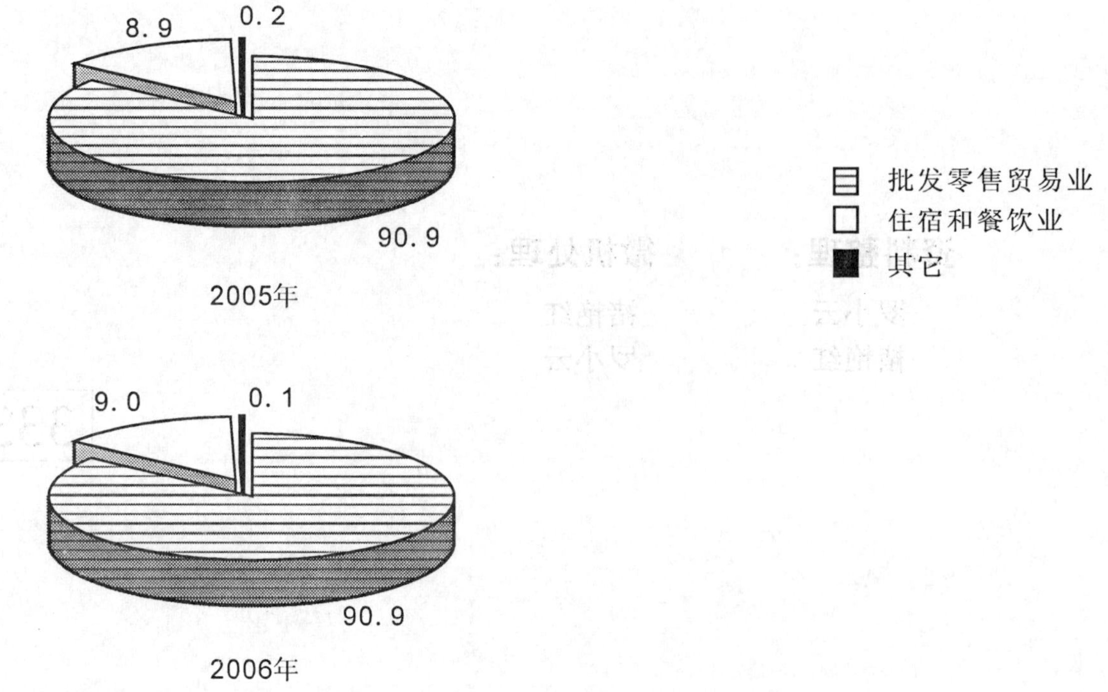

13－1 社会消费品零售总额

单位：万元

项　　目	2005	2006	比上年增长（%）
社会消费品零售总额	**3 074 862**	**3 584 025**	**16.6**
按销售地区分			
市	2 446 878	2 871 539	17.4
县	242 945	280 310	15.4
县以下	385 039	432 176	12.2
按行业分			
批发和零售业	2 794 276	3 256 134	16.5
#限额以上企业	1 138 054	1 372 115	20.6
限额以下企业和个体户	1 656 222	1 884 019	13.8
住宿和餐饮业	274 933	321 544	17.0
#星级（限额以上）企业	122 697	146 891	19.7
星级以外（限额以下）企业和个体户	152 236	174 653	14.7
其　他	5 653	6 347	12.3
按地区分			
东 湖 区	916 634	1 064 095	16.1
西 湖 区	956 352	1 110 667	16.1
青云谱区	135 681	168 496	24.2
湾 里 区	19 349	21 524	11.2
青山湖区	277 403	327 593	18.1
南 昌 县	245 897	282 950	15.1
新 建 县	172 050	196 801	14.4
安 义 县	50 635	55 261	9.1
进 贤 县	159 402	177 474	11.3
经济开发区	38 185	46 693	22.3
高新开发区	15 604	27 916	78.9
红谷滩新区	85 810	102 124	19.0
桑海开发区	600	802	33.7
英雄开发区	1 260	1 629	29.3

13－2 各县区社会消费品零售总额

（2006 年）

单位：万元

项目	社会消费品零售总额	按销售地区分			按行业分		
		市	县	县以下	批发和零售业	住宿和餐饮业	其他
全市	**3 584 025**	**2 871 539**	**280 310**	**432 176**	**3 256 134**	**321 544**	**6 347**
东湖区	1 064 095	1 064 095			957 639	106 456	
西湖区	1 110 667	1 110 667			1 007 730	98 100	4 837
青云谱区	168 496	168 496			157 210	11 286	
湾里区	21 524	21 524			16 926	4 598	
青山湖区	327 593	327 593			294 021	33 572	
南昌县	282 950		111 327	171 623	264 921	17 566	463
新建县	196 801		77 478	119 323	179 530	16 881	390
安义县	55 261		21 856	33 405	52 395	2 646	220
进贤县	177 474		69 649	107 825	160 137	16 900	437
经济开发区	46 693	46 693			43 125	3 568	
高新开发区	27 916	27 916			26 456	1 460	
红谷滩新区	102 124	102 124			93 900	8 224	
桑海开发区	802	802			730	72	
英雄开发区	1 629	1 629			1 414	215	

13－3 历年社会消费品零售总额

单位：万元

年份	社会消费品零售总额（新口径）	比上年增长（%）	按销售单位所在地分		按行业分		
			市区	县及县以下	批发和零售业	住宿和餐饮业	其它
1990	294 909	1.2	186 241	108 668	280 964	12 866	1 079
1991	335 311	13.7	215 288	120 023	320 869	13 278	1 164
1992	393 991	17.5	259 531	134 460	375 937	16 212	1 842
1993	499 975	26.9	328 597	171 378	470 804	27 172	1 999
1994	651 968	30.4	435 680	216 288	615 112	34 237	2 619
1995	824 087	26.4	565 612	258 475	775 761	44 919	3 407
1996	1 030 933	25.1	727 912	303 021	961 935	64 818	4 180
1997	1 226 810	19.0	901 320	325 490	1 129 974	91 912	4 924
1998	1 342 130	9.4	999 284	342 846	1 232 472	104 320	5 338
1999	1 464 264	9.1	1 105 970	358 294	1 338 750	119 551	5 963
2000	1 616 548	10.4	1 236 238	380 310	1 476 586	133 778	6 184
2001	1 800 835	11.4	1 392 613	408 222	1 643 529	151 035	6 271
2002	2 013 334	11.8	1 565 829	447 505	1 837 801	169 914	5 619
2003	2 277 081	13.1	1 784 430	492 651	2 080 380	190 474	6 227
2004	2 658 498	16.8	2 095 676	562 822	2 415 251	236 473	6 774
2005	3 074 862	15.7	2 446 878	627 984	2 794 276	274 933	5 653
2006	3 584 025	16.6	2 871 539	712 486	3 256 134	321 544	6 347

注：1990—2004 年社会消费零售总额为首次经济普查后的修正数据。

13－4 社会消费品零售总额分月数

(2006年)　　单位：万元

	一 月	二 月	三 月	四 月	五 月	六 月	七 月
社会消费品零售总额	**380 149**	**278 185**	**245 536**	**229 244**	**315 097**	**263 067**	**221 706**
按销售地区分							
市	303 823	222 278	196 994	183 872	252 277	211 335	177 590
县	30 007	21 981	18 914	17 836	24 601	20 230	17 318
县以下	46 319	33 926	29 628	27 536	38 219	31 502	26 798
按行业分							
批发和零售业	348 910	248 900	222 475	204 837	285 912	236 967	197 833
#限额以上企业	132 018	106 702	101 169	98 627	116 291	107 922	103 993
限额以下企业和个体户	216 892	142 198	121 306	106 210	169 621	129 045	93 840
住宿和餐饮业	30 705	28 754	22 523	23 876	28 639	25 566	23 362
#星级（限额以上）企业	14 195	13 384	10 383	10 530	13 077	11 550	10 633
星级以外(限额以下)企业和个体户	16 510	15 370	12 140	13 346	15 562	14 016	12 729
其 他	534	531	538	531	546	534	511

13－4 续表　　(2006年)　　单位:万元

	八 月	九 月	十 月	十一月	十二月	全 年
社会消费品零售总额	**275 984**	**295 571**	**350 997**	**361 429**	**367 060**	**3 584 025**
按销售地区分						
市	220 538	237 487	282 148	289 544	293 653	2 871 539
县	21 666	23 127	27 603	28 237	28 790	280 310
县以下	33 780	34 957	41 246	43 648	44 617	432 176
按行业分						
批发和零售业	250 344	268 074	321 939	334 642	335 301	3 256 134
#限额以上企业	106 774	113 600	121 180	118 266	145 573	1 372 115
限额以下企业和个体户	143 570	154 474	200 759	216 376	189 728	1 884 019
住宿和餐饮业	25 121	26 971	28 535	26 261	31 231	321 544
#星级(限额以上)企业	11 312	12 277	13 710	12 236	13 604	146 891
星级以外(限额以下)企业和个体户	13 809	14 694	14 825	14 025	17 627	174 653
其 他	519	526	523	526	528	6 347

13－5 各县区社会消费品零售总额分月数

（2006 年） 单位：万元

	一 月	二 月	三 月	四 月	五 月	六 月	七 月
东 湖 区	111 001	84 711	73 291	70 010	94 047	80 500	68 403
西 湖 区	122 886	85 079	75 111	67 513	98 609	79 494	64 479
青云谱区	16 224	12 606	12 522	12 271	14 364	12 391	11 231
湾 里 区	2 663	1 573	1 471	1 188	1 968	1 432	1 046
青山湖区	34 320	25 633	22 617	21 091	29 103	24 960	20 973
南 昌 县	30 034	22 105	19 255	17 977	24 705	20 330	17 565
新 建 县	21 361	15 563	13 392	12 433	17 390	14 130	11 954
安 义 县	5 890	4 285	3 771	3 491	4 945	4 105	3 354
进 贤 县	19 041	13 954	12 124	11 471	15 780	13 167	11 243
经济开发区	4 893	3 338	3 006	2 789	3 869	3 087	2 463
高新开发区	1 408	1 359	1 910	1 402	2 084	1 806	1 732
红谷滩新区	10 262	7 795	6 922	7 446	8 052	7 510	7 131
桑海开发区	54	55	50	55	60	53	45
英雄开发区	112	129	94	107	121	102	87

13－5 续表 （2006 年） 单位：万元

	八 月	九 月	十 月	十一月	十二月	全 年
东 湖 区	82 857	84 651	98 818	102 607	113 199	1 064 095
西 湖 区	84 580	90 099	111 702	117 227	113 888	1 110 667
青云谱区	12 425	14 884	17 095	16 144	16 339	168 496
湾 里 区	1 614	1 759	2 289	2 425	2 096	21 524
青山湖区	25 152	27 101	30 968	32 811	32 864	327 593
南 昌 县	21 959	23 155	27 845	28 671	29 349	282 950
新 建 县	15 321	15 974	18 678	20 221	20 384	196 801
安 义 县	4 245	4 519	5 370	5 611	5 675	55 261
进 贤 县	13 921	14 436	16 956	17 382	17 999	177 474
经济开发区	3 172	3 872	7 784	4 524	3 896	46 693
高新开发区	2 554	4 572	3 142	3 597	2 350	27 916
红谷滩新区	8 036	10 363	10 116	9 714	8 777	102 124
桑海开发区	48	65	68	160	89	802
英雄开发区	100	121	166	335	155	1 629

13－6　批发零售贸易业商品销售类值

单位：万元

	销售额合计		批发额		零售额	
	2005年	2006年	2005年	2006年	2005年	2006年
合　　计	**7 871 468**	**9 174 461**	**5 456 217**	**5 918 327**	**2 415 251**	**3 256 134**
一、按行业分组						
批发业	5 893 228	6 290 391	5 366 320	5 690 095	526 908	600 296
零售业	1 978 240	2 884 070	89 897	228 232	1 888 343	2 655 838
二、按规模分组						
限额以上企业	4 902 271	4 780 453	3 935 422	3 408 337	966 849	1 372 116
食品、饮料、烟酒类	608 748	933 980	520 588	777 968	88 160	156 012
#粮油类	54 300	17 297	47 131	950	7 169	16 347
肉禽蛋类	12 310	22 488	6 984	11 813	5 326	10 675
其他食品类	91 178	137 901	41 558	51 404	49 620	86 497
饮料类	12 682	36 358	4 627	22 748	8 055	13 610
烟酒类	438 278	719 936	420 288	691 053	17 990	28 883
服装、鞋帽、针、纺织品类	396 567	299 714	315 456	152 995	81 111	146 719
#服装类	263 122	194 282	213 223	96 986	49 899	97 296
鞋帽类	26 525	32 874	10 833	3 496	15 692	29 378
针、纺织品类	106 920	72 558	91 400	52 513	15 520	20 045
化妆品类	17 987	18 849	2 767	1 839	15 220	17 010
金银珠宝类	21 123	28 038	165	560	20 958	27 478
日用品类	62 279	86 332	22 893	30 123	39 386	56 209
#洗涤用品类	12 910	23 023	37	4 008	12 873	19 015
儿童玩具类	2 411	9 539			2 411	9 539
五金、电料类	1 893	12 310	384	10 100	1 509	2 210
体育、娱乐用品类	5 133	3 548	2 667	152	2 466	3 396
书报杂志类	118 647	99 558	97 760	77 385	20 887	22 173
电子出版物及音像制品类	8 162	11 570	5 401	4 936	2 761	6 634
家用电器和音像器材类	365 450	405 357	231 350	236 491	134 100	168 866
中西药品类	442 523	514 928	325 645	403 410	116 878	111 518
#西药	231 250	243 043	128 420	148 090	102 830	94 953
中草药及中成药	206 748	226 590	195 644	218 169	11 104	8 421
文化办公用品类	99 850	140 871	64 241	72 335	35 609	68 536
家俱类	268	208	101		167	208
通讯器材类	237 785	185 706	178 453	122 181	59 332	63 525
煤炭及制品类	103 817	169 958	103 817	169 958		
木材及制品类	6 457	2 206	6 457	2 206		
石油及制品类	1 228 484	609 342	1 166 069	504 253	62 415	105 089
化工材料及制品类	106 381	138 522	105 595	138 522	786	
#化肥类	55 361	100 074	55 361	100 074		
金属材料类	347 482	288 383	347 172	288 383	310	
建筑及装璜材料类	13 034	26 165	10 054	22 055	2 980	4 110
机电产品及设备类	66 487	109 324	66 316	109 324	171	
#农机类	1 870	1 947	1 870	1 947		
汽车类	499 120	594 843	243 622	188 967	255 498	405 876
种子饲料类	6 183	12 131	6 183	12 131		
棉麻类	18		18			
其他类	138 393	88 612	112 248	82 064	26 145	6 548
限额以下企业和个体户	2 969 197	4 394 008	1 520 795	2 509 990	1 448 402	1 884 018

13－7 批发和零售业、住宿和餐饮业连锁经营情况

指标名称	计量单位	合计		直营店		加盟店	
		2005年	2006年	2005年	2006年	2005年	2006年
门店总数	个	2 079	2 090	1 901	1 855	178	235
营业面积	万平方米	118	127	113	122	5	5
从业人员	个	26 299	28 734	24 519	26 602	1 780	2 132
经营餐饮业务餐位数	个	8 138	8 578	7 278	7 562	860	1 016
商品购进总额	万元	1 864 302	2 387 760	1 525 820	2 060 337	338 482	327 423
#统一配送商品购进额	万元	1 496 185	1 985 365	1 408 500	1 923 545	87 685	61 820
#自有配送中心配送	万元	590 500	733 583	566 392	701 572	24 108	32 010
非自有配送中心配送	万元	816 581	1 178 849	807 124	1 173 460	9 457	5 390
商品销售额	万元	2 108 549	2 581 499	1 960 372	2 452 317	148 177	129 183
#零售额	万元	1 533 951	1 982 116	1 386 729	1 853 480	147 222	128 637
营业收入	万元	32 326	37 349	30 481	35 394	1 845	1 956
#餐费收入	万元	28 901	33 660	27 499	32 169	1 402	1 491
商品销售收入	万元	3 425	3 689	2 982	3 225	443	465

13－8 限额以上批发零售贸易业商品购进、销售、库存总额

(2006年)

指标名称	法人企业（个）	产业活动单位（个）	年末从业人数（人）	购进总额（万元）	#进口
总计	**260**	**646**	**31 669**	**4 472 721**	**96 697**
一、批发业	134	364	11 952	3 285 196	96 697
#国有及国有控股	41	248	6 543	1 843 544	38 841
1. 按登记注册类型分组					
内资	131	356	11 310	3 133 005	96 697
国有	26	49	2 474	858 895	18 357
集体	4	4	796	65 338	
股份合作	2	2	86	24 603	
有限责任公司	65	75	3 685	1 131 782	63 315
国有独资公司	1	1	16	43 493	
其他有限责任公司	64	74	3 669	1 088 289	63 315
股份有限公司	6	195	2 829	605 623	
私营企业	26	29	1 426	409 835	15 025
私营独资	1	2	15	3 160	
私营有限责任公司	22	24	1 325	386 658	15 025
私营股份有限公司	3	3	86	20 017	
其他	2	2	14	36 929	
港澳台商投资企业	1	3	359	52 711	
与港澳台商合资经营		1	99	26 490	
港澳台商独资	1	1	220	17 842	
港澳台商独资股份有限公司		1	40	8 379	
外商投资企业	2	5	283	99 480	
中外合资经营	1	1	15	1 503	
外资企业	1	4	268	97 977	
2. 按国民经济行业分组					
农畜产品批发业	4	15	317	17 721	
食品、饮料及烟草制品批发业	7	15	1 661	575 105	
烟草制品批发业	2	6	879	517 647	
纺织、服装及日用品批发业	14	14	509	202 232	46 109
服装批发业	9	9	348	154 813	38 084
文化、体育用品及器材批发业	3	4	449	74 584	
医药及医疗器材批发业	12	15	2 135	436 712	15 000
矿产品、建材及化工产品批发业	45	228	3 536	1 296 445	17 588
煤炭及制品批发业	5	5	298	175 703	
石油及制品批发业	10	191	2 449	679 070	5 545
金属及金属矿批发业	21	22	459	273 999	5 511
建材批发业	2	2	33	15 453	
化肥批发业	1	2	146	94 756	6 176
机械设备、五金交电及电子产品批发业	44	64	3 206	629 003	18 000
汽车、摩托车及零配件批发业	10	10	556	143 280	
家用电器批发业	6	9	1 201	194 749	
计算机、软件及辅助设备批发业	8	21	588	85 732	
其他批发业	5	9	139	53 395	

指标名称	销售总额（万元）				年末库存总额（万元）	年末零售营业面积（平方米）
	合计	批发	#出口	零售		
总　　计	**4 985 899**	**3 558 772**	**400 311**	**1 427 127**	**272 121**	**1 058 774**
一、批发业	3 679 719	3 409 085	400 311	270 633	170 099	274 685
#国有及国有控股	2 147 216	1 972 597	189 378	174 619	80 608	266 990
1. 按登记注册类型分组						
内　资	3 519 531	3 249 169	400 311	270 362	167 152	274 635
国　有	1 075 001	1 069 554	72 314	5 447	37 925	1 940
集　体	67 980	67 980			6 123	
股份合作	28 750	28 750			1 279	
有限责任公司	1 250 820	1 130 422	257 956	120 398	43 734	6 567
国有独资公司	39 863	39 863			227	
其他有限责任公司	1 210 957	1 090 559	257 956	120 398	43 508	6 567
股份有限公司	627 536	508 671		118 865	40 179	265 350
私营企业	432 383	406 731	70 041	25 652	37 516	778
私营独资	3 263	2 313		950	60	30
私营有限责任公司	407 195	383 800	70 041	23 395	37 163	748
私营股份有限公司	21 925	20 619		1 307	294	
其　他	37 061	37 061			396	
港澳台商投资企业	56 022	56 022			1 968	
与港澳台商合资经营	27 948	27 948			469	
港澳台商独资	19 756	19 756			619	
港澳台商独资股份有限公司	8 318	8 318			880	
外商投资企业	104 166	103 894		272	978	50
中外合资经营	1 683	1 411		272	512	50
外资企业	102 483	102 483			466	
2. 按国民经济行业分组						
农畜产品批发业	19 914	19 914			10 929	
食品、饮料及烟草制品批发业	766 927	766 708		219	7 844	
烟草制品批发业	690 267	690 267			6 191	
纺织、服装及日用品批发业	218 411	218 052	200 176	360	10 903	
服装批发业	166 714	166 355	150 832	360	2 265	
文化、体育用品及器材批发业	82 524	81 711		813	7 302	940
医药及医疗器材批发业	498 772	420 505	28 607	78 268	31 561	
矿产品、建材及化工产品批发业	1 345 781	1 246 801	76 364	98 980	64 719	265 050
煤炭及制品批发业	178 108	178 108			3 715	
石油及制品批发业	692 824	600 270		92 555	34 456	265 000
金属及金属矿批发业	304 718	300 924	55 334	3 794	20 132	
建材批发业	16 923	16 651	15 240	272	526	50
化肥批发业	94 682	94 682			2 927	
机械设备、五金交电及电子产品批发业	691 468	599 474	95 164	91 994	35 565	8 695
汽车、摩托车及零配件批发业	167 996	139 497	71 190	28 499	5 791	3 289
家用电器批发业	205 194	203 115		2 079	9 321	608
计算机、软件及辅助设备批发业	95 503	58 627		36 876	9 382	608
其他批发业	55 921	55 921			1 277	

13－8 续表2－1

指 标 名 称	法人企业（个）	产业活动单位（个）	年末从业人数（人）	购进总额（万元）	#进 口
总 计	**260**	**646**	**31 669**	**4 472 721**	**96 697**
二、零售业	126	282	19 717	1 187 525	
#国有及国有控股	21	34	1 695	90 170	
1. 按登记注册类型分组					
内 资	121	269	17 712	1 052 984	
国 有	12	25	1 101	46 853	
股份合作	4	4	120	6 346	
有限责任公司	59	92	5 487	346 939	
其他有限责任公司	59	92	5 487	346 939	
股份有限公司	7	94	6 299	327 462	
私营企业	39	54	4 705	325 384	
私营独资	4	4	346	3 760	
私营合伙	2	2	295	9 822	
私营有限责任公司	30	44	3 234	289 794	
私营股份有限公司	3	4	830	22 008	
港澳台商投资企业	4	4	540	59 917	
与港澳台商合资经营	1	1	61	810	
港澳台商独资	3	3	479	59 107	
外商投资企业	1	9	1 465	74 624	
中外合资经营	1	7	1 213	43 588	
中外合作经营		2	252	31 037	
2. 按国民经济行业分组					
综合零售业	26	49	10 448	534 453	
百货零售业	11	28	6 239	454 580	
超级市场零售业	15	21	4 209	79 873	
食品、饮料及烟草制品专门零售业	2	5	256	22 422	
纺织、服装及日用品专门零售业	6	17	265	18 934	
服装零售业	2	2	61	2 321	
文化、体育用品及器材专门零售业	10	22	1 061	38 219	
图书零售业	6	18	768	61	
医药及医疗器材专门零售业	12	106	3 614		
药品零售业	12	106	3 614	479	
汽车、摩托车、燃料及零配件专门零售业	53	56	2 381		
汽车零售业	45	47	2 082	1 465	
机动车燃料零售业	7	8	293	1 213	
家用电器及电子产品专门零售业	16	26	1 372	252	
家用电器零售业	3	8	837		
计算机、软件及辅助设备零售业	11	16	455		
通讯设备零售业	2	2	80		
五金、家具及室内装修材料专门零售业	1	1	320	10 448	

指 标 名 称	销 售 总 额（万元）				年末库存总 额（万元）	年末零售营业面积（平方米）
	合 计	批 发	#出 口	零 售		
总 计	**4 985 899**	**3 558 772**	**400 311**	**1 427 127**	**272 121**	**1 058 774**
二、零售业	1 306 180	149 687		1 156 493	102 022	784 089
#国有及国有控股	89 486	57		89 428	9 084	49 188
1. 按登记注册类型分组						
内 资	1 158 523	145 423		1 013 099	93 196	660 543
国 有	46 536			46 536	4 246	21 239
股份合作	6 488			6 488	929	2 332
有限责任公司	381 046	25 507		355 540	32 171	234 098
其他有限责任公司	381 046	25 507		355 540	32 171	234 098
股份有限公司	376 488	71 926		304 563	27 674	229 233
私营企业	347 965	47 991		299 974	28 177	173 641
私营独资	3 773			3 773	422	2 728
私营合伙	6 283	1 847		4 436	777	13 000
私营有限责任公司	320 609	44 411		276 198	25 107	135 553
私营股份有限公司	17 299	1 733		15 567	1 871	22 360
港澳台商投资企业	65 216			65 216	1 540	75 806
与港澳台商合资经营	905			905	59	200
港澳台商独资	64 311			64 311	1 481	75 606
外商投资企业	82 442	4 263		78 178	7 286	47 740
中外合资经营	50 539	4 263		46 275	4 375	40 032
中外合作经营	31 903			31 903	2 911	7 708
2. 按国民经济行业分组						
综合零售业	606 258	73 462		532 797	34 484	532 913
百货零售业	516 693	71 626		445 068	26 316	377 379
超级市场零售业	89 565	1 836		87 729	8 168	155 534
食品、饮料及烟草制品专门零售业	27 124			27 124	2 656	2 307
纺织、服装及日用品专门零售业	23 510	959		22 550	4 325	6 020
服装零售业	1 984			1 984	351	1 780
文化、体育用品及器材专门零售业	36 442			36 442	3 642	17 971
图书零售业	22 767			22 767	2 130	16 951
医药及医疗器材专门零售业	38 525	57		38 468	11 111	56 957
药品零售业	38 525	57		38 468	11 111	56 957
汽车、摩托车、燃料及零配件专门零售业	460 444	62 151		398 293	38 911	114 593
汽车零售业	436 934	62 151		374 784	37 613	100 013
机动车燃料零售业	22 810			22 810	1 288	14 460
家用电器及电子产品专门零售业	110 227	13 058		97 169	6 265	45 428
家用电器零售业	62 473	2 117		60 356	4 364	42 755
计算机、软件及辅助设备零售业	40 053	8 693		31 359	1 782	2 403
通讯设备零售业	7 701	2 247		5 454	119	270
五金、家具及室内装修材料专门零售业	3 650			3 650	628	7 900

13－9　星级住宿业和限额以上餐饮业经营情况

（2006 年）

指　标　名　称	法人企业（个）	产业活动单位（个）	从业人数（人）	营业额（万元）				
					客房收入	餐费收入	商品销售收入	其他收入
总　计	**170**	**209**	**22 129**	**201 545**	**46 938**	**116 955**	**31 520**	**6 132**
一、住宿业	38	43	8 052	67 406	39 853	16 712	5 023	5 819
#国有及国有控股	18	18	3 861	31 503	16 873	7 493	3 075	4 062
1. 按登记注册类型分组								
内　资	28	32	5 447	44 644	25 762	11 669	3 364	3 849
国　有	14	14	2 651	25 402	14 086	5 781	2 692	2 844
集　体	1	1	30	174	95	75	5	
股份合作	1	1	237	935	672	253	11	
联营企业	1	1	134	523	326	104	33	60
国有联营	1	1	134	523	326	104	33	60
有限责任公司	6	9	1 810	13 809	7 510	4 852	527	919
国有独资公司	1	1	121	441	273			168
其他有限责任公司	5	8	1 689	13 368	7 237	4 852	527	752
私营企业	5	6	585	3 800	3 074	604	96	26
私营独资	1	2	293	1 936	1 762	142	27	5
私营有限责任公司	3	3	190	1 358	1 093	209	36	20
私营股份有限公司	1	1	102	506	218	253	34	
港澳台商投资企业	5	6	1 467	8 998	5 448	2 021	665	864
与港澳台商合资经营	1	2	168	1 749	1 619	88	19	23
与港澳台商合作经营	2	2	745	2 703	1 213	606	215	669
港澳台商独资	2	2	554	4 545	2 615	1 326	431	173
外商投资企业	5	5	1 138	13 765	8 643	3 023	994	1 106
中外合资经营	3	3	510	5 551	3 632	1 106	327	486
外资企业	1	1	408	6 099	3 501	1 507	471	620
外商投资股份有限公司	1	1	220	2 116	1 509	411	196	
2. 按国民经济行业分组								
旅游饭店	38	43	8 052	67 406	39 853	16 712	5 023	5 819
二、餐饮业	132	166	14 077	134 139	7 086	100 242	26 498	313
#国有及国有控股	2	2	858	4 238	2 462	1 456	321	
1. 按登记注册类型分组								
内　资	120	129	11 105	97 471	6 834	68 137	22 192	309
国　有	2	2	858	4 238	2 462	1 456	321	
集　体	2	2	106	862	29	777	56	
股份合作	7	7	634	5 807	9	4 474	1 318	7
有限责任公司	19	20	1 861	14 936	1 156	10 505	3 101	173
其他有限责任公司	19	20	1 861	14 936	1 156	10 505	3 101	173
股份有限公司	2	2	241	1 053	714	277	49	13
私营企业	83	91	7 223	69 333	2 465	49 765	16 987	116
私营独资	44	48	3 538	37 945		28 441	9 504	
私营合伙	17	19	1 316	10 210	806	6 917	2 459	28
私营有限责任公司	19	21	2 010	16 744	1 424	11 381	3 871	68
私营股份有限公司	3	3	359	4 435	235	3 026	1 153	20
其　他	5	5	182	1 242		882	360	
港澳台商投资企业	7	7	871	11 949		8 507	3 442	
与港澳台商合资经营	5	5	623	6 746		4 866	1 880	
港澳台商独资	1	1	128	3 891		2 723	1 167	
港澳台商独资股份有限公司	1	1	120	1 312		917	395	
外商投资企业	5	30	2 101	24 719	252	23 599	864	5
中外合资经营	2	2	56	678		496	181	
外资企业	3	28	2 045	24 042	252	23 103	682	5
2. 按国民经济行业分组								
正餐服务业	127	132	12 076	108 891	7 086	76 125	25 527	153
快餐服务业	4	33	1 968	24 968		23 998	971	
其他餐饮服务业	1	1	33	280		120		160

13－9 续表

指标名称	年末餐饮营业面积（平方米）	年末住宿和餐饮企业拥有床位数（个）	年末住宿和餐饮企业拥有餐位数（位）
总　　计	**252 250**	**29 156**	**87 741**
一、住宿业	45 941	25 903	13 869
#国有及国有控股	25 575	5 157	7 254
1. 按登记注册类型分组			
内　资	33 766	21 967	10 030
国　有	20 449	3 961	5 684
集　体	150	13 678	5 684
股份合作	300	248	200
联营企业	450	460	350
国有联营	450	460	350
有限责任公司	10 148	2 120	2 490
国有独资公司		256	
其他有限责任公司	10 148	1 864	2 490
私营企业	2 269	1 500	1 186
私营独资	663	416	324
私营有限责任公司	1 006	854	432
私营股份有限公司	600	230	430
港澳台商投资企业	7 118	1 982	1 990
与港澳台商合资经营	850	766	470
与港澳台商合作经营	1 276	534	670
港澳台商独资	4 992	682	850
外商投资企业	5 057	1 954	1 849
中外合资经营	2 200	1 014	810
外资企业	1 857	490	689
外商投资股份有限公司	1 000	450	350
2. 按国民经济行业分组			
旅游饭店	45 941	25 903	13 869
二、餐饮业	206 309	3 253	73 872
#国有及国有控股	5 157	953	2 160
1. 按登记注册类型分组			
内　资	171 756	2 981	65 703
国　有	5 157	953	2 160
集　体	1 000	40	450
股份合作	9 947		3 614
有限责任公司	33 144	377	10 221
其他有限责任公司	33 144	377	10 221
股份有限公司	2 500	354	400
私营企业	117 468	1 257	47 078
私营独资	62 794		25 214
私营合伙	19 406	379	8 778
私营有限责任公司	26 808	758	10 152
私营股份有限公司	8 460	120	2 934
其　他	2 540		1 780
港澳台商投资企业	19 154		2 778
与港澳台商合资经营	13 645		1 808
港澳台商独资	2 509		670
港澳台商独资股份有限公司	3 000		300
外商投资企业	15 399	272	5 391
中外合资经营	750		330
外资企业	14 649	272	5 061
2. 按国民经济行业分组			
正餐服务业	191 129	3 253	68 263
快餐服务业	14 680		5 409
其他餐饮服务业	500		200

13－10 限额以上批发

（2006

指标名称	企业数（个）	#亏损企业数	年末 流动资产合计	#存货	固定资产原价
总　　计	**260**	**90**	**1 293 327**	**226 015**	**358 529**
一、批发业	134	34	901 914	143 904	143 634
#国有及国有控股	46	8	477 237	77 676	119 210
1. 按登记注册类型分组					
内　　资	131	33	897 109	142 891	143 373
国　　有	26	4	224 602	35 739	50 084
集　　体	4	1	16 464	5 344	274
股份合作	2	1	5 221	1 203	632
有限责任公司	65	21	434 203	39 175	36 350
国有独资公司	1		3 797	195	28
其他有限责任公司	64	21	430 405	38 980	36 322
股份有限公司	6		85 830	35 232	46 525
私营企业	26	6	120 540	25 861	9 463
私营独资公司	1		237	60	
私营有限责任公司	22	5	113 356	25 507	9 384
私营股份有限公司	3	1	6 947	294	78
其　　他	2		10 250	338	45
港澳台商投资企业	1		3 989	556	157
港澳台商独资	1		3 989	556	157
外商投资企业	2	1	816	458	104
中外合资经营	1	1	665	438	77
外资企业	1		151	20	28
2. 按国民经济行业分组					
农畜产品批发业	4	1	15 603	11 188	2 030
食品、饮料及烟草制品批发业	7		110 145	6 123	23 229
烟草制品批发业	2		97 780	5 292	15 797
纺织、服装及日用品批发业	14	3	51 341	2 762	3 752
服装批发业	9	2	39 258	2 262	3 000
文化、体育用品及器材批发业	3		23 038	5 848	15 239
医药及医疗器材批发业	12	2	153 873	27 672	27 334
矿产品、建材及化工产品批发业	45	10	310 584	57 737	56 042
煤炭及制品批发业	5	3	60 918	3 253	2 399
石油及制品批发业	10		85 313	28 119	47 033
金属及金属矿批发业	21	5	124 626	20 613	5 896
建材批发业	2	1	13 198	452	209
化肥批发业	1		8 643	2 927	88
机械设备、五金交电及电子产品批发业	44	18	227 478	31 897	14 688
汽车、摩托车及零配件批发业	10	6	80 224	5 627	7 739
家用电器批发业	6	3	72 312	7 720	326
计算机、软件及辅助设备批发业	8	1	32 518	9 241	2 529
其他批发业	5		9 853	678	1 322

零售业企业财务状况

年)

资产负债（万元）							
累计折旧	#本年折旧	资产合计	负债合计	所有者权益合计	#实收资本	国家资本	集体资本
72 515	**20 138**	**1 795 268**	**1 324 411**	**470 857**	**269 684**	**47 360**	**5 238**
31 785	8 056	1 161 027	829 271	331 756	172 712	40 578	668
27 142	6 359	678 408	464 645	213 763	101 892	39 148	668
31 644	8 019	1 156 100	824 297	331 803	172 332	40 578	668
15 320	3 253	323 935	187 701	136 234	37 166	20 366	
149	13	16 815	16 097	718	341		341
184	41	6 870	5 225	1 645	1 542	982	
6 249	1 814	489 732	383 391	106 341	75 048	3 505	327
23	3	4 334	3 949	385	500		
6 225	1 811	485 398	379 442	105 956	74 548	3 505	327
8 414	2 283	161 173	118 031	43 142	33 615	15 725	
1 316	606	147 294	103 776	43 518	24 420		
		237	45	192	200		
1 292	592	140 030	97 986	42 044	23 728		
23	14	7 027	5 745	1 281	492		
14	10	10 282	10 076	206	200		
90	10	4 056	3 917	140	100		
90	10	4 056	3 917	140	100		
50	26	871	1 058	－187	280		
35	11	706	1 010	－304	80		
15	15	164	48	117	200		
962	87	17 259	12 573	4 686	993	893	
6 607	1 693	172 410	82 352	90 058	13 236	11 005	
4 463	1 242	115 317	53 279	62 037	3 214	2 000	
777	207	60 985	51 315	9 670	7 445	2 111	
668	164	47 803	40 159	7 644	5 851	2 111	
4 534	1 094	39 258	17 188	22 070	5 445	5 245	
3 178	997	192 732	130 900	61 832	41 601	263	
12 074	2 991	401 365	322 645	78 720	58 872	18 935	
1 118	170	63 137	56 209	6 928	5 612	712	
8 745	2 385	161 810	120 081	41 729	32 025	17 907	
1 900	345	135 986	110 419	25 567	17 532	316	
99	36	13 348	13 081	268	390		
38	11	8 710	8 109	601	550		
3 262	921	266 028	203 522	62 506	43 532	1 768	517
1 402	505	101 348	62 317	39 030	18 033	194	177
137	44	72 551	70 485	2 067	2 606		100
299	117	35 634	27 344	8 290	7 393		
391	66	10 991	8 776	2 214	1 589	358	151

13－10 续表1－1 (2006

指标名称	年末资产负债				营业收入合计
	法人资本	个人资本	港澳台资本	外商资本	
总计	**143 754**	**67 181**	**5 684**	**468**	**4 174 945**
一、批发业	101 217	30 050	100	100	3 108 155
#国有及国有控股	61 056	1 021			1 931 026
1. 按登记注册类型分组					
内资	101 037	30 050			3 088 038
国有	16 800				930 485
集体					65 542
股份合作	98	462			27 595
有限责任公司	58 705	12 512			1 098 132
国有独资公司	500				34 071
其他有限责任公司	58 205	12 512			1 064 061
股份有限公司	17 083	807			538 984
私营企业	8 351	16 069			395 624
私营独资公司		200			2 789
私营有限责任公司	7 951	15 777			374 084
私营股份有限公司	400	92			18 752
其他		200			31 676
港澳台商投资企业			100		16 886
港澳台商独资			100		16 886
外商投资企业	180			100	3 231
中外合资经营	80				1 438
外资企业	100			100	1 793
2. 按国民经济行业分组					
农畜产品批发业	100				18 914
食品、饮料及烟草制品批发业	2 081	50	100		635 553
烟草制品批发业	1 214				590 128
纺织、服装及日用品批发业	544	4 690		100	214 718
服装批发业	151	3 589			163 326
文化、体育用品及器材批发业	200				61 644
医药及医疗器材批发业	29 506	11 832			445 460
矿产品、建材及化工产品批发业	33 856	6 082			1 123 799
煤炭及制品批发业	4 300	600			158 097
石油及制品批发业	12 918	1 200			607 754
金属及金属矿批发业	14 178	3 038			276 075
建材批发业	80	310			14 464
化肥批发业	305	245			17 088
机械设备、五金交电及电子产品批发业	33 930	7 317			564 351
汽车、摩托车及零配件批发业	15 641	2 022			145 283
家用电器批发业	1 306	1 200			142 909
计算机、软件及辅助设备批发业	6 330	1 064			81 908
其他批发业	1 000	80			43 716

单位：万元

损益及分配							
#主营业务收入	主营业务成本	主营业务税金及附加	主营业务利润	其他业务利润	营业费用	管理费用	#税金
4 153 347	**3 819 582**	**6 291**	**321 738**	**15 791**	**163 096**	**85 354**	**2 591**
3 098 590	2 863 083	3 674	228 816	7 507	112 460	40 196	1 385
1 923 597	1 744 030	2 605	176 796	6 038	74 576	28 265	923
3 078 474	2 845 420	3 672	226 364	7 507	110 627	39 874	1 384
924 663	835 494	1 520	87 591	4 666	15 817	15 903	568
65 386	62 331	69	2 987	232	1 920	1 276	40
27 594	26 858	10	726	2	321	271	6
1 095 826	1 019 675	926	74 791	1 486	57 842	13 501	418
34 071	33 130	13	928		488	172	
1 061 755	986 545	914	73 862	1 486	57 355	13 330	418
538 912	500 599	490	36 064	29	15 920	4 624	105
394 417	368 900	652	24 179	1 093	18 726	4 245	248
2 789	2 667	2	120		106	13	
372 877	348 137	639	23 617	1 093	18 294	4 019	243
18 752	18 096	12	442		325	213	5
31 676	31 563	4	27		81	55	
16 885	15 147		1 738		1 388	296	1
16 885	15 147		1 738		1 388	296	1
3 231	2 515	2	714		446	25	
1 438	1 343	1	94		264	5	
1 793	1 172		620		182	20	
18 914	15 093		3 821		1 671	763	4
635 378	565 632	973	68 741	76	11 176	7 290	343
589 972	528 724	862	60 386	66	5 646	6 500	292
214 187	204 533	59	9 595	201	6 401	2 210	65
162 795	156 038	34	6 724	201	4 638	1 603	50
61 040	54 476	108	6 456	604	1 819	3 830	108
444 169	382 376	1 052	60 174	1 291	51 394	6 523	183
1 118 692	1 063 000	980	54 380	4 363	25 294	10 470	274
157 392	151 723	43	5 626	665	3 587	1 703	51
607 680	570 216	420	36 738	31	15 648	4 752	86
272 193	262 948	489	8 730	3 500	3 796	3 194	111
14 464	13 320	3	1 141		1 160	80	2
17 088	16 986		102		105	89	
562 496	537 464	457	22 490	970	14 418	8 673	367
145 273	136 927	88	8 258	8	4 819	2 742	230
142 816	137 421	83	5 312	149	4 432	1 175	35
81 899	77 343	94	2 703	5	2 086	1 215	50
43 713	40 508	45	3 160	3	288	435	41

指标名称	损益及				
	#差旅费	#工会经费	财务费用	#利息支出	营业利润
总　计	**4 725**	**678**	**15 051**	**14 098**	**85 189**
一、批发业	3 488	467	4 174	4 587	83 290
#国有及国有控股	1 916	406	636	1 142	79 589
1. 按登记注册类型分组					
内　资	3 473	467	4 182	4 595	82 983
国　有	826	283	410	298	60 246
集　体	305	2	11	8	16
股份合作	27		33	33	102
有限责任公司	1 628	114	1 549	2 173	4 443
国有独资公司	12	1	186	184	83
其他有限责任公司	1 617	114	1 363	1 989	4 360
股份有限公司	261	49	163	168	17 148
私营企业	426	19	2 016	1 916	1 057
私营独资公司	1				1
私营有限责任公司	415	19	1 863	1 764	1 103
私营股份有限公司	11		153	151	－47
其　他					－28
港澳台商投资企业	9		－8	－8	62
港澳台商独资	9		－8	－8	62
外商投资企业	6				245
中外合资经营	1				－174
外资企业	5				419
2. 按国民经济行业分组					
农畜产品批发业	39	5	65	65	1 321
食品、饮料及烟草制品批发业	515	96	－71	－75	50 503
烟草制品批发业	332	67	－549	－551	48 855
纺织、服装及日用品批发业	323	14	274	477	914
服装批发业	202	11	231	428	456
文化、体育用品及器材批发业	79	31	－61	－62	1 484
医药及医疗器材批发业	654	191	1 729	1 666	2 409
矿产品、建材及化工产品批发业	683	72	1 226	1 349	22 226
煤炭及制品批发业	79	15	137	176	864
石油及制品批发业	252	36	421	402	16 254
金属及金属矿批发业	253	14	453	471	4 952
建材批发业	48		37	－4	－133
化肥批发业	11		－128		35
机械设备、五金交电及电子产品批发业	1 170	57	997	1 156	2 005
汽车、摩托车及零配件批发业	418	16	824	1 139	421
家用电器批发业	389		－126	－139	－18
计算机、软件及辅助设备批发业	114	19	200	210	972
其他批发业	26	2	15	11	2 427

年）

分配（万元）				工资、福利、增值税（万元）			全部从业人员年平均人数（人）
利润总额	应交所得税	劳动、失业保险费	住房公积金和住房补贴	本年应付工资总额	本年应付福利费总额	本年应交增值税	
86 087	**24 978**	**6 609**	**1 843**	**49 244**	**7 154**	**39 090**	**29 890**
82 614	20 022	3 499	1 393	27 376	3 439	28 861	11 575
79 290	18 939	2 971	1 329	20 470	2 450	23 956	7 450
82 330	19 883	3 464	1 393	26 795	3 357	28 420	11 322
61 425	13 066	1 560	903	8 704	1 102	12 898	2 278
29	2	118		1 324	186	148	796
66	25	12	3	75	10	107	79
3 878	1 874	937	290	8 797	1 184	9 199	3 616
83		3	2	44	6	129	16
3 796	1 874	934	288	8 753	1 178	9 071	3 600
15 995	4 699	744	197	5 852	569	4 600	3 101
928	217	93		2 027	306	1 430	1 438
1		4		18	3	15	15
974	216	90		1 906	289	1 300	1 335
−47				103	14	115	88
10	2			17	1	38	14
40	13	18		465	65	294	220
40	13	18		465	65	294	220
245	126	17		116	17	147	33
−174		8		14	2	27	15
419	126	9		102	15	120	18
1 357	300	28	15	456	64		312
51 236	10 985	792	675	5 996	750	11 415	1 515
48 698	10 122	694	596	3 909	464	10 200	883
1 062	367	155	39	922	148	1 047	552
604	232	114	39	601	107	927	393
1 770	685	206	61	557	132	724	280
2 240	832	466	73	4 985	655	7 699	2 126
21 236	5 959	1 182	373	8 361	822	5 749	3 673
706	140	152	91	1 145	151	149	277
15 096	4 706	744	212	5 160	468	4 585	2 743
5 270	972	227	42	1 627	143	722	450
−133	7	12		52	7	42	35
35	12	11	6	36	6		16
1 303	881	641	143	5 931	846	1 801	2 983
−136	507	110	68	1 433	201	212	553
−2	23	83		1 491	209	336	1 048
1 026	173	56		1 020	155	444	575
2 410	13	30	14	169	23	426	134

指标名称	企业数（个）	#亏损企业数	年末 流动资产合计	#存货	固定资产原价
二、零售业	**126**	**56**	**391 413**	**82 111**	**214 895**
#国有及国有控股	22	8	42 238	13 272	14 902
1. 按登记注册类型分组					
内　资	121	55	371 450	80 482	180 550
国　有	12	3	12 020	3 100	6 815
股份合作	4	1	1 825	978	536
有限责任公司	59	30	111 297	29 790	57 204
其他有限责任公司	59	30	111 297	29 790	57 204
股份有限公司	7	3	124 933	20 529	96 685
私营企业	39	18	121 375	26 085	19 311
私营独资	4	1	1 964	1 040	490
私营合伙	2	1	10 266	670	1 241
私营有限责任公司	30	15	105 890	23 144	15 134
私营股份有限公司	3	1	3 256	1 231	2 446
港澳台商投资企业	4	1	17 915	1 449	34 295
与港澳台商合资经营	1		1 195	149	191
港澳台商独资	3	1	16 720	1 300	34 104
外商投资企业	1		2 048	179	50
中外合资经营	1		2 048	179	50
2. 按国民经济行业分组					
综合零售业	26	14	172 396	25 170	171 519
百货零售业	11	6	159 355	20 747	132 318
超级市场零售业	15	8	13 042	4 423	39 201
食品、饮料及烟草制品专门零售业	2	1	788	604	71
纺织、服装及日用品专门零售业	6	1	6 110	3 415	4 755
服装零售业	2	1	1 816	1 097	99
文化、体育用品及器材专门零售业	10		17 870	2 705	6 390
图书零售业	6		8 058	1 213	4 448
医药及医疗器材专门零售业	12	5	18 029	8 314	8 784
药品零售业	12	5	18 029	8 314	8 784
汽车、摩托车、燃料及零配件专门零售业	53	30	147 279	36 002	21 170
汽车零售业	45	27	143 750	34 960	20 246
机动车燃料零售业	7	3	3 519	1 037	922
家用电器及电子产品专门零售业	16	4	27 613	5 298	1 781
家用电器零售业	3		15 576	3 424	598
计算机、软件及辅助设备零售业	11	4	9 912	1 664	983
通讯设备零售业	2		2 126	209	200
五金、家具及室内装修材料专门零售业	1	1	1 327	604	425

年）

资产负债（万元）							
累计折旧	#本年折旧	资产合计	负债合计	所有者权益合计	#实收资本	国家资本	集体资本
40 730	**12 082**	**634 241**	**495 140**	**139 101**	**96 972**	**6 783**	**4 570**
3 792	880	56 261	53 397	2 864	8 345	6 188	
35 112	7 988	584 410	448 855	135 554	90 194	6 588	4 570
2 370	384	18 407	8 150	10 257	4 986	4 436	
108	28	2 271	1 590	681	673		
7 611	2 753	175 206	138 619	36 586	47 021	2 152	3 100
7 611	2 753	175 206	138 619	36 586	47 021	2 152	3 100
20 468	3 097	238 594	185 408	53 185	14 042		
4 556	1 726	149 933	115 088	34 845	23 471		1 470
59	22	2 395	1 414	980	1 054		
251	130	12 306	11 601	706	800		
3 831	1 273	129 739	95 986	33 753	20 537		1 470
415	301	5 493	6 087	－594	1 080		
5 603	4 089	47 749	45 282	2 467	5 779	195	
98	23	1 366	878	488	446	195	
5 504	4 066	46 383	44 404	1 979	5 333		
15	6	2 083	1 003	1 080	1 000		
15	6	2 083	1 003	1 080	1 000		
30 491	8 932	365 353	284 175	81 179	39 387		3 000
24 981	6 471	312 556	225 853	86 703	29 415		3 000
5 511	2 461	52 797	58 321	－5 525	9 973		
26	14	845	489	357	150	100	
1 115	340	10 718	5 488	5 230	1 634		
16	14	2 231	2 696	－464	110		
2 001	390	22 720	11 287	11 433	6 391	3 931	
1 502	268	11 257	3 647	7 610	3 414	3 152	
1 292	394	28 029	34 281	－6 251	3 379		
1 292	394	28 029	34 281	－6 251	3 379		
4 830	1 707	173 626	138 276	35 349	37 969	2 557	1 570
4 479	1 616	169 120	134 584	34 536	36 935	2 477	1 570
351	91	4 447	3 658	790	1 025	80	
770	229	30 529	19 213	11 316	8 052	195	
147	103	16 629	13 386	3 244	2 160		
520	101	11 599	4 515	7 084	4 947		
104	25	2 301	1 313	988	946	195	
205	77	2 422	1 932	489	10		

指标名称	年末资产负债				营业收入
	法人资本	个人资本	港澳台资本	外商资本	合计
二、零售业	**42 538**	**37 131**	**5 584**	**368**	**1 066 790**
#国有及国有控股	2 033	124			97 645
1. 按登记注册类型分组					
内资	42 538	36 498			999 947
国有	551				40 085
股份合作	209	464			5 698
有限责任公司	28 073	13 697			335 338
其他有限责任公司	28 073	13 697			335 338
股份有限公司	6 232	7 810			321 878
私营企业	7 473	14 528			296 949
私营独资		1 054			3 438
私营合伙		800			5 443
私营有限责任公司	6 473	12 594			274 034
私营股份有限公司	1 000	80			14 034
港澳台商投资企业			5 584		58 318
与港澳台商合资经营			251		1 262
港澳台商独资			5 333		57 056
外商投资企业		633		368	8 525
中外合资经营		633		368	8 525
2. 按国民经济行业分组					
综合零售业	23 709	9 345	3 333		472 388
百货零售业	17 200	8 365	850		430 332
超级市场零售业	6 509	980	2 483		42 056
食品、饮料及烟草制品专门零售业	50				7 784
纺织、服装及日用品专门零售业	113	1 521			20 293
服装零售业	10	100			1 720
文化、体育用品及器材专门零售业	2 330	130			30 535
图书零售业	262				18 079
医药及医疗器材专门零售业	1 803	1 576			33 633
药品零售业	1 803	1 576			33 633
汽车、摩托车、燃料及零配件专门零售业	12 110	21 733			404 292
汽车零售业	11 195	21 693			384 732
机动车燃料零售业	915	30			18 962
家用电器及电子产品专门零售业	2 422	2 817	2 251	368	94 743
家用电器零售业	2 060	100			53 439
计算机、软件及辅助设备零售业	362	2 217	2 000	368	34 221
通讯设备零售业		500	251		7 084
五金、家具及室内装修材料专门零售业		10			3 122

年）

单位：万元

损	益	及	分	配			
#主 营 业务收入	主营业务 成 本	主营业务 税金及附加	主营业务 利 润	其他业务 利 润	营业费用	管理费用	#税 金
1 054 757	**956 500**	**2 617**	**92 922**	**8 284**	**50 636**	**45 159**	**1 206**
96 300	85 253	245	10 123	787	7 638	7 796	128
989 330	902 517	2 480	81 616	6 971	46 456	38 662	1 117
39 608	35 431	135	3 363	408	3 002	3 105	61
5 698	5 098	27	574		217	187	9
330 481	302 645	1 148	24 675	2 358	20 022	10 485	381
330 481	302 645	1 148	24 675	2 358	20 022	10 485	381
320 280	285 510	830	33 920	1 598	12 164	17 420	450
293 264	273 833	340	19 085	2 607	11 052	7 465	217
3 438	2 427	44	967		156	354	20
5 443	4 993	37	413		94	95	9
270 675	253 609	230	16 830	2 021	8 352	6 654	185
13 708	12 804	29	875	586	2 449	363	3
56 948	45 774	138	11 036	1 308	4 171	6 296	88
1 247	951	18	279	15	82	174	1
55 700	44 823	120	10 757	1 293	4 089	6 122	87
8 479	8 209		270	5	9	200	1
8 479	8 209		270	5	9	200	1
468 083	410 650	1 415	55 357	4 448	26 747	25 436	795
427 352	375 450	1 233	50 008	2 900	18 195	21 575	585
40 731	35 200	181	5 349	1 548	8 552	3 861	210
7 585	6 755	27	803	199	667	324	7
20 251	16 018	532	2 803	38	1 767	1 224	48
1 696	1 131	26	540	23	836	273	6
29 799	25 759	100	3 349	362	2 762	3 245	55
17 960	15 327	62	1 979	105	1 801	2 421	34
33 240	26 601	107	6 434	155	3 709	4 106	68
33 240	26 601	107	6 434	155	3 709	4 106	68
402 307	385 122	220	16 495	274	8 719	8 089	206
382 759	366 595	187	15 594	264	8 107	7 717	188
18 950	18 051	22	790	10	529	360	18
90 370	83 157	187	7 026	2 809	5 536	2 676	28
49 319	44 953	89	4 278	2 596	4 358	1 345	
33 994	31 573	79	2 342	186	1 060	1 071	15
7 057	6 631	20	406	27	119	259	12
3 122	2 438	29	656		729	59	1

指标名称	损益及				
	#差旅费	#工会经费	财务费用	#利息支出	营业利润
二、零售业	**1 237**	**211**	**10 877**	**9 511**	**1 900**
#国有及国有控股	231	102	857	816	－2 095
1. 按登记注册类型分组					
内　资	1 107	194	9 134	7 715	1 680
国　有	50	52	2	2	444
股份合作	9		40	39	131
有限责任公司	450	43	3 247	2 712	－2 265
其他有限责任公司	450	43	3 247	2 712	－2 265
股份有限公司	211	80	4 035	3 375	1 924
私营企业	388	19	1 811	1 587	1 446
私营独资	45		54	53	475
私营合伙	17		90	79	134
私营有限责任公司	287	9	1 655	1 444	2 199
私营股份有限公司	39	10	12	11	－1 362
港澳台商投资企业	115	16	1 717	1 771	180
与港澳台商合资经营	6	2	20	20	18
港澳台商独资	109	14	1 697	1 751	162
外商投资企业	15		25	25	40
中外合资经营	15		25	25	40
2. 按国民经济行业分组					
综合零售业	312	64	7 614	6 330	2 585
百货零售业	147	45	5 911	4 643	9 481
超级市场零售业	166	19	1 703	1 688	－6 897
食品、饮料及烟草制品专门零售业	15	11	－4	－4	14
纺织、服装及日用品专门零售业	22	13	70	27	680
服装零售业	6		7		－553
文化、体育用品及器材专门零售业	64	44	21	17	677
图书零售业	31	38	－38	－38	392
医药及医疗器材专门零售业	165	45	831	827	－1 863
药品零售业	165	45	831	827	－1 863
汽车、摩托车、燃料及零配件专门零售业	528	18	1 998	2 200	－1 346
汽车零售业	522	13	1 961	2 161	－1 324
机动车燃料零售业	4	5	37	38	－38
家用电器及电子产品专门零售业	120	16	347	113	1 286
家用电器零售业	10		144	－65	1 027
计算机、软件及辅助设备零售业	93	13	156	154	242
通讯设备零售业	17	2	47	24	17
五金、家具及室内装修材料专门零售业	12		1	1	－133

年）

分	配（万元）			工资、福利、增值税（万元）			全部从业人员年平均人数（人）
利润总额	应交所得税	劳动、失业保险费	住房公积金和住房补贴	本年应付工资总额	本年应付福利费总额	本年应交增值税	
3 474	**4 956**	**3 110**	**450**	**21 868**	**3 715**	**10 228**	**18 315**
−1 949	349	1 139	219	5 740	1 744	2 054	4 580
3 059	3 657	3 003	434	20 768	3 542	8 695	17 472
438	238	277	190	2 931	1 347	975	1 075
154	29	12		119	11	42	112
−2 467	738	566	80	6 896	919	3 240	5 495
−2 467	738	566	80	6 896	919	3 240	5 495
3 169	1 872	1 815	161	5 712	570	2 900	6 113
1 765	780	334	4	5 110	695	1 539	4 677
475	172	10		353	49	51	344
134	1	7		166	23	3	301
2 215	598	281	4	3 896	542	1 273	3 202
−1 059	9	36		695	81	212	830
377	1 288	94	16	1 037	164	1 452	797
14	7	6		106	5	16	60
363	1 281	88	16	931	159	1 436	737
38	12	14		63	9	81	46
38	12	14		63	9	81	46
4 003	3 635	1 384	177	9 098	1 017	5 440	9 367
10 606	2 427	1 286	171	6 233	672	4 986	5 993
−6 603	1 208	98	6	2 865	345	454	3 374
14	5	32	72	352	76	153	127
676	402	49	27	479	75	743	237
−553		10		51	3	59	33
651	270	243	114	2 831	1 304	930	986
380	191	196	103	2 338	1 239	667	775
−1 620	55	844		2 743	381	979	3 619
−1 620	55	844		2 743	381	979	3 619
−1 479	453	342	54	3 951	554	1 376	2 357
−1 468	437	285	26	3 625	509	1 223	2 084
−26	13	57	28	319	45	133	267
1 444	136	216	5	2 011	275	454	1 302
1 050	15	139	4	1 273	186	28	837
238	113	68	2	617	80	387	386
155	8	10		122	10	39	79
−214		1		403	33	154	320

13－11 星级住宿业和限

(2006

指标名称	企业数（个）	#亏损企业数	年末流动资产合计	#存货	固定资产原价	累计折旧	#本年折旧	资产合计
总计	**170**	**79**	**103 195**	**7 057**	**329 859**	**90 279**	**11 520**	**401 647**
一、住宿业	38	26	44 962	3 117	204 695	71 689	7 331	215 956
#国有及国有控股	21	13	17 171	1 909	138 298	40 078	4 305	138 419
1. 按登记注册类型分组								
内资	28	17	32 539	2 360	136 246	42 402	4 997	147 028
国有	14	8	9 686	1 307	93 543	25 664	2 832	85 366
集体	1	1	17	17	34	3	1	47
股份合作	1		105	34	300	113	24	316
联营企业	1	1	1 096	148	5 827	2 334	177	5 358
国有联营	1	1	1 096	148	5 827	2 334	177	5 358
有限责任公司	6	3	15 669	674	33 023	13 260	1 876	43 901
其他有限责任公司	1		1 485	51	5 960	2 423		6 041
股份有限公司	5	3	14 184	624	27 064	10 837	1 876	37 859
私营企业	5	4	5 967	180	3 519	1 028	86	12 040
私营独资	1	1	1 133	56	1 188	255	12	2 321
私营有限责任公司	3	3	4 679	77	2 066	728	67	8 202
私营股份有限公司	1		156	46	265	45	7	1 517
港澳台商投资企业	5	5	3 917	353	31 357	9 051	554	37 589
与港澳台商合资经营	1	1	132	8	333	78	60	1 833
与港澳台商合作经营	2	2	2 077	181	14 773	2 776	198	22 158
港澳台商独资	2	2	1 708	164	16 251	6 197	296	13 598
外商投资企业	5	4	8 506	404	37 092	20 237	1 780	31 339
中外合资经营	3	3	1 625	186	2 638	982	290	5 691
外资企业	1		3 122	179	26 382	13 151	1 457	18 159
外商投资股份有限公司	1	1	3 759	38	8 072	6 105	33	7 490
2. 按国民经济行业分组								
旅游饭店	38	26	44 962	3 117	204 695	71 689	7 331	215 956
二、餐饮业	132	53	58 233	3 940	125 165	18 590	4 190	185 691
#国有及国有控股	4		3 822	60	10 158	93	16	13 994
1. 按登记注册类型分组								
内资	120	47	49 568	2 804	62 186	11 868	2 682	115 979
国有	2		3 762	21	10 052	50	9	13 866
集体	2		60	39	106	43	7	128
股份合作	7	5	6 217	165	1 645	866	171	7 874
有限责任公司	19	13	6 619	636	16 334	1 169	494	25 930
其他有限责任公司	19	13	6 619	636	16 334	1 169	494	25 930
股份有限公司	2	2	1 075	27	410	79	37	3 198
私营企业	83	26	31 579	1 875	33 482	9 609	1 950	64 115
私营独资	44	10	17 937	761	12 977	6 148	794	28 757
私营合伙	17	6	2 038	280	3 278	739	237	6 241
私营有限责任公司	19	9	10 278	666	7 253	1 801	639	18 031
私营股份有限公司	3	1	1 326	168	9 974	921	280	11 086
其他	5	1	256	41	158	52	16	868
港澳台商投资企业	7	3	3 651	318	6 106	1 498	516	12 425
与港澳台商合资经营	5	2	2 803	234	4 858	1 197	214	9 455
港澳台商独资	1		563	45	1 025	289	289	1 299
港澳台商独资股份有限公司	1	1	286	40	223	13	13	1 671
外商投资企业	5	3	5 015	818	56 873	5 224	992	57 287
中外合资经营	2	2	263	6	130	108	5	287
外资企业	3	1	4 752	812	56 743	5 116	987	57 000
2. 按国民经济行业分组								
正餐服务业	127	52	56 603	3 336	113 746	13 414	3 218	177 629
快餐服务业	4		1 397	599	11 088	5 130	971	7 488
其他餐饮服务业	1	1	233	5	330	46		574

额以上餐饮业财务状况

年)

资产负债（万元）								
负债合计	所有者权益合计	#实收资本	国家资本	集体资本	法人资本	个人资本	港澳台资本	外商资本
206 052	**195 595**	**196 220**	**59 789**	**4 410**	**40 452**	**38 985**	**14 914**	**37 670**
121 391	94 565	99 890	49 832	4 090	13 438	9 745	9 432	13 352
72 717	65 701	64 895	48 982	4 090	6 996	1 858	2 969	
85 317	61 711	60 535	37 002	4 090	10 186	9 257		
45 419	39 948	33 789	28 935		2 996	1 858		
26	21	90		90				
494	−178	120				120		
3 500	1 859	3 732	3 732					
3 500	1 859	3 732	3 732					
27 977	15 923	18 063	4 335	4 000	4 600	5 128		
7 079	−1 038	2 160	2 160					
20 898	16 962	15 903	2 175	4 000	4 600	5 128		
7 901	4 139	4 740			2 590	2 150		
1 364	957	90			90			
5 092	3 110	4 550			2 500	2 050		
1 445	72	100				100		
17 437	20 152	21 251	12 155			489	8 607	
1 275	558	558				489	70	
7 652	14 506	15 124	12 155				2 969	
8 510	5 088	5 569					5 569	
18 638	12 702	18 104	675		3 252		825	13 352
3 840	1 850	3 902			2 352		150	1 400
9 557	8 601	11 952						11 952
5 240	2 250	2 250	675		900		675	
121 391	94 565	99 890	49 832	4 090	13 438	9 745	9 432	13 352
84 660	101 030	96 330	9 957	320	27 014	29 240	5 482	24 318
6 434	7 560	9 984	9 957	20	7			
70 755	45 224	64 617	9 957	320	25 239	29 102		
6 334	7 531	9 957	9 957					
100	29	27		20	7			
8 154	−279	1 185			440	745		
24 450	1 480	25 921		300	22 669	2 952		
24 450	1 480	25 921		300	22 669	2 952		
1 595	1 603	1 842				1 842		
29 572	34 543	25 406			2 123	23 283		
11 642	17 115	10 343			735	9 608		
3 433	2 808	4 013			550	3 463		
9 752	8 279	8 901			838	8 063		
4 745	6 341	2 150				2 150		
550	318	280				280		
7 065	5 360	7 074			1 580	13	5 482	
5 417	4 037	5 591			1 580	13	3 999	
1 279	21	100					100	
369	1 302	1 383					1 383	
6 841	50 447	24 639			196	125		24 318
174	113	380			196	75		109
6 667	50 333	24 259				50		24 209
82 507	95 122	93 694	9 957	320	26 572	29 155	5 482	22 209
1 959	5 529	2 236			43	84		2 109
195	379	400			400			

指标名称	损益								
	营业收入合计	#主营业务收入	主营业务成本	主营业务税金及附加	主营业务利润	其他业务利润	营业费用	管理费用	#税金
总计	**196 250**	**193 156**	**89 113**	**9 899**	**82 997**	**1 665**	**59 358**	**34 555**	**1 443**
一、住宿业	64 779	62 021	15 728	3 354	40 525	1 582	26 148	20 646	820
#国有及国有控股	35 513	32 787	10 099	1 745	19 262	1 550	13 398	10 670	649
1. 按登记注册类型分组									
内资	42 407	39 710	12 225	2 143	23 042	1 567	15 696	12 668	677
国有	25 492	22 996	8 080	1 194	12 742	1 425	9 766	6 604	495
集体	174	174	85	11	78		90	13	2
股份合作	935	935	238	60	23		562	316	2
联营企业	523	523	98	30	395		216	358	3
国有联营	523	523	98	30	395		216	358	3
有限责任公司	12 696	12 495	2 669	710	8 415	142	4 246	4 888	153
其他有限责任公司	441	441	12	22	407		134	273	
股份有限公司	12 255	12 054	2 657	688	8 008	142	4 112	4 615	153
私营企业	2 586	2 586	1 054	139	1 388		816	490	23
私营独资	723	723	100	40	578		446	131	6
私营有限责任公司	1 358	1 358	792	71	495		130	335	16
私营股份有限公司	506	506	163	28	315		241	24	1
港澳台商投资企业	8 607	8 546	1 187	445	6 913	15	6 393	1 138	120
与港澳台商合资经营	1 360	1 360	32	68	1 260		1 285	106	
与港澳台商合作经营	2 703	2 642	327	150	2 166	15	1 532	726	39
港澳台商独资	4 544	4 544	829	228	3 488		3 576	306	81
外商投资企业	13 765	13 765	2 317	765	10 569		4 059	6 840	24
中外合资经营	5 551	5 551	1 261	279	3 897		2 342	1 928	6
外资企业	6 099	6 099	628	299	5 172		1 288	3 727	8
外商投资股份有限公司	2 116	2 116	428	187	1 500		429	1 185	10
2. 按国民经济行业分组									
旅游饭店	64 779	62 021	15 728	3 354	40 525	1 582	26 148	20 646	820
二、餐饮业	131 471	131 135	73 385	6 545	42 473	82	33 210	13 910	623
#国有及国有控股	5 100	5 100	4 035	206	859		596	84	3
1. 按登记注册类型分组									
内资	97 783	97 451	57 725	4 875	33 309	78	22 548	11 500	479
国有	4 238	4 238	3 455	161	622		418	32	1
集体	862	862	580	45	237		178	52	2
股份合作	5 802	5 796	3 168	349	2 270	7	2 429	148	12
有限责任公司	14 945	14 936	7 414	794	6 151	9	4 340	5 764	106
其他有限责任公司	14 945	14 936	7 414	794	6 151	9	4 340	5 764	106
股份有限公司	1 053	1 053	304	43	706		452	488	4
私营企业	69 664	69 359	41 964	3 419	23 020	51	14 598	4 943	324
私营独资	38 267	38 267	22 771	1 766	13 593		7 158	2 338	225
私营合伙	10 201	10 188	6 585	575	3 024	13	2 319	972	35
私营有限责任公司	16 722	16 649	10 057	851	4 924	21	3 885	1 452	47
私营股份有限公司	4 474	4 257	2 551	228	1 478	18	1 235	181	17
其他	1 219	1 207	840	64	303	11	133	74	30
港澳台商投资企业	11 953	11 949	7 820	597	3 226	4	3 103	695	10
与港澳台商合资经营	6 750	6 746	3 983	337	2 426	4	2 078	577	5
港澳台商独资	3 891	3 891	2 905	195	791		720	34	5
港澳台商独资股份有限公司	1 312	1 312	932	66	9		305	84	
外商投资企业	21 736	21 736	7 840	1 073	5 937		7 559	1 715	133
中外合资经营	678	678	467	34	176		189	2	
外资企业	21 058	21 058	7 372	1 039	5 761		7 371	1 713	133
2. 按国民经济行业分组									
正餐服务业	109 206	108 871	64 787	5 461	36 777	82	25 741	12 581	554
快餐服务业	21 985	21 985	8 387	1 067	5 645		7 455	1 314	69
其他餐饮服务业	280	280	212	17	51		15	14	

年）

及	分	配（万元）								工资、福利费（万元）		全部从业人员年平均人数（人）
#差旅费	#工会经费	财务费用	#利息支出	营业利润	利润总额	应交所得税	劳动、失业保险费	住房公积金和住房补贴	本年应付工资总额	本年应付福利费总额	
701	**136**	**3 894**	**3 601**	**－786**	**－2 426**	**2 245**	**1 985**	**258**	**25 138**	**2 839**	**21 880**
298	85	1 898	1 773	－2 699	－3 319	71	1 212	206	11 515	1 417	7 809
141	72	887	793	－1 252	－1 811	67	767	196	6 020	892	4 608
205	70	1 529	1 400	－1 616	－2 110	71	784	199	7 178	1 014	5 303
107	67	656	585	－762	－1 264	67	522	187	4 075	610	2 750
7				－24	－24		1		24	3	30
35		1	1	9	9	2	16		349	50	238
5		74	74	－253	－242		15		129	18	134
5		74	74	－253	－242		15		129	18	134
36	2	501	453	－376	－379	2	168	9	2 177	298	1 751
2	1	1					2	7	127	18	128
35	1	500	453	－376	－379	2	166	3	2 050	280	1 623
15	1	297	287	－210	－210		61	3	425	34	400
7		104	102	－97	－97		23	3	170	24	108
5	1	156	149	－126	－126		22		195	7	190
4		37	36	13	13		17		60	3	102
19	6	89	69	－596	－672		255		1 968	251	1 368
1	2	2	2	－131	－113		13		175	24	100
7	4	8	6	8	－86		162		518	89	714
11		79	61	－473	－473		80		1 276	138	554
74	10	280	304	－487	－536		174	8	2 369	153	1 138
35		46	41	－303	－302		79		1 426	16	505
5	10	－73	－43	234	185		65	8	727	112	408
34		306	306	－419	－419		30		216	25	225
298	85	1 898	1 773	－2 699	－3 319	71	1 212	206	11 515	1 417	7 809
403	51	1 997	1 828	1 913	893	2 173	773	52	13 623	1 422	14 071
14	20	20	20	159	160	2	121	33	898	63	955
306	48	1 868	1 719	－1 146	－2 092	1 132	648	38	10 747	1 244	11 279
12	20	19	19	153	154	1	109	27	772	60	849
2		1	1	6	6	2	12	6	126	3	106
9		105	89	－396	－447	55	54		636	70	660
63	12	441	359	－4 067	－4 176	131	100		1 670	239	1 866
63	12	441	359	－4 067	－4 176	131	100		1 670	239	1 866
8		29	28	－262	－263	1	17		122	9	241
208	16	1 259	1 210	3 327	2 541	911	354	5	7 292	845	7 375
119	8	723	691	3 388	2 490	422	190	2	3 704	327	3 545
35	1	67	65	－249	－252	108	53	3	1 179	219	1 438
50	7	172	162	292	406	303	93		1 985	240	2 026
4		297	292	－103	－104	79	19		424	59	366
5		14	14	94	94	33	3		129	18	182
26	2	51	43	－313	－311	33	71		1 236	125	866
12	2	20	13	－244	－245	29	51		864	73	596
14		24	24	12	15	5	12		265	37	144
1		6	6	－81	－81		7		108	15	126
71	1	79	66	3 372	3 296	1 008	54	15	1 640	53	1 926
	1	7	7	－21	－21		6		70	6	68
71		72	59	3 394	3 317	1 008	48	15	1 569	47	1 858
354	45	1 892	1 738	－1 668	－2 610	1 145	723	38	11 920	1 376	12 279
47	6	71	57	3 593	3 517	1 021	37	15	1 651	45	1 759
2		34	34	－12	－14	7	12		52	1	33

13－12 亿元以上商品交易市场主要指标

(2006 年)

	市场成交总额 (亿元)	营业面积 (平方米)	已出租摊位数 (个)
合　　计	**321.92**	**1 238 468**	**21 746**
南昌市洪城大市场	130.17	106 600	6 753
南昌深圳农产品中心批发市场	42.78	51 350	585
江西省装潢建材大市场	26.15	42 724	607
江西省五华批发大市场	12.84	21 060	574
江西钢材市场	11.60	6 900	146
南昌市郊区佛塔生猪交易批发市场	8.50	13 400	43
江西国际汽车城	7.86	110 000	821
南昌县小蓝禽蛋批发市场	7.76	18 000	174
江西洪城汽配城	7.21	38 500	289
江西省联信大市场	7.02	9 648	533
南昌市废旧钢材交易市场	5.36	11 400	285
江西红谷滩汽车广场	5.28	22 000	20
南昌市建材大市场	4.74	64 900	1 023
南昌市香江家俱光彩大市场	4.57	50 000	296
南昌市万寿宫商城	3.68	50 000	1 556
南昌市洛阳路建材市场	3.25	30 000	230
南昌长运商贸城	2.84	30 620	327
江西鹿鼎国际家居博览中心	2.57	40 002	262
新建县集贸中心市场	2.48	19 000	1 164
江西新大地市场	2.47	9 600	281
南昌县莲塘综合市场	2.46	7 600	725
江西省旧机动车交易中心	1.92	11 000	240
南昌市摩托车交易市场	1.74	7 800	71
江西省华东商贸城	1.73	17 234	503
南昌市青山湖农副产品批发市场	1.72	30 000	225
江西鸿顺德国际商贸城	1.65	22 900	441
江西家电市场	1.52	32 584	572
南昌香江商贸城	1.48	296 281	1 396
南昌市肉联厂食品交易市场	1.42	13 320	89
南昌市墩子塘集贸市场	1.36	3 145	214
南昌市移动通讯广场	1.34	4 000	67
江西旧货大市场	1.32	15 000	399
进贤县文港镇毛笔市场	1.27	20 200	714
南昌县农机大市场	1.27	8 000	23
南昌市新华群市场	1.02	3 700	98

13-13 前20位零售企业排位

（按商品销售额）

2005年		2006年	
位次	企业名称	位次	企业名称
1	南昌百货大楼股份有限公司	1	南昌百货大楼股份有限公司
2	南昌洪城大厦股份有限公司	2	南昌洪城大厦股份有限公司
3	江西洪客隆实业有限公司	3	江西洪客隆实业有限公司
4	江西凯美百货投资管理有限公司	4	江西凯美百货投资管理有限公司
5	沃尔玛深国投百货有限公司南昌八一广场分店	5	江西鹏润国美电器有限公司
6	江西运通汽车贸易有限公司	6	江西运通汽车技术服务有限公司
7	江西鹏润国美电器有限公司	7	沃尔玛深国投百货有限公司南昌八一广场分店
8	江西国力汽车服务有限公司	8	江西国力汽车服务有限公司
9	江西省水晶宫数码科技广场有限公司	9	江西黄庆仁栈华氏大药房有限公司
10	江西黄庆仁栈华氏大药房有限公司	10	江西大众汽车销售维修服务有限公司
11	江西东维汽车销售有限公司	11	南昌同驰丰田汽车销售服务有限公司
12	南昌亨得利有限责任公司	12	锦江麦德龙现购自运有限公司南昌青山湖商场
13	江西盛田汽车有限公司	13	江西苏宁电器有限公司
14	江西大众汽车销售维修服务有限公司	14	南昌亨得利有限责任公司
15	锦江麦德龙现购自运有限公司南昌青山湖商场	15	江西盛田汽车有限公司
16	江西施迈尔电讯发展有限公司	16	江西东维汽车销售有限公司
17	江西五菱汽车销售有限公司	17	江西财富广场有限公司
18	南昌市新华书店	18	江西步步高商业连锁有限公司
19	南昌同驰丰田汽车销售服务有限公司	19	江西五菱汽车销售有限公司
20	江西燕兴长安汽车销售有限公司	20	南昌之星汽车贸易有限公司

13-14 亿元以上商品交易市场排位

(按市场成交额)

2005年		2006年	
位次	市　场　名　称	位次	市　场　名　称
1	南昌市洪城大市场	1	南昌市洪城大市场
2	南昌市农产品中心批发市场	2	南昌深圳农产品中心批发市场
3	江西省装潢建材大市场	3	江西省装潢建材大市场
4	江西钢材市场	4	江西省五华批发大市场
5	江西省五华批发大市场	5	江西钢材市场
6	江西省联信大市场	6	南昌市郊区佛塔生猪交易批发市场
7	江西省洪城汽配城	7	江西国际汽车城
8	南昌市郊区佛塔生猪交易批发市场	8	南昌县小蓝禽蛋批发市场
9	江西国际汽车城	9	江西洪城汽配城
10	南昌市香江家俱光彩大市场	10	江西省联信大市场
11	南昌市建材大市场	11	南昌市废旧钢材交易市场
12	江西新大地市场	12	江西红谷滩汽车广场
13	南昌市废旧钢材市场	13	南昌市建材大市场
14	南昌市万寿宫商城	14	南昌市香江家俱光彩大市场
15	南昌市摩托车交易市场	15	南昌市万寿宫商城
16	江西红谷滩汽车广场	16	南昌市洛阳路建材市场
17	新建县集贸中心市场	17	南昌长运商贸城
18	江西鹿鼎国际家居博览中心	18	江西鹿鼎国际家居博览中心
19	南昌长运商贸城	19	新建县集贸中心市场
20	南昌县莲塘综合市场	20	江西新大地市场
21	江西省旧机动车交易中心	21	南昌县莲塘综合市场
22	南昌市家电市场	22	江西省旧机动车交易中心
23	进贤县文港镇毛笔市场	23	南昌市摩托车交易市场
24	南昌市青山湖农副产品批发市场	24	江西省华东商贸城
25	南昌市移动通讯广场	25	南昌市青山湖农副产品批发市场
26	南昌市肉联厂食品交易批发市场	26	江西鸿顺德国际商贸城
27	南昌市墩子塘集贸市场	27	江西家电市场
28	南昌市新华群市场	28	南昌香江商贸城
29	南昌香江商贸城	29	南昌市肉联厂食品交易市场
30	江西旧货大市场	30	南昌市墩子塘集贸市场

13－15 个体工商业基本情况

(2006年)

项目	户数(户)	#城镇	从业人员(人)	#城镇	注册资金(万元)	#城镇	总产值(万元)	#城镇	销售总额或营业收入(万元)	#城镇
合计	**106 925**	**89 947**	**253 546**	**221 153**	**185 342**	**146 263**	**2 660 962**	**2 617 897**	**3 393 748**	**3 241 520**
一、农、林、牧、渔业	300	129	1 052	401	1 994	744	7 493	2 820	5 584	2 328
二、采矿业	8	5	35	17	57	40	2 326	1 848		
三、制造业	6 098	4 892	18 425	14 681	16 522	10 861	2 650 850	2 612 990		
四、建筑业	6	5	35	22	105	95	293	239		
五、交通运输、仓储和邮政业	13 514	13 294	16 777	16 318	17 235	16 630			32 280	27 821
六、信息传输、计算机服务和软件业	1 436	1 248	4 068	3 655	6 779	5 358			56 908	54 345
七、批发和零售业	60 205	50 346	139 232	119 266	98 619	82 030			2 714 954	2 617 363
#批发业	24 135	21 414	62 388	55 009	48 889	40 104			2 132 058	2 116 165
八、住宿和餐饮业	10 836	7 574	32 192	28 597	20 484	13 458			369 550	349 924
#餐饮业	7 447	6 392	22 658	19 634	12 256	8 427			257 924	252 208
九、房地产业	184	176	529	508	337	287			927	860
十、租赁和商务服务业	947	667	2 828	2 002	2 666	1 481			7 899	5 672
十一、居民服务和其他服务业	11 033	9 327	31 627	29 144	16 981	13 063			127 872	116 001
十二、卫生、社会保障和社会福利业	16		31		10					
十三、文化、体育和娱乐业	455	423	1 913	1 794	1 870	1 755			66 699	61 165
十四、其它行业	1 886	1 860	4 798	4 744	1 682	460			11 075	6 041

资料来源：南昌市工商局。

13－16 私营工商业基本情况

(2006年)

项目	户数（户）	#城镇	雇工人数（人）	#城镇	注册资金（万元）	#城镇
合计	**25 483**	**24 183**	**248 803**	**236 322**	**3 388 366**	**3 287 241**
一、农、林、牧、渔业	480	420	2 289	965	59 667	53 367
二、采矿业	19	18	124	116	5 622	5 621
三、制造业	3 763	3 448	24 850	19 551	487 065	439 886
四、电力、燃气及水的生产和供应业	25	21	190	68	5 775	5 502
五、建筑业	1 557	1 536	3 033	2 443	223 570	221 179
六、交通运输、仓储和邮政业	420	412	1 167	1 099	40 337	40 051
七、信息传输、计算机服务和软件业	1 295	1 237	4 095	3 667	116 229	114 635
八、批发和零售业	11 795	11 017	201 430	197 409	1 233 295	1 195 224
#批发业	9 528	9 446	13 020	12 143	1 046 811	1 036 772
九、住宿和餐饮业	332	319	1 269	1 145	47 148	46 139
#餐饮业	241	226	1 006	841	33 649	31 515
十、房地产业	1 033	1 032	2 279	2 269	661 007	660 807
十一、租赁和商务服务业	3 243	3 229	4 196	3 958	328 319	326 946
十二、居民服务和其他服务业	696	676	2 053	1 884	47 131	45 913
十三、卫生、社会保障和社会福利业	6	6	47	47	946	946
十四、文化、体育和娱乐业	96	96	442	442	11 750	11 750
十五、其它行业	723	716	1 339	1 259	120 505	119 275

资料来源：南昌市工商局。

项　　目	总产值	#城镇	销售总额或营业收入	#城镇
合　　计	**2 468 443**	**1 766 247**	**4 864 482**	**4 225 160**
一、农、林、牧、渔业	404 606	173 318	92 166	62 992
二、采矿业	535 483	532 257		
三、制造业	1 136 562	834 480		
四、电力、燃气及水的生产和供应业	66 528	66 250		
五、建筑业	325 264	159 942		
六、交通运输、仓储和邮政业			1 893 823	1 727 923
七、信息传输、计算机服务和软件业			320 686	287 762
八、批发和零售业			810 149	713 393
#批发业			384 690	341 652
九、住宿和餐饮业			182 671	175 602
#餐饮业			126 383	117 803
十、房地产业			854 957	602 680
十一、租赁和商务服务业			148 943	143 743
十二、居民服务和其他服务业			74 188	60 835
十三、卫生、社会保障和社会福利业			35 447	35 090
十四、文化、体育和娱乐业			415 221	379 890
十五、其它行业			36 231	35 250

13－16　续表2　　（2006年）

项　　　目	独资企业				合伙企业	
	户　数（户）	投资者人数（人）	雇工人数（人）	注册资金（万元）	户　数（户）	投资者人数（人）
合　　计	**450**	**450**	**3 111**	**11 327**	**2 326**	**3 925**
一、农、林、牧、渔业	17	17	79	1 317	50	88
二、采矿业					2	3
三、制造业	112	112	520	2 472	674	1 295
四、电力、燃气及水的生产和供应业					3	2
五、建筑业	1	1	3	5	70	85
六、交通运输、仓储和邮政业	6	6	40	25	29	60
七、信息传输、计算机服务和软件业	135	135	916	3 604	45	61
八、批发和零售业	80	80	550	1 979	878	1 394
#批发业	44	44	229	1 651	643	897
九、住宿和餐饮业	40	40	535	848	92	180
#餐饮业	22	22	390	503	78	151
十、房地产业	2	2	11	23	34	55
十一、租赁和商务服务业	14	14	92	128	240	341
十二、居民服务和其他服务业	24	24	148	569	121	211
十三、卫生、社会保障和社会福利业	1	1	5	10	1	3
十四、文化、体育和娱乐业	12	12	190	316	31	56
十五、其它行业	6	6	22	31	56	91

资料来源：南昌市工商局。

13－16 续表3 (2006年)

项目	合伙企业		有限责任公司			
	雇工人数（人）	注册资金（万元）	户数（户）	投资者人数（人）	雇工人数（人）	注册资金（万元）
合计	**6 455**	**11 759**	**22 701**	**53 188**	**239 237**	**3 260 330**
一、农、林、牧、渔业	203	2 628	412	1 056	2 007	53 722
二、采矿业	8	51	17	52	116	5 571
三、制造业	2 640	21 676	2 976	7 110	21 690	461 917
四、电力、燃气及水的生产和供应业		67	22	68	190	5 708
五、建筑业	38	6 588	1 486	3 474	2 992	216 977
六、交通运输、仓储和邮政业	74	520	385	925	1 053	39 792
七、信息传输、计算机服务和软件业	48	1 603	1 115	2 847	3 131	111 022
八、批发和零售业	2 465	41 614	10 837	23 197	198 415	1 189 702
#批发业	1 221	35 833	8 841	19 952	11 570	1 009 327
九、住宿和餐饮业	324	3 969	200	491	410	42 331
#餐饮业	296	3 454	141	345	320	29 692
十、房地产业	55	5 885	996	2 436	2 213	654 499
十一、租赁和商务服务业	141	7 622	2 986	7 097	3 963	319 219
十二、居民服务和其他服务业	280	5 900	551	1 339	1 625	40 662
十三、卫生、社会保障和社会福利业	10	6	4	11	32	930
十四、文化、体育和娱乐业	101	6 003	53	140	151	5 431
十五、其它行业	68	7 627	661	2 945	1 249	112 847

13－17　个体批发和零售、住宿和餐饮业户数和从业人员数

项　　目	户　　数（户）		从业人员（人）	
	2005	2006	2005	2006
个体批发和零售业、住宿和餐饮业	**60 907**	**71 041**	**149 000**	**171 424**
一、个体批发和零售业	51 842	60 205	120 147	139 232
#零售业	30 228	36 070	66 699	76 844
二、个体住宿和餐饮业	9 065	10 836	28 853	32 192
#餐饮业	6 345	7 447	20 519	22 658

资料来源：南昌市工商局。

13－18　私营批发和零售、住宿和餐饮业户数和雇工人数

项　　目	户　　数（户）		雇工人数（人）	
	2005	2006	2005	2006
私营批发和零售业、住宿和餐饮业	**9 590**	**11 037**	**137 077**	**198 825**
一、私营批发和零售业	9 314	10 837	125 133	198 415
#零售业	1 497	1 996	112 832	186 845
二、私营住宿和餐饮业	276	200	11 944	410
#餐饮业	209	141	1 752	320

资料来源：南昌市工商局。

13－19 各类商品交易市场个数

(2006年)

单位：个

	合　　计	城　　市	农　　村
合　　计	**229**	**118**	**111**
一、消费品市场	214	110	104
（一）消费品综合市场	90	15	75
（二）农副产品市场	120	91	29
1. 农副产品综合市场	114	89	25
2. 农副产品专业市场	6	2	4
（三）工业消费品市场	4	4	
1. 工业消费品综合市场	2	2	
2. 工业消费品专业市场	2	2	
二、生产资料市场	11	6	5
（一）生产资料综合市场	2		2
（二）工业生产资料市场	5	5	
1. 机动车交易市场	3	3	
2. 钢材交易市场	1	1	
3. 木材交易市场	1	1	
（三）农业生产资料市场	2	1	1
1. 农业生产资料综合市场	2	1	1
（四）其他生产资料市场	2		2
三、生产要素市场	4	2	2
（一）房地产市场	2	1	1
（二）劳动力市场	2	1	1

资料来源：南昌市工商局。

13－20 个体经济基本情况

（2006年）

项　　　目	户数（户）	户数比重（%）	从业人员（人）	从业人员比重（%）	注册资金（万元）	注册资金比重（%）
合　　计	**106 925**	**100**	**253 546**	**100**	**185 342**	**100**
一、农、林、牧、渔业	300	0.28	1 052	0.41	1 994	1.08
二、采矿业	8	0.01	35	0.01	57	0.03
三、制造业	6 098	5.70	18 425	7.27	16 522	8.91
四、建筑业	6	0.01	35	0.01	105	0.06
五、交通运输、仓储和邮政业	13 514	12.64	16 777	6.62	17 235	9.30
六、信息传输、计算机服务和软件业	1 436	1.34	4 068	1.60	6 779	3.66
七、批发和零售业	60 205	56.31	139 232	54.91	98 619	53.21
#批发业	24 135	40.09	62 388	44.81	48 889	49.57
八、住宿和餐饮业	10 836	10.13	32 192	12.70	20 484	11.05
#餐饮业	7 447	68.72	22 658	70.38	12 256	59.83
九、房地产业	184	0.17	529	0.21	337	0.18
十、租赁和商务服务业	947	0.89	2 828	1.12	2 666	1.44
十一、居民服务和其他服务业	11 033	10.32	31 627	12.47	16 981	9.16
十二、卫生、社会保障和社会福利业	16	0.01	31	0.01	10	0.01
十三、文化、体育和娱乐业	455	0.43	1 913	0.75	1 870	1.01
十四、其它行业	1 886	1.76	4 798	1.89	1 682	0.91

13－21 私营经济基本情况

(2006年)

项目	户数		投资者人数		雇工人数		注册资本（金）	
	（户）	比重（%）	（人）	比重（%）	（人）	比重（%）	（万元）	比重（%）
合计	**25 483**	**100**	**57 577**	**100**	**248 803**	**100**	**3 388 366**	**100**
一、农、林、牧、渔业	480	1.88	1 165	2.02	2 289	0.92	59 667	1.76
二、采矿业	19	0.07	55	0.10	124	0.05	5 622	0.17
三、制造业	3 763	14.77	8 517	14.79	24 850	9.99	487 065	14.37
四、电力、燃气及水的生产和供应业	25	0.10	70	0.12	190	0.08	5 775	0.17
五、建筑业	1 557	6.11	3 560	6.18	3 033	1.22	223 570	6.60
六、交通运输、仓储和邮政业	420	1.65	991	1.72	1 167	0.47	40 337	1.19
七、信息传输、计算机服务和软件业	1 295	5.08	3 043	5.29	4 095	1.65	116 229	3.43
八、批发和零售业	11 795	46.29	24 671	42.85	201 430	80.96	1 233 295	36.40
#批发业	9 528	80.78	20 893	84.69	13 020	6.46	1 046 811	84.88
九、住宿和餐饮业	332	1.30	711	1.23	1 269	0.51	47 148	1.39
#餐饮业	241	72.59	518	72.86	1 006	79.28	33 649	71.37
十、房地产业	1 033	4.05	2 496	4.34	2 279	0.92	661 007	19.51
十一、租赁和商务服务业	3 243	12.73	7 459	12.95	4 196	1.69	328 319	9.69
十二、居民服务和其他服务业	696	2.73	1 574	2.73	2 053	0.83	47 131	1.39
十三、卫生、社会保障和社会福利业	6	0.02	15	0.03	47	0.02	946	0.03
十四、文化、体育和娱乐业	96	0.38	208	0.36	442	0.18	11 750	0.35
十五、其它行业	723	2.84	3 042	5.28	1 339	0.54	120 505	3.56

主 要 统 计 指 标 解 释

社会消费品零售总额 指各种经济类型的批发零售贸易业、餐饮业和其他行业对城乡居民和社会集团的消费品零售额总和。这个指标反映通过各种商品流通渠道向居民和社会集团供应的生活消费品来满足他们生活需要，是研究人民生活、社会消费品购买力、货币流通等问题的重要指标。对居民的消费品零售额：指售给城乡居民用于生活消费的商品。对社会集团的消费品零售额：指售给机关、团体、部队、学校企业、事业单位和城市街道居民委员会、农村村民委员会用公款购买的用作非生产、非经营使用的消费品。社会消费品零售额包括：（1）售给城乡居民作为生活用的商品及修建房屋建筑材料；（2）售给机关、团体、学校、部队、企业、事业单位的职工食堂和旅店（招待所）附设专门供本店旅客食用，不对外营业的食堂的各种食品、燃料；企业、单位和国营农场直接售给本单位职工和职工食堂的自己生产的产品；（3）售给部队干部、战士生活粮食、副食品、衣着品、日用品、燃料；（4）售给来华的外国人、华侨、港澳台同胞的消费品（包括友谊商店、在海关前后设立的免税商店、外轮供应公司等）；（5）居民自费购买的中、西药品，中药材及医疗用品；（6）报社、出版社直接售给居民和社会集团的报纸、图书、杂志，集邮公司（包括邮局集邮专柜）出售的新、旧（盖销的）纪念邮票、特种邮票、首日封、集邮册、集邮工具等；（7）旧货寄售商店自购、自销部分的商品；（8）煤气公司、液化石油气站售给居民和社会集团的煤气灶具和罐装液化石油气；（9）售给社会集团的办公用品、纸张、帐册、文印用品、计算工具、书报杂志和奖品；公共用品和纺织品、针织品；学校用的教学用具；文体用品；有明确专用的劳动保护用品。

（一）按行业分的社会商品零售额

1. 批发和零售业零售额 指专门从事商品转卖业务的各种经济类型独立核算的批发零售贸易企业、产业活动单位单位直接售给居民和社会集团的消费品零售额。

2. 住宿和餐饮业零售额 指从事食品的烹饪、调制并直接零售给居民饮食的各种宾馆、旅社、饭馆、酒馆、茶馆等餐饮业的零售额。包括各种企业单位附设对外营业的饭馆、火车餐厅、轮船餐厅、车站食堂、机场餐厅的零售额。不包括旅店（招待所）专供本店旅客食用，不对外营业的食堂，机关、团体学校、企业、事业单位的职工食堂出售饭菜的收入。

3. 其他行业零售额 指批发和零售业、住宿和餐饮业、以外的其他行业的直接零售额。包括各种经济类型的交通运输业、邮电业、建筑业、居民服务业、公用事业、出版社等行业的零售额（跨行业的经济联合组织的零售额，按其主营活动确定其所属行业，列入该行业的零售额内）。

（二）按销售地区分组

1. 市的零售额 指设立在中央直辖市，省、地辖市的市区和郊区以及县级市的市区的各行业消费品零售额，不包括市属县的消费品零售额。

2. 县的零售额 指设立在县城关区的各行业消费品零售额。

3. 县以下的零售额 指设立在县城关区以及县级市的市区以外的集镇和农村的各行业消费品零售额。但不包括分布在农村的独立工矿、林区的商品零售额，这部分零售额，凡属市直辖的列入“市的零售额”中，凡属县直辖的列入“县的零售额”中。

商品购进总额 指从本企业以外的单位和个人购进（包括从国外直接进口）作为转卖或加工后转卖的商品金额。本指标由从生产者购进额、从批发零售贸易业购进额、进口额和其他项目组成。这个指标反映批发零售贸易业从国内、国外市场上购进商品的总量。

从生产者购进额 指直接从工农业生产者购进的各种工矿产品、农副产品。

进口 指直接从国外进口的商品和委托外贸部门代理进口的商品。

商品销售总额 指对本企业以外的单位和个人出售的商品（包括售给本单位消费用的商品）金额。本指标由对生产经营单位批发额、对批发零售贸易批发额、出口额和对居民和社会集团商品零售额项目组成。这个指标反映批发零售贸易业在国内市场上销售商品以及出口商品的总量。

批发 指除零售以外的一切商品销售活动，包括对生产经营单位批发、对批发零售贸易业批发和出口。

对生产经营单位批发 指售给国民经济和社会各部门作为生产或经营使用的商品。

出口 指直接向国（境）外出口商品和委托外贸部门代理出口的商品。

零售 指售给城乡居民直接用于生活消费的商品和社会集团直接用于公用消费的商品。

期末库存 指批发零售贸易业已取得所有权的全部商品。这个指标反映批发零售业的商品库存情况，以及对市场商品供应的保证程度。

住宿和餐饮业营业总收入 指住宿和餐饮企业、活动单位或个体户的全部营业额，包括商品零售额和其他服务性收入。

住宿和餐饮业零售额 指住宿和餐饮企业、活动单位或个体户直接对居民和社会集团零售的各种商品。包括：（1）经烹饪、调制加工后出售的各种食品；（2）不经加工直接转卖的各种外购商品；（3）附设非独立核算的专门销售商品的小卖部出售的各种食品及其他商品。

批发和零售业、住宿和餐饮业的限额以上统计划型标准为：

1. 批发业：全年销售额2000万元及以上。
2. 零售业：全年销售额500万元及以上。
3. 餐饮业：全年主营业务收入200万元及以上。
4. 住宿业：星级宾馆、饭店。

商品交易市场 指有固定场所、设施，有若干经营者入场实行集中、公开交易各类实物商品的市场。

市场成交总额 指该市场所有摊位商品交易总额之和。

亿元以上商品交易市场 指全年成交额在一亿元及以上的商品交易市场。

十四、科技·教育·文化

SCIENCE, EDUCATION AND CULTURE

本篇内容包括：

1. 专业技术人员及其行业分布
2. 大中型工业企业科技活动情况
3. 教育事业情况
4. 文化事业情况

资料整理

余学军
姜同文
彭艳红

微机处理

余学军
姜同文
彭艳红

大中型工业企业技术开发情况

2005年
机构40个
技术开发人员12881人，科技活动经费支出总额14.24亿元，其中用于开发新产品的支出8.85亿元

2006年
机构46个
技术开发人员14292人，科技活动经费支出总额19.00亿元，其中用于开发新产品的支出11.13亿元

高等学校在校学生数

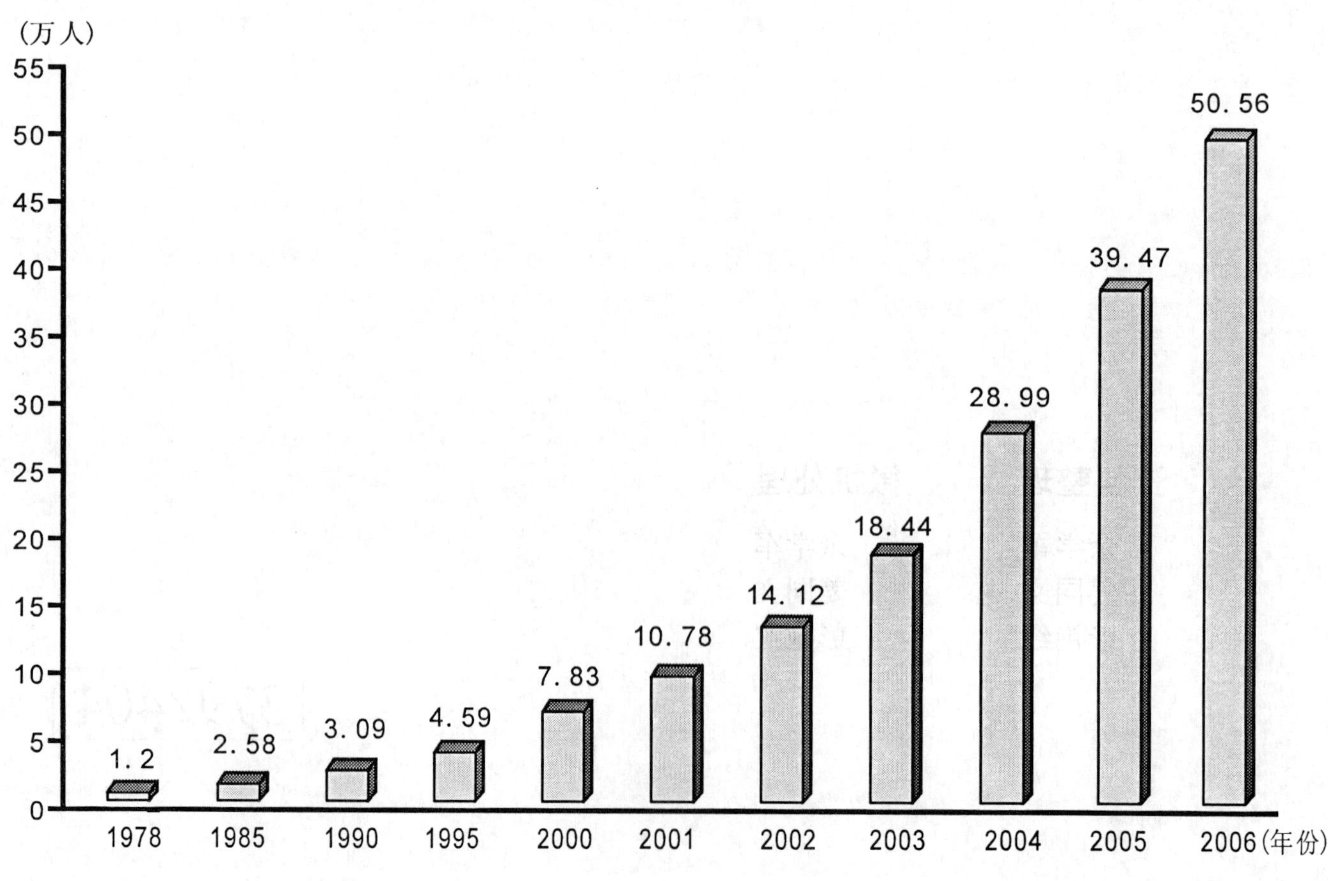

14－1 各类专业技术人员

（市属国有、集体单位，2006 年）

项目	合计		女性	
	人数（人）	比重（%）	人数（人）	比重（%）
总计	**67 704**	**100**	**29 735**	**100**
按职称分				
高级职称	6 529	9.6	2 170	7.3
中级职称	24 418	36.1	10 645	35.8
初级职称	32 833	48.5	15 279	51.4
未聘	3 924	5.8	1 641	5.5
按类别分				
工程技术人员	9 095	13.4	1 866	6.3
农业技术人员	1 555	2.3	278	0.9
科学研究人员	207	0.3	41	0.1
卫生技术人员	8 988	13.3	5 614	18.9
教学人员	35 893	53	16 849	56.7

14－2 专业技术人员学历状况

（市属国有、集体单位，2006 年） 单位：人

项 目	合 计	研究生	大学本科	大学专科	中 专	高中及以下
总 计	**67 704**	**578**	**19 042**	**26 623**	**16 102**	**5 359**
工程技术人员	9 095	76	3 213	3 313	1 502	991
农业技术人员	1 555	8	259	625	427	236
科学研究人员	207	4	92	29	30	52
卫生技术人员	8 988	78	2 024	2 925	3 230	731
教学人员	35 893	348	10 916	14 562	9 418	649

14－3 专业技术人员年龄状况

（市属国有、集体单位，2006年）

单位：人

项　　目	合　计	31岁至35岁	36岁至40岁	41岁至45岁	46岁至50岁	51岁至54岁	55岁及以上
总　　计	**67 704**	**24 949**	**11 169**	**10 885**	**9 064**	**7 207**	**4 430**
按职称分							
高级职称	6 529	162	978	2 077	1 353	970	989
中级职称	24 418	5 026	5 295	4 519	3 893	3 728	1 957
初级职称	32 833	17 623	4 488	3 698	3 444	2 237	1 343
未　聘	3 924	2 138	408	591	374	272	141
按类别分							
工程技术人员	9 095	3 497	1 821	1 764	926	679	408
农业技术人员	1 555	610	275	275	222	103	70
科学研究人员	207	42	44	53	54	6	8
卫生技术人员	8 988	3 708	1 380	1 648	957	946	349
教学人员	35 893	13 124	5 623	4 950	5 105	4 241	2 850

14－4 专业技术人员行业状况

（市属国有、集体单位，2006 年）

单位：人

项　　目	合计	农林牧渔业	制造业	电力燃气及水的生产和供应业	建筑业	交通运输仓储和邮政业	信息传输计算机服务和软件业	批发和零售业	住宿和餐饮业
总　计	**67 704**	**3 537**	**5 726**	**623**	**3 084**	**1 523**	**95**	**1 263**	**87**
按职称分									
高级职务	6 529	202	319	34	167	28	10	13	1
中级职务	24 418	1 051	1 813	206	1 002	409	36	371	38
初级职务	32 833	1 973	2 700	383	1 876	989	46	854	48
未　聘	3 924	311	894		39	97	3	25	
按类别分									
工程技术人员	9 095	634	2 525	289	2 444	413	62	82	1
农业技术人员	1 555	1 321	5		1	4		20	
科学研究人员	207	16		1					
卫生技术人员	8 988	200	148	5	23	33		7	
教学人员	35 893	255	108	30	15	41		7	

14－4 续表　　　　　　　　　　　　（2006 年）　　　　　　　　　　　　单位：人

项　　目	金融业	房地产业	租赁和商务服务业	科学研究技术服务和地质勘查业	水利环境和公共设施管理业	居民服务和其他服务业	教育	卫生社会保障和社会福利业	文化体育和娱乐业	其他行业
总　　计	**84**	**1 161**	**71**	**517**	**1 698**	**298**	**35 693**	**9 370**	**1 526**	**1 348**
按职称分										
高级职务		26	7	89	89	5	4 350	991	146	52
中级职务		409	34	167	595	46	14 077	3 321	528	315
初级职务		695	30	225	765	102	16 317	4 541	671	618
未　　聘	84	31		36	249	145	949	517	181	363
按类别分										
工程技术人员	14	594	9	352	1 127	14	117	106	111	201
农业技术人员		2		18	23		25	41	31	64
科学研究人员				50			59	21	45	15
卫生技术人员		4		7	21	7	45	8 417	11	60
教学人员	3	1	1	2	16		35 206	130	56	22

14－5 高新技术产业主要经济指标

（2006 年）

单位：万元

分组	总产值	工业增加值	中间投入	技工贸总收入	#产品销售收入	利润总额	应交增值税	产品出口交货值
合计	**2 599 775**	**699 141**	**1 992 501**	**2 605 930**	**2 494 786**	**142 384**	**91 867**	**249 829**
一、按规模分								
大中型	2 252 486	600 562	1 735 749	2 269 146	2 173 760	114 939	83 824	235 623
#大型	1 021 011	257 743	792 130	1 029 084	946 112	48 742	28 862	91 867
中型	1 231 476	342 820	943 618	1 240 063	1 227 648	66 198	54 962	143 756
小型	347 288	98 579	256 752	336 784	321 026	27 445	8 043	14 207
#规模以上小型	337 871	93 974	251 459	328 609	313 536	28 389	7 561	14 204
二、按登记注册类型分								
国有	177 604	31 828	150 092	171 226	170 396	619	4 316	9 474
集体	30	－2	43	80	80	－14	11	2
股份合作	42 883	16 378	28 650	42 760	42 760	2 112	2 145	11 070
联营	9	－1	11	5	4	—	—	—
有限责任公司	652 996	170 246	496 142	651 065	602 110	32 438	13 392	136 609
股份有限公司	773 712	219 393	585 262	766 980	755 468	43 089	30 943	61 577
私营	350 849	102 167	270 927	379 280	340 409	27 475	22 246	—
港澳台投资	254 031	77 438	178 828	261 117	253 601	15 072	2 235	11 458
外商投资	347 661	81 694	282 546	333 417	329 958	21 593	16 579	19 639
三、按隶属关系分								
中央	316 371	77 965	239 126	287 467	287 455	16 336	720	43 610
省	736 965	182 298	582 571	707 312	705 328	30 099	27 904	144 620
设区市及以下	1 042 968	253 386	824 096	1 068 402	1 004 903	53 311	34 513	33 246
其他	503 471	185 492	346 708	542 749	497 100	42 638	28 730	28 353

14－6 大中型工业企业科技活动

指　　　　　　标	2005	2006
一、企业概况		
有科技活动企业所占比重（%）	50.6	55.7
企业办科技机构数（个）	40	46
二、科技活动人员		
科技活动人员总计（人）	12 881	14 292
#具有高、中级职称人员和无高中级职称的大学本科及以上学历人员	6 729	8 303
#研究与发展活动人员	8 807	9 915
三、科技活动项目及经费		
本年科研项目数（项）	1 057	1 285
本年科技活动经费筹集总额（万元）	135 896	186 774
#来自政府部门的资金	8 735	12 506
金融机构贷款	13 803	17 553
其　　他	884	666
本企业自筹	112 424	155 988
本年科技活动经费支出总额（万元）	142 408	190 022
1. 内部支出合计	129 861	170 230
合计中：用于开发新产品经费支出	88 506	111 276
合计中：研究与发展活动经费支出	83 680	131 521
2. 外部支出合计	12 547	19 792
四、其他技术活动经费支出（万元）		
技术改造经费支出	116 274	157 948
技术引进经费支出	6 326	33 023
用于消化吸收经费	3 743	225
用于购买国内技术经费	7 558	18 450
五、科技活动产出		
专利申请（件）	228	207
新产品销售收入合计（万元）	1 085 533	1 602 704
#新产品出口销售收入	112 569	121 415

14－7 各类全日制学校基本情况

(2006年)

项目	学校数（个）	招生数（人）	毕业生（人）	在校学生（人）	教职员工（人）	#专任教师
合计	**1 531**	**390 723**	**316 958**	**1 370 989**	**91 967**	**68 053**
高等学校	45	146 538	80 752	505 595	43 936	27 040
中等学校	26	37 643	51 427	105 027	2 778	1 505
技工学校	36	24 115	13 916	53 481	3 053	2 026
普通中学	274	98 933	97 600	250 205	19 372	16 183
职业高中	26	9 602	5 145	19 809	1 032	772
小学	1 116	73 754	67 999	435 984	21 760	20 491
特教学校	8	138	119	888	36	36

14－8 普通高等学校基本情况

（2006 年）

校　　名	学校数（个）	毕业生数（人）	招生数（人）	在校学生数（人）	毕业班学生数（人）	教职工数（人）	#专任教师
合　　计	**45**	**80 752**	**146 538**	**505 595**	**142 657**	**43 936**	**27 040**
南昌大学	1	8 561	12 226	46 810	10 236	6 202	2 452
华东交通大学	1	4 385	4 938	19 031	4 561	1 641	1 058
南昌航空工业学院	1	3 378	4 918	17 860	4 367	1 870	1 058
江西农业大学	1	2 910	4 227	14 906	3 597	2 806	781
江西护理职业技术学院	1		590	857	10	364	246
江西中医学院	1	1 710	2 717	10 223	2 279	938	698
江西师范大学	1	5 381	8 240	29 690	7 195	2 493	1 746
江西财经大学	1	4 585	5 522	21 351	7 247	2 168	1 335
江西工业职业技术学院	1	748	2 905	7 484	1 759	536	343
江西科技师范学院	1	1 755	3 440	10 506	3 255	950	621
南昌高等专科学校	1	2 408	2 079	7 164	2 081	402	242
江西公安专科学校	1	917	1 378	4 333	1 632	383	237
江西旅游商贸职业学院	1	2 326	5 024	10 464	3 211	717	583
江西电力职业技术学院	1	1 157	2 074	8 504	3 301	583	370
江西艺术职业学院	1	148	315	580	265	158	108
江西信息应用职业学院	1	1 057	1 171	3 596	1 020	259	174
江西交通职业技术学院	1	1 080	2 240	5 979	2 121	469	322
江西工程职业学院	1		1 323	1 989		115	80
江西现代职业技术学院	1	2 462	2 737	9 872	4 304	802	608
江西机电职业技术学院	1	652	2 336	5 750	1 655	383	298
江西生物科技职业学院	1	116	1 420	3 247	706	287	192
江西建设职业技术学院	1	731	1 479	2 954	910	278	166
江西外语外贸职业学院	1	353	3 218	8 682	2 268	596	483
江西行政管理干部学院	1	558	1 007	2 535	638		
南昌理工学院	1	3 966	6 552	44 527	19 717	2 832	2 138
江西蓝天职业技术学院	1	5 097	9 380	26 584	2 833	2 259	1 792

14－8 续表 （2006 年）

校名	学校数（个）	毕业生数（人）	招生数（人）	在校学生数（人）	毕业班学生数（人）	教职工数（人）	#专任教师
江西城市职业学院	1	1 580	3 043	15 950	6 072	1 545	676
江西工业贸易职业技术学院	1	176	1 426	4 197	1 208	487	287
江西服装职业技术学院	1	46	2 941	14 375	5 360	1 172	891
江西科技职业技术学院	1	636	1 552	6 308	1 961	497	258
江西大宇职业技术学院	1	2 010	4 337	17 632	5 505	1 122	672
江西赣江职业技术学院	1	317	4 346	11 545	1 703	676	387
江西教育学院	1	292	1 229	3 795	1 188		
南昌师范高等专科学校	1	674	1 496	3 701	1 578	354	288
江西经济管理干部学院			1 609	2 916	709		
南昌教育学院	1	416	738	2 273	709		
江西广播电视大学	1	972	1	1 677	1 106		
南昌钢铁责任公司职工大学	1	56	191	204	9		
江西司法警官职业学院	1	1 923	1 493	4 979	2 066	394	265
江西先锋软件职业技术学院	1	1 065	2 200	4 629	2 391	513	278
江西制造职业技术学院	1	1 402	1 569	3 781	1 041	284	198
江西航空职业技术学院	1	240	1 047	2 541	591	205	142
东华理工学院长江学院		929	1 589	4 816	845	402	259
江西中医学院科技学院		171	1 163	3 979	505	274	199
江西科技师范学院理工学院		413	623	1 868	391	166	118
江西财经大学现代经济管理学院		1 134	1 410	4 712	981	296	265
南昌工程学院	1	4 384	4 970	15 363	4 555	1 108	741
江西师范大学科技学院	1	1 138	1 545	5 396	1 047	246	201
华东交通大学理工学院			2 348	5 566	435	582	442
江西青年职业学院	1		432	1 019	69	173	95
江西农业大学南昌商学院		473	1 524	5 158	880	347	292
南昌大学科学技术学院		2 271	2 865	8 925	1 568	623	472
南昌航空工业学院科技学院		529	1 447	5 335	1 029	352	270
江西经济管理职业学院	1	870	620	2 449	1 071	297	194
南昌市职工科技大学			72	72			

14－9 高等学校研究生

(2006年)

单位：人

院校	毕业生	招生数	在校研究生
合计	**2 042**	**4 230**	**10 631**
南昌大学	953	1 827	4 687
南昌航空工业学院	81	245	604
江西农业大学	155	258	682
江西中医学院	144	212	591
江西师范大学	361	795	2 002
江西财经大学	242	673	1 549
华东交通大学	106	220	516

14－10　普通中等专业学校基本情况

（2006 年）

学　　　　校	学校数（个）	招生数（人）	毕业生（人）	在校学生（人）	教职员工（人）	#专任教师
合　　计	**26**	**37 643**	**51 427**	**105 027**	**2 778**	**1 505**
江西工程学校	1	872		872	84	42
南昌女子中专学校	1	263	425	1 174	120	68
江西电力职业技术学院（中专部）		1 323	258	2 909		
江西中山舞蹈学校	1	90	35	242	68	42
江西工业职业技术学院（中专部）		108	150	1 971		
南昌保险学校	1	58		170	47	15
江西省医药学校	1	1 402	1 056	5 567	221	148
江西省水利水电学校	1	1 872	1 228	5 417	192	100
江西交通职业技术学院（中专部）		702	736	1 952		
江西赣江职业技术学院（中专部）		153	356	822		
江西外语外贸职业学院（中专部）		792	1 543	3 783		
江西青年职业学院（中专部）		352	154	847		
江西化学工业学校	1	904	414	3 263	181	92
南昌人民警察学校	1		178	525	50	38
南昌工业学校	1	994		2 749	111	71
江西南昌城市建设学校	1	440	207	1 504		
江西城市职业学院（中专部）		12	180	195		
南昌理工学院（中专部）		349	20 351	957		
江西泛美艺术中专学校	1	83		216	90	20
南昌市卫生学校	1	1 191	481	4 677	126	71
江西省商务学校	1	1 215	1 312	4 359	176	91
江西大宇职业技术学院（中专部）		110		454		
江西广播电视学校	1	153	174	511	38	30
南昌汽车机电学校	1	345		1 227	116	92
南昌市广播电视中等专业学校		187		187	22	12
江西省建筑工业学校	1	598	389	1 510	82	55
江西省税务学校					77	27

14－10 续表 (2006年)

学 校	学校数（个）	招生数（人）	毕业生（人）	在校学生（人）	教职员工（人）	#专任教师
江西现代职业技术学院（中专部）		2 535	1 216	5 114		
江西制造职业技术学院（中专部）		1 020		1 137		
江西工商行政管理学校	1	368		959	53	26
江西省计划统计学校	1	702	967	2 732	99	57
江西工业贸易职业技术学院（中专部）		2 593	2 063	5 271		
江西女子中等专业学校	1	366	154	1 182	67	21
江西机电职业技术学院（中专部）		217	1 531	549		
江西生物科技职业学院（中专部）		1 306	928	2 048		
江西省电子信息工程学校	1	4 120	155	8 635	253	148
江西信息应用职业技术学院（中专部）		19	624	332		
江西省体育运动学校	1	260	139	604	146	88
南昌市体育运动学校	1	50	68	149	42	11
江西艺术职业学院（中专部）		177	365	803		
江西省民政学校	1	734	365	1 993	42	21
南昌师范高等专科学校（中专部）		929	1 340	3 638		
江西护理职业技术学院（中专部）		2 836	1 838	7 525		
江西旅游商贸职业学院（中专部）		65	988	1 392		
江西省新闻出版学校	1	681	497	1 857	70	46
江西科技职业学院（中专部）		15		15		
江西经济管理职业学院（中专部）				1 355		
江西蓝天学院（中专部）		7 673	1 240	3 019		
江西服装职业技术学院（中专部）		347	140	1 018		
江西公安专科学校（中专部）		132	231	588		
江西司法警官职业学院（中专部）		763	298	1 236		
江西英赛科技中等专业学校	1	118		329	23	12
江西航空职业技术学院（中专部）		39		149		
江西机电学校	1	997		2 407	182	55
江西省建设职业技术学院（中专部）		108	220	437		
江西工程职业学院		338		494		

14－11 技工学校基本情况

（2006年）

单位：人

学校	招生数	#女性	毕业生	在校学生数	教职员工	#女性	#专任教师
合计	**24 115**	**9 553**	**13 916**	**53 481**	**3 053**	**1 148**	**2 026**
江西省新闻出版学校	682	287	495	1 647	69	28	53
江西核工业技术学校			258	225	77	34	77
江西省电力高级技工学校	1 740	372	796	4 215	180	77	96
江西省机械高级技工学校	929	5	954	1 849	120	62	75
江西省无线电高级技工学校	4 065	1 900	2 600	11 165	180	52	73
江西现代高级技工学校	2 495	998	1 071	5 188	326	107	210
江西省工贸技工学校	2 370	1 081	420	3 146	123	45	104
江西省交通技工学校一部	102	65	83	172	85	30	48
江西省交通技工学校二部	52	10	45	175	38	13	18
江西省交通技工学校三部	88	32	66	201	81	47	32
江西省建筑工程高级技工学校	688	267	404	1 677	82	23	64
江西省医药技工学校	823	559	108	1 477	221	98	126
江西省化学工业技工学校	659	238	422	1 431	70	32	54
江西省兵器高级技工学校	239	8	97	1 198	82	17	53
南昌科技技工学校				280	10	1	6
江西航空技术学院	598	105	333	1 605	73	18	23
核工业南昌技工学校	1 012	411	310	2 749	111	45	84
江西工程技工学校	924	410	508	2 223	86	33	42
江西省电子商务技工学校			98	603	67	25	67
江西工业技工学校	284	145	401	520	85	36	63
南昌市轻工技工学校	74	34	116	192	20	12	15
江西清华泰豪技工学校	867	324	463	404	70	23	47
南昌市工业技工学校	121	67	189	194	52	24	40
南昌市商业技工学校			40	42	29	18	22
江西制造技工学校	100	48		100	21	6	7
江西省城市建设高级技工学校	699	146	472	1 575	51	17	39
江西省中医药技工学院	84	50	253	445	41	15	35
江西德能制造技工学校	440	120		440	40	9	30
江西省劳动技工学校	1 570	924	1 170	2 820	125	35	100
南昌市建筑工程技工学校	80	18	40	150	32	14	21
南昌县技工学校	20	14	54	50	13	6	10
江西省石油技工学校	269	160	380	540	39	18	13
江西省实验技工学校	1 831	673	1 270	4 542	88	32	50
江西省科学院技工学校	109	47		104	30	12	30
新东方烹饪技校	31			31	66	19	56
江西新华电脑技工学校	70	35		106	170	65	143

14－12 普 通 中 学 基 本 情 况

（2006 年）

类　　别	学校数（个）	招生数（人）	毕业生（人）	在校学生数（人）	教职员工数（人）	#专任教师
合　　计	**274**	**98 933**	**97 600**	**250 205**	**19 372**	**18 183**
#女　性		42 071	42 589	106 352	7 741	6 633
按城乡分						
城　市	76	32 692	27 768	89 272	7 313	5 785
县　镇	73	37 061	35 549	96 749	6 206	5 251
农　村	125	29 400	34 547	64 252	5 853	5 147
按层次分						
初　中	182	68 453	69 286	155 047		
城　市	32	19 971	14 163	48 404		
县　镇	39	20 594	22 083	47 689		
农　村	111	27 888	33 040	58 954		
高　中	92	30 700	28 578	95 226		
城　市	44	12 721	13 605	40 868		
县　镇	34	16 467	13 466	49 060		
农　村	14	1 512	1 507	5 298		
按地区分						
市　区	119	42 488	37 769	112 478	9 553	7 682
南昌县	36	19 474	20 078	46 784	3 096	2 730
新建县	49	17 324	15 303	37 774	2 396	2 099
安义县	54	14 043	18 210	40 328	3 334	2 789
进贤县	16	5 604	6 240	12 841	993	883
按部门分						
教育部门办	187	83 968	81 262	208 848	15 226	13 319
社会力量办	59	9 329	11 920	26 558	2 796	1 758
其他部门办	28	5 856	4 682	14 867	1 350	1 106

14－13 职业高中基本情况

（2006年）

类　　别	学校数（个）	招生数（人）	毕业生（人）	在校学生数（人）	教职员工数（人）	#专任教师
合　　计	**26**	**9 602**	**5 145**	**19 809**	**1 032**	**772**
#女　性		3 904	2 755	8 443	488	434
按城乡分						
城　市	21	7 354	4 685	15 400	934	694
县　镇	5	2 248	460	4 409	98	78
农　村						
按部门分						
教育部门办	13	6 633	2 848	14 567	681	581
社会力量办	13	2 969	2 251	5 242	351	191
其他部门办			46			

14－14 小学、特殊教育、工读学校基本情况

（2006年）

类别	学校数（个）	招生数（人）	毕业生（人）	在校学生数（人）	教职员工数（人）	#专任教师
一、小学	1 116	73 754	67 999	435 984	21 760	20 491
#女性		31 876	30 316	190 518	11 673	11 151
按城乡分						
城市	66	16 538	16 194	95 506	4 583	4 141
县镇	148	16 983	16 834	108 142	5 012	4 780
农村	902	40 233	34 971	232 336	12 165	11 570
按县、区分						
市区	210	29 938	28 908	173 642	8 435	7 803
南昌县	256	14 129	13 183	81 928	4 781	4 657
新建县	283	14 362	13 229	84 501	3 173	3 023
进贤县	276	10 692	8 801	71 745	4 128	3 918
安义县	91	4 633	3 878	24 168	1 189	1 090
按部门分						
教育部门	1 096	57 092	61 458	396 792	19 556	18 697
社会力量办	15	2 664	1 809	25 515	1 120	788
其他部门办	5	3 998	4 732	23 677	1 084	1 006
二、特殊教育	8	226	168	1 591	196	165
#女性		74	50	463	132	112
特教学校	8	138	119	888	196	165
普校附设及随班就读		88	49	703		
三、工读学校	1				4	

14－15 幼儿园基本情况

（2006年）

类　　别	幼儿园（个）	在园幼儿（人）	教职员工数（人）	#教　师
总　　计	445	80 128	5 994	3 517
#女　性		34 024	5 489	3 415
按城乡分				
城　市	130	24 782	2 726	1 472
县　镇	232	33 120	2 592	1 664
农　村	83	22 226	676	381
按部门分				
教育部门和集体办	82	36 993	1 972	1 169
社会力量办	343	37 945	3 390	1 991
其他部门办	20	5 190	632	357

14－16 南昌市成人高校基本情况

(2006 年)

校 名	学校数 (个)	招生数 (人)	毕业生 (人)	在校学生数 (人)	教职工数 (人)	#专任教师
总 计	**8**	**12 843**	**25 755**	**75 302**	**2 089**	**1 186**
江西财经大学		1 400	2 644	8 870		
江西教育学院	1	778	1 288	4 659	504	290
南昌钢铁公司职工大学	1	76	13	74	130	75
江西行政管理干部学院	1	172	61	229	484	118
南昌市业余大学	1	303	255	568	78	59
江西广播电视大学	1	2 194	654	2 276	292	218
南昌教育学院	1	354	774	3 037	161	136
江西经济管理干部学院	1	248	961	1 359	326	218
南昌职工科技大学	1	578	633	1 450	114	72
南昌工程学院		747	1 986	3 985		
江西制造职业技术学院				52		
江西中医学院		723	2 383	4 998		
江西工业职业技术学院		237	122	416		
华东交通大学		619	565	3 176		
南昌大学		2 681	3 532	13 398		
江西航空职业技术学院		64	51	417		
江西师范大学		683	2 944	6 250		
南昌航空工业学院		458	1 466	3 571		
江西农业大学		187	1 638	3 169		
江西蓝天学院				542		
江西电力职业技术学院		174	1 941	2 559		
江西现代职业技术学院			42	137		
江西科技师范学院		124	1 474	4 142		
江西公安专科学校			56	226		
江西司法警官职业学院			9	133		
江西旅游商贸职业学院		43	220	228		
江西信息应用职业技术学院			18	110		

14－17 广播电视情况

(2006年)

项　目	2006
一、广　播	
1. 广播电台（座）	2
2. 中短波发射台和转播台（座）	2
3. 调频广播台和传输台（座）	89
4. 广播覆盖率（%）	97.32
二、电　视	
1. 电视台（座）	2
2. 电视转播发射台和差转台（座）	30
#一千瓦以上的发射台	
3. 卫星电视地面站（个）	353
#收转境内	
收转境外	
4. 全年自制电视节目（小时）	9 047
5. 电视覆盖率（%）	98.77
6. 有线电视用户（万户）	59.51

注：1. “电视”含有线电视台 不含教育台。
2. 调频广播台和传输台包括了乡村的小调频台。

14－18 艺术剧团和剧院

(2006年)

项　目	合　计	省　级	市　级	县　级
一、艺术表演团体				
剧团个数（个）	13	6	5	2
职工人数（人）	1 090	678	317	95
演出场次（场）	1 314	733	377	204
年末固定资产原值（万元）	2 374.9	1 360.1	981.2	33.6
当年创作首演剧目（个）	8	5	2	1
全年收入（万元）	4 353.9	3 019	1 218.3	116.6
#演出收入	406.2	308.3	75.4	22.5
全年支出（万元）	4 348.7	3 075.3	1 174	99.4
二、艺术表演场数				
表演场所（个）	7	3	4	
座席数（个）	4 628	3 504	1 124	
演映场次（场）	2 492	1 827	665	
观众人数（万人次）	167	92	75	

14－19 群众艺术馆和文化馆

(2006年)

项目	合计	省级	市级	县级
群艺馆、文化馆数（个）	11	1	1	9
举办展览（个）	55		3	52
组织文艺活动次数（次）	523	13	26	484
举办训练班结业人数（人次）	5 967	1 000	1 200	3 767
录相放映场数（场次）				
观众人数（万人次）				
公用房屋建筑面积（平方米）	21 482		2 187	19 295
职工人数（人）	196	38	34	124

14－20 博物馆

(2006年)

项目	合计	省级	市级	县级
博物馆（个）	8	2	4	2
公用房屋面积（平方米）	39 420	33 920	4 600	900
藏品（件）	62 026	52 562	2 265	7 199
陈列个数（个）				
展览个数（个）	19	9	8	2
参观人次（万人次）	36. 59	20	11. 29	5. 3
#外宾	0. 34		0. 31	0. 03
职工（人）	220	141	64	15

14－21 图书、报纸、杂志出版

(2006 年)

项　　目	种　　数 (种)	总 印 数 (万册、份)	总印张数 (千印张)
一、图书合计	3 076	15 340	859 922
书　籍	2 148	6 522	296 460
课　本	928	8 818	563 462
二、报纸合计	36	49 905	1 587 767
省　级	17	39 235	1 180 088
市　级	19	10 670	407 679
三、杂志合计	136	5 580	177 193

14－22 公　共　图　书　馆

(2006 年)

项　　目	合　　计	省　　级	市　　级	县　　级
图书馆（个）	11	1	1	9
藏书（万册）	377.06	237.55	85.9	53.61
公用房屋建筑面积（平方米）	55 195	22 500	21 000	11 695
发放借书证（个）	51 111	35 210	7 520	8 381
总流通人次（万人次）	103.42	54.58	20.6	28.24
书刊外借册数（万册次）	108.55	31.59	48.2	28.76
经费支出合计（万元）	1892.6	1192	370.6	330
#购书支出	501.2	373.5	89.7	38
职工（人）	286	131	63	92

主要统计指标解释

专业技术人员 指已取得科学技术职称，或大学、中专的理、工、农医科系毕业，以及国民经济各部门从工作实践中提拔，从事理、工、农、医等自然科学技术的研究、数学、生产的专业人员和在机关、企业、事业单位中从事科学技术业务管理工作的专业人员。

高新技术产业单位 指工业企业中经省科技厅认定的高新技术企业和生产高新技术产品的企业。

总产值、增加值、利润总额、产品销售收入 均值企业高新产品的总产值、增加值、利润总额、产品销售收入。

技工贸总收入 指企业全年生产高新产品的销售收入、技术性收入和本企业高新产品相关的商品销售收入、其他业务收入、营业外收入等各种收入的总和。

科技活动 指在所有科学技术领域内，即在自然科学、农业科学、医药科学、工程与技术科学、人文与社会科学中，与科技知识的产生、发展、传播和应用密切相关的全部有系统的活动。

研究与发展活动 指增加知识总量（包括人类、文化和社会方面的知识），以及运用这些知识去创造新的应用而进行的系统的创造性的工作。

企业办科技机构 指企业自办、或与外单位合办、管理上同生产系统相对独立的，或单独核算的专门技术开发机构（如企业办研究所、开发中心、开发部等专门技术开发机构）。

企业科研项目 指当年立项并开展研究工作的项目、以前年份立项当年仍继续进行的项目（课题）、当年完成及通过鉴定的项目（课题），包括年内研究开发工作已告失败的项目。

获奖成果 指企业在本年度内从地（市）及以上政府科技管理部门获得的各种科技成果奖。获奖成果分为：国家级奖、省部级奖和地市级奖。

新产品 指采用新技术原理，新设计构思研制、生产的全新产品或在结构、材质、工艺等某一方面比老产品有明显改进，从而显著提高了产品性能或扩大了使用功能的产品。

从事科技活动人员 指企业在报告期内，从事科技活动的时间（不包括加班时间）占全年工作时间10%及以上的工程技术人员、管理人员、工人及其他人员。

从事研究与发展活动人员 指报告期参与研究与发展项目（课题）研究、管理和辅助工作的人员，具体包括直接参加研究与发展项目（课题）组人员，直接参与上述项目（课题）的行政管理人员和直接为上述项目（课题）活动提供服务的辅助人员。

工程技术人员 指负担工程技术和工程技术管理工作，并具有工程技术能力的人员。

高中级职称人员 指企业从业人员中具有高级职称和中级职称的人员数。高级职称指高级工程师、讲师、正、副教授，正、副研究员，高级统计师，高级会计师，高级经济师，以及相当于这一级的其他技术职务的人员。中级职称指工程师、讲师、助理研究员、技师、统计师、会计师、经济师，以及相当于这一级的其他技术职务的人员。

无高中级职称的大学本科及以上学历人员 指企业从业人员中具有大学本科及以上学历，但没有高中级职称的人员数。具体包括没有高中级职称的大学本科毕业生、硕士研究生、博士研究生、博士后研究生等。

普通高等学校 指按照国家规定的审批程序批准举办，通过全国统一招生考试，招收高中毕业生为主要培养对象，实施高等教育的全日制大学、独立设置的学院和高等、专科学校、短期职业大学。

成人高等学校 指按照国家有关规定审批，招收通过全国成人高教统一招生考试的具有高中毕业或同等学历的在职从业人员全脱产、半脱产、业余或函授等多种形式对其实施高等学历教育，培养高等教育专科或本科毕业水平的专门人才，修业年限、课程设置等均按高等学历教育要求付诸实施的学校。包括广播电视大学、职工高等学校、农民高等学校、管理干部学院、教育学院、独立设置的函授等。

小学学龄儿童入学率 指调查范围内已入小学学习的学龄儿童占校内外学龄儿童总数（包括弱智儿童在内，但不包括盲聋哑儿童）的比重。计算公式：

$$小学学龄儿童入学率 = \frac{已入学的小学学龄儿童数}{校内外小学学龄儿童总数} \times 100\%$$

艺术表演团体 指从事戏曲、音乐、舞蹈、杂技等专业艺术表演，有独立帐户、实行单独核算的团体。不包括半工半艺，半农半艺的业余剧团。

艺术表演观众人数（人次） 指售票、包场演出或民族地区免费演出的艺术表演观众人次数。不包括彩排审查和内部观摩演出的观看人次数。

十五、卫生·体育·其他

PUBLIC HEALTH, SPORTS AND OTHERS

本篇内容包括：

1. 医疗卫生事业情况
2. 体育事业
4. 婚姻情况
5. 民政事业
6. 社会保险情况
7. 司法情况
8. 交通事故、火灾事故、职工伤亡事故

资料整理　　微机处理

姜同文　　姜同文

彭艳红

医生人数

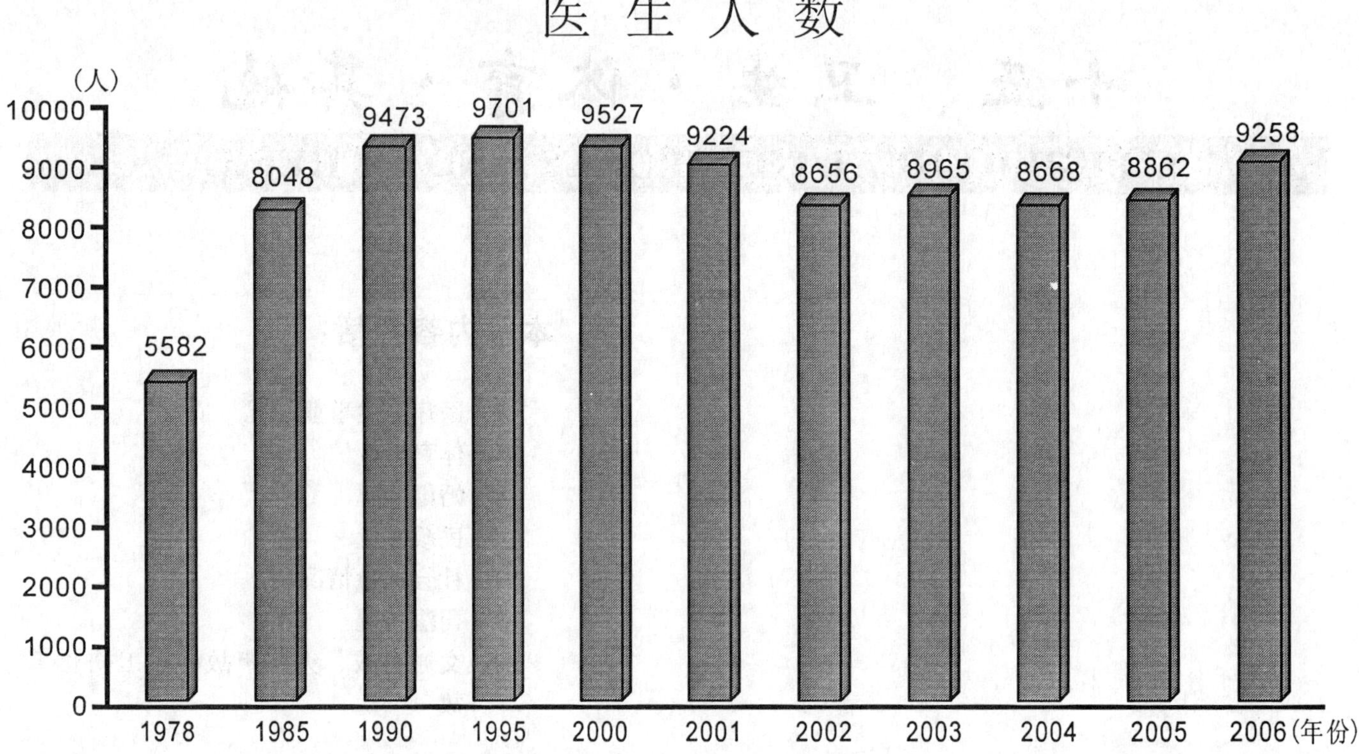

医疗卫生机构病床数

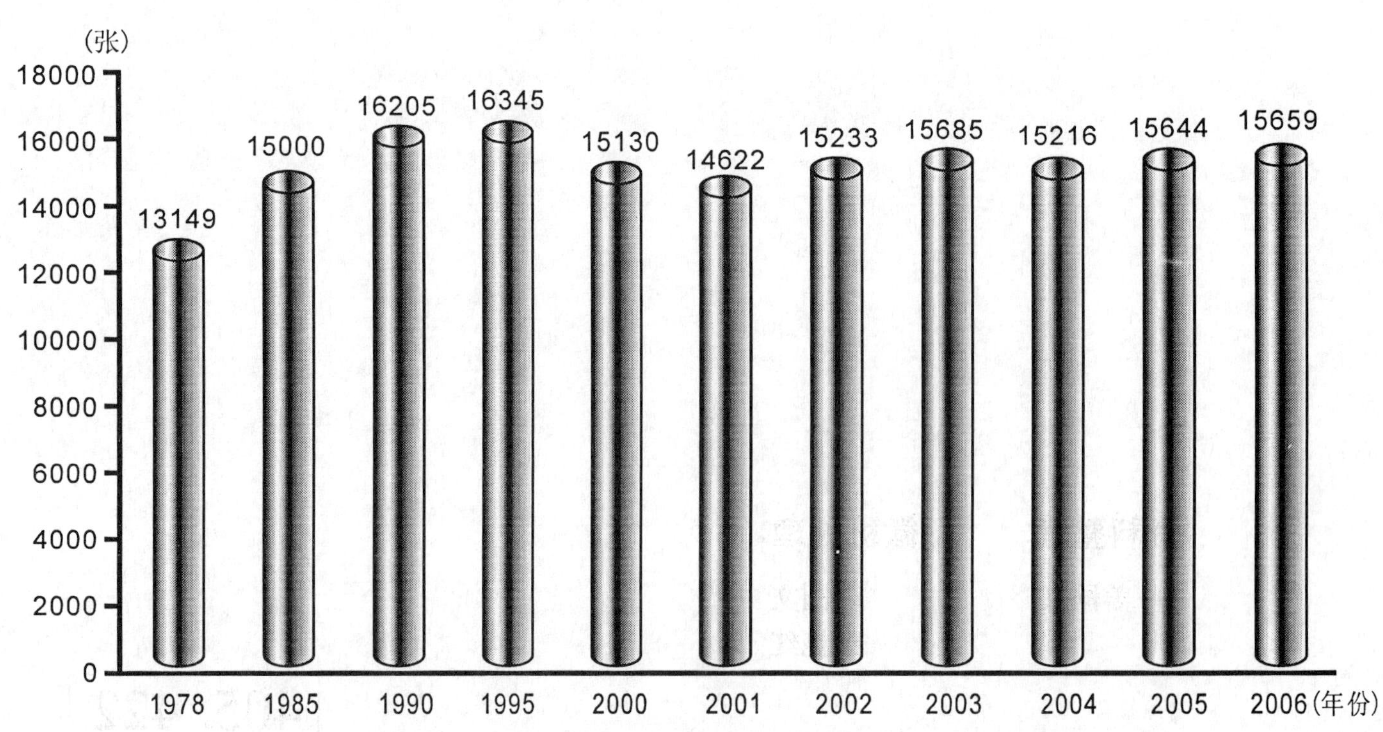

15－1　卫生机构、床位、人员数

（2006年）

类　　别	机构数（个）	床位数（张）	人员数（人）	#卫生技术人员	#医生
总　计	**869**	**15 659**	**27 689**	**22 523**	**9 258**
省、市	150	11 809	18 291	14 572	5 912
县、区	121	3 850	6 617	5 170	2 037
一、按经济类别分					
国有经济单位	368	14 475	21 618	17 566	6 865
集体经济单位	156	534	2 052	1 669	722
联　营	2	6	15	15	10
个　体	313	246	1 521	1 484	756
其　他	30	305	496	390	154
二、按机构类别分					
（一）各类医院及医学教育科研机构	271	15 659	24 908	19 742	7 949
1. 医院	85	13 066	17 576	14 123	5 402
#综合医院	63	9 323	11 779	9 501	3 730
中医医院	10	1 216	1 889	1 567	635
其他医院	12	2 527	3 908	3 055	1 037
2. 卫生院	85	1 419	3 126	2 548	949
3. 疗养院	1	60	45	17	12
4. 门诊部	40	175	496	381	242
5. 专科防治所、站	8	242	348	261	125
6. 卫生防疫机构	12		982	764	431
7. 妇幼保健机构	11	584	1 223	958	436
8. 卫生监督检验机构	9		338	235	177
9. 医学科学研究机构	4	93	411	270	90
10. 医学在职培训机构	1		10	7	1
11. 健康教育所	2		43	14	14
12. 社区卫生服务中心	2	20	50	35	23
13. 急救中心	1		57	20	9
14. 采供血机构	2		129	87	12
15. 其他卫生机构	8		74	22	26
（二）诊所、卫生保健所、医务室	447		1 465	1 465	737
（三）县、区社区卫生服务站	151		1 366	1 316	572

15－2 体育事业

（2006年）

项目	2006
一、举办综合（单项）运动会次数（次）	52
参加运动会人数（百人次）	130
二、等级裁判员发展人数（人）	105
三、等级运动员发展人数（人）	75
四、"国家体育锻炼标准"发展人数（万人）	
及格级	
良好级	
优秀级	
五、参加省级及其以上和同等城市比赛次数（次）	52
参加比赛人数（人次）	627
获得奖牌数（枚）	412
金牌	195
银牌	125

15－3 1985—2006年市属共青团组织情况

年份	基层团支部（个）	共青团（人）	#女团员	专职干部（人）
1985	6 366	152 918	59 995	687
1986	6 162	156 769	57 567	679
1987	6 144	168 941	66 118	566
1988	6 288	154 217	55 081	690
1989	5 809	132 841	47 227	635
1990	5 809	133 041	47 227	644
1991	5 809	145 713	51 034	646
1992	5 232	144 709	53 956	713
1993	5 243	121 532	48 012	609
1994	5 478	126 645	46 222	1 100
1995	5 315	139 734	50 626	1 198
1996	5 362	141 483	48 581	1 198
1997	5 667	122 177	45 095	1 198
1998	5 867	113 818	47 481	1 392
1999	5 667	113 718	47 481	1 392
2000	5 636	113 758	47 461	1 402
2001	5 626	112 467	46 321	1 398
2002	5 271	112 467	46 321	1 392
2003	5 636	112 960	46 642	1 404
2004	5 659	113 082	46 813	1 400
2005	5 731	102 431	46 813	1 400
2006	5 731	100 166	46 813	1 420

15－4　1997—2006年妇联系统组织情况

单位：个

项　　　目	1997	1998	1999	2000	2001	2002	2003	2004	2005	2006
城镇街道基层妇代会	762	792	792	792	340	375	375	388	560	359
农村基层妇代会	874	1 088	1 088	1 197	1 197	1 078	1 078	1 560	1 133	1 153
乡镇（街办）妇联	143	143	143	137	165	108	108	109	85	139
机关、事业单位妇委会	72	72	72	72	72	199	199	353	202	223

15－5　1997—2006年工会组织情况

项　　　目	1997	1998	1999	2000	2001	2002	2003	2004	2005	2006
工会基层组织数（个）	1620	1721	1593	1713	2441	2636	1973	6872	7132	5 664
已建工会组织的基层单位职工人数（万人）	37.08	37.15	36.9	37.01	38.38	38.52	40.25	72.68	74.68	53.98
已建工会组织的基层单位工会人数（万人）	33.68	33.52	32.14	33.01	37.32	37.91	36.24	63.57	71.73	49.20

15－6 历届南昌市人民代表大会的代表人数

单位：人

项目	一届 (1954)	二届 (1956)	三届 (1958)	四届 (1960)	五届 (1963)	六届 (1965)	七届 (1968)	八届 (1982)	九届 (1987)	十届 (1992)	十一届 (1997)	十二届 (2001)	十三届 (2006)
代表总数	**233**	**239**	**253**	**307**	**375**	**385**	**724**	**555**	**495**	**489**	**434**	**421**	**438**
代表中													
女代表	52	49	68	77	99			150	102	98	89	90	90
占代表总数%	22.3	20.5	27.0	25.1	26.4			27.0	20.6	20.0	20.5	21.4	20.5
代表中													
少数民族代表										8	7	8	9
占代表总数%										1.6	1.6	1.9	2.1

注：在国家政治生活处于不正常的文化大革命时期，1968 年 2 月 18 日成立了南昌市革命委员会。根据江西省人民代表大会常务委员会的规定，将革命委员会作为南昌市第七届人民代表大会。七届代表构成为革命委员会成员、人民解放军代表、群众组织推举的代表。

15－7 历届南昌市政治协商会议的委员人数

单位：人

项目	一届 (1955)	二届 (1958)	三届 (1959)	四届 (1962)	五届 (1963)	六届 (1965)	七届 (1982)	八届 (1987)	九届 (1992)	十届 (1997)	十一届 (2001)	十二届 (2006)
委员总数	**129**	**189**	**299**	**288**	**300**	**302**	**458**	**405**	**413**	**403**	**405**	**419**
委员中												
中国共产党代表	22	47	63	81	82	87	175	171	169	157	149	165
占代表总数%	17.05	24.87	21.07	28.13	27.33	28.81	38.21	42.22	40.92	38.9	36.8	39.4
委员中												
少数民族代表	3	3	3	3	4	4	6	8	10	11	6	6
占代表总数%	2.33	1.58	1.00	1.04	1.33	1.32	1.31	1.98	2.42	2.70	1.50	1.43
委员中												
女性代表	20	29	54	54	58	64	108	100	89	103	119	115
占代表总数%	15.50	15.34	18.06	18.75	19.33	21.19	21.19	24.69	20.09	25.60	29.40	27.4

15－8 社会福利事业单位基本情况

(2006 年)

项 目	院 数（个）	工作人员（人）	床 位（张）	年末在院人 数（人）	#女 性	#儿 童
全市总计	**95**	**941**	**5 038**	**2 538**	**1 297**	**870**
一、收养类社会福利单位	91	858	4 504	2 440	1 279	869
按单位类别分						
复员军人疗养院	1	27	120	74	14	
光荣院	1	5	28	26	12	5
社会福利院	6	201	1 080	1 432	812	763
儿童福利机构	1	10	133	133	70	91
社会福利医院	1	129	220	214	64	
城镇老年收养性福利机构	34	344	561	561		
农村老年收养性福利机构	47	142	2 362	1 894	307	10
二、优抚类收养性单位	2	28	134	67	18	1
三、救助类收养性单位	2	55	400	31		

15－9 社会福利企业基本情况

项 目	2005	2006
单位数（个）	65	65
职工人数（人）	2 990	3 425
#残疾职工	1 572	1 741

注：今年未分类

15－10　城镇社区服务和农村服务网络

（2006年）

地　　区	城镇社区服务设施（个）	从业人员（人）	安置下岗人员数（人）	城镇便民利民服务网点（个）	社区服务志愿者组织（个）	社区服务志愿者（人）
总　　计	**594**	**173**	**155**	**883**	**234**	**2 144**
东　湖　区	85			149		
西　湖　区	480			672	96	2 018
新　建　县	25	50	32	60	132	120
安　义　县	2			2	6	6
进　贤　县	2	123	123			

15－11　享受国家补助、救济人员情况

项　　目	2005	2006
优抚对象		
享受伤残保健、抚恤金人数（人）	2 324	2 913
享受定期抚恤金人数（人）	416	423
享受定期补助人数（人）	4 730	4 642
优待优抚对象户（户）	11 055	10 806
城镇居民最低生活保障家庭数（个）	48 062	49 953
城镇居民最低生活保障人数（人）	104 894	111 721
#下岗人员	42 224	39 829
#城镇五保户	6 085	
传统救济情况		
农村居民最低生活保障人数（人）		90 263
#老年人		9 119
未成年人		6 168
残疾人		431
农村居民最低生活保障家庭数（个）		54 048
农村医疗救助人数（人）	37 546	42 908
#大病医疗救助人数	37 546	38 138

15－12 婚姻登记情况

（2006年）

地区	结婚登记（对）	初婚（人）	再婚（人）	#女性	#复婚	离婚登记（对）
南昌市	**86 848**	**83 800**	**3 048**	**1 435**	**286**	**5 724**
市本级						
东湖区	12 508	12 430	78	20	9	1 324
西湖区	11 420	10 253	1 167	529	198	1 280
青云谱区	6 012	6 000	12	6		584
湾里区	1 820	1 820				91
青山湖区	11 936	11 000	936	468	29	963
南昌县	10 452	10 213	239	112	39	456
新建县	15 694	15 330	364	174		426
安义县	4 318	4 066	252	126	11	174
进贤县	12 688	12 688				426

15-13 1986—2006年婚姻登记情况

单位：对

年份	结婚	#复婚	离婚
1986	24 018	101	647
1987	26 904	100	660
1988	27 834	159	624
1989	32 164	262	773
1990	29 136	91	1 145
1991	26 574	136	935
1992	27 203	160	1 035
1993	23 812	142	1 080
1994	21 543	248	1 546
1995	22 583	116	1 481
1996	23 559	168	1 713
1997	24 190	220	2 096
1998	26 367	160	2 389
1999	25 269	189	2 199
2000	25 486	253	2 610
2001	25 732	196	5 649
2002	25 080	192	5 398
2003	20 950	261	6 610
2004	30 547	279	8 330
2005	29 898	847	7 447
2006	43 424	286	8 607

15-14 社会保险情况

单位：人

项目	2005	2006
失业保险参保人数	**465 087**	**501 120**
企业	347 721	379 955
国有企业	266 408	275 386
集体企业	47 556	52 551
外商投资企业	4 257	9 904
其他企业	29 500	42 114
事业单位	117 366	121 165
其他单位		
领取失业保险金人数	15 254	18 148
基本养老保险参保人数	598 095	592 269
企业	466 991	479 360
国有企业	297 600	292 373
集体企业	68 009	65 191
其他企业	88 613	108 027
港、澳、台及外资企业	12 769	13 769
机关事业单位	40 638	4 360
其他	90 466	108 549

15－15 律师、公证和人民调解基本情况

（市属）

项　　　目	2005	2006
一、律师工作		
律师事务所（个）	40	43
律师（人）	384	434
#专职	364	414
兼职	20	20
聘请担任常年法律顾问的单位（处）	680	869
刑事诉讼辩护及代理（件）	1 856	1 786
民事诉讼代理（件）	1 714	2 597
办理非诉讼法律事务（件）	3 743	1 971
解答法律咨询（件）	11 860	11 560
代理法律文书（件）	3 232	2 714
二、公证工作		
公证处（个）	11	11
公证人员（人）	84	86
#公证员	46	46
助理公证员	19	17
办理公证文书（件）	27 310	31 126
#经济合同文书	5 865	1 427
三、人民调解工作		
专职司法助理员（人）	348	441
人民调解委员会（人）	1 954	2 016
调解工作人员（人）	9 462	8 276
调解民间纠纷（件）	5 546	3 946

15－16 1994—2006年南昌市消协受理投诉情况

项　　目	1994	1995	1996	1997	1998	1999	2000	2001	2002	2003	2004	2005	2006
一、投诉案件数(件)	1 863	2 104	4 079	3 957	4 043	3 199	2 088	2 086	1 710	2 343	1 548	1 409	1 447
按行业分													
家用电器类	300	206	371	348	642	386	140	209	504	498	295	342	338
家用机械类	203	219	269	233	278	350	110	123	80	121	60	108	106
日用百货类	467	608	818	694	532	589	345	378	756	865	754	510	489
房屋及装修建材									89	110	69	129	127
服务类	76	158	310	243	698	652	163	188	223	322	203	151	248
农用生产资料类	8	30	111	11	118	52	40	44	25	36	32	–	27
其它类	364	330	809	750	692	405	276	627	33	391	124	169	112
按内容分													
质量	848	878	1 289	915	1 746	1 833	964	1 025	778	1 106	826	940	905
价格	152	275	579	603	677	352	266	73	133	136	98	65	76
虚假广告	126	122	206	278	79	88	34	47	53	73	36	2	15
假冒商品	246	236	657	512	261	164	164	70	141	132	51	48	32
计量	128	121	339	664	330	168	466	165	103	167	95	101	23
安全									75	110	83		77
其它	363	432	937	840	804	510	146	654	427	619	359	253	319
二、当年解决件数	1 774	2 005	3 958	3 805	3 973	3 199	2 047	2 024	1 682	2 311	1 508	1 372	1 354
解决率（%）	95.22	95.29	97.03	96.16	98.27	100.0	98.04	97.03	98.36	98.63	97.42	97.4	93.4
三、消费者免受损失（万元）	54.6	42.0	139.7	90.7	98.0	147.8	98.57	116.9	103.6	110.5	101.2	102.4	144

15-17 南昌市消协受理投诉案件

(2006年)

单位：件

项目	合计	质量	安全	价格	计量	虚假广告	假冒商品	其它
总计	**1 447**	**905**	**77**	**76**	**23**	**15**	**32**	**319**
一、家用电子电器类	338	263	6	18	2	3	4	42
#电视机	33	24					1	8
电冰箱（柜）	27	24					1	2
洗衣机	28	23		1			1	3
通信类产品	126	96		16			1	13
空调器	38	31	3	1	1			2
其他	86	65	3		1	3		14
二、家用机械类	106	78	9	1		1		17
#汽车	34	22	3					9
摩托车	63	51	5	1				6
热水器								
其他	9	5	1			1		2
三、百货类	489	369	16	9	19	5	18	53
#家俱	42	31	1	1	1		1	7
服装、鞋帽	172	141	1	1	3	1	4	22
食品	124	82	11	5	13	1	7	15
化妆品	13	9					1	3
其他	138	106	3	2	2	3	6	16
四、房屋及装修建材	127	66	4	6		1	1	49
#房屋	62	20	2	3		1		40
装饰材料	54	41	2	2			1	8
其他	11	5		1				6
五、服务类	248	34	37	39	2	4	2	130
#医疗	8		2	1			1	4
美容	19	7	5					7
邮电	30	1	2	13	1			13
食宿、娱乐	35		18	2				15
旅游	5		2	3				
物业、装修业	6	1		2				3
其他	155	25	18	18	1	4	1	88
六、农用生产资料类	27	25						2
七、其它类	112	70	5	3		1	7	26

15－18　南昌“12315”受理举报申诉情况

项　　目	2005	2006
一、受理申诉（件）	3 690	3 845
#商　　品	2 583	2 692
服　　务	1 107	1 153
二、申诉内容（件）		
质　　量	2 240	1 978
价　　格	52	16
计　　量	146	18
售后服务	992	1 207
其　　他	260	626
三、挽回损失（万元）	210	419

本表由南昌市“12315”投诉中心办公室提供。

15－19 社 会 治 安 案 件

（2006年） 单位：件

项 目	全 市	市 区
受理数	15 466	13 280
查处数	11 619	9 478

15－20 交 通 事 故

（2006年）

项 目	合 计	市 区	四 县
一、交通事故次数（次）	765	490	275
二、死亡人数（人）	295	151	144
三、受伤人数（人）	805	467	338
四、经济损失（万元）	235.3	175.1	60.2

15－21 火 灾 事 故

（2006年）

项 目	合 计	市 区	四 县
一、火灾次数（次）	1 714	1 671	43
二、死亡人数（人）	6	6	
三、受伤人数（人）	1	1	
四、经济损失（万元）	745.5	729.8	15.7

15－22　2000—2006年人民法院一审案件结案情况

单位：件

项　目	2000	2001	2002	2003	2004	2005	2006
合　计	**11 723**	**11 557**	**11 959**	**9 847**	**13 741**	**13 480**	**18 524**
刑事案件	1 580	2 069	1 721	2 081	2 155	2 584	2 397
民事案件	7 758	4 024	5 250	7 663	11 475	10 676	10 049
经济纠纷案件	2 278	5 324	4 830				
行政案件	107	140	158	103	111	220	90

15－23 职工伤亡事故

单位：人

项目	2005	2006
总计	**19**	**30**
高处坠落	8	3
机械伤害	1	2
物体打伤	1	4
触电	7	3
坍塌		4
车辆伤害	1	3
起重伤害		1
爆燃		
灼烫		
中毒和窒息		6
淹溺		1
其他	1	3

主要统计指标解释

医院 指名称为医院，设有固定床位能收容病人住院并能为病人提供医疗、护理服务的医疗机构。包括县及县以上医院、农村乡卫生院、其他医院三部份。按所属性质分为卫生部门、工业及其他部门、集体所有制三类。其中县及县以上医院按业务性质分为综合医院和专科医院。

卫生技术人员 指卫生事业机构支付工资的全部固定职工和合同制职工中现任职务为卫生技术工作人员。包括中医师、西医师、中西医结合高级医师、护师、中药师、西药师、检验师、其他技师、中医士、西医士、护士、助产士、中药剂士、西药剂士、检验士、其他技士、其他中医、护理员、中药剂员、西药剂员、检验员、其他初级卫生技术人员。

医生 指经卫生部门审查合格，从事医疗工作的专业人员。分为中医医生和西医医生、包括卫生技术人员中的中医师、西医师、中西医结合高级医师、中医士、西医士和其他中医。

等级运动员人数 指经考核正式批准授予等级运动员称号的人数。运动员等级分为国际级运动健将、运动健将、一级运动员、二级运动员、三级运动员、少年级运动员。

等级裁判员人数 指经考核正式批准授予等级裁判员称号的人数。裁判员等级分为国际裁判、国家级裁判、一级裁判、二级裁判、三级裁判。

体育场 指有400米跑道（中心含足球场）和固定道牙，跑道6条以上，并有固定看台的田径场地。以看台容纳观众人数分：甲级25000人以上，乙级15000－25000人，丙级5000－15000人，丁级5000以下，共四级。

律师 指受聘参加法律顾问处工作，提任法律顾问、刑（民）事代理人，刑事辩护人，办理非诉讼事件、解答法律询问，代写法律事务文书等主要从事律师业务的专职法律工作者和兼职律师。

公证人员 指在国家公证机关依法办理公证事务的司法人员。包括公证员、助理公证员和公证处工作的其他人员。

办理公证文书 指公证处一定时期内办结的公证文书件数。公证文书系按司法部规定或批准的格式制作。包括国内公证和涉外公证两部分。其中国内公证分为经济合同公证和民事法律体系公证两大类。

调解人员 在人民调解委员会担负调解民间一般民事纠纷和轻微违法行为所引起的纠纷的工作人员。包括调解委员会的委员和调解小组的调解员。

调解民间纠纷 指调解委员会依照法律规定，根据自愿原则，用说服教育的方法调解民间发生的有关民事权利和义务的争执，促成当事双方达到协议和谅解，解决纠纷。包括婚姻家庭纠纷，财产权益纠纷等。包括法院管理调解的民事案件数。

收养性福利性单位 指提供食宿的，不以盈利为目的的革命伤残军人休养院、复员军人慢性病疗养院、复退军人精神病院、光荣院、社会福利院、精神病人福利院、老年收养机构（敬老院、养老院、老年公寓）等收养性的社会福利事业单位的总称。

十六、企业调查

ENTERPRISE INVESTIGATION

本篇内容包括：

1. 企业家信心指数
2. 企业景气指数
3. 企业集团情况

资料整理

胡素强
刘跃青

微机处理

胡素强
邓萍萍

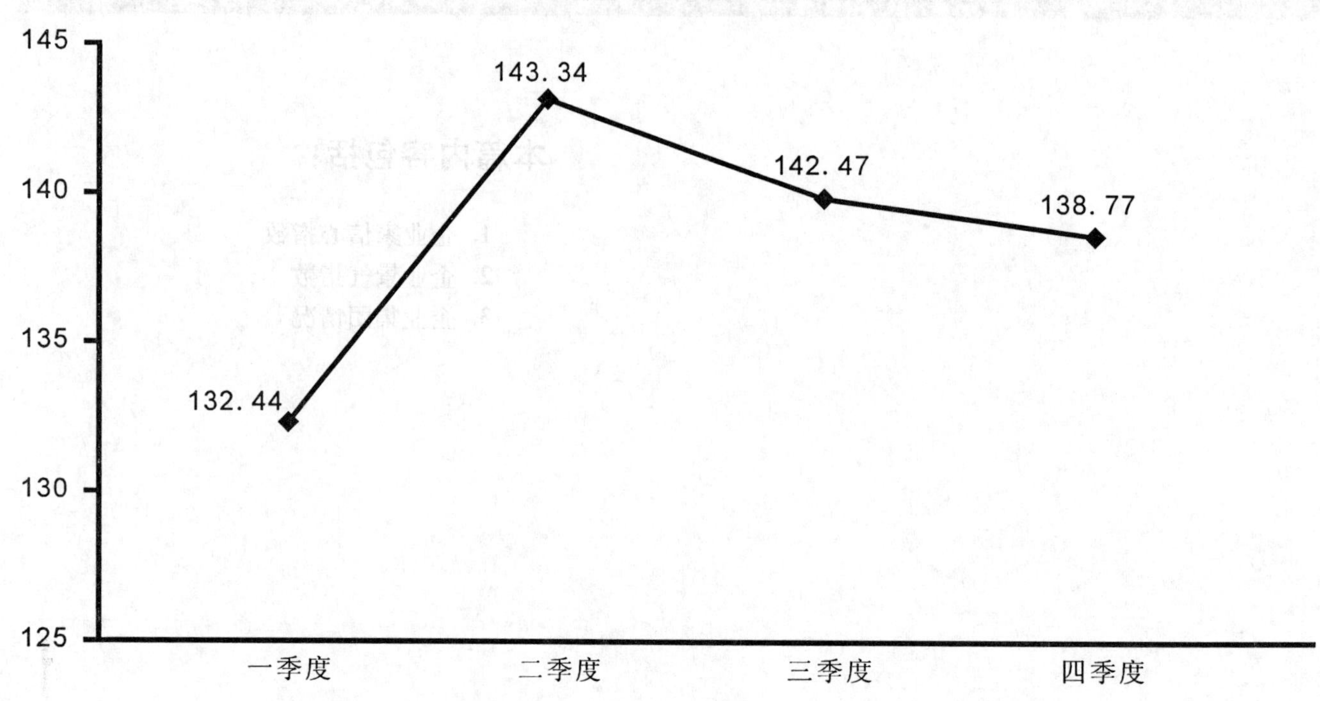
企业景气指数
(2006年)
145
140
135
130
125
132.44
143.34
142.47
138.77
一季度
二季度
三季度
四季度

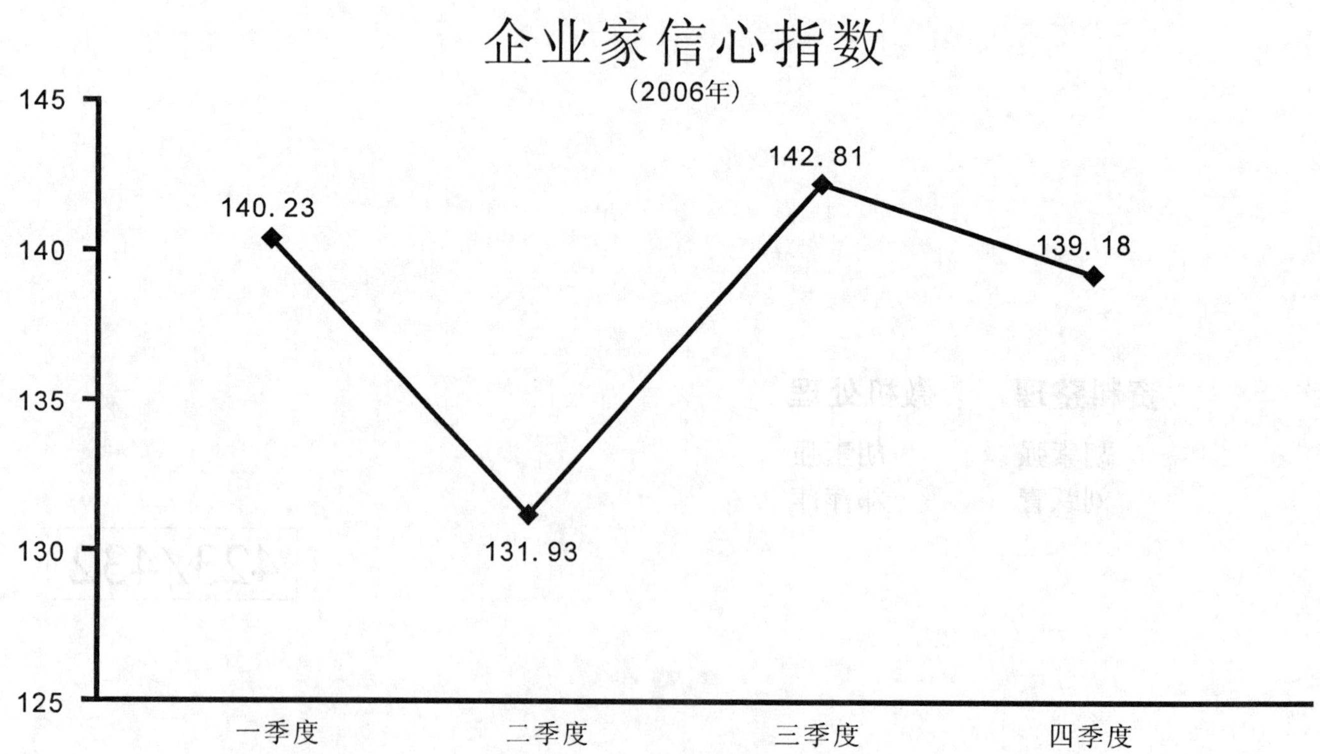
企业家信心指数
(2006年)
145
140
135
130
125
140.23
131.93
142.81
139.18
一季度
二季度
三季度
四季度

16－1 南昌市企业家信心指数

(2006年)

	一 季 度	二 季 度	三 季 度	四 季 度
企业家信心指数	**140.23**	**131.93**	**142.81**	**139.18**
一、按行业门类分				
工 业	137.39	127.13	144.06	144.28
建筑业	134.42	119.75	114.75	102.67
交通运输、仓储及邮政业	160.00	141.11	167.91	157.91
批发和零售业	140.54	133.94	139.18	131.64
房地产业	135.71	142.86	135.71	135.71
社会服务业	150.00	150.00	166.67	166.67
信息传输、计算机服务和软件业	136.36	136.36	163.64	154.55
住宿和餐饮业	131.81	126.13	115.38	107.20
二、按企业登记注册类型分				
国有企业	138.19	108.65	133.05	128.30
集体企业	152.58	140.08	140.08	131.25
股份合作企业	194.39	197.20	197.20	197.20
联营企业	100.00	100.00	200.00	100.00
有限责任公司	130.93	132.34	146.40	134.91
股份有限公司	168.06	165.50	170.79	178.48
私营企业	130.92	159.78	153.14	147.28
其它内资企业	200.00	200.00	200.00	200.00
外商及港、澳、台投资企业	127.27	145.45	134.25	135.75
三、按企业规模分				
大 型	153.18	120.66	157.34	151.36
中 型	130.53	131.91	134.74	130.85
小 型	140.91	134.09	143.18	143.18

16－2 南昌市企业景气指数

（2006年）

	一季度	二季度	三季度	四季度
企业景气指数	**132.44**	**143.34**	**142.47**	**138.77**
一、按行业门类分				
工　业	135.19	144.79	150.53	143.40
建筑业	115.70	132.69	113.27	127.17
交通运输、仓储及邮政业	157.91	157.91	157.91	147.91
批发和零售业	139.49	127.52	131.16	126.99
房地产业	121.43	121.43	114.29	107.14
社会服务业	133.33	166.67	166.67	150.00
信息传输、计算机服务和软件业	136.36	136.36	154.55	181.82
住宿和餐饮业	138.46	125.00	116.43	132.20
二、按企业登记注册类型分				
国有企业	130.25	130.68	122.46	122.23
集体企业	140.08	133.83	133.83	146.33
股份合作企业	197.20	172.20	197.20	197.20
联营企业	100.00	100.00	200.00	100.00
有限责任公司	121.67	138.71	151.75	140.33
股份有限公司	172.58	166.53	171.86	169.11
私营企业	166.67	187.50	155.56	187.50
其它内资企业	200.00	100.00	100.00	100.00
外商及港、澳、台投资企业	136.36	145.45	136.36	152.43
三、按企业规模分				
大　型	148.56	160.68	165.09	154.98
中　型	127.37	122.34	127.37	126.60
小　型	134.09	145.45	136.36	145.45

16-3 企业集团主要经济指标

（2006年）

项　　目	单位数（个）	年末资产总计（万元）	累计对外投资（万元）	流动资产年平均余额（万元）	主营业务收入（万元）	出口额（万元）	主营业务成本（万元）
总　　计	**31**	**7 223 763**	**271 118**	**3 716 463**	**7 344 443**	**492 534**	**6 312 141**
按企业集团审批部门分							
国务院主管部门	3	59 657	208	35 573	98 952	—	86 432
省级人民政府	9	4 251 450	169 039	2 059 701	4 370 895	373 092	3 897 589
省级人民政府主管部门	2	103 829	—	68 598	69 707	—	64 305
其他	17	2 808 827	101 871	1 552 591	2 804 889	119 442	2 263 815
按母公司控股情况分							
国有控股	16	6 427 696	240 275	3 292 720	6 165 379	490 650	5 374 086
集体控股	4	106 677	—	65 641	244 168	—	222 855
私人控股	10	682 793	30 843	354 667	923 974	1 884	705 292
外商控股	1	6 597	—	3 435	10 922	—	9 908
按企业集团主营行业分							
第二产业合计	26	6 589 041	230 017	3 437 715	6 886 168	492 534	6 030 610
工业小计	16	5 947 884	228 278	3 004 362	6 067 605	492 534	5 266 521
采矿业	1	292 538	1 921	186 337	310 302	130 347	217 908
制造业	14	5 476 578	219 958	2 762 741	5 715 706	362 187	5 019 238
电力、燃气及水的生产和供应业	1	178 768	6 399	55 284	41 597	—	29 375
建筑业	10	641 157	1 739	433 353	818 563	—	764 089
第三产业合计	5	634 722	41 101	278 748	458 275	—	281 531
交通运输、仓储和邮政业	2	188 098	10 466	35 926	72 214	—	53 045
批发和零售业	2	435 911	30 635	240 962	383 263	—	227 679
住宿和餐饮业	1	10 713	—	1 860	2 798	—	807
按母公司登记注册类型分							
国有企业	5	2 860 635	80 615	1 300 293	3 592 655	192 147	3 386 230
公司制企业小计	23	4 267 164	190 503	2 352 389	3 510 418	300 387	2 703 863
国有独资企业	6	2 364 895	88 101	1 265 029	1 683 511	117 558	1 346 347
其他有限责任公司	12	660 205	2 129	364 789	1 065 415	132 231	784 225
股份有限公司	3	895 889	69 638	533 630	541 526	50 598	387 701
外商投资股份有限公司	2	346 175	30 635	188 941	219 966	—	185 590
其他	3	95 964	—	63 781	241 370	—	222 048

16－3 续表 1　　(2006 年)　　单位：万元

项　　目	主营业务税金及附加	年末负债合计	流动负债	权益合计	股本	固定资产投资完成额
总　计	**77 204**	**4 884 599**	**4 260 513**	**1 622 813**	**1 022 819**	**298 617**
按企业集团审批部门分						
国务院主管部门	1 256	37 455	29 490	22 202	13 330	—
省级人民政府	33 512	3 009 961	2 605 903	849 336	680 371	191 232
省级人民政府主管部门	2 263	54 169	4 017	28 660	3 623	—
其他	40 173	1 783 014	1 621 103	722 615	325 495	107 385
按母公司控股情况分						
国有控股	63 767	4 397 379	3 829 433	1 343 838	925 883	284 971
集体控股	8 569	52 950	45 797	53 727	32 696	—
私人控股	4 868	430 518	382 131	222 403	60 985	13 646
外商控股	—	3 752	3 152	2 845	3 255	—
按企业集团主营行业分						
第二产业合计	71 137	4 475 488	3 882 531	1 444 882	981 137	283 012
工业小计	44 109	4 043 899	3 520 641	1 256 711	822 639	280 083
采矿业	1 506	155 651	102 788	127 594	60 000	13 481
制造业	42 048	3 812 181	3 355 696	1 049 900	720 222	225 599
电力、燃气及水的生产和供应业	555	76 067	62 157	79 217	42 417	41 003
建筑业	27 028	431 589	361 890	188 171	158 498	2 929
第三产业合计	6 067	409 111	377 982	177 931	41 682	15 605
交通运输、仓储和邮政业	1 936	125 657	95 194	27 751	22 030	2 500
批发和零售业	3 978	281 431	280 955	141 490	18 852	13 105
住宿和餐饮业	153	2 023	1 833	8 690	800	—
按母公司登记注册类型分						
国有企业	22 535	2 265 735	2 008 167	394 274	447 471	107 342
公司制企业小计	46 253	2 567 937	2 208 382	1 183 502	543 452	191 275
国有独资企业	25 651	1 478 791	1 342 566	554 604	273 512	137 393
其他有限责任公司	4 747	338 346	234 217	295 684	109 248	14 022
股份有限公司	12 922	487 650	369 325	263 179	141 585	26 755
外商投资股份有限公司	2 933	263 150	262 274	70 035	19 107	13 105
其他	8 416	50 927	43 964	45 037	31 896	—

16－3续表2　　(2006年)　　单位：万元

项　　目	研究开发费用	营业费用	管理费用	财务费用	其他业务收入	投资收益	利润总额	应交增值税
总　计	**180 085**	**306 535**	**354 421**	**65 627**	**156 519**	**9 150**	**292 307**	**251 887**
按企业集团审批部门分								
国务院主管部门	8	3 152	4 123	252	351	—	1 951	1 064
省级人民政府	73 899	93 672	191 243	46 861	40 690	9 909	138 908	168 282
省级人民政府主管部门	—	—	2 955	1 149	12	—	1 365	—
其他	106 178	209 711	156 100	17 365	115 466	-759	150 083	82 541
按母公司控股情况分								
国有控股	172 553	178 569	321 491	54 655	154 745	8 459	232 370	230 560
集体控股	12	962	3 062	93	429	10	9 716	48
私人控股	7 510	126 537	29 164	10 760	1 141	681	50 498	21 279
外商控股	10	467	704	119	204	—	-277	—
按企业集团主营行业分								
第二产业合计	174 410	197 197	327 398	55 589	150 545	6 852	261 480	232 774
工业小计	174 098	197 194	307 432	53 413	147 437	6 687	247 660	232 713
采矿业	1 751	4 822	32 598	1 345	9 254	288	57 475	22 010
制造业	172 347	189 639	268 544	51 956	137 797	5 949	187 377	208 983
电力、燃气及水的生产和供应业	—	2 733	6 290	112	386	450	2 808	1 720
建筑业	312	3	19 966	2 176	3 108	165	13 820	61
第三产业合计	5 675	109 338	27 023	10 038	5 974	2 298	30 827	19 113
交通运输、仓储和邮政业	—	1 944	10 254	2 493	5 341	1 188	5 120	46
批发和零售业	5 675	106 435	15 681	7 469	633	1 100	25 966	19 067
住宿和餐饮业	—	959	1 088	76	—	10	-259	—
按母公司登记注册类型分								
国有企业	62 416	23 025	100 820	37 066	23 397	644	43 180	127 184
公司制企业小计	117 657	283 507	251 627	28 544	132 693	8 506	239 152	124 655
国有独资企业	98 954	87 808	143 961	9 953	120 756	161	102 293	64 035
其他有限责任公司	8 956	118 068	56 238	5 089	10 092	-121	101 588	42 037
股份有限公司	9 432	62 914	43 558	6 640	1 008	7 366	29 245	17 323
外商投资股份有限公司	315	14 717	7 870	6 862	837	1 100	6 026	1 260
其他	12	3	1 974	17	429	—	9 975	48

16－4　企业集团从业人员和劳动报酬

（2006 年）

项　　　　目	从业人员（人）	在岗职工	其他人员	研究开发人员（人）	从业人员劳动报酬（万元）	在岗职工	其他人员	研究开发人员劳动报酬（万元）
总　　计	**197 865**	**185 029**	**12 836**	**6 173**	**386 036**	**375 193**	**10 843**	**11 812**
按企业集团审批部门分								
国务院主管部门	12 298	12 277	21	55	18 080	18 042	38	65
省级人民政府	106 071	99 070	7 001	2 580	218 620	212 445	6 175	1 482
省级人民政府主管部门	3 648	3 645	3	—	4 900	4 898	2	—
其他	75 848	70 037	5 811	3 538	144 436	139 808	4 628	10 265
按母公司控股情况分								
国有控股	154 808	142 592	12 216	5 557	327 930	318 078	9 852	10 717
集体控股	19 841	19 381	460	6	34 469	33 708	761	13
私人控股	23 046	22 886	160	605	23 280	23 050	230	1 068
外商控股	170	170	—	5	357	357	—	14
按企业集团主营行业分								
第二产业合计	181 451	168 615	12 836	6 074	368 188	357 345	10 843	11 630
工业小计	117 891	109 461	8 430	5 954	251 428	245 266	6 162	11 453
采矿业	11 352	10 845	507	348	22 458	21 622	836	254
制造业	104 519	96 774	7 745	5 606	224 524	219 321	5 203	11 199
电力、燃气及水的生产和供应业	2 020	1 842	178	—	4 446	4 323	123	—
建筑业	63 560	59 154	4 406	120	116 760	112 079	4 681	177
第三产业合计	16 414	16 414	—	99	17 848	17 848	—	182
交通运输、仓储和邮政业	2 744	2 744	—	—	5 335	5 335	—	—
批发和零售业	13 208	13 208	—	99	12 086	12 086	—	182
住宿和餐饮业	462	462	—	—	427	427	—	—
按母公司登记注册类型分								
国有企业	70 929	70 387	542	1 568	158 807	158 235	572	67
公司制企业小计	107 557	95 723	11 834	4 599	193 187	183 677	9 510	11 732
国有独资企业	34 580	25 453	9 127	3 091	79 958	72 589	7 369	9 399
其他有限责任公司	38 408	37 720	688	907	53 450	52 346	1 104	1 225
股份有限公司	29 553	27 534	2 019	550	53 025	51 988	1 037	997
外商投资股份有限公司	5 016	5 016	—	51	6 754	6 754	—	111
其他	19 379	18 919	460	6	34 042	33 281	761	13

企业景气调查简介

企业景气调查是为适应我国社会主义市场经济需要，借鉴西方国家的成功经验而建立起来的一种新的统计调查制度。它通过对企业家进行定期的问卷调查，并根据他们对企业经营情况及宏观经济状况的判断和预期来编制企业景气指数，由此反映企业的经营状况和经济运行情况，预测未来经济发展的变化趋势，为党政领导进行宏观管理，企业家制定经营决策提供参考依据。景气指数又称景气度，它是对企业景气调查中定性指标的量化描述，其最大的特点是具有信息超前性和预测功能，可靠性较强。景气指数的数值介于0和200%之间，一般地讲，当景气指数为100，即临界值时，则说明经济处于景气与不景气的边缘；大于100时，则表示经济处于景气状态。越接近200%状态越好；小于100时，则表示经济处于不景气状态，越接近0，状态越差。

南昌调查队根据国家统计局的统一部署，开展了南昌企业景气调查工作。企业景气调查为季度性资料，调查企业涉及工业、建筑业、交通运输仓储及邮政业、批发和零售业、房地产业、社会服务业、信息传输、计算机服务和软件业、住宿和餐饮业八大国民经济行业。

景气指数的计算方法

在计算景气指数过程中，对不同规模的企业 采用不同的加权方法计算。首先对大型企业依据上年销售收入进行加权（中小企业不加权），然后通过大型企业与中小型企业的样本比例再进行加权，总加权后得到景气指数。计算景气指数的基本方法是：用选择“上升”的企业比例减去选择“下降”的企业比例，所得的值即为景气指数。

企业景气指数的计算方法如下：

第一、分别计算工业、建筑业、交通运输仓储及邮政业、批发和零售业、房地产业、社会服务业、信息传输、计算机服务和软件业、住宿和餐饮业的景气指数；

第二、计算各行业上年增加值占这些行业增加值之和的比重；

第三、利用各行业的景气指数，以各行业上年增加值占这些行业增加值之和的比重为权数计算企业景气总指数。

企业集团简要说明

一、根据国家统计局《关于印发<企业集团统计报表制度>的通知》（国统字［1998］233号）文件精神，南昌调查队对全市企业集团定期统计调查。

二、统计范围：

企业集团：一是由国务院及国务院主管部门批准的国家试点企业集团；二是由省政府及省直主管部门批准的企业集团；三是已在各地工商部门登记注册的企业集团。企业内部的统计范围包括企业集团的母公司、全资子公司、绝对控股子公司和相对控股子公司。不包括参股企业、协作企业和子公司下属的二级公司。

三、企业集团：以一个实力雄厚的大型企业为核心，以产权联结为主要纽带，并以产品、技术、经济、契约等多种纽带把多个企业、事业单位联结在一起，具有多层次结构的以母子公司为主体的多法人经济联合体。

主要统计指标解释

主营业务收入：一律按各行业会计制度或报表定义的口径进行填报，其中农业企业是指“主营业务收入”；工业企业是指“产品销售收入”；交通运输企业指“主营业务收入”；建筑企业指“工程结算收入”；批发零售贸易企业指“商品销售收入”；房地产企业指“房地产经营收入”；其他企业指“经营（营业）收入”。企业集团本项指标应按各成员企业相加汇总的数据填报。

注册资本合计：指企业集团各成员企业在工商行政管理部门登记注册资金的合计。包括国家资本、集体资本、法人资本、个人资本以及外商资本等。

主营行业：指本企业集团生产经营活动的主要行业性质。企业集团往往从事多种生产经营活动，一般应根据集团内获得营业收入份额最大的三项产品或活动确定其主要行业性质。主营业务如果是工业或农业应填报其主要产品的产量（实物量），非工业和农业应填报主营业务的营业收入（价值量）。

登记注册类型：是指在工商行政管理机关登记注册的具有法人资格的各类企业。其中：①国有企业：是指企业全部资产归国家所有，并按《中华人民共和国企业法人登记管理条例》规定登记注册的非公司制的经济组织。不包括有限责任公司中的国有独资公司；②国有独资公司：是指国家授权的投资机构或者国家授权的部门单独投资设立的有限责任公司；③其他有限责任公司：是指根据《中华人民共和国公司登记管理条例》规定登记注册，由两个以上，五十个以下的股东共同出资，每个股东以其所认缴的出资额对公司承担有限责任，公司以其全部资产对其债务承担责任的经济组织。其他有限责任公司不包括国有独资公司；④股份有限公司：是指根据《中华人民共和国公司登记管理条例》规定登记注册，其全部注册资本由等额股份构成并通过发行股票筹集资本 股东以其认购的股份对公司承担有限责任，公司以其全部资产对其债务承担责任的经济组织。

控股情况：指按所有制性质和控股状况划分的企业情况，包括①国有绝对控股：指在企业的全部资本中，国家资本（股本）所占比例大于50%的企业；②国有相对控股：指在企业的全部资本中，国家资本（股本）所占的比例虽未大于50%，但相对大于企业中的其他经济成分所占比例的企业；或者虽不大于其他经济成分，但根据协议规定，由国家拥有实际控制权的企业（协议控制）；③集体绝对控股：指在企业的全部资本中，集体资本（股本）所占比例大于50%的企业；④集体相对控股：指在企业的全部资本中，集体资本（股本）所占的比例虽未大于50%，但相对大于企业中的其他经济成分所占比例的企业；或者虽不大于其他经济成份，但根据协议规定，由集体拥有实际控制权的企业（协议控制）；⑤其他：指国有绝对控股、国有相对控投、集体绝对控股和集体相对控股以外的控股情况。

从业人员：指在企业（企业集团包括母公司和子公司，下同）工作并领取工资或其他形式的劳动报酬的全部人员数，包括在岗职工、再就业的离退休人员以及在企业集团中工作的外方人员和港澳台方人员、兼职人员、借用的外单位人员和第二职业者。不包括离开本企业（集团）仍保留劳动关系的职工。

离职人员：指离开本企业（集团）仍保留劳动关系的职工。

确定企业改制工作的主管部门：指确定建立现代企业制度试点企业的主管部门，分为国家经贸委、国家体改委、省（自治区、直辖市）经贸委、省（自治区、直辖市）体改委、企业主管部门以及其他部门。

企业规模：指企业按某一数量指标进行的分类，如工业企业按产品生产能力或生产经营用固定资产进行的分类。工业企业规模的确定，应按全国统一制订的《大中小型企业划分标准》中的具体划分规定执行，非工业企业规模的确定，应暂按统计上使用的《大中小型非工业企业划分标准》中的具体划分规定执行。没有划分标准的非工业企业填报‘其他’项。

附　　录

APPENDIX

本篇内容包括：

1. 中华人民共和国2006年国民经济和社会发展统计公报
2. 全国各省市主要经济指标
3. 省会城市主要经济指标
4. 江西省2006年国民经济和社会发展统计公报
5. 江西各地主要经济指标

资料整理　　**微机处理**

吴　蕊　　吴　蕊

钟晓强　　钟晓强

袁　媛

中华人民共和国
2006 年国民经济和社会发展统计公报

中华人民共和国国家统计局

2007 年 2 月 28 日

2006 年，全国各族人民在党中央、国务院的领导下，以邓小平理论和“三个代表”重要思想为指导，坚持以科学发展观统领经济社会发展全局，努力构建社会主义和谐社会，认真贯彻落实宏观调控的各项政策措施，国民经济和社会发展取得重大成就。经济社会发展中存在的主要问题是：经济增长方式粗放，经济结构矛盾突出。

一、综　　合

初步核算，全年国内生产总值 209 407 亿元，比上年增长 10.7%。其中，第一产业增加值24 700亿元，增长 5.0%；第二产业增加值102 004亿元，增长 12.5%；第三产业增加值82 703亿元，增长 10.3%。第一、第二和第三产业增加值占国内生产总值的比重分别为 11.8%、48.7%和 39.5%。

图 1　2002 –2006 年国内生产总值及其增长速度

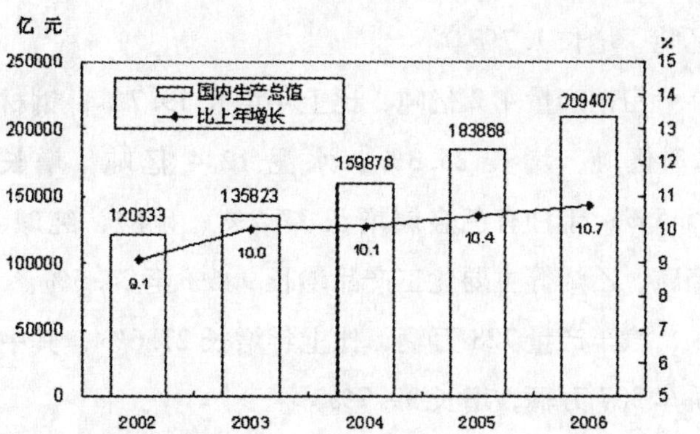

居民消费价格比上年上涨 1.5%，其中服务价格上涨 1.8%。商品零售价格上涨 1.0%。工业品出厂价格上涨 3.0%。原材料、燃料、动力购进价格上涨 6.0%。固定资产投资价格上涨 1.5%。农产品生产价格上涨 1.2%。70 个大中城市房屋销售价格上涨 5.5%。

表 1　2006 年居民消费价格比上年涨跌幅度

单位:%

指　　标	全　国	城　市	农　村
居民消费价格	1.5	1.5	1.5
食　品	2.3	2.5	2.1
其中：粮食	2.7	2.7	2.9
烟酒及用品	0.6	0.8	0.3
衣　着	-0.6	-0.6	-0.4
家庭设备用品及服务	1.2	1.3	1.0
医疗保健及个人用品	1.1	0.9	1.5
交通和通信	-0.1	-0.7	1.3
娱乐教育文化用品及服务	-0.5	0.0	-1.4
居　住	4.6	4.7	4.6

年末全国就业人员 76 400 万人，比上年末增加 575 万人。其中城镇就业人员 28 310 万人，新增加 1 184 万人，净增加 979 万人。年末城镇登记失业率为 4.1%，比上年末下降 0.1 个百分点。

年末国家外汇储备 10 663 亿美元，比上年末增加 2 475 亿美元。年末人民币汇率为 1 美元兑 7.8087 元人民币，比上年末升值 3.35%。

全年全国税收收入 37 636 亿元（不包括关税、耕地占用税和契税），比上年增加 6 770 亿元，增长 21.9%。

二、农　　业

全年粮食种植面积 10 538 万公顷，比上年增加 110 万公顷；棉花种植面积 540 万公顷，增加 34 万公顷；油料种植面积 1 380 万公顷，减少 52 万公顷；糖料种植面积178万公顷，增加22万公顷；蔬菜种植面积1 818万公顷，增加46万公顷。

全年粮食产量49 746万吨，比上年增加1 344万吨，增产2.8%；棉花产量673万吨，增产17.8%；油料产量3 062万吨，减产0.5%；糖料产量10 987万吨，增产16.2%。

表2　2006年主要农产品产量及其增长速度

单位：万吨

产品名称	产量	比上年增长%
粮　　食	49 746	2.8
夏　　粮	11 381	7.0
早　　稻	3 187	0.0
秋　　粮	35 178	1.7
油　　料	3 062	-0.5
花　　生	1 461	1.8
油菜籽	1 270	-2.7
棉　　花	673	17.8
糖　　料	10 987	16.2
甘　　蔗	9 925	14.6
甜　　菜	1 062	34.8
烤　　烟	247	1.3
茶　　叶	102	9.0
水　　果	17 050	5.8
蔬　　菜	58 233	3.2

图2　2002－2006年粮食产量及其增长速度

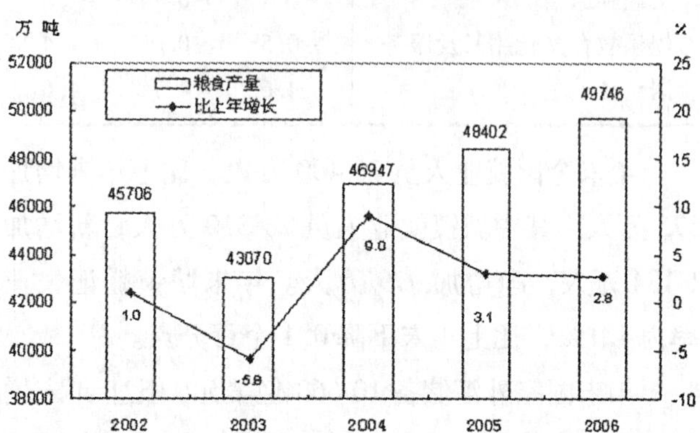

全年肉类总产量8 100万吨，比上年增长4.6%。其中，猪、牛、羊肉分别增长4.3%、5.3%和7.8%。全年水产品产量5 250万吨，增长2.8%。全年木材产量7 800万立方米，比上年增长40.3%。

全年新增有效灌溉面积108万公顷，新增节水灌溉面积128万公顷。

三、工业和建筑业

全年全部工业增加值90 351亿元，比上年增长12.5%。规模以上工业增加值增长16.6%；产品销售率98.1%。

表3　2006年规模以上工业增加值及其增长速度

单位：亿元

指　　标	增加值	比上年增长%
规模以上工业	79 752	16.6
其中：国有及国有控股企业	28 396	12.6
其中：集体企业	2 558	11.6
股份制企业	39 918	17.8
外商及港澳台投资企业	22 502	16.9
其中：私营企业	15 547	24.4
其中：轻工业	24 314	13.8
重工业	55 438	17.9

图3　2002－2006年工业增加值及其增长速度

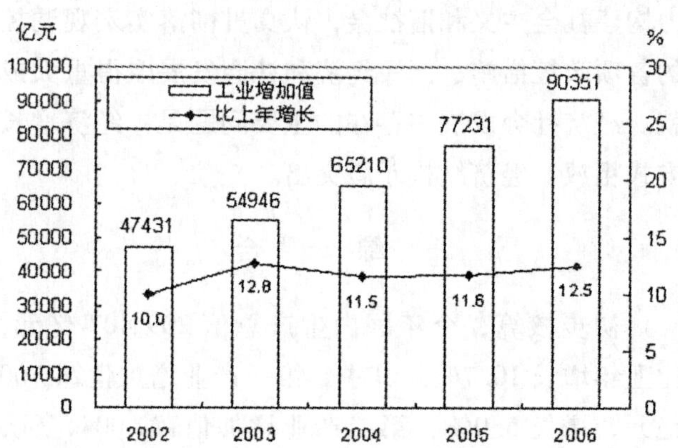

全年一次能源生产总量22.1亿吨标准煤，比上年增长7.3%；发电量28 344亿千瓦小时，增长13.4%；原煤23.8亿吨，增长8.0%；原油1.84亿吨，增长1.7%。

粗钢产量4.2亿吨，比上年增长19.7%；钢材4.7亿吨，增长25.3%；水泥12.4亿吨，增长15.5%；十种有色金属增长17.2%；硫酸、纯碱、烧碱、乙烯等主要化工产品增长9.6%至24.5%。

汽车产量728万辆，比上年增长27.6%，其中轿车387万辆，增长39.7%。

移动通信手持机、微型电子计算机等高技术产品产量分别比上年增长58.2%和15.5%。全年规模以上工业中，高技术产业增加值比上年增长18.7%。

表4　2006年主要工业产品产量及其增长速度

产品名称	单　位	产　量	比上年增长%
纱	万吨	1 740.0	20.0
布	亿米	550.0	13.5
化学纤维	万吨	2 025.5	21.7
成品糖	万吨	949.1	4.0
卷烟	亿支	20 218.1	4.3
彩色电视机	万台	8 375.4	1.1
家用电冰箱	万台	3 530.9	18.2
房间空气调节器	万台	6 849.4	1.3
一次能源生产总量	亿吨标准煤	22.1	7.3
原　煤	亿吨	23.8	8.0
原　油	亿吨	1.84	1.7
天然气	亿立方米	585.5	18.7
发电量	亿千瓦小时	28 344.0	13.4
其中：火电	亿千瓦小时	23 573.0	15.1
水电	亿千瓦小时	4 167.0	5.0
粗　钢	万吨	42 266.0	19.7
钢　材	万吨	47 339.6	25.3
十种有色金属	万吨	1 917.0	17.2
其中：精炼铜（铜）	万吨	299.8	15.0
电解铝	万吨	935.0	20.1
氧化铝	万吨	1 370.0	59.4
水　泥	亿吨	12.4	15.5
硫　酸	万吨	4 981.0	9.6
纯　碱	万吨	1 597.2	12.4
烧　碱	万吨	1 511.8	21.9
乙　烯	万吨	940.5	24.5
化　肥（折100%）	万吨	5 592.8	8.0
发电设备	万千瓦	11 000.0	19.6
汽　车	万辆	727.9	27.6
其中：轿车	万辆	386.9	39.7
大中型拖拉机	万台	19.9	22.0
集成电路	亿块	335.8	24.4
程控交换机	万线	7 404.6	-4.1
移动通信手持机（手机）	万台	48 013.8	58.2
微型电子计算机	万台	9 336.4	15.5

全年全国规模以上工业企业实现利润18784亿元，比上年增长31%。

表5　2006年规模以上工业企业实现利润及其增长速度

单位：亿元

指　　标	利润总额	比上年增长%
规模以上工业	18 784	31.0
其中：国有及国有控股企业	8 072	27.0
其中：集体企业	561	29.5
股份制企业	10 073	32.3
外商及港澳台投资企业	5 162	26.7
其中：私营企业	2 948	43.6

全年全社会建筑业实现增加值11 653亿元，比上年增长12.4%。全国具有资质等级的总承包和专业承包建筑业企业实现利润1 071亿元，增长18.1%；上缴税金1 404亿元，增长21.0%。

四、固定资产投资

全年全社会固定资产投资109 870亿元，比上年增长24%。其中，城镇投资93 472亿元，增长24.5%；农村投资16 397亿元，增长21.3%。

图4　2002－2006年固定资产投资及其增长速度

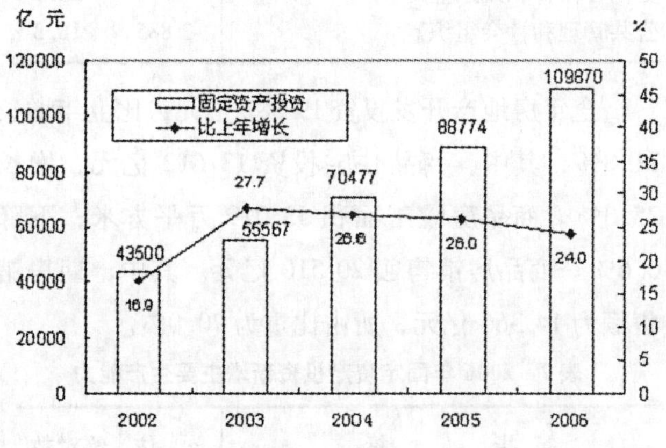

分地区看，东部地区完成54 546亿元，比上年增长19.3%；中部地区完成20 905亿元，增长30.6%；西部地区完成21 916亿元，增长25.4%；东北地区完成10 520亿元，增长36.2%。

在城镇投资中，国有及国有控股单位投资45 212亿元，比上年增长16.9%。第一产业投资1 102亿元，增长30.7%；第二产业投资39 760亿元，增长25.9%；第三产业投资52 611亿元，增长23.3%。

表6　2006年分行业城镇固定资产投资及其增长速度

单位：亿元

行　　业	投资额	比上年增长%
总　计	93 472	24.5
农、林、牧、渔业	1 102	30.7
采矿业	4 168	28.9
制造业	26 399	29.4
其中：化学原料及化学制品制造业	2 556	19.9
非金属矿物制品业	1 854	33.0
黑色金属冶炼及压延加工业	2 247	-2.5
交通运输设备制造业	1 974	25.2
通信设备、计算机及其他电子设备制造业	1 687	38.7
电力、燃气及水的生产和供应业	8 196	12.5
建筑业	997	50.1
交通运输、仓储和邮政业	11 140	25.7
信息传输、计算机服务和软件业	1 786	14.4
批发和零售业	1 885	23.0
住宿和餐饮业	929	37.4
金融业	118	11.7
房地产业	21 446	25.4
租赁和商务服务业	666	37.0
科学研究、技术服务和地质勘查业	465	9.5
水利、环境和公共设施管理业	7 453	22.2
居民服务和其他服务业	182	34.5
教育	2 114	7.5
卫生、社会保障和社会福利业	693	17.0
文化、体育和娱乐业	850	23.9
公共管理和社会组织	2 885	18.3

全年房地产开发投资19 382亿元，比上年增长21.8%，其中，商品住宅投资13 612亿元，增长25.3%。商品房竣工面积53 019万平方米，下降0.6%。商品房销售额20 510亿元。其中，期房销售额为14 366亿元，所占比重为70.0%。

表7　2006年固定资产投资新增主要生产能力

指　　标	单　位	绝对数
新增发电机组容量	万千瓦	10 117
22万伏及以上变电设备	万千伏安	15 531
新建铁路投产里程	公里	1 605
增建铁路复线投产里程	公里	705
电气化铁路投产里程	公里	3 960
新建公路	公里	93 720
其中：高速公路	公里	4 325
港口万吨级码头泊位新增吞吐能力	万吨	45 726
新增局用交换机容量	万门	3 067
新增光缆线路长度	万公里	19
新增数字蜂窝移动电话交换机容量	万户	12 818

青藏铁路于2006年7月1日实现全线通车。南水北调东、中线一期工程累计完成投资119亿元。三峡工程建设累计完成投资1313亿元。三峡电站已投产机组全年发电492亿千瓦小时，累计发电已达1461亿千瓦小时。

五、国内贸易

全年社会消费品零售总额76 410亿元，比上年增长13.7%。分城乡看，城市消费品零售额51 543亿元，增长14.3%；县及县以下消费品零售额24 867亿元，增长12.6%。分行业看，批发和零售业零售额64 326亿元，增长13.7%；住宿和餐饮业零售额10 345亿元，增长16.4%；其他行业零售额1 739亿元，增长2.3%。

在限额以上批发和零售业零售额中，汽车类零售额比上年增长26.3%，石油及制品类增长36.2%，文化办公用品类增长14.5%，通讯器材类增长22.0%，家用电器和音像器材类增长19.2%，建筑及装潢材料类增长24.0%，日用品类增长15.7%，家具类增长21.3%，食品、饮料、烟酒类增长15.5%，服装类增长19.2%，化妆品类增长18.6%，金银珠宝类增长28.5%。

图5　2002－2006年社会消费品零售总额及其增长速度

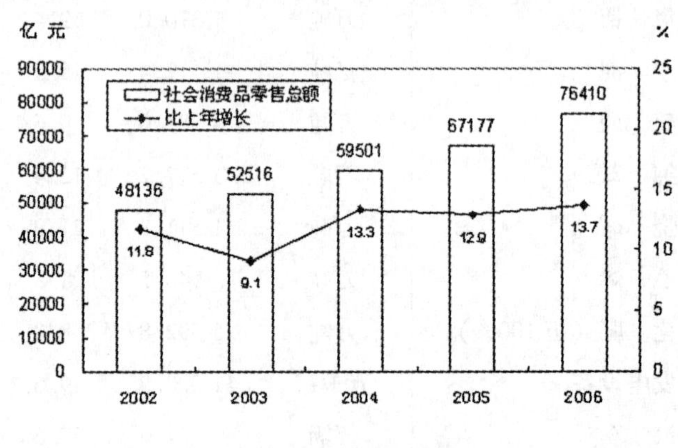

六、对外经济

全年进出口总额17607亿美元，比上年增长23.8%。其中，出口9 691亿美元，增长27.2%；进口7 916亿美元，增长20.0%。出口大于进口1 775亿美元，比上年增加755亿美元。

表8　2006年进出口总额及其增长速度

单位：亿美元

指　　标	绝对数	比上年增长%
进出口总额	17 607	23.8
出口额	9 691	27.2
其中：一般贸易	4 163	32.1
加工贸易	5 104	22.5
其中：机电产品	5 494	28.8
高新技术产品	2 815	29.0
其中：国有企业	1 913	13.4
外商投资企业	5 638	26.9
其他企业	2 139	43.6
进口额	7 916	20.0
其中：一般贸易	3 332	19.1
加工贸易	3 215	17.3
其中：机电产品	4 277	22.1
高新技术产品	2 473	25.1
其中：国有企业	2 252	14.2
外商投资企业	4 726	22.0
其他企业	938	24.4
出口大于进口	1 775	
其中：一般贸易	831	
加工贸易	1 889	
其他贸易	-945	

表9　2006年对主要国家和地区进出口总额及其增长速度

单位：亿美元

国家和地区	出口额	比上年增长%	进口额	比上年增长%
美国	2 035	24.9	592	21.8
欧盟	1 820	26.6	903	22.7
中国香港	1 554	24.8	108	-11.8
日本	916	9.1	1 157	15.2
东盟	713	28.8	895	19.4
韩国	445	26.8	898	16.9
中国台湾	207	25.3	871	16.6
俄罗斯	158	19.8	176	10.5

图6　2002-2006年进出口总额及其增长速度

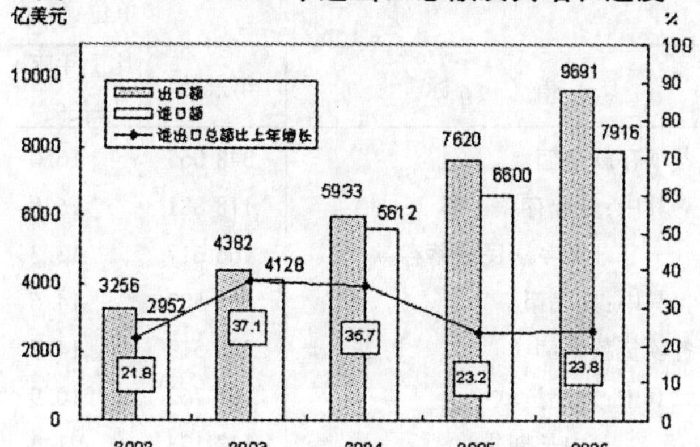

全年新设立外商直接投资企业414 85家，比上年下降5.8%。实际使用外商直接投资金额694.7亿美元，下降4.1%。其中，制造业所占比重为57.7%；房地产业为11.8%；金融业为9.7%；租赁和商务服务业为6.1%；交通运输、仓储和邮政业为2.9%。

表10　2006年分行业外商直接投资及其增长速度

行业名称	合同项目（企业）（个）	比上年增长%	实际使用金额（亿美元）	比上年增长%
总　计	41 485	-5.8	694.7	-4.1
农、林、牧、渔业	951	-10.1	6.0	-16.5
采矿业	208	-17.5	4.6	29.7
制造业	24 790	-14.3	400.8	-5.6
电力、燃气及水的生产和供应业	375	-3.9	12.8	-8.1
建筑业	352	-23.0	6.9	40.4
交通运输、仓储和邮政业	665	-9.4	19.8	9.5
信息传输、计算机服务和软件业	1378	-7.7	10.7	5.5
批发和零售业	4 664	79.3	17.9	72.3
住宿和餐饮业	1 060	-12.2	8.3	47.8
金融业	64	10.3	67.4	-45.2
房地产业	2 398	13.1	82.3	51.9
租赁和商务服务业	2 885	-3.2	42.2	12.8
科学研究、技术服务和地质勘查业	1 035	11.8	5.0	48.1
水利、环境和公共设施管理业	132	-5.0	2.0	40.4
居民服务和其他服务业	236	-28.3	5.0	93.9
教育	27	-47.1	0.3	65.6
卫生、社会保障和社会福利业	20	-9.1	0.2	-61.4
文化、体育和娱乐业	241	-11.4	2.4	-21.0
公共管理和社会组织	4		0.07	91.1

全年对外直接投资额（非金融部分）161亿美元，比上年增长31.6%。

全年对外承包工程完成营业额300亿美元，比上年增长37.9%；对外劳务合作完成营业额54亿美元，增长12.3%。

七、交通、邮电和旅游

全年交通运输、仓储和邮政业增加值12032亿元，比上年增长8.3%。

表11　2006年各种运输方式完成货物运输量及其增长速度

指　　标	单　位	绝对数	比上年增长%
货物运输总量	亿吨	202.5	8.9
铁路	亿吨	28.8	7.1
公路	亿吨	146.1	8.9
水运	亿吨	24.4	11.0
民航	万吨	349.4	13.9
管道	亿吨	3.2	6.7
货物运输周转量	亿吨公里	86 921.2	8.4
铁路	亿吨公里	21 954.0	5.9
公路	亿吨公里	9 647.0	11.0
水运	亿吨公里	53 907.8	8.5
民航	亿吨公里	94.3	19.5
管道	亿吨公里	1 318.2	29.5

表12　2006年各种运输方式完成旅客运输量及其增长速度

指　　标	单　位	绝对数	比上年增长%
旅客运输总量	亿人	200.8	8.7
铁路	亿人	12.6	8.7
公路	亿人	184.5	8.7
水运	亿人	2.2	6.3
民航	万人	15 961.3	15.4
旅客运输周转量	亿人公里	19 202.7	9.9
铁路	亿人公里	6 622.0	9.2
公路	亿人公里	10 135.9	9.1
水运	亿人公里	74.9	10.5
民航	亿人公里	2 369.9	15.9

全年全国规模以上港口完成货物吞吐量45.6亿吨，比上年增长15.6%，其中外贸货物吞吐量15.7亿吨，增长16.8%。全国港口集装箱吞吐量9300万标准箱，增长23.0%。

年末全国民用汽车保有量达到4985万辆(包括三轮汽车和低速货车1 399万辆)，比上年末增长15.2%，其中年末私人汽车保有量2 925万辆，增长23.7%。民用轿车保有量1545万辆，增长27.2%，其中私人轿车1149万辆，增长33.5%。

全年完成邮电业务总量15 321亿元，比上年增长25.6%。其中，邮政业务总量729亿元，增长16.9%；电信业务总量14 592亿元，增长26.1%。全年新增局用交换机3 067万门，总容量达到5.0亿门。新增固定电话用户1 737万户，年末达到36 781万户。其中，城市电话用户25 139万户，农村电话用户11 642万户。新增移动电话用户6 768万户，年末达到46 108万户。年末全国固定及移动电话用户总数达到82 889万户，比上年末增加8 505万户。电话普及率达到63部/百人。

图7　2002－2006年年末电话用户数

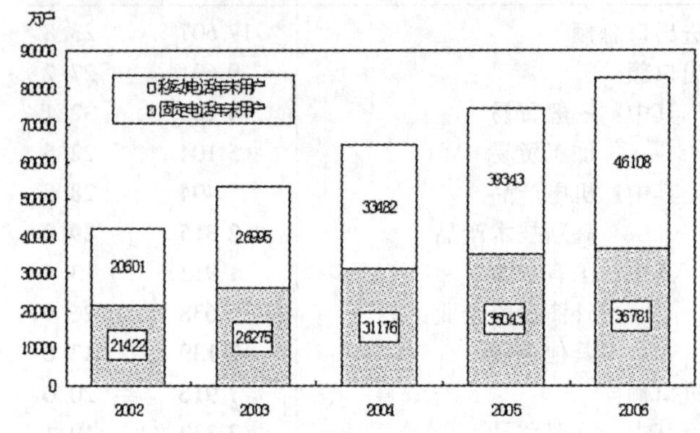

全年入境人数12 494万人次，比上年增长3.9%。其中，外国人2 221万人次，增长9.7%；香港、澳门和台湾同胞10 273万人次，增长2.7%。在入境旅游者中，过夜人数4 991万人次，增长6.6%。国际旅游外汇收入339.5亿美元，增长15.9%。全年国内出境人数达3 452万人次，增长11.3%。其中因私出境2 880万人次，增长14.6%，占出境人数的83.4%。全年国内出游人数达13.9亿人次，增长15%；国内旅游总收入6 230亿元，增长17.9%。

八、金融、证券和保险

年末广义货币供应量(M_2)余额为34.6万亿元，比上年末增长16.9%；狭义货币供应量(M_1)余额为12.6万亿元，增长17.5%；流通中现金(M_0)余额为2.7万亿元，增长12.7%。年末全部金融机构本外币各项存款余额34.8万亿元，增长16.0%；全部金融机构本外币各项贷款余额23.9万亿元，增长14.7%。

表13　2006年全部金融机构本外币存贷款及其增长速度

单位：亿元

指　　标	年末数	比上年末增长%
各项存款余额	348 065	16.0
其中：企业存款	118 881	16.8
城乡居民储蓄存款	166 617	13.3
其中：人民币	161 587	14.6
各项贷款余额	238 519	14.7
其中：短期贷款	101 762	10.9
中长期贷款	113 173	21.3

图8 2002－2006年城乡居民人民币储蓄存款余额及其增长速度

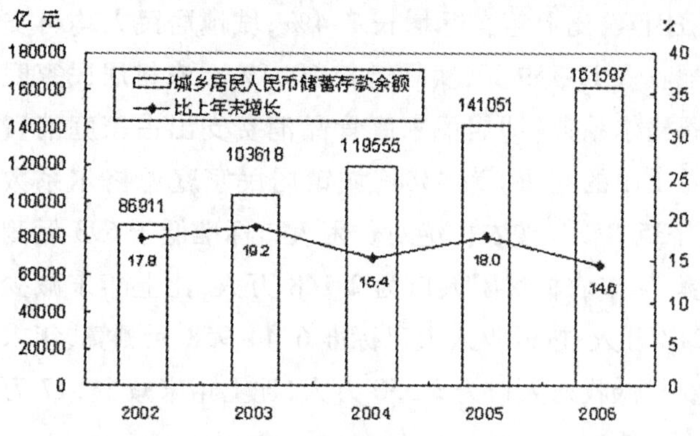

全年农村金融合作机构(农村信用社、农村合作银行、农村商业银行)人民币贷款余额2.6万亿元,比上年末增加4 277亿元。全部金融机构人民币消费贷款余额2.4万亿元,增加2 068亿元。其中个人住房贷款余额1.99万亿元,增加1 439亿元。

全年企业通过证券市场发行、配售股票共筹集资金5 594亿元,比上年增加3 712亿元。其中,发行A股(包括增发及可转债)128只,配股2只,筹集资金2 464亿元,增加2 126亿元;发行H股共34只,筹集资金3 131亿元,增加1 586亿元。年末境内上市公司(A、B股)数量由上年末的1 381家增加到1 434家,市价总值89 404亿元,比上年末增长175.7%。

全年发行企业债券1 015亿元,比上年增加361亿元;发行短期融资券2 943亿元,增加1 551亿元。

全年保险公司保费收入5 641亿元,比上年增长14.4%,其中寿险业务保费收入3 593亿元;健康险和意外伤害险业务保费收入539亿元;财产险业务保费收入1 509亿元。支付各类赔款及给付1 439亿元,其中寿险业务给付465亿元;健康险和意外伤害险赔款及给付177亿元;财产险业务赔款796亿元。

九、教育和科学技术

全年研究生教育招生40万人,在学研究生110万人,毕业生26万人。普通高等教育招生540万人,在校生1 739万人,毕业生377万人。各类中等职业教育招生741万人,在校生1 809万人,毕业生476万人。全国普通高中招生871万人,在校生2 515万人,毕业生727万人。全国初中招生1 930万人,在校生5 958万人,毕业生2 072万人。普通小学招生1 729万人,在校生10 712万人,毕业生1 928万人。特殊教育招生5万人,在校生36万人。幼儿园在园幼儿2 264万人。

图9 2002－2006年各类教育招生人数

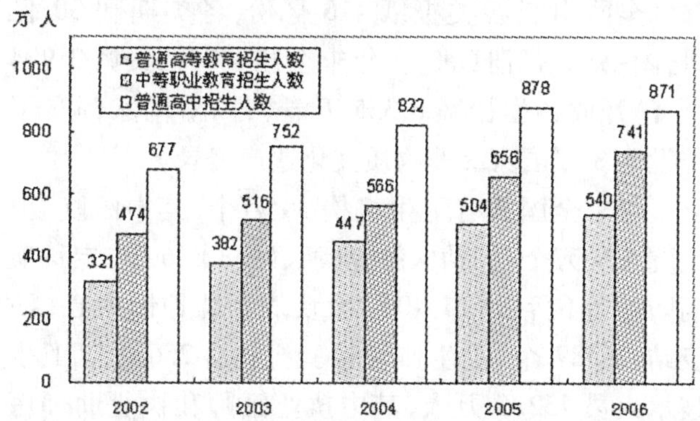

全年研究与试验发展(R&D)经费支出2 943亿元,比上年增长20.1%,占国内生产总值的1.41%,其中基础研究经费148亿元。全年国家安排了1 409项科技支撑计划课题和2 841项"863"计划课题。新建国家工程研究中心7个、国家工程实验室3个。国家认定企业技术中心达到438家。全年共取得省部级以上科技成果3.3万项。全年受理国内外专利申请57.3万件,其中国内申请47万件,占82.1%;受理国内外发明专利申请21万件,其中国内申请12.2万件,占58.1%;全年授予专利权26.8万件,其中国内授权22.4万件,占83.5%;授予发明专利权5.8万件,其中国内授权2.5万件,占43.4%。全年共签订技术合同20.6万项,技术合同成交金额1818亿元,比上年增长20.4%。

年末全国共有产品检测实验室21 458个,其中国家检测中心325个。全国现有产品质量、体系认证机构184个,已累计完成对4.9万个企业的产品认证。全国共有法定计量技术机构3 750个,全年强制检定计量器具3 730万台(件)。全年制定、修订国家标准1 950项,其中新制定1 100项。全国共有各类气象台站18 053个,其中国家气候观象台249个,国家气象观测站2 297个,区域气象观测站15 507个。全国共有地震台站1 253个,地震遥测台网31个。全国共有8 800个海洋观测站、监测站位。测绘部门公开出版地图1 779种,测绘图书532种。

十、文化、卫生和体育

年末全国共有艺术表演团体2 766个,文化馆2 889个,公共图书馆2 767个,博物馆1 593个。广播电台267座,电视台296座,教育台46个。全国有线电视用户13 862万户,209个城市开展有线数字电视业务,用户1 262万户。年末广播综合人口覆盖率为95.0%；电视综合人口覆盖率为96.2%。全年生产故事影片330部，科教、纪录、动画影片62部。全国出版各类报纸416亿份，各类期刊30亿册，图书62亿册（张）。年末全国共有档案馆3 994个，已开放各类档案6 355万卷（件）。国家颁布了首批518项国家级非物质文化遗产名录。

年末全国共有卫生机构30万个，其中医院、卫生院5.9万个，妇幼保健院（所、站）3 006个，专科疾病防治院（所、站）1 404个，疾病预防控制中心（防疫站）3 587个，卫生监督检验机构2 256个。卫生技术人员452.5万人，其中执业医师和执业助理医师197万人，注册护士138.6万人。医院和卫生院床位321.6万张。乡镇卫生院4万个，床位68万张，卫生技术人员85.7万人。全年全国报告甲、乙类传染病发病人数348.9万例，报告死亡10 623人；报告传染病发病率266.84/10万，死亡率0.81/10万。全国1 451个县（市、区）开展了新型农村合作医疗试点工作，占全国县（市、区）总数的50.7%；4.1亿农民参加了新型农村合作医疗，参合率80.5%。

全年我国运动健儿在24个项目中共获得了141个世界冠军，11人3队25次创21项世界纪录。在2006年12月第十五届多哈亚运会上，我国运动员共获得165枚金牌，88枚银牌，63枚铜牌，金牌和奖牌数均超过上届亚运会，第七次蝉联金牌榜第一。

十一、人口、人民生活和社会保障

年末全国总人口为131 448万人，比上年末增加692万人。全年出生人口1 584万人，出生率为12.09‰；死亡人口892万人，死亡率为6.81‰；自然增长率为5.28‰。出生人口性别比为119.25。

表14　2006年人口数及其构成

单位：万人

指　　标	年末数	比重（%）
全国总人口	131 448	100.0
其中：城镇	57 706	43.9
乡村	73 742	56.1
其中：男性	67 728	51.5
女性	63 720	48.5
其中：0－14岁	25 961	19.8
15－59岁	90 586	68.9
60岁及以上	14 901	11.3
其中：65岁及以上	10 419	7.9

全年农村居民人均纯收入3 587元，扣除价格上涨因素，比上年实际增长7.4%；城镇居民人均可支配收入11 759元，实际增长10.4%。农村居民家庭恩格尔系数（即居民家庭食品消费支出占家庭消费总支出的比重）为43%，城镇居民家庭恩格尔系数为35.8%。按农村绝对贫困人口标准低于693元测算，年末农村贫困人口为2 148万人，比上年末减少217万人；按低收入人口标准694－958元测算，年末农村低收入人口为3 550万人，比上年末减少517万人。

图10　2002－2006年城镇居民人均可支配收入及其增长速度

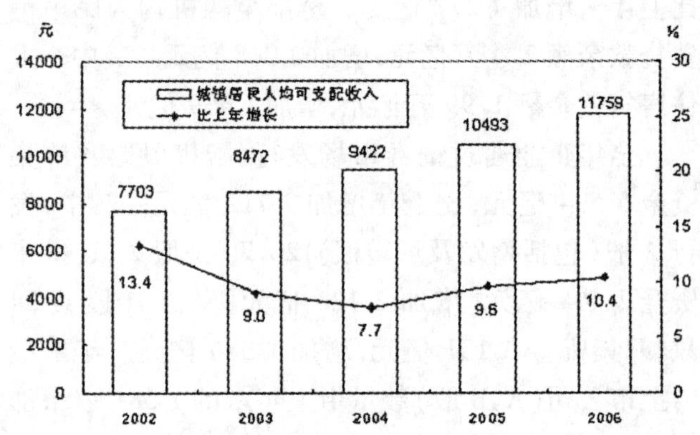

图11　2002－2006年农村居民人均纯收入及其增长速度

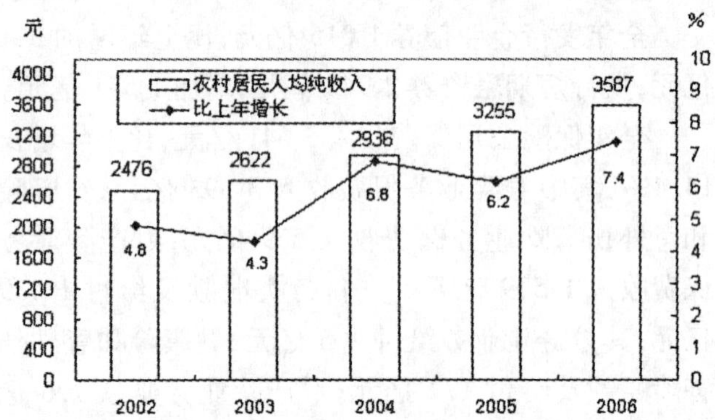

年末全国参加城镇基本养老保险人数为18 649万人，比上年末增加1 162万人。其中参保职工14 028万人，参保离退休人员4 621万人。全国参加城镇基本医疗保险的人数为15 737万人，增加1 954万人。其中参保职工11 587万人，参保退休人员4 150万人。全国参加失业保险的人数为11 187万人，增加539万人。全国参加工伤保险的人数为10 235万人，增加1 757万人。其中参保农民工2 538万人，增加1 286万人。全国参加生育保险的人数为6 446万人，增加1 038万人。

全年各项社会保险基金总收入8 517亿元，总支出6 583亿元。年末全国领取失业保险金人数为327万人。全年2 241万城镇居民得到政府最低生活保障,比上年增加6.7万人;1 509万农村居民得到政府最低生活保障,增加684万人。

年末全国各类收养性社会福利单位床位175万张,收养各类人员136万人。城镇建立各种社区服务设施12万个,其中综合性社区服务中心9 817个。全年销售社会福利彩票496亿元,筹集社会福利资金174亿元,直接接收社会捐赠款35亿元。

十二、资源、环境和安全生产

全年实际建设占用耕地16.7万公顷。灾毁耕地3.6万公顷。生态退耕33.9万公顷,因农业结构调整减少耕地4万公顷。查出往年建设未变更上报的建设占用耕地9.1万公顷。土地整理复垦开发补充耕地36.7万公顷。当年净减少耕地30.6万公顷。

全年水资源总量25 500亿立方米,比上年减少9.1%;人均水资源1 945立方米,减少9.6%。全年平均降水量604毫米,减少6.2%。年末全国大型水库蓄水总量1 806亿立方米,比上年末减少245亿立方米。全年总用水量5 670亿立方米,比上年增长0.7%。其中,生活用水增长0.7%,工业用水增长1.9%,农业用水增长0.2%。万元国内生产总值用水量279立方米,比上年下降8.8%。万元工业增加值用水量151立方米,下降9.0%。全国人均用水量为432立方米,与上年基本持平。全年曾有3 578万人口、2 936万头大牲畜因干旱发生临时性饮水困难。

国土资源调查及地质勘查新发现大中型矿产地213处,其中,能源矿产地42处,金属矿产地85处,非金属矿产地85处,水气矿产地1处。有72种矿产新增查明资源储量,其中,石油9.44亿吨,天然气5 381亿立方米,原煤367亿吨。

全年完成营造林面积457万公顷,其中人工造林完成252万公顷。林业重点工程完成营造林面积297万公顷,占全年营造林面积的65%。全民义务植树18.9亿株。截至2006年底,全国共命名国家级生态示范区233个,自然保护区达到2 395个,其中国家级自然保护区265个,自然保护区面积15 154万公顷,占国土面积的15%。新增综合治理水土流失面积4.2万平方公里,新增实施水土流失地区封育保护面积6.2万平方公里。

初步测算,全年能源消费总量24.6亿吨标准煤,比上年增长9.3%。其中,煤炭消费量23.7亿吨,增长9.6%;原油3.2亿吨,增长7.1%;天然气556亿立方米,增长19.9%;水电4 167亿千瓦小时,增长5.0%;核电543亿千瓦小时,增长2.4%。主要原材料消费中,钢材4.5亿吨,增长17.2%;铜372万吨,下降4.0%;铝865万吨,增长32.1%;乙烯939万吨,增长23.9%;水泥12.0亿吨,增长14.5%。万元国内生产总值能源消耗1.21吨标准煤,比上年下降1.23%。

图12 2002-2006年能源消费总量及其增长速度

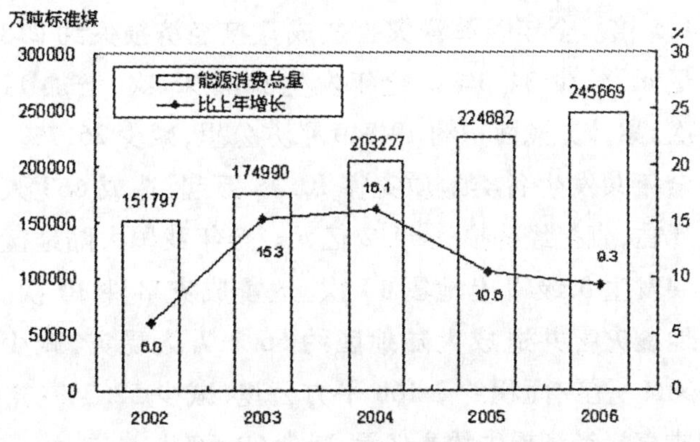

七大水系的408个水质监测断面中,有46%的断面满足国家地表水Ⅲ类标准;28%的断面为Ⅳ~Ⅴ类水质;超过Ⅴ类水质的断面比例占26%。与上年相比,七大水系水质状况无明显变化。

全国近岸海域288个海水水质监测点中,达到国家一、二类海水水质标准的监测点占67.7%,比上年上升0.4个百分点;三类海水占8.0%,下降0.9个百分点;四类、劣四类海水占24.3%,上升0.5个百分点。全国海域未达到清洁海域水质标准的面积约14.9万平方公里,比上年增加约1.0万平方公里,其中,严重污染海域面积约为2.9万平方公里。

在监测的559个城市中,有349个城市空气质量达到二级以上(含二级)标准,占监测城市数的62.4%;有159个城市为三级,占28.4%;有51个城市为劣三级,占9.1%。在监测的378个城市中,城市区域声环境质量好的城市占5.0%,较好的占63.8%,轻度污染的占29.3%,中度污染的占1.6%,重度污染的占0.3%。

全年全国化学需氧量(COD)排放总量1 431万

吨,比上年增长 1.2%;二氧化硫(SO_2)排放总量 2 594万吨,比上年增长 1.8%。

2006 年底城市污水处理厂日处理能力达 6 122 万立方米,比上年增长 6.9%;城市污水处理率达到 56%,提高 4 个百分点;集中供热面积 26.5 亿平方米,增长 5.1%;建成区绿化覆盖率达到 33.5%,提高 1 个百分点。

全年各类自然灾害造成直接经济损失 2 528 亿元,比上年上升 23.8%。全年农作物受灾面积 4 109 万公顷,上升 5.9%。其中,绝收 541 万公顷,上升 17.7%。全年共发生森林火灾 7 775 起,比上年减少 3 767 起。发生特大森林火灾 5 起,比上年增加 2 起。因森林火灾造成受害森林面积 41 万公顷,增加 4.5 倍。全年因海洋灾害造成直接经济损失约 218 亿元,减少 34.3%。全年发生赤潮 93 次,增加 11 次;累计赤潮面积约 19 840 平方公里,减少 26.7%。全年共发生各类地质灾害 10.28 万起,造成 663 人死亡,直接经济损失 44.2 亿元。全年我国大陆地区共发生 5 级以上地震 14 次,地震成灾事件 10 次。地震灾害共造成大陆地区约 66.7 万人受灾,减少 68%;受灾面积约 7 168 平方公里,减少 52.3%;造成直接经济损失约 8 亿元,减少 69.6%。

全年生产安全事故死亡 112 822 人,比上年下降 11.2%。亿元 GDP 生产安全事故死亡人数为 0.56 人,下降 20.4%;工矿商贸企业就业人员生产安全事故 10 万人死亡人数为 3.33 人,下降 13.5%;煤矿百万吨死亡人数为 2.04 人,下降 27.4%。全年共发生道路交通事故 378 781 起,造成 89 455 人死亡、43.1 万人受伤,直接财产损失 14.9 亿元;道路交通万车死亡人数为 6.20 人,下降 18.4%。

注:

1. 本公报中数据均为初步统计数。

2. 各项统计数据均未包括香港特别行政区、澳门特别行政区和台湾省。

3. 部分数据因四舍五入的原因,存在着与分项合计不等的情况。

4. 国内生产总值、各产业增加值绝对数按现价计算,增长速度按可比价计算。

5. 钢材产量及消费量数据中均含部分使用钢材加工成其他钢材的重复计算因素。

6. 固定资产投资按东部、中部、西部、东北地区计算的合计数据小于全国数据,是因为有部分不分地区的投资未计算在地区数据中。

7. 房地产业投资中除房地产开发投资外,还包括建设单位自建房屋以及物业管理、中介服务和其他房地产投资。

8. 万元国内生产总值用水量、万元国内生产总值能源消耗按 2005 年不变价格计算,邮电业务总量按 2000 年不变价格计算。

各省（市、区）行政区划

（2006 年）

单位:个

区划名称	地级区划数	#地级市	县级区划数	#县级市	#市辖区	#县	#自治县
全国	**333**	**283**	**2 860**	**369**	**856**	**1 463**	**117**
北京			18		16	2	
天津			18		15	3	
河北	11	11	172	22	36	108	6
山西	11	11	119	11	23	85	
内蒙古	12	9	101	11	21	17	
辽宁	14	14	100	17	56	19	8
吉林	9	8	60	20	20	17	3
黑龙江	13	12	128	18	64	45	1
上海			19		18	1	
江苏	13	13	106	27	54	25	
浙江	11	11	90	22	32	35	1
安徽	17	17	105	5	44	56	
福建	9	9	85	14	26	45	
江西	11	11	99	10	19	70	
山东	17	17	140	31	49	60	
河南	17	17	159	21	50	88	
湖北	13	12	102	24	38	37	2
湖南	14	13	122	16	34	65	7
广东	21	21	121	23	54	41	3
广西	14	14	109	7	34	56	12
海南	2	2	20	6	4	4	6
重庆			40		19	17	4
四川	21	18	181	14	43	120	4
贵州	9	4	88	9	10	56	11
云南	16	8	129	9	12	79	29
西藏	7	1	73	1	1	71	
陕西	10	10	107	3	24	80	
甘肃	14	12	86	4	17	58	7
青海	8	1	43	2	4	30	7
宁夏	5	5	21	2	8	11	
新疆	14	2	99	20	11	62	6

注:本表资料由民政部提供。

续表 (2006年) 单位:个

区划名称	乡镇级区划数	街道办事处	镇数	乡数	村民、居民委员会	村民委员会	居民委员会
全国	**41 040**	**6 355**	**19 369**	**15 306**	**705 153**	**624 428**	**80 725**
北京	314	131	142	41	6 482	3 957	2 525
天津	242	104	118	20	5 347	3 825	1 522
河北	2 233	270	946	1 016	52 240	49 115	3 125
山西	1 389	193	561	635	30 015	28 172	1 843
内蒙古	861	220	457	184	13 530	11 219	2 311
辽宁	1 522	555	595	372	15 773	11 768	4 005
吉林	887	264	425	198	11 092	9 211	1 881
黑龙江	1 270	363	470	437	11 840	9 055	2 785
上海	213	104	106	3	5 275	1 862	3 413
江苏	1 388	285	994	109	22 684	17 303	5 381
浙江	1 519	304	754	461	36 668	32 931	3 737
安徽	1 625	242	924	459	22 868	20 019	2 849
福建	1 104	173	591	340	16 530	14 485	2 045
江西	1 526	131	767	628	20 685	17 571	3 114
山东	1 932	466	1 190	276	86 778	81 283	5 495
河南	2 355	460	832	1 063	51 669	48 362	3 307
湖北	1 219	277	732	210	29 373	25 828	3 545
湖南	2 407	231	1 091	1 085	48 770	44 270	4 500
广东	1 579	431	1 137	11	25 455	19 505	5 950
广西	1 230	104	700	426	16 012	14 363	1 649
海南	220	18	181	21	2 985	2 543	442
重庆	1 022	121	595	306	11 709	9 722	1 987
四川	4 660	249	1 821	2 590	55 255	50 047	5 208
贵州	1 543	94	691	758	21 277	19 669	1 608
云南	1 368	56	583	729	13 660	12 882	778
西藏	691	9	140	542	5 904	5 746	158
陕西	1 745	159	908	678	29 153	27 537	1 616
甘肃	1 342	122	460	760	17 995	16 823	1 172
青海	396	30	135	231	4 530	4 163	367
宁夏	229	42	94	93	2 829	2 376	453
新疆	1 009	147	229	624	10 770	8 816	1 954

各省（市、区）人口

（2006年）

地区	年末总人口（万人）	出生率（‰）	死亡率（‰）	自然增长率（‰）
全国	**131 448**	**12.09**	**6.81**	**5.28**
北京	1 581	6.26	4.97	1.29
天津	1 075	7.67	6.07	1.60
河北	6 898	12.82	6.59	6.23
山西	3 375	11.48	5.73	5.75
内蒙古	2 397	9.87	5.91	3.96
辽宁	4 271	6.40	5.30	1.10
吉林	2 723	7.67	5.00	2.67
黑龙江	3 823	7.57	5.18	2.39
上海	1 815	7.47	5.89	1.58
江苏	7 550	9.36	7.08	2.28
浙江	4 980	10.29	5.42	4.87
安徽	6 110	12.60	6.30	6.30
福建	3 558	12.00	5.75	6.25
江西	4 339	13.80	6.01	7.79
山东	9 309	11.60	6.10	5.50
河南	9 392	11.59	6.27	5.32
湖北	5 693	9.08	5.95	3.13
湖南	6 342	11.92	6.73	5.19
广东	9 304	11.78	4.49	7.29
广西	4 719	14.44	6.10	8.34
海南	836	14.59	5.73	8.86
重庆	2 808	9.90	6.50	3.40
四川	8 169	9.14	6.28	2.86
贵州	3 757	13.97	6.71	7.26
云南	4 483	13.20	6.30	6.90
西藏	281	17.40	5.70	11.70
陕西	3 735	10.19	6.15	4.04
甘肃	2 606	12.86	6.62	6.24
青海	548	15.24	6.27	8.97
宁夏	604	15.53	4.84	10.69
新疆	2 050	15.79	5.03	10.76

注：1. 全国数据根据抽样误差和调查误差进行了修正。

2. 全国数据为31个省、自治区、直辖市和中国人民解放军现役军人数据，不包括香港、澳门特别行政区和台湾省的数据。分省数据中未包括中国人民解放军现役军人数。

各省(市、区)地区生产总值及增长速度

(2006 年)

地　　区	地区生产总值(亿元)	第一产业	第二产业	工　业	建筑业
北　　京	7 720.3	98.0	2 217.2	1 848.5	368.7
天　　津	4 337.7	119.0	2 485.8	2 290.8	195.0
河　　北	11 613.7	1 605.4	6 071.3	5 453.4	617.9
山　　西	4 746.5	276.6	2 742.5	2 482.7	259.8
内 蒙 古	4 790.0	641.7	2 329.5	1 978.2	351.3
辽　　宁	9 257.1	976.4	4 720.8	4 167.6	553.2
吉　　林	4 249.2	686.0	1 886.6	1 628.5	258.1
黑 龙 江	6 216.8	734.0	3 397.4	3 081.9	315.5
上　　海	10 297.0	93.8	4 997.8	4 641.6	356.2
江　　苏	21 548.4	1 544.9	12 186.5	11 047.5	1 139.0
浙　　江	15 648.9	923.0	8 437.7	7 537.9	899.8
安　　徽	6 141.9	1 027.2	2 656.0	2 200.5	455.5
福　　建	7 501.6	885.2	3 736.1	3 306.1	430.0
江　　西	4 618.8	786.3	2 319.0	1 806.1	512.9
山　　东	21 846.7	2 138.9	12 729.0	11 556.0	1 173.0
河　　南	12 464.1	2 049.4	6 762.4	6 070.9	691.5
湖　　北	7 497.2	1 140.4	3 363.8	2 929.2	434.6
湖　　南	7 493.2	1 331.3	3 123.5	2 667.8	455.7
广　　东	25 968.6	1 571.4	13 430.6	12 500.2	930.4
广　　西	4 802.0	1 031.9	1 882.3	1 595.9	286.4
海　　南	1 052.4	344.2	287.8	217.6	70.2
重　　庆	3 486.2	428.5	1 500.1	1 234.1	266.0
四　　川	8 637.8	1 603.5	3 775.2	3 144.7	630.5
贵　　州	2 267.4	392.9	982.0	857.2	124.8
云　　南	4 001.9	751.2	1 710.2	1 407.0	303.2
西　　藏	290.1	51.1	80.0	21.6	58.4
陕　　西	4 383.9	488.5	2 318.2	1 970.8	347.4
甘　　肃	2 275.0	333.2	1 048.2	873.1	175.1
青　　海	641.1	69.6	330.8	265.0	65.8
宁　　夏	707.0	79.2	347.5	288.3	59.2
新　　疆	3 019.0	533.2	1 437.9	1 218.7	219.2

注:本表绝对数按当年价格计算,增长速度按可比价格计算。

续表　　　　　　　　　　（2006年）

地　　区	第三产业	#交通运输、仓储和邮政业	#批发和零售业	地区生产总值比上年增长（%）	人均地区生产总值（元）
北　京	5 405.1	448.4	726.1	12.0	49 505
天　津	1 732.9	257.0	487.9	14.4	40 961
河　北	3 937.0	861.1	675.4	13.2	16 894
山　西	1 727.4	383.4	295.6	11.8	14 106
内蒙古	1 818.8	447.4	382.0	18.0	20 047
辽　宁	3 559.9	587.4	954.1	13.8	21 802
吉　林	1 676.6	238.4	393.7	15.0	15 625
黑龙江	2 085.4	370.8	460.9	12.0	16 268
上　海	5 205.4	683.6	919.4	12.0	57 310
江　苏	7 817.0	900.8	2 105.3	14.9	28 685
浙　江	6 288.2	631.3	1 434.9	13.6	31 684
安　徽	2 458.7	404.2	449.6	12.9	10 044
福　建	2 880.3	521.3	663.5	13.4	21 152
江　西	1 513.5	307.5	326.6	12.3	10 679
山　东	6 978.8	1 140.7	1 582.3	14.7	23 546
河　南	3 652.3	737.9	682.6	14.1	13 279
湖　北	2 993.0	425.8	653.4	12.1	13 150
湖　南	3 038.4	424.5	587.0	12.1	11 830
广　东	10 966.6	1 197.4	2 508.1	14.1	28 077
广　西	1 887.8	256.0	437.3	13.5	10 240
海　南	420.4	73.6	104.1	12.5	12 650
重　庆	1 557.6	256.3	314.3	12.2	12 437
四　川	3 259.1	451.2	537.7	13.3	10 546
贵　州	892.5	130.8	146.9	11.5	5 750
云　南	1 540.5	179.1	308.5	11.9	8 961
西　藏	159.0	11.4	23.7	13.4	10 396
陕　西	1 577.2	275.8	329.5	12.7	11 762
甘　肃	893.6	169.6	145.9	11.4	8 749
青　海	240.7	35.2	38.8	12.2	11 753
宁　夏	280.3	50.1	43.6	12.5	11 784
新　疆	1 047.9	168.8	162.4	11.0	14 871

各省（市、区）财政收支

（2006年）

单位:亿元

地区	收入合计	#增值税	营业税	支出合计
地方总计	**18 303.58**	**3 196.38**	**4 968.17**	**30 431.3**
北京	1 117.15	117.80	460.99	1 296.8
天津	417.05	80.67	115.92	543.1
河北	620.53	140.55	133.61	1 180.4
山西	583.38	118.84	74.48	915.6
内蒙古	343.38	59.48	88.85	812.1
辽宁	817.67	124.40	205.37	1 422.7
吉林	245.20	42.97	59.69	718.4
黑龙江	386.84	103.20	73.23	968.5
上海	1 576.07	270.21	558.67	1 795.6
江苏	1 656.68	329.43	431.81	2 013.3
浙江	1 298.20	248.63	386.87	1 471.9
安徽	428.03	69.18	102.58	940.2
福建	541.17	87.83	157.68	728.7
江西	305.52	41.18	75.51	696.4
山东	1 356.25	242.83	271.73	1 833.4
河南	679.17	105.84	143.34	1 440.1
湖北	476.08	77.81	115.30	1 047.0
湖南	477.93	69.28	115.81	1 064.5
广东	2 179.46	397.98	661.70	2 553.3
广西	342.58	46.91	81.05	729.5
海南	81.81	10.50	28.73	174.5
重庆	317.72	38.71	85.87	594.3
四川	607.59	84.74	178.64	1 347.4
贵州	226.82	38.19	55.73	610.6
云南	379.97	67.50	89.49	893.6
西藏	14.56	1.51	5.11	200.2
陕西	362.48	73.05	88.00	824.2
甘肃	141.22	31.41	37.27	528.6
青海	42.24	9.75	11.27	214.7
宁夏	61.36	11.03	18.82	193.2
新疆	219.46	54.97	55.05	678.5

各省(市、区)规模以上工业主要经济指标

(2006年)

地区	主营业务收入(亿元)	税金总额(亿元)	利润总额(亿元)	全部从业人员平均人数(万人)
全国	**308 424.2**	**13 652.7**	**18 783.6**	**7 205.4**
北京	8 649.6	289.2	407.9	114.6
天津	8 782.7	313.9	690.9	122.7
河北	13 011.6	577.3	888.1	298.2
山西	5 684.5	440.1	367.1	211.7
内蒙古	4 080.4	255.5	332.5	90.3
辽宁	13 756.4	560.9	434.3	300.6
吉林	4 309.3	244.3	201.0	101.5
黑龙江	5 685.9	457.3	1 275.9	133.8
上海	19 030.9	679.9	1 086.7	263.0
江苏	41 030.2	1 255.3	1 901.8	774.5
浙江	27 125.4	946.1	1 324.6	697.5
安徽	5 813.7	321.0	230.9	160.5
福建	9 288.5	319.0	446.6	308.1
江西	4 054.2	219.9	198.1	114.5
山东	38 430.5	1 649.6	2 634.0	791.1
河南	13 711.3	767.3	1 145.3	362.0
湖北	7 198.9	453.6	408.9	193.5
湖南	5 742.5	425.2	264.8	172.4
广东	42 427.4	1 236.3	1 958.3	1 153.9
广西	3 119.6	191.7	188.1	92.9
海南	573.4	34.9	41.5	10.7
重庆	3 177.4	162.0	154.7	96.8
四川	7 674.3	400.9	430.7	229.8
贵州	1 886.6	178.8	117.4	67.2
云南	3 278.0	486.0	300.2	69.4
西藏	27.6	3.3	3.9	2.0
陕西	4 259.8	317.1	513.6	120.9
甘肃	2 440.2	155.1	107.4	67.2
青海	633.8	49.0	120.3	14.9
宁夏	827.0	42.3	25.3	24.7
新疆	2 712.8	220.1	583.0	44.8

各省(市、区)固定资产投资

(2006年)

单位:亿元

地　　　区	全社会固定资产投资	城镇固定资产投资
全　　国	**109 869.8**	**93 472.4**
北　　京	3 371.5	3 086.3
天　　津	1 819.1	1 679.0
河　　北	5 499.4	4 430.6
山　　西	2 259.3	2 059.2
内 蒙 古	3 363.1	3 264.8
辽　　宁	5 689.0	4 977.2
吉　　林	2 595.3	2 366.1
黑 龙 江	2 235.8	2 040.4
上　　海	3 900.0	3 497.5
江　　苏	9 763.6	7 473.7
浙　　江	7 592.7	5 428.0
安　　徽	3 544.7	3 057.9
福　　建	3 068.4	2 730.1
江　　西	2 683.2	2 377.4
山　　东	11 134.7	8 714.9
河　　南	5 907.7	4 843.8
湖　　北	3 344.8	3 039.9
湖　　南	3 165.5	2 718.4
广　　东	7 978.2	6 552.6
广　　西	2 198.2	1 947.3
海　　南	418.8	396.7
重　　庆	2 405.3	2 252.0
四　　川	4 416.1	3 927.6
贵　　州	1 193.3	1 048.7
云　　南	2 128.3	1 924.1
西　　藏	224.2	196.4
陕　　西	2 480.6	2 285.7
甘　　肃	1 024.9	925.9
青　　海	408.5	384.6
宁　　夏	508.7	448.7
新　　疆	1 565.0	1 415.1
不分地区	1 982.0	1 982.0

各省(市、区)社会消费品零售总额

(按销售单位所在地分,2006年)

单位:亿元

地区	社会消费品零售总额	市	县	县以下	社会消费品零售总额比上年增长(%)
全国	**76 410.0**	**51 542.6**	**8 477.9**	**16 389.5**	**13.7**
北京	3 275.2	2 831.4	26.2	417.7	12.8
天津	1 356.8	1 275.4	44.3	37.1	14.0
河北	3 397.4	1 612.1	680.1	1 105.2	15.1
山西	1 613.4	1 038.6	307.8	267.1	15.2
内蒙古	1 595.3	1 080.6	326.3	188.4	16.0
辽宁	3 434.6	2 872.5	163.9	398.2	14.5
吉林	1 675.8	1 304.1	127.5	244.3	14.7
黑龙江	1 997.7	1 524.7	237.8	235.2	13.5
上海	3 360.4	2 938.7	23.9	397.8	13.0
江苏	6 623.2	4 822.9	413.5	1 386.8	16.2
浙江	5 325.3	3 519.0	519.4	1 286.9	15.0
安徽	2 029.4	1 106.2	406.3	516.9	15.0
福建	2 704.2	1 743.2	306.2	654.8	15.3
江西	1 428.0	748.9	312.6	366.5	15.5
山东	7 122.5	4 534.0	788.4	1 800.2	16.3
河南	3 880.5	2 119.9	753.6	1 007.0	15.5
湖北	3 412.0	2 395.6	321.0	695.4	15.1
湖南	2 834.2	1 630.3	480.3	723.5	15.3
广东	9 118.1	6 472.5	383.3	2 262.3	15.7
广西	1 600.8	943.8	280.1	376.9	14.6
海南	308.3	221.1	22.5	64.7	14.8
重庆	1 403.6	833.8	187.2	382.5	15.4
四川	3 421.6	1 651.3	604.4	1 166.0	14.8
贵州	689.8	411.5	130.7	147.6	13.7
云南	1 188.9	651.1	275.4	262.4	14.9
西藏	89.7	43.8	35.6	10.3	22.7
陕西	1 522.0	992.8	272.2	257.0	15.1
甘肃	717.5	462.5	114.5	140.5	13.4
青海	180.1	122.8	37.7	19.6	12.2
宁夏	199.0	148.4	25.5	25.1	14.1
新疆	727.6	509.2	106.9	111.5	14.1

各省(市、区)居民消费价格指数

(2006年)

(上年=100)

地区	居民消费价格指数	食品	烟酒及用品	衣着	家庭设备用品及服务	医疗保健和个人用品	交通和通信	娱乐教育文化	居住
全国	**101.5**	**102.3**	**100.6**	**99.4**	**101.2**	**101.1**	**99.9**	**99.5**	**104.6**
北京	100.9	102.8	99.9	99.7	101.2	101.1	99.3	98.7	101.4
天津	101.5	102.7	103.0	97.5	100.5	101.4	98.9	99.0	104.4
河北	101.7	103.2	100.6	99.9	99.7	100.3	100.5	100.0	104.5
山西	102.0	103.0	102.3	99.4	101.8	104.0	100.3	99.8	104.4
内蒙古	101.5	102.6	101.9	100.1	100.3	99.5	101.1	100.8	103.9
辽宁	101.2	102.4	100.2	100.0	100.2	101.0	99.3	98.7	104.2
吉林	101.4	102.4	99.6	99.6	99.9	100.0	97.8	101.1	105.5
黑龙江	101.9	103.0	100.6	101.9	101.0	100.4	100.9	99.4	104.9
上海	101.2	102.5	100.2	106.4	102.7	101.1	97.3	98.2	102.9
江苏	101.6	102.6	99.9	100.9	101.4	101.5	99.6	99.3	104.5
浙江	101.1	101.9	99.5	97.8	101.8	101.7	100.3	98.0	104.8
安徽	101.2	101.6	100.6	99.8	101.0	100.5	99.8	100.8	103.8
福建	100.8	102.0	100.6	97.3	100.9	99.7	99.3	97.2	105.5
江西	101.2	101.1	100.3	99.7	101.5	101.6	99.0	99.6	105.6
山东	101.0	102.1	100.8	97.6	101.1	100.8	98.7	100.0	104.4
河南	101.3	101.7	100.7	98.7	101.2	100.1	99.6	100.1	105.4
湖北	101.6	102.0	101.0	99.3	100.7	103.8	100.1	99.4	104.9
湖南	101.4	101.4	101.2	99.9	102.7	100.8	100.9	100.2	104.7
广东	101.8	102.4	101.1	99.3	101.7	100.4	100.5	100.0	104.6
广西	101.3	101.9	98.8	97.6	100.9	105.6	99.1	99.1	104.4
海南	101.5	102.3	100.5	95.8	101.1	98.8	101.2	99.0	107.7
重庆	102.4	103.1	100.3	98.2	100.3	100.8	98.7	104.3	106.0
四川	102.3	102.9	101.4	101.5	102.5	101.2	101.7	100.6	104.4
贵州	101.7	103.4	99.0	97.5	101.0	100.1	100.5	101.6	103.9
云南	101.9	102.4	101.6	97.0	100.2	105.3	100.2	99.2	107.1
西藏	102.0	102.9	100.3	99.7	98.6	100.8	104.0	104.8	103.6
陕西	101.5	102.9	102.0	103.1	101.6	100.8	100.2	96.1	104.3
甘肃	101.3	103.7	99.2	94.7	100.5	102.8	100.3	98.1	105.2
青海	101.6	102.9	101.7	99.4	99.4	103.5	99.3	98.3	104.3
宁夏	101.9	103.9	100.7	101.7	100.6	100.0	100.3	98.0	105.2
新疆	101.3	102.4	100.5	98.0	99.3	100.0	100.5	99.8	105.7

各省(市、区)城镇居民人均收支

(2006 年)

单位:元

地区	总收入	#可支配收入	总支出	消费性支出	非消费性支出	恩格尔系数(%)
全国	**12 719.2**	**11 759.5**	**11 881.8**	**8 696.6**	**3 185.2**	**35.8**
北京	22 417.2	19 977.5	20 239.7	14 825.4	5 414.3	30.8
天津	15 476.0	14 283.1	15 900.3	10 548.1	5 352.2	34.9
河北	10 887.2	10 304.6	9 972.6	7 343.5	2 629.1	33.9
山西	10 793.9	10 027.7	10 206.4	7 170.9	3 035.5	31.4
内蒙古	10 811.9	10 358.0	9 883.7	7 666.6	2 217.1	30.3
辽宁	11 230.0	10 369.6	10 910.6	7 987.5	2 923.1	38.8
吉林	10 245.3	9 775.1	9 535.2	7 352.6	2 182.5	33.4
黑龙江	9 721.9	9 182.3	8 850.8	6 655.4	2 195.4	33.3
上海	22 808.6	20 667.9	21 108.9	14 761.8	6 347.2	35.6
江苏	15 248.7	14 084.3	13 793.0	9 628.6	4 164.5	36.0
浙江	19 954.0	18 265.1	18 984.4	13 348.5	5 635.9	32.9
安徽	10 574.5	9 771.1	10 449.7	7 294.7	3 154.9	42.4
福建	15 102.4	13 753.3	14 319.4	9 807.7	4 511.7	39.3
江西	10 014.6	9 551.1	8 719.2	6 645.5	2 073.7	39.7
山东	13 222.9	12 192.2	11 717.5	8 468.4	3 249.1	32.0
河南	10 339.2	9 810.3	8 722.5	6 685.2	2 037.3	33.1
湖北	10 533.3	9 802.7	9 839.7	7 397.3	2 442.4	38.8
湖南	11 146.1	10 504.7	11 123.5	8 169.3	2 954.2	34.9
广东	17 725.6	16 015.6	16 675.5	12 432.2	4 243.3	36.2
广西	10 624.3	9 898.8	9 277.7	6 792.0	2 485.7	42.1
海南	10 081.7	9 395.1	9 066.0	7 126.8	1 939.2	43.5
重庆	12 548.9	11 569.7	12 157.1	9 398.7	2 758.4	36.3
四川	10 117.0	9 350.1	10 063.9	7 524.8	2 539.1	37.7
贵州	9 439.3	9 116.6	8 654.8	6 848.4	1 806.4	38.7
云南	10 848.1	10 069.9	9 839.4	7 379.8	2 459.6	42.0
西藏	9 540.9	8 941.1	7 741.1	6 192.6	1 548.6	50.2
陕西	9 938.2	9 267.7	10 022.4	7 553.3	2 469.1	34.3
甘肃	9 586.5	8 920.6	9 205.0	6 974.2	2 230.8	34.5
青海	9 803.1	9 000.4	8 787.7	6 530.1	2 257.6	36.2
宁夏	10 002.0	9 177.3	10 582.1	7 205.6	3 376.6	33.9
新疆	9 689.1	8 871.3	8 583.8	6 730.0	1 853.8	35.5

各省(市、区)农村居民人均收支

(2006年)

单位:元

地区	总收入	#纯收入	#现金收入	总支出	#生活消费	#现金支出	恩格尔系数(%)
全国	**5 025.1**	**3 587.0**	**4 301.9**	**4 485.4**	**2 829.0**	**3 931.8**	**43.0**
北京	9 821.3	8 275.5	9 643.9	7 626.1	5 724.5	7 555.1	32.8
天津	8 586.2	6 227.9	8 105.8	5 812.4	3 341.1	5 697.5	36.3
河北	5 426.8	3 801.8	4 729.1	4 251.4	2 495.3	3 913.4	36.7
山西	3 992.9	3 180.9	3 419.8	3 231.0	2 253.2	2 958.1	38.5
内蒙古	5 802.5	3 341.9	4 674.5	5 491.5	2 772.0	4 656.6	39.0
辽宁	6 521.4	4 090.4	5 783.5	5 959.4	3 066.9	5 446.9	37.9
吉林	5 734.1	3 641.1	4 712.9	5 209.5	2 700.7	4 754.5	40.1
黑龙江	6 238.7	3 552.4	5 577.8	6 070.3	2 618.2	5 634.1	35.3
上海	9 817.5	9 138.7	9 592.5	9 344.1	8 006.0	9 137.1	37.8
江苏	7 267.4	5 813.2	6 544.2	5 933.8	4 135.2	5 397.2	41.8
浙江	9 453.9	7 334.8	9 093.2	8 790.0	6 057.2	8 523.7	36.6
安徽	4 130.1	2 969.1	3 530.0	3 762.6	2 420.9	3 324.6	43.2
福建	5 982.0	4 834.8	5 471.8	4 910.2	3 591.4	4 508.7	45.2
江西	4 555.9	3 459.5	3 807.7	3 975.8	2 676.6	3 350.6	49.0
山东	6 188.5	4 368.3	5 636.4	5 090.5	3 143.8	4 712.0	37.9
河南	4 459.4	3 261.0	3 536.6	3 637.7	2 229.3	3 211.2	40.9
湖北	4 580.8	3 419.4	3 793.2	3 999.5	2 732.5	3 267.1	46.8
湖南	4 737.0	3 389.6	3 930.3	4 503.1	3 013.3	3 765.5	48.6
广东	6 292.7	5 079.8	5 726.7	5 205.3	3 886.0	4 693.1	48.6
广西	3 996.2	2 770.5	3 252.5	3 740.5	2 413.9	3 121.1	49.5
海南	4 507.1	3 255.5	3 912.5	3 495.2	2 232.2	2 953.4	53.4
重庆	3 814.2	2 873.8	2 834.5	3 294.0	2 205.2	2 407.2	52.2
四川	4 342.8	3 002.4	3 367.0	3 882.5	2 395.0	2 941.6	50.8
贵州	2 799.4	1 984.6	2 097.1	2 629.5	1 627.1	1 948.9	51.5
云南	3 593.6	2 250.5	2 664.8	3 686.9	2 195.6	2 763.5	48.8
西藏	3 158.1	2 435.0	2 229.1	2 713.7	2 002.2	1 927.9	48.2
陕西	3 337.6	2 260.2	2 833.0	3 486.3	2 181.0	3 119.2	39.0
甘肃	3 105.8	2 134.1	2 401.7	2 957.1	1 855.5	2 327.0	46.7
青海	3 208.5	2 358.4	2 592.6	3 170.8	2 178.9	2 495.2	43.1
宁夏	4 565.4	2 760.1	3 728.6	4 358.6	2 247.0	3 643.8	41.4
新疆	5 166.2	2 737.3	4 465.3	4 758.2	2 032.4	4 317.6	39.9

各省会城市土地、人口资料

(2006年)

城市	土地面积		总人口(年末数)	
	平方公里	位次	万人	位次
南昌	7 402	23	483.96	17
合肥	7 029	24	469.85	18
长沙	11 820	14	631	12
郑州	7 446	21	724	8
武汉	8 494	17	811	5
太原	6 988	25	348.82	20
济南	8 177	18	603.35	16
南京	6 582	26	607.23	15
杭州	16 596	7	666.31	11
福州	11 968	13	622.73	13
广州	7 434	22	975.46	3
海口	2 305	27	150.86	25
南宁	22 112	3	671.89	10
成都	12 390	11	1103.4	1
贵阳	8 034	19	355.14	19
昆明	21 111	4	615.2	14
哈尔滨	53 068	1	980.3	2
长春	20 571	5	739.26	7
沈阳	12 980	10	703.56	9
石家庄	15 848	8	939.5	4
呼和浩特	17 224	6	215.8	22
西安	9 983	15	753.11	6
兰州	13 806	9	313.64	21
西宁	7 665	20	212.73	23
银川	9 170	16	144.68	26
乌鲁木齐	12 000	12	201.84	24
拉萨	29 052	2	45.3	27

各省会城市地区生产总值

(2006年)

单位:亿元

城市	地区生产总值			
	全年	位次	比上年增长(%)	位次
南昌	1 183.90	16	15.1	7
合肥	1 073.86	17	17.5	2
长沙	1 790.66	11	14.8	11
郑州	2 001.50	10	15.7	5
武汉	2 590.00	5	14.8	11
太原	1 013.38	18	11.5	27
济南	2 185.10	7	15.7	5
南京	2 774.00	3	15.1	8
杭州	3 440.99	2	14.3	16
福州	1 656.94	13	12.2	25
广州	6 068.41	1	14.7	13
海口	350.06	24	12.9	23
南宁	861.90	20	15.1	8
成都	2 750.00	4	13.8	18
贵阳	602.88	23	14.7	13
昆明	1 203.14	15	12.3	24
哈尔滨	2 094.10	8	13.5	19
长春	1 741.30	12	15.0	10
沈阳	2 482.49	6	16.5	4
石家庄	2 064.00	9	13.2	21
呼和浩特	900.08	19	18.0	1
西安	1 450.02	14	13.0	22
兰州	638.47	22	12.0	26
西宁	281.61	26	14.5	15
银川	335.29	25	13.4	20
乌鲁木齐	645.00	21	14.0	17
拉萨	102.00	27	17.5	2

续表1　　(2006年)　　单位:亿元

城　　市	第一产业			
	全年	位次	比上年增长(%)	位次
南昌	77.3	15	4.9	16
合肥	61.76	18	7.7	4
长沙	123.25	11	5.7	14
郑州	77.10	16	6.6	9
武汉	115.91	12	4.0	22
太原	19.41	24	-4.0	27
济南	145.10	8	6.0	12
南京	82.00	13	4.1	20
杭州	154.92	6	3.9	23
福州	186.18	4	3.6	25
广州	145.51	7	6.0	12
海口	25.88	21	9.0	2
南宁	134.70	10	8.9	3
成都	193.40	3	4.8	17
贵阳	37.93	20	7.6	5
昆明	81.55	14	4.5	18
哈尔滨	312.40	1	6.5	10
长春	172.10	5	3.8	24
沈阳	135.20	9	4.1	20
石家庄	255.00	2	4.2	19
呼和浩特	51.50	19	7.4	6
西安	70.73	17	7.2	7
兰州	22.73	22	3.1	26
西宁	12.38	25	5.6	15
银川	21.00	23	7.1	8
乌鲁木齐	8.78	26	10.0	1
拉萨	6.70	27	6.5	10

续表2　　(2006年)　　单位:亿元

城市	第二产业			
	全年	位次	比上年增长(%)	位次
南昌	642.45	14	18.3	9
合肥	510.59	17	22.7	1
长沙	774.66	12	15.9	15
郑州	1 070.50	7	18.5	8
武汉	1 194.00	5	18.0	10
太原	475.56	18	10.5	27
济南	1 001.80	9	17.2	11
南京	1 374.00	3	15.7	17
杭州	1 741.98	2	13.3	26
福州	785.17	11	15.2	20
广州	2 419.38	1	15.8	16
海口	102.12	26	15.2	20
南宁	293.50	20	20.9	4
成都	1 213.00	4	18.6	7
贵阳	291.74	21	16.7	13
昆明	561.90	16	15.7	17
哈尔滨	770.90	13	16.5	14
长春	815.80	10	15.7	17
沈阳	1 137.70	6	22.1	3
石家庄	1 025.00	8	14.9	23
呼和浩特	350.24	19	22.4	2
西安	615.26	15	14.3	25
兰州	290.38	22	15.0	22
西宁	137.86	25	19.9	5
银川	157.09	24	16.8	12
乌鲁木齐	248.72	23	14.4	24
拉萨	23.90	27	19.0	6

续表3　　　　(2006年)　　　　单位:亿元

城市	第三产业			
	全年	位次	比上年增长(%)	位次
南昌	464.15	18	12.7	18
合肥	501.51	16	13.7	10
长沙	892.75	9	15.3	5
郑州	853.90	10	13.2	14
武汉	1 280.09	5	13.0	17
太原	518.41	15	13.2	14
济南	1 038.20	7	15.6	4
南京	1 318.00	4	15.2	6
杭州	1 544.08	2	16.7	2
福州	685.60	13	11.4	21
广州	3 503.52	1	14.4	7
海口	222.06	23	12.3	20
南宁	433.70	19	13.6	12
成都	1 343.60	3	11.2	22
贵阳	273.22	22	13.6	12
昆明	559.69	14	10.2	25
哈尔滨	1 010.80	8	13.7	10
长春	167.70	24	7.5	27
沈阳	1 209.59	6	13.1	16
石家庄	784.00	11	14.2	8
呼和浩特	498.34	17	16.2	3
西安	764.03	12	12.4	19
兰州	325.36	21	10.1	26
西宁	131.38	26	10.4	24
银川	157.20	25	11.2	22
乌鲁木齐	396.44	20	13.8	9
拉萨	71.40	27	18.2	1

各省会城市全部工业增加值

(2006年)

单位:亿元

城市	全部工业增加值			
	全年	位次	比上年增长(%)	位次
南昌	448.16	16	17.6	14
合肥	409.44	17	22.5	5
长沙	584.41	13	19.4	9
郑州	944.00	6	19.7	8
武汉	1 000.00	5	18.9	11
太原	378.63	18	12.7	26
济南	861.50	9	19.3	10
南京	1 196.00	3	16.0	21
杭州	1 571.48	2	14.6	24
福州	678.73	10	17.2	16
广州	2 210.41	1	17.4	15
海口	79.81	26	20.1	7
南宁	217.50	22	23.7	4
成都	926.80	7	20.6	6
贵阳	244.28	20	14.9	23
昆明	458.88	15	15.6	22
哈尔滨	589.50	12	16.7	17
长春	648.10	11	17.9	13
沈阳	1 008.20	4	24.6	3
石家庄	924.10	8	16.7	17
呼和浩特	283.77	19	25.0	2
西安	470.24	14	13.7	25
兰州	230.88	21	16.6	19
西宁	109.99	25	25.5	1
银川	128.74	24	18.8	12
乌鲁木齐	201.00	23	16.1	20
拉萨				

各省会城市全社会固定资产投资

（2006年）

单位：亿元

城市	全社会固定资产投资完成额			
	全年	位次	比上年增长（%）	位次
南昌	643.02	17	22.3	14
合肥	824.80	13	66.5	1
长沙	1 089.81	8	22.6	13
郑州	1 031.99	10	25.8	8
武汉	1 325.29	6	26.1	7
太原	501.23	19	17.8	20
济南	1 016.80	11	25.0	10
南京	1 613.55	4	15.0	23
杭州	1 460.54	5	10.1	26
福州	732.34	15	25.3	9
广州	1 696.38	3	11.7	25
海口	158.23	25	15.4	22
南宁	447.22	20	23.2	12
成都	1 899.60	1	30.9	4
贵阳	413.11	21	20.1	17
昆明	653.00	16	25.0	10
哈尔滨	809.90	14	26.7	6
长春	950.40	12	46.1	2
沈阳	1 790.35	2	31.3	3
石家庄	1 096.00	7	18.0	19
呼和浩特	548.43	18	18.2	18
西安	1 066.62	9	27.7	5
兰州	298.21	22	14.9	24
西宁	141.04	26	22.0	15
银川	232.85	24	15.5	21
乌鲁木齐	248.36	23	9.6	27
拉萨	78.11	27	21.0	16

各省会城市社会消费品零售总额

（2006年）

单位:亿元

城市	社会消费品零售总额			
	全年	位次	比上年增长(%)	位次
南昌	358.40	20	16.6	5
合肥	384.31	18	18.5	2
长沙	865.61	9	16.4	9
郑州	822.19	10	16.3	10
武汉	1 293.33	2	14.6	20
太原	436.47	16	13.7	24
济南	939.30	7	16.3	10
南京	1 166.85	3	16.1	12
杭州	1 112.37	5	14.0	23
福州	775.53	12	17.0	3
广州	2 182.77	1	15.0	16
海口	161.35	24	16.5	6
南宁	435.51	17	15.2	15
成都	1 155.30	4	14.9	19
贵阳	234.96	23	15.0	16
昆明	484.20	15	16.5	6
哈尔滨	894.50	8	13.5	25
长春	666.30	14	11.0	27
沈阳	1 048.74	6	14.6	20
石家庄	698.80	13	15.3	14
呼和浩特	360.99	19	15.5	13
西安	776.20	11	16.5	6
兰州	289.72	21	12.9	26
西宁	119.51	25	14.5	22
银川	108.71	26	15.0	16
乌鲁木齐	272.67	22	17.0	3
拉萨	42.59	27	26.6	1

各省会城市实际利用外资

（2006 年）　　　　单位：亿美元

城市	实际利用外资			
	全年	位次	比上年增长（%）	位次
南昌	10.51	8	15.6	16
合肥	7.22	11	77.6	3
长沙	12.03	7	33.3	8
郑州	6.14	13	83.0	2
武汉	20.01	4	15.0	18
太原	2.39	19	44.9	5
济南	4.04	17	15.1	17
南京	17.02	5	20.1	12
杭州	22.55	3	31.7	9
福州	6.61	12	3.2	22
广州	29.23	2	10.4	20
海口	4.47	16	17.9	14
南宁	1.50	21	74.6	4
成都	7.59	10	36.6	7
贵阳	0.70	22	16.0	15
昆明	2.09	20	153.3	1
哈尔滨	4.03	18	10.1	21
长春	14.10	6	20.2	11
沈阳	30.34	1		
石家庄	4.94	14	12.4	19
呼和浩特	4.83	15	19.9	13
西安	8.25	9	44.4	6
兰州				
西宁				
银川	0.32	24	-39.2	23
乌鲁木齐	0.52	23	28.3	10
拉萨				

各省会城市出口总值

（2006 年）　　单位：亿美元

城市	出口总值(海关数)			
	全年	位次	比上年增长(%)	位次
南昌	17.24	17	39.0	6
合肥	34.07	7	22.0	13
长沙	19.30	15	21.0	16
郑州	17.90	16	29.7	11
武汉	37.77	6	48.7	4
太原	24.26	12	14.6	19
济南	24.39	11	37.2	7
南京	173.65	3	21.9	14
杭州	262.28	2	32.4	9
福州	101.65	4	19.3	17
广州	323.78	1	21.4	15
海口	5.40	24	31.0	10
南宁	7.17	21	24.3	12
成都	41.41	5	54.6	2
贵阳	8.01	20	5.2	22
昆明	23.30	13	34.2	8
哈尔滨	13.30	18	8.2	21
长春	10.86	19	-14.1	26
沈阳	26.58	10	13.4	20
石家庄	34.01	8	-8.6	25
呼和浩特	4.58	26	-22.9	27
西安	27.29	9	3.6	23
兰州	5.80	23	15.5	18
西宁	4.94	25	74.9	1
银川	6.08	22	51.1	3
乌鲁木齐	20.25	14	41.8	5
拉萨	0.15	27	-1.2	24

各省会城市一般预算收入

（2006年）

单位：亿元

城市	一般预算收入（不含上划中央收入＋基金收入）			
	全年	位次	比上年增长（%）	位次
南昌	68.11	18	25.1	10
合肥	79.40	14	37.8	2
长沙	132.83	8	22.9	12
郑州	176.03	6	29.3	5
武汉	178.60	5	28.7	6
太原	75.33	16	32.3	3
济南	128.44	9	21.0	13
南京	246.44	3	16.8	24
杭州	301.39	2	20.3	15
福州	115.64	11	18.7	17
广州	427.08	1	15.0	25
海口	21.13	25	17.9	18
南宁	56.62	20	25.3	9
成都	186.77	4	32.0	4
贵阳	61.58	19	23.7	11
昆明	103.72	12	17.6	20
哈尔滨	118.30	10	14.7	26
长春	71.59	17	17.3	22
沈阳	175.80	7	27.3	8
石家庄	77.40	15	17.4	21
呼和浩特	51.67	22	43.7	1
西安	96.31	13	17.1	23
兰州	33.14	23	17.7	19
西宁	14.15	26	20.1	16
银川	23.43	24	28.2	7
乌鲁木齐	54.02	21	7.2	27
拉萨	3.89	27	21.0	13

各省会城市城乡居民储蓄存款

(2006年)

单位:亿元

城市	城乡居民储蓄存款余额			
	全年	位次	比年初增长(%)	位次
南昌	752.60	17	13.4	16
合肥	624.56	21	16.4	5
长沙	1 093.04	16	14.5	13
郑州	1 660.56	8	12.3	20
武汉	1 887.73	7	12.9	19
太原	1 221.17	12	15.1	11
济南	1 182.60	15	15.5	10
南京	1 913.12	6	14.1	14
杭州	2 555.24	2	16.6	3
福州	1 450.09	11	11.9	21
广州	5 956.52	1	9.3	22
海口	406.96	24	8.9	24
南宁	681.45	20	13.9	15
成都	2 411.00	3	16.3	6
贵阳	590.41	22	16.5	4
昆明	1 189.82	14	15.6	8
哈尔滨	1 472.20	10	6.2	25
长春	1 219.51	13	13.0	18
沈阳	2 014.52	4	9.1	23
石家庄	1 553.00	9	14.6	12
呼和浩特	453.10	23	19.4	1
西安	2 004.62	5		
兰州	687.75	19	18.2	2
西宁	272.79	26	16.3	7
银川	306.38	25	15.6	8
乌鲁木齐	692.16	18	13.2	17
拉萨	78.26	27		

各省会城市城乡居民人均可支配收入

（2006年）

单位:元

城市	城市居民人均可支配收入			
	全年	位次	比上年增长(%)	位次
南昌	11 243	14	9.1	22
合肥	11 013	17	13.7	6
长沙	13 924	6	12.0	15
郑州	12 187	9	11.0	19
武汉	12 360	8	13.9	5
太原	11 741	10	12.1	14
济南	15 340	4	13.0	9
南京	17 538	3	16.9	1
杭州	19 027	2	14.6	3
福州	14 321	5	12.3	13
广州	19 851	1	8.5	26
海口	10 712	21	10.0	21
南宁	10 938	18	9.0	24
成都	12 789	7	12.6	12
贵阳	11 222	16	13.0	9
昆明	10 766	20	12.0	15
哈尔滨	11 231	15	11.6	17
长春	11 358	13	12.8	11
沈阳	11 651	11	15.4	2
石家庄	11 495	12	14.5	4
呼和浩特				
西安	10 905	19	13.3	8
兰州	9 418	25	10.4	20
西宁	9 335	26	11.2	18
银川	10 068	24	13.7	6
乌鲁木齐	10 432	22	8.6	25
拉萨	10 272	23	9.0	23

各省会城市农民人均纯收入

（2006年）

单位：元

城市	农民人均纯收入			
	全年	位次	比上年增长（%）	位次
南昌	4 392	17	13.2	9
合肥	3 690	21	15.1	4
长沙	5 653	5	15.2	3
郑州	5 559	7	16.4	2
武汉	4 748	12	9.4	19
太原	4 917	10	11.7	12
济南	5 480	8	13.9	6
南京	7 045	3	13.2	9
杭州	8 515	1	11.2	13
福州	5 576	6	7.3	25
广州	7 788	2	10.0	16
海口	4 154	18	8.5	23
南宁	3 037	24	13.3	8
成都	4 905	11	9.4	19
贵阳	3 450	23	10.1	14
昆明	3 520	22	8.0	24
哈尔滨	4 405	16	9.9	17
长春	4 480	15	7.2	26
沈阳	5 712	4	13.1	11
石家庄	4 486	14	8.9	21
呼和浩特	5 308	9	14.6	5
西安	3 808	19	10.1	14
兰州	2 898	27	6.8	27
西宁	2 951	25	13.8	7
银川	3 800	20	8.8	22
乌鲁木齐	4 651	13	9.5	18
拉萨	2 943	26	22.5	1

副省级(非省会)城市主要经济指标

(2006 年)

指　　标	深　圳	大　连	宁　波	厦　门	青　岛
地区生产总值(亿元)	5 684.39	2 569.67	2 864.49	1 162.37	3 206.58
比上年增长(%)	15.0	16.5	13.4	16.7	15.7
全社会固定资产投资(亿元)	1 272.26	1 469.50	1 501.94	662.10	
比上年增长(%)	7.7	32.3	12.4	66.5	
社会消费品零售总额(亿元)	1 671.29	839.30	882.54	314.94	1 006.67
比上年增长(%)	16.2	14.7	16.1	15.8	16.3
外贸出口(海关数,亿美元)	1 361.08	172.58	287.71	205.08	234.66
比上年增长(%)	34.1	25.4	29.4	18.8	20.8
实际利用外资(亿美元)	32.69	22.45	24.30	9.55	36.58
比上年增长(%)	10.1	124.1	5.2	34.9	持平
地方财政收入(亿元)	500.88	196.10	257.38	136.03	225.77
比上年增长(%)	21.5	29.5	21.2	37.4	28.0
工业总产值(亿元)	11 673.43		5 974.30	2 366.91	5 264.88
比上年增长(%)	20.6		23.4	20.8	20.5
工业销售产值(亿元)	11 230.35	3 415.10	5 863.68	2 345.58	5 155.66
比上年增长(%)	17.1	27.9	23.2	15.7	20.7
城市居民可支配收入(元)	22 567	13 350	19 673	18 513	15 328
比上年增长(%)	5.0	11.3	13.0	12.9	18.6
居民消费价格指数(%)	102.2	101.4	101.9	100.9	100.9

江西省2006年
国民经济和社会发展统计公报

江西省统计局　国家统计局江西调查总队

2006年是"十一五"规划开局之年，全省人民在省委、省政府的正确领导下，以邓小平理论和"三个代表"重要思想为指导，全面贯彻党的十六大和十六届五中、六中全会精神，坚持以科学发展观统领经济社会发展全局，努力构建社会主义和谐社会，认真贯彻落实国家宏观调控的各项政策措施，开拓创新，扎实工作，经济呈现出又好又快的发展势头，各项社会事业全面进步，民生进一步改善，实现了年初确定的国民经济和社会发展的预期目标，为全面实施"十一五"规划奠定了良好基础。

一、综　　合

国民经济继续保持平稳较快发展。初步核算，全年全省生产总值4 618.8亿元，比上年增长12.3%，连续四年实现12%以上增长。其中，第一产业增加值786.3亿元，增长6.5%；第二产业增加值2 319.0亿元，增长16.3%；第三产业增加值1 513.5亿元，增长9.9%。人均生产总值突破1万元，达10 679元，比上年增加1 239元。

经济结构进一步优化。三次产业结构由上年的17.9：47.3：34.8调整为17.0：50.2：32.8，第二产业比重首次突破50%，比上年提高2.9个百分点，二三一结构得到进一步巩固和发展。工业成为推动经济快速增长的主导力量，工业增加值占生产总值的比重达到39.1%，提高3.2个百分点，对经济增长的贡献达55.4%。农业基础地位更加巩固，现代服务业进一步发展。多种经济成分共同发展的格局基本形成，非公有制经济增加值增长16.2%。

财政收入增势强劲。全年财政总收入达518.1亿元，比上年增长21.7%，已是第四年保持20%以上的增幅。地方财政收入达305.3亿元，增长20.7%，其中增值税41.2亿元，增长21.6%。继2005年贵溪市财政总收入率先突破10亿元后，青山湖区、丰城市、南昌县2006年相继进入10亿元县行列。此外，西湖区、东湖区、广丰县、樟树市、德兴市、安源区等6个县（市、区）财政总收入超5亿元。全省99个县（市、区）中财政总收入过亿元的达94个，比上年增加10个。

市场物价总水平保持基本稳定。全年居民消费价格比上年上涨1.2%，涨幅比上年回落0.5个百分点，其中城市上涨0.9%，农村上涨1.6%。商品零售价格上涨1.2%。工业品出厂价格上涨9.7%。原材料、燃料、动力购进价格上涨8.6%。固定资产投资价格上涨3.2%。农业生产资料价格上涨1.1%。

表1　2006年居民消费价格指数

（以上年为100）

项　　目	指　　数
居民消费价格	101.2
食品	101.1
烟酒及用品	100.3
衣着	99.7
家庭设备用品及维修服务	101.5
医疗保健和个人用品	101.6
交通和通信	99.0
娱乐教育文化用品及服务	99.6
居住	105.6

经济社会生活中还存在不少困难和问题，主要

是：经济社会发展整体水平还不高，产业结构还不够合理，竞争力还不强；资源约束和环境压力越来越大；农民增收难度较大，困难群众生产生活还有不少问题亟待解决；影响社会和谐稳定的因素不少，一些矛盾还比较突出；政务环境有待进一步优化等。

二、农　　业

农业生产形势良好。全年粮食种植面积3 547.1千公顷，比上年增长0.8%，其中稻谷播种面积3 239.3千公顷，增长1.6%。油料种植面积585.8千公顷，增长1.5%。棉花种植面积65.7千公顷，增长2.8%。蔬菜种植面积555.5千公顷，增长2.2%。粮食总产量1 896.5万吨，增产42.6万吨，总产量连续三年创历史新高。肉类总产量250.1万吨，增长2.2%，其中，牛肉增长15.3%，羊肉增长6.8%，猪肉增长1.7%。全年完成造林64千公顷，增长34.5%，森林覆盖率达到60.05%，位居全国第二位。水产品产量179.9万吨，增长6.7%。

表2　2006年主要农产品产量

单位：万吨

产品名称	产　量	比上年增长%
粮食作物	1 896.5	2.3
谷物	1817.9	2.7
早稻	729.0	4.7
中稻及一季晚稻	273.5	-1.6
二季晚稻	806.3	2.8
油料	78.0	2.4
其中：油菜籽	42.8	2.8
棉花	9.5	9.0
烟叶	3.1	47.3
茶叶	1.8	5.2
水果	160.9	23.5
蔬菜	1176.8	2.7

农业生产条件继续改善。年末农业机械总动力2 137.1万千瓦，比上年末增长20.0%，其中：农用排灌动力机械522.0万千瓦，增长20.0%；联合收割机达1.67万台，增长36.5%；农用运输车1.39万辆，增长19.0%。全年农用化肥施用量（折纯）132.6万吨，比上年增长2.5%。农村用电量48.3亿千瓦小时，增长7.1%。有效灌溉面积1 836.4千公顷，新增5千公顷。

三、工业和建筑业

工业生产快速增长。全年全部工业增加值1 806.2亿元，比上年增长19.0%。其中，规模以上工业增加值达到1 189.3亿元，增长22.7%，连续四年保持20%以上增长。支柱产业支撑作用加强。六大支柱产业完成工业增加值703.5亿元，增长27.9%，对规模以上工业增长的贡献率为59.4%，拉动规模以上工业增长13.5个百分点。

表3　2006年规模以上工业增加值

单位：亿元

指　　标	增加值	比上年增长%
规模以上工业	1189.3	22.7
其中：轻工业	394.5	27.0
重工业	794.8	21.6
其中：国有及国有控股企业	532.3	11.9
其中：集体企业	19.5	37.4
股份制企业	415.6	20.4
外商及港澳台投资企业	171.0	29.5
私营企业	333.3	33.3

主要工业产品产量较快发展。全年规模以上工业企业一次能源生产总量1 503.2万吨标准煤，比上年增长19.5%；发电量403.5亿千瓦小时，增长14.4%；原煤2 122万吨，增长19.2%；钢材1 236万吨，增长21.2%；水泥4 206万吨，增长21.7%；服装5.3亿件，增长20.8%；机制纸及纸板91.4万吨，增长39.2%；家用电冰箱30.5万台，增长16.0%；汽车23.4万辆，增长12.9%；十种有色金属54.4万吨，增长6.4%。

表4　2006年规模以上工业主要产品产量

产品名称	单　位	产　量	比上年增长%
纱	万吨	25.5	19.8
布	万米	34137	23.6
机制纸及纸板	万吨	91.4	39.2
化学纤维	万吨	20.8	14.9
卷烟	亿支	449.0	10.3
彩色电视机	万台	64.2	-27.9
家用电冰箱	万台	30.5	16.0
房间空气调节器	万台	81.2	-26.7
一次能源生产总量	万吨标准煤	1503.2	19.5
原煤	万吨	2 121.7	19.2
原油加工量	万吨	415.5	13.9
发电量	亿千瓦小时	403.5	14.4
火电	亿千瓦小时	344.5	12.8
水电	亿千瓦小时	59.0	25.3
粗钢	万吨	1 163.0	20.7
钢材	万吨	1 235.8	21.2
生铁	万吨	949.6	15.8
十种有色金属	万吨	54.4	6.4
水泥	万吨	4 206.3	21.7
硫酸	万吨	134.5	16.1
烧碱	万吨	30.0	20.7
化肥（折100%）	万吨	55.8	15.0
化学农药	吨	17 173	7.2
发电设备	万千瓦	31.9	-1.9
汽车	万辆	23.4	12.9
其中：轿车	万辆	6.5	41.2
大中型拖拉机	台	1 721	117.9
工业锅炉	蒸发量吨	1 485.3	81.0
金属切削机床	台	5 020	17.0

工业经济效益大幅提高。全年规模以上工业产品销售率98.5%；实现主营业务收入首次突破4 000亿元，达到4 054亿元，比上年增长40.7%；实现利润198.1亿元，增长75.1%；实现利税418.0亿元，增长51.0%；亏损面为15.5%，下降2.2个百分点。工业经济效益综合指数突破170%，达到174.8%，比上年提高25.1个百分点。在37个工业行业大类中，有35个行业实现盈利，有色、非金属、电热等行业效益提高较快，对全省工业经济效益的提高拉动明显，其中：有色金属冶炼及压延加工业实现利润79.6亿元，增长1.9倍；有色金属矿采选业实现利润14.3亿元，增长72.6%；非金属矿物制品业实现利润9.5亿元，增长87.6%；电力、热力的生产和供应业实现利润8.3亿元，增长2.8倍；这四大行业对工业利润增长的贡献率达80.9%，比上年提高26.5个百分点。

工业园区发展水平进一步提升。年末全省入园投产工业企业达6 740家，比上年末增加965家；安置从业人数123.9万人，净增就业岗位17.7万人，增长16.7%；园区完成工业增加值765.8亿元，增长36.1%；主营业务收入、利润、利税分别完成2 323.4亿元、136.0亿元和265.7亿元，分别增长57.2%、49.8%和43.1%。年主营业务收入超100亿元的园区达3家，其中南昌高新技术产业开发区首次突破300亿元。

建筑业平稳发展。全省建筑业实现增加值512.9亿元，比上年增长7.6%。具有资质等级的总承包和专业承包建筑业企业实现利润18.6亿元，增长19.5%；税金总额23.3亿元，增长2.8%。施工项目招标投标推行面继续扩大，全年招标投标推行面达到85.5%。

四、固定资产投资

固定资产投资总量进一步扩大。全年全社会固定资产投资2 683.2亿元，比上年增长23.7%。其中，城镇固定资产投资2 377.4亿元，增长25.0%。在城镇投资中，第一产业投资24.5亿元，增长27.2%；第二产业投资1 012.1亿元，增长38.8%，其中工业投资突破1 000亿元，达1 004.0亿元，增长38.4%；第三产业投资1 340.8亿元，增长16.2%；非国有投资1 374.5亿元，增长32.1%，占城镇投资的比重由上年的54.7%提高到57.8%；高新技术产业投资快速增长，完成投资121.4亿元，增长66.7%。

表5　2006年城镇固定资产投资

单位：亿元

行　　业	投资额	比上年增长%
总　　计	**2 377.4**	**25.0**
农、林、牧、渔业	24.5	27.2
工　业	1 004.0	38.4
采矿业	43.4	34.0
制造业	813.0	42.1
其中：化学原料及化学制品制造业	67.9	55.0
非金属矿物制品业	83.1	20.7
黑色金属冶炼及压延加工业	13.6	-53.2
有色金属冶炼及压延加工业	76.8	125.8
电气机械及器材制造业	43.0	118.5
通信设备、计算机及其他电子设备制造业	42.2	107.6
电力、燃气及水的生产和供应业	147.7	22.1
建筑业	8.1	120.0
交通运输、仓储和邮政业	272.7	6.9
信息传输、计算机服务和软件业	54.3	-18.2
批发和零售业	44.4	24.4
住宿和餐饮业	41.4	28.5
金融业	4.3	38.0
房地产业	390.3	21.0
租赁和商务服务业	15.7	60.8
科学研究、技术服务和地质勘查业	6.6	65.3
水利、环境和公共设施管理业	270.0	16.2
居民服务和其他服务业	6.4	190.5
教育	76.2	-2.4
卫生、社会保障和社会福利业	20.8	-15.1
文化、体育和娱乐业	26.2	29.6
公共管理和社会组织	111.4	63.4

重点项目和基础设施建设继续加强。全省共实施重点工程项目87项，其中总投资5亿元以上的项目44项，10亿元以上的项目26项。省重点工程建设完成投资301.1亿元，增长22.3%。其中，景婺黄（常）高速公路、江铜年产22万吨铜杆线、南昌生米大桥、九江出口加工区、丰城电厂二期1号机组、浙赣铁路电气化提速改造工程等22个重大项目基本建成投产，武宁至吉安高速公路、鄱阳湖粮食产业基地、江西艺术中心、江西省森林防火监测总站等15个重大项目开工建设。全省高速公路通车里程达到1 770公里，完成国省道改造800公里，硬化农村公路13 403公里。全年新增电力装机188万千瓦，新增220千伏和500千伏输变电线路1 761公里。

房地产开发运行平稳。全年房地产开发投资343.6亿元，比上年增长14.1%。商品房竣工面积1 492.3万平方米，增长2.1%；商品房销售建筑面积1 683.2万平方米，增长10.2%；商品房销售额291.4亿元，增长22.6%。

五、国内贸易

消费品市场稳中趋旺。全省社会消费品零售总额达到1 428.0亿元，比上年增长15.5%。分城乡看，城市零售额748.9亿元，增长17.0%；县及县以下零售额679.2亿元，增长13.9%。分行业看，批发零售业零售额1 262.7亿元，增长15.4%；住宿餐饮业零售额149.1亿元，增长18.2%；其他行业零售额16.2亿元，增长3.6%。

居民消费结构不断升级。在限额以上批发零售业零售额中，汽车类零售额44.3亿元，比上年增长52.1%；家用电器及音像器材类25.2亿元，增长27.1%；家具类1.5亿元，增长41.5%；电子出版物及音像制品类0.8亿元，增长58.3%；化妆品类2.6亿元，增长26.1%；金银珠宝类3.5亿元，增长19.0%。

新兴流通业态快速发展。年末亿元以上的商品交易市场有86个，成交额达666.7亿元。限额以上连锁企业达到46个，比上年末增长35.3%。全年连锁商业销售额410.7亿元，增长85.3%。

六、对外经济

对外贸易成果丰硕。全省海关进出口总额61.9亿美元，比上年增长52.6%。其中，出口37.5亿美元，增长53.8%；进口24.4亿美元，增长50.7%；出口大于进口13.1亿美元，增长59.9%。在出口中，外商投资企业完成出口12.2亿美元，增长90.0%；民营企业11.6亿美元，增长45.6%；国有企业13.7亿美元，增长37.1%。

出口质量明显提高。在出口中，机电产品完成出口6.3亿美元，增长34.8%；高新技术产品出口

1.5亿美元，增长88.7%。钨及其化合物1.6亿美元，增长88.3%；未锻造的铜及铜材1.7亿美元，增长12.8倍；服装及衣着附件7.2亿美元，增长33.3%；纺织纱线、织物及制品2.5亿美元，增长32.6%。

出口对象日益多元化。在出口中，对台湾地区出口1.6亿美元，增长3.3倍；对韩国出口1.7亿美元，增长1.3倍；对印度出口0.7亿美元，增长1.1倍；对新加坡出口0.9亿美元，增长69.9%；对美国出口5.5亿美元，增长45.5%；对日本出口3.7亿美元，增长30.0%。

表6　2006年进出口总额

单位：亿美元

指　　标	绝对数	比上年增长%
进出口总额	61.9	52.6
出口额	37.5	53.8
其中：一般贸易	29.4	43.4
加工贸易	8.2	109.4
其中：机电产品	6.3	34.8
其中：高新技术产品	1.5	88.7
进口额	24.4	50.7
其中：一般贸易	15.4	42.9
加工贸易	5.6	84.0
其中：机电产品	7.4	34.5
实现贸易顺差	13.1	59.9
其中：一般贸易	14.0	44.0
加工贸易	2.6	197.8

利用外资成效显著。全年新批外商投资企业数982个，其中新批合同外资金额1 000万美元以上大项目81个，比上年增加2个；合同金额40.3亿美元，增长4.0%；实际使用外商直接投资28.1亿美元，增长15.9%。共有24家具有世界500强背景的企业入驻江西。

表7　2006年分行业外商直接投资

单位：万美元

行　业　名　称	合同外资金　　额	实际利用外商直接投　　资
总计	**403 068**	**280 657**
第一产业	23 258	17 475
第二产业	276 887	191 502
工业	265 623	181 957
采矿业	2 227	1 579
制造业	246 844	170 058
电力、燃气及水的生产和供应业	16 552	10 320
建筑业	11 264	9 545
第三产业	102 923	71 680
交通运输、仓储和邮政业	4 734	2 823
信息传输、计算机服务和软件业	6 392	2 570
批发和零售业	781	1 924
住宿和餐饮业	11 150	6 408
金融业	771	5
房地产业	69 758	49 661
租赁和商务服务业	5 301	3 403
科学研究、技术服务和地质勘查业	278	54
水利、环境和公共设施管理业	2 039	2 731
居民服务和其他服务业	558	1 135
教育	0	14
文化、体育和娱乐业	1 161	952

对外经济合作发展势头良好。全省对外承包工程和劳务合作合同项目142个，比上年增加36个；合同金额4.07亿美元，增长42.7%；完成营业额3.08亿美元，增长45.6%。

七、交通、邮电和旅游

交通运输能力稳步提高。年末铁路运营里程2 424公里。全年各种运输方式完成货物周转量935.8亿吨公里，增长6.1%；完成旅客周转量652.8亿人公里，增长8.0%。机场旅客吞吐量291万人，增长19.8%，其中昌北机场旅客吞吐量276

万人，增长20%

表8 2006年各种运输方式完成运输量

运输方式	货物周转量		货物运输量		旅客周转量		旅客运输量	
	绝对数（亿吨公里）	比上年增长（%）	绝对数（万吨）	比上年增长（%）	绝对数（亿人公里）	比上年增长（%）	绝对数（万人）	比上年增长（%）
总计	935.8	6.1	35 732	7.4	652.8	8.0	42 903	2.8
其中:铁路	641.0	5.1	5 329	10.9	423.5	9.8	4 170	6.8
公路	212.5	14.0	26 894	7.5	213.5	4.8	38 209	2.6
水路	82.1	-3.6	3 507	2.0	0.6	-16.9	373	-12.6

邮电通信业快速增长。全省邮电业务总量320亿元,比上年增长22.6%。其中,邮政业务总量22亿元,增长24.5%;电信业务总量298亿元,增长22.6%。

旅游业发展势头良好。全省共接待海内外游客6050万人次,比上年增长18.7%;旅游总收入390.9亿元,增长22.1%。其中,接待境外游客49.7万人次,增长33.4%,完成旅游外汇收入13961万美元,增长34.3%;接待国内游客6000万人次,增长18.6%,完成国内旅游收入380.0亿元,增长22.0%。

八、金融、证券和保险业

金融市场继续平稳运行。年末全省金融机构人民币存款余额5 214亿元,比年初增加779亿元,同比多增128亿元。其中:企业存款余额1 258亿元,比年初增加212亿元;城乡居民储蓄存款余额3 152亿元,比年初增加399亿元。金融机构贷款余额3 461亿元,比年初增加451亿元,同比多增83亿元,其中短期贷款余额为1 658亿元,比年初增加165亿元;中长期贷款比年初增加269亿元,同比多增141亿元。全年金融机构现金收入13 156亿元,比上年增长14.6%;金融机构现金支出12 821亿元,增长14.4%;收支相抵,净回笼货币334亿元,增长22.1%。

资本运作取得新突破。年末全省境内上市公司25家,比上年增加1家;境外上市公司1家。上市公司股权分置改革基本完成。全年从资本市场直接融资6.35亿元。年末全省证券公司营业网点122家,证券交易额2 416亿元,比上年增加1 533亿元;期货公司1家,成交金额799.7亿元,比上年增加491.5亿元。

保险事业健康发展。全年保费收入98.2亿元,比上年增长9.4%。其中,产险保费收入21.6亿元,寿险保费收入67.6亿元,健康险保费收入5.6亿元,意外伤害险收入3.4亿元。全年赔款和给付支出合计21.1亿元,增长31.3%。其中,产险赔款11.8亿元,寿险给付5.7亿元,健康险赔款和给付2.4亿元,意外险赔款1.2亿元。

九、教育和科学技术

教育事业蓬勃发展。全年研究生教育在校研究生12 149人,比上年增长23.2%。普通高校在校生77.1万人,增长19.3%。普通高中、初中、小学在校生分别达86.9万人、180.7万人和399.9万人。特殊教育在校生18 625人。拥有幼儿园5 848所,在园幼儿80.6万人。高等教育毛入学率达到21.8%,比上年提高1.4个百分点;普通高考录取率59.6%;初中毕业升高中段的比例为77.4%,提高4.5个百分点;初中适龄人口入学率为95.5%,提高1.5个百分点;小学适龄儿童入学率为99.6%,提高0.6个百分点。各类民办学校662所,在校学生74.8万人,其中民办普通高校39所。

表9 2006年各类学校招生和在校生情况

单位:万人

指标	招生数	在校生数	毕业生数
研究生	0.5	1.2	0.2
普通高校	23.2	77.1	14.1
成人高校	4.3	12.5	1.7
中等职业学校	24.3	57.3	17.3
普通高中	30.7	86.9	25.7
普通初中	53.5	180.7	69.4
普通小学	70.4	399.9	53.8

科技活动取得新进展。全年研究与试验发展(R&D)经费支出34.8亿元,增长20.6%,占生产总值的0.75%,比上年提高0.04个百分点。地方财政科技投入5.7亿元,增长21.7%。国家级、省级重点实验室35家;国家工程(技术)研究中心2家。

省工程(技术)研究中心45家;省级企业技术中心66家。全年共有296项科技成果通过了省级科技主管部门鉴定。有4项科技成果获国家级科学技术进步奖。全年受理专利申请 3171 件，增长 12.7%；授权专利 1 536 件，增长 12.9%。全年技术市场合同成交金额 9.3 亿元，其中：技术开发合同成交额 4.0 亿元，技术转让合同成交额 2.5 亿元。

综合技术服务水平进一步提高。年末共有 947 家产品质量检验机构，其中国家检测中心 3 个，有 29 个实验室通过国家实验室认可；共获 2 929 张管理体系认证证书，其中获质量管理体系认证证书 2 666 张；共有 348 家企业获得 1 696 张 3C 证书；共获 226 张自愿性产品认证证书。法定计量技术机构 202 个，全年强制检定计量器具 84 万台件。开展定期产品质量监督抽查 5 034 批次；截止 2006 年底，共发放工业产品生产许可证 1 172 张，增长 63%。年末拥有气象雷达观测站点 7 个，卫星云图接收站点 13 个。全年测绘部门为经济社会发展提供各种基本比例尺地形图 8 271 张，大地成果 17 010 点，航摄成果 15 865 片。

十、文化、卫生和体育

文化事业日益繁荣。年末全省共有艺术表演团体 78 个，文化馆 101 个，公共图书馆 105 个，博物馆 87 个。全省共有广播电台 12 座，中短波广播发射台 16 座，广播综合人口覆盖率 94.5%；电视台 12 座，有线电视用户 352.7 万户，电视综合人口覆盖率 96.2%。全年共出版各种图书、杂志、报纸 3 308 种，比上年增加 64 种；共出版各类杂志 5 603 万册、图书 15 340 万册、报纸 66 587 万份，其中杂志和报纸数量分别增加 18 万册和 7 323 万份。

卫生事业进一步加强。年末共有各类医疗卫生机构 10 210 个（包括个体机构），其中医院、卫生院 2 032个，妇幼保健院（所、站）112 个，专科疾病防治院（所、站）108 个，疾病预防控制中心（防疫站）124 个，卫生监督检验所 88 个。卫生技术人员 11.98 万人，其中执业医师和执业助理医师 5.14 万人，注册护士 3.79 万人。医院和卫生院床位 8.16 万张。乡镇卫生院 1528 个，床位 2.01 万张，卫生技术人员 2.71 万人。

体育事业继续发展。年末共有全民健身中心 4 个，青少年俱乐部 73 个，晨晚炼健身活动点 4 000 多个。全民健身活动广泛开展，健身意识不断加强，全民健身周在全省各市、县、区全面展开，全年健身活动人数超过千万人次。新农村体育设施建设 220 个，农民体育健身工程 400 个，老区和贫困地区“雪碳工程”设施建设项目 9 个。全年在国际和国内的重大比赛中共获得 43 枚金牌、43 枚银牌和 35 枚铜牌。

十一、人口、人民生活和社会保障

人口自然增长率进一步下降。根据人口变动情况抽样调查统计，年末全省总人口为 4339.13 万人，比上年末增加 27.89 万人。65 岁及以上老年人口为 342.36 万人，占全省总人口的比重为 7.89%，比上年提高 0.54 个百分点。全年出生人口 59.69 万人，出生率为 13.80‰；死亡人口 25.99 万人，死亡率为 6.01‰；自然增长率为 7.79‰，比上年下降 0.04 个千分点。发放农村部分计划生育家庭奖励扶助金 1886 万元，共有 31439 名奖励扶助对象受益。

表 10　2006 年人口数及其构成

单位：万人

指标	年末数	比重%
总人口	4 339.13	100.00
其中：城镇	1 678.38	38.68
乡村	2 660.75	61.32
其中：男性	2 219.46	51.15
女性	2 119.67	48.85
其中：0 - 14 岁	1 009.28	23.26
15 - 64 岁	2 987.49	68.85
65 岁及以上	342.36	7.89

人民生活水平不断提高。全省农民人均纯收入 3585 元，比上年增长 9.8%；城镇居民人均可支配收入达 9551 元，增长 10.8%。农村居民家庭恩格尔系数为 49.3%；城镇居民家庭恩格尔系数为 39.7%，比上年下降 1.2 个百分点。年末城乡居民人均住房使用面积分别达到 29.1 平方米和 35.9 平方米，比上年末分别增加 1.2 平方米和 1.8 平方米。

就业再就业工作稳步推进。年末从业人员 2321.1 万人，比上年增加 44.4 万人，其中：第一产业 907.4 万人，减少 0.1 万人；第二产业 639.5 万人，增加 20.0 万人；第三产业 774.2 万人，增加 24.5 万人。全年城镇新增就业人员 44.5 万人，城镇净增就业人员30.0万人;下岗失业人员实现再就业23.3万人,其中“4050”人员4.1万人。共发放小额担保贷款11.61亿元,增长1.3倍,直接扶持下岗失业人员自主创业2.46万人,带动就业人数7.23万人。农村劳动力转移培训人员56.8万人,跨省劳务输出达到562.9万人。年末城镇登记失业率为3.64%。

社会保障事业继续完善。年末全省参加城镇基本养老保险人数为415.0万人,比上年末增加27.6万人。其中参保职工303.4万人,参保离退休人员111.6万人。全年共发放城镇居民最低生活保障金8.64亿元,享受最低生活保障100.2万人。农村低保制度全面建立,享受低保人数104.7万人,发放农村低保金2.46亿元。经济适用住房竣工面积74.5万平方米,廉租房受益人数19212户。参加城镇医疗保险的人数为313.3万人,增加36.6万人。参加农村新型农村合作医疗的人数为1221万人,农民参合率达85.0%,参合县比率40.4%,筹集合作医疗资金63650万元。农村困难群众大病医疗救助人数45.3万人,救助资金5700万元。城市困难群众大病医疗救助人数10.5万人,救助资金4500万元。参加失业保险的人数为241.1万人,增加4.5万人。参加工伤保险的人数为207.9万人,增加54.3万人。参加生育保险的人数为123.2万人,增加5.4万人。

社会福利事业稳步发展。年末共有各类收养性社会福利单位2066个,提供床位14.7万张,收养人数13.4万人,临时救济困难户达3.65万人次。城镇建立各种社区服务设施3053个。全年通过销售社会福利彩票筹集社会福利资金5.28亿元,接收社会捐赠款4809万元。

十二、资源、环境与安全生产

资源管理进一步加强。全年水资源总量1581.7亿立方米,比上年增长6.1%。人均水资源量约3645立方米,增长4.4%。全年平均降水量1680.0毫米,增长1.4%。年末全省253座大中型水库蓄水总量84.8亿立方米,比上年末减少6.65亿立方米。全年总用水量203.4亿立方米,比上年减少2.2%,其中生活用水增长0.3%,工业用水减少6.5%,农业用水减少0.5%。人均用水量为469立方米,减少2.9%。全省基建占用耕地4400公顷,比上年减少2.9%,退耕还林6.4千公顷。

矿产资源勘探取得新成效。全省已发现的矿种有166种(以亚种计)。查明资源储量的矿种共计106种,其中,能源矿产3种,金属矿产34种,非金属矿产68种,水气矿产1种。

环境保护力度不断加大。年末全省环境保护系统共有职工4191人,共有县级以上环境监测站96个,比上年增加6个。在对环境空气质量进行监测的11个设区市城区中,有9个设区市城区环境空气质量达到二级(达标),占设区市数的81.8%;有2个设区市城区环境空气质量为三级,占设区市数的18.2%。南昌市城区空气质量优良天数比例为92.6%。全省已建成59个城市烟尘控制区,面积达1011.1平方公里,比上年增长25.9%;已建成44个环境噪声达标区,面积达540.5平方公里。全年完成环境污染治理项目218个,环境污染治理项目投资7.4亿元。

自然生态保护工作扎实推进。全年已建有自然保护区134个,其中国家级自然保护区5个,自然保护区总面积达9257平方公里,占全省国土面积的5.6%,比上年提高0.2个百分点。已批准建设国家级生态示范设区市3个、生态示范县22个(含生态示范区建设试点地区),生态示范区总面积达95549平方公里。现已通过国家验收的生态示范县(区)6个。

安全生产形势总体较好。全年共发生各类伤亡事故15709起,死亡2902人,比上年减少422人,下降12.7%。其中,道路交通事故8865起,死亡2190人,下降9.8%;工矿商贸事故273起,死亡361人,下降1.9%;铁路交通事故422起,死亡303人,下降30.8%;水上交通事故13起,死亡10人,下降41.2%;火灾事故6136起,死亡38人,下降9.5%。全省亿元GDP生产安全事故死亡率为0.63%,下降0.19个百分点。

注:

(1)本公报所列各项数据均为初步统计数。

(2)公报中所列生产总值和各产业增加值指标按当年价格计算,增长速度按可比价格计算。

(3)恩格尔系数是指居民食品消费支出占全部消费性支出的比重。

全 省 各 市 人 口

地　　　区	单　　位	2006年
江 西 省	**万人**	**4 339.13**
南 昌 市	万人	454.54
景德镇市	万人	154.50
萍 乡 市	万人	182.92
九 江 市	万人	469.15
新 余 市	万人	111.91
鹰 潭 市	万人	108.50
赣 州 市	万人	824.05
吉 安 市	万人	472.73
宜 春 市	万人	537.42
抚 州 市	万人	383.78
上 饶 市	万人	639.63

注:本表为常住人口数。

全省各市地区生产总值

(2006年)　　单位:亿元

地　　　区	GDP	第一产业	第二产业	第三产业
江 西 省	**4 618.77**	**786.26**	**2 319.01**	**1 513.50**
南 昌 市	1 183.90	77.30	642.45	464.15
景德镇市	224.94	21.00	121.58	82.36
萍 乡 市	265.49	26.23	158.35	80.91
九 江 市	506.22	78.18	262.86	165.18
新 余 市	214.27	23.17	126.14	64.96
鹰 潭 市	142.03	18.27	75.83	47.93
赣 州 市	582.34	134.84	226.83	220.67
吉 安 市	351.78	86.90	138.47	126.41
宜 春 市	439.72	101.56	204.81	133.35
抚 州 市	313.56	74.69	138.89	99.98
上 饶 市	451.38	87.65	200.69	163.04

全省各市农业总产值

单位:亿元

地　　区	2006年	比上年增长%
江西省	**1 228.32**	**6.1**
南昌市	124.58	5.9
景德镇市	32.98	5.7
萍乡市	41.26	3.9
九江市	105.10	1.5
新余市	36.93	4.6
鹰潭市	31.92	4.9
赣州市	212.83	3.1
吉安市	144.45	1.7
宜春市	174.14	0.4
抚州市	129.01	3.8
上饶市	143.94	4.2

全省各市规模以上工业增加值

单位:亿元

地　　区	2006年	比上年增长%
江西省	**1 189.27**	**22.7**
南昌市	307.16	25.8
景德镇市	63.31	20.5
萍乡市	80.00	24.1
九江市	134.75	28.7
新余市	90.12	40.2
鹰潭市	89.92	20.8
赣州市	116.26	20.0
吉安市	70.77	29.0
宜春市	103.99	34.9
抚州市	53.56	32.5
上饶市	76.11	23.2

全省各市社会消费品零售总额

单位:亿元

地　　区	2006年	比上年增长%
江 西 省	**1 428.02**	**15.5**
南 昌 市	358.40	16.6
景德镇市	68.05	16.7
萍 乡 市	76.76	16.1
九 江 市	139.56	15.5
新 余 市	54.05	16.2
鹰 潭 市	42.18	15.8
赣 州 市	184.60	14.9
吉 安 市	99.28	15.3
宜 春 市	131.48	14.4
抚 州 市	115.64	12.6
上 饶 市	158.01	16.4

全省各市城镇以上固定资产投资

单位:亿元

地　　区	2006年	比上年增长%
江 西 省	**2 377.40**	**25**
南 昌 市	596.43	24.1
景德镇市	93.05	5.9
萍 乡 市	130.65	18.5
九 江 市	227.27	19.6
新 余 市	80.22	14.6
鹰 潭 市	59.46	6.3
赣 州 市	189.29	32.1
吉 安 市	129.31	12.5
宜 春 市	174.55	28.9
抚 州 市	146.33	33.6
上 饶 市	247.36	38.7

全省各市财政收支

(2006年)

单位:亿元

地区	财政总收入	一般预算收入	财政支出
江西省	**518.10**	**305.32**	**695.32**
南昌市	150.56	68.11	93.37
景德镇市	16.30	9.71	21.61
萍乡市	27.09	14.05	26.76
九江市	45.85	26.04	57.42
新余市	30.04	13.95	22.04
鹰潭市	19.64	8.54	16.32
赣州市	56.65	30.46	86.62
吉安市	32.17	20.51	58.13
宜春市	38.68	21.83	59.42
抚州市	20.54	13.93	43.23
上饶市	40.14	25.39	68.42

全省各市在岗职工人数及工资

(2006年)

地区	职工人数(万人)	平均工资(元)	
			国有
江西省	**271.95**	**15 590**	**16 491**
南昌市	56.06	20 286	21 893
景德镇市	15.06	13 106	14 177
萍乡市	12.57	15 510	15 413
九江市	34.65	13 590	14 256
新余市	8.66	18 392	17 155
鹰潭市	8.68	16 392	17 238
赣州市	37.71	13 122	14 069
吉安市	20.71	12 242	12 735
宜春市	25.71	13 982	14 409
抚州市	19.89	10 994	11 756
上饶市	29.21	13 519	14 444

全省各市海关进出口总额

（2006 年）　　单位：亿美元

地　区	进出口总额	#出　口
江西省	**61.94**	**37.53**
南昌市	24.90	17.24
景德镇市	2.23	1.20
萍乡市	1.59	1.09
九江市	2.37	1.47
新余市	5.40	2.74
鹰潭市	0.55	0.48
赣州市	6.92	4.99
吉安市	1.09	1.04
宜春市	1.81	1.50
抚州市	1.31	1.27
上饶市	1.81	1.64

全省各市城镇居民人均可支配收入

单位：元

地　区	2006 年	比上年增长%
江西省	**9 551**	**10.8**
南昌市	11 243	9.1
景德镇市	9 962	13.5
萍乡市	10 095	12.5
九江市	9 593	10.1
新余市	10 151	12.1
鹰潭市	9 648	9.1
赣州市	9 147	11.6
吉安市	9 500	10.4
宜春市	9 153	11.2
抚州市	9 432	12.3
上饶市	9 832	14.0

全省各市农民人均纯收入

单位:元

地　　区	2006年	比上年增长%
江西省	**3 585**	**9.8**
南昌市	4 392	13.2
景德镇市	3 954	10.2
萍乡市	4 397	12.1
九江市	3 551	8.6
新余市	4 320	12.5
鹰潭市	3 887	6.8
赣州市	3 000	9.0
吉安市	3 572	9.4
宜春市	3 653	6.5
抚州市	3 566	10.3
上饶市	3 524	9.2

全省各市居民消费价格指数

（上年＝100）

地　　区	2006年
江西省	**103.6**
南昌市	103.8
景德镇市	103.0
萍乡市	102.3
九江市	102.4
新余市	101.6
鹰潭市	103.9
赣州市	102.4
吉安市	104.4
宜春市	102.5
抚州市	105.0
上饶市	104.3

中国统计出版社最新资料书简目
（仅供参考，以最后出书为准）

中国统计年鉴－2007
中国统计摘要－2007
国际统计年鉴－2007
2007 中国发展报告
中国区域经济统计年鉴－2007
长江和珠江三角洲及港澳特别行政区统计年鉴－2007
中国社会统计年鉴－2007
中国第三产业统计年鉴－2007
中国城市统计年鉴－2006
中国劳动统计年鉴－2007
中国人口统计年鉴－2007
中国工业经济统计年鉴－2007
中国建筑业统计年鉴－2007
中国城市（镇）生活与价格年鉴－2007
中国商品交易市场统计年鉴－2007
中国连锁餐饮企业统计年鉴－2007
中国连锁零售业统计年鉴－2007
中国能源统计年鉴－2007
全国农产品成本收益资料汇编－2007
中国贸易外经统计年鉴－2007
中国基本单位统计年鉴－2006
中国民政统计年鉴－2007
中国农村统计年鉴－2007
中国农村住户调查年鉴－2007（中文）
中国农村住户调查年鉴－2007（英文）
中国县（市）社会经济调查年鉴－2007
中国农产品价格调查年鉴－2007
中国经济普查年鉴－2004
中国百强县（市）发展年鉴－2007
中国教育经费统计年鉴－2006
中国农村全面建设小康监测报告－2007
中国农村贫困监测报告－2007
中国国内生产总值核算历史资料（1952－2004）
中国高技术产业统计年鉴－2007
中国科学技术协会统计年鉴－2007
工业企业科技活动资料－2007
中国棉花年鉴－2006

2004 年经济普查年鉴系列
2005 年中国 1% 人口抽样调查系列资料

北京统计年鉴－2007
天津统计年鉴－2007
河北经济年鉴－2007
山西统计年鉴－2007
内蒙古统计年鉴－2007
辽宁统计年鉴－2007
吉林统计年鉴－2007
黑龙江统计年鉴－2007
上海统计年鉴－2007
江苏统计年鉴－2007
浙江统计年鉴－2007
安徽统计年鉴－2007
福建统计年鉴－2007
江西统计年鉴－2007
山东统计年鉴－2007
河南统计年鉴－2007
湖北统计年鉴－2007
湖南统计年鉴－2007
广东统计年鉴－2007
广西统计年鉴－2007
海南统计年鉴－2007
重庆统计年鉴－2007
四川统计年鉴－2007
贵州统计年鉴－2007
云南统计年鉴－2007
西藏统计年鉴－2007
陕西统计年鉴－2007
甘肃年鉴－2007
青海统计年鉴－2007
宁夏统计年鉴－2007
新疆统计年鉴－2007
新疆生产建设兵团统计年鉴－2007
石家庄统计年鉴－2007
唐山统计年鉴－2007
邯郸统计年鉴－2007
张家口经济年鉴－2007
呼和浩特经济统计年鉴－2007
包头统计年鉴－2007
沈阳年鉴－2007
大连统计年鉴－2007
长春统计年鉴－2007
吉林市社会经济统计年鉴－2007
四平统计年鉴－2007
延吉统计年鉴－2007
哈尔滨统计年鉴－2007
齐齐哈尔经济统计年鉴－2007
黑龙江垦区统计年鉴－2007
上海浦东新区统计年鉴－2007
南京统计年鉴－2007
苏州统计年鉴－2007
无锡统计年鉴－2007
常州统计年鉴－2007
徐州统计年鉴－2007
南通统计年鉴－2007
盐城统计年鉴－2007
镇江统计年鉴－2007
江阴统计年鉴－2007
杭州统计年鉴－2007
宁波统计年鉴－2007
绍兴统计年鉴－2007
台州统计年鉴－2007
舟山统计年鉴－2007
温州统计年鉴－2007
金华统计年鉴－2007
嘉兴统计年鉴－2007
湖州统计年鉴－2007
安庆统计年鉴－2007
福州统计年鉴－2007
厦门经济特区年鉴－2007
福州经济技术开发区年鉴－2007
南昌统计年鉴－2007
上饶经济社会统计年鉴－2007
九江经济统计年鉴－2007
济南统计年鉴－2007
青岛统计年鉴－2007
潍坊统计年鉴－2007
郑州统计年鉴－2007
洛阳统计年鉴－2007
三门峡统计年鉴－2007
南阳统计年鉴－2007
武汉统计年鉴－2007
宜昌统计年鉴－2007
十堰统计年鉴－2007
荆州统计年鉴－2007
长沙统计年鉴－2007
广州统计年鉴－2007
东莞统计年鉴－2007
惠州统计年鉴－2007
深圳统计年鉴－2007
南宁统计年鉴－2007
柳州经济统计年鉴－2007
来宾统计年鉴－2007
海口统计年鉴－2007
成都统计年鉴－2007
贵阳统计年鉴－2007
昆明统计年鉴－2007
西安统计年鉴－2007
兰州年鉴－2007
庆阳年鉴－2007
银川统计年鉴－2007
乌鲁木齐统计年鉴－2007
吐鲁番统计年鉴－2007

新疆调查年鉴－2007
内蒙古经济社会调查年鉴－2007